STUDIES OF
EUROPEAN AND AMERICAN

HISTORY (Vol.**3**)

中国社会科学院
"登峰战略"欧美近现代史优势学科

欧美史研究

研究

（第3辑）

王 超
信美利 ／主编

社会科学文献出版社
SOCIAL SCIENCES ACADEMIC PRESS (CHINA)

目　录

专题研究

学术综述

专题研究

20 世纪初意大利与罗马教廷和解之条件[*]

信美利

【摘要】 20 世纪初意大利与罗马教廷结束了长达半个多世纪的对峙和冲突达成和解，"罗马问题"理论上得以解决。从本质上看，"罗马问题"并非单纯的罗马归属权问题，而是意大利构建现代民族国家的目标与罗马教廷世俗权及既得利益之间的根本冲突。双方达成和解是多重因素共同作用的结果，包括教廷方面适应资本主义新时代的思维转变、意大利国家层面寻求民族国家观念与天主教主义的矛盾调和，尤其是法西斯政府时期墨索里尼在宗教政策上的转向直接推动了政教和解进程。这些因素共同构成了双方和解的重要条件。总体上，和解既是 20 世纪初意大利国家和社会发展的必然，也是双方基于利益考虑有意识地退让妥协的结果。

【关键词】 意大利　罗马教廷　和解

在意大利学术界，"国家与教会"是一个历久弥新的重要论题。其中，意大利与罗马教廷在 1929 年签署《拉特兰条约》从而结束长达半个多世纪的对峙冲突达成和解这一问题尤其受关注。[①]大致来看，意大利史家的观

---

* 本文为 2020 年度中国社会科学院青年科研启动项目"意大利统一以来的政教关系（1870—1948）"阶段性成果。

① 相关论著参见 Pietro Scoppola, *La Chiesa e il Fascismo—Documenti e Interpretazioni*, Bari：Editori Laterza, 1971; Pietro Scoppola, *Chiesa e Stato nella storia d'Italia：Storia documentaria dall'unità alla Repubblica*, Bari：Editori Laterza, 1967; A cura di Elio Guerriero, *La Chiesa in Italia：Dall'unità ai nostri giorni*, Milano：Edizioni San Paolo, 1996; Giovanni Sale, *Fascismo e Vaticano prima della Conciliazione*, prefazione di Pietro Scoppola, Milano：Jaca Book, 2007; Andrea Piola, *La Questione Romana nella storia e nel diritto-Da Cavour al Trattato del Laterano*, Padova：Casa Editrice Dott. Antonio Milani, 1931; Ernesto Vercesi e Dott. A. Mondini, *I Patti del Laterano—La Questione Romana da Cavour a Mussolini*, Milano：la Libreria d'Italia, 1929; Abele Castoldi, *L'imbroglio del Concordato— storia e commento articolo per articolo dei Patti del Laterano. In appendice testo del progetto di recisione del "nuovo" Concordato*, Genova：Offlanterna, 1977。

点集中在以下两个方面：其一，意大利与罗马教廷的和解非一日之功，而是经历了漫长的"对立—缓和—对立"的交替变化过程；由于梵蒂冈在《拉特兰条约》签订之后成为独立的主权国家，"罗马问题"可解读为意梵关系的重要组成部分。其二，墨索里尼和法西斯政府的巨大让步是造成双方和解的重要因素。本文在此基础之上，试图站在构建意大利民族国家的立场，梳理《拉特兰条约》签署前意大利与罗马教廷为解决"罗马问题"所做之历史选择，揭示促成双方和解的条件，从国际关系尤其从民族国家统一的角度来分析，以期加深对 20 世纪意大利政教关系的理解。

一 "罗马问题"与"自由国家之中的自由教会"

（一）"罗马问题"

一般从领土和外交争端角度看，"罗马问题"产生于 1870 年。1870 年 7 月 19 日，法国与普鲁士因西班牙王位继承问题发生冲突而开战。德意志各邦国站在普鲁士一方，法国大败。1870 年 9 月 4 日，拿破仑三世的帝国政权崩溃，巴黎于 1871 年 1 月 28 日投降，2 月 26 日双方签订和约预备性条款，5 月 10 日订立《法兰克福和约》。后世史家认为，"意大利偶然地获得了罗马，仅仅是普鲁士赢得普法战争的一个副产品"，[1] "（普法）战争的失败和拿破仑帝国的崩溃决定了罗马的命运"。[2]

1870 年 8 月，作为教宗国保护国的法国开始撤离其驻罗马的卫队。意大利军队在拉法埃莱·卡多纳（Raffaele Cadorna）将军的率领下越过边界，9 月 18 日兵临罗马城下。20 日早上，意大利军队与教廷卫队经过短暂的战斗，皮亚门（Porta Pia）被突破，最终意大利军队伤亡 49 人，教廷卫队损失 19 人。意大利军队开进罗马城，卡多纳与教廷方面达成协定，教廷卫队投降、解散。临时罗马政府成立，准备进行公民投票。10 月 2 日，全民公

---

① Denis Mack Smith, *Modern Italy—A Political History*, New Haven and London: Yale University Press, 2003, p. 89.

② 〔意〕路易吉·萨尔瓦托雷利：《意大利简史：从史前到当代》，沈珩、祝本雄译，商务印书馆，1998，第 523 页。

投通过了王国第 5903 号法令（10 月 9 日颁布）。该法令规定：教宗仍然拥有"尊贵和不可侵犯"的地位，同时拥有"进行统治的全部个人特权"（该法第 2 条）。此外还给予教廷"物质条件保障""领土豁免权"，以及"行使精神权的自由"，保障教宗的独立自主（该法第 3 条）。①同日，经王国议会通过，全民投票表决后，罗马被定为意大利王国首都（1861～1865 年皮埃蒙特-撒丁王国首都为都灵，之后至 1870 年前为佛罗伦萨）。出于对教宗的敬畏和争取舆论的考虑，王国给时任教宗庇护九世（Pio Ⅸ，1846～1878 年在位）保留了台伯河右岸圣天使城堡至梵蒂冈城一片区域。

1871 年 11 月 1 日，庇护九世发布《回顾》（*Respicientes*）通谕称："我们向全世界天主教徒重申，我们被禁锢于枷锁之中，无法获得持续的安全保障，在履行主教权威方面完全不自由。"②教宗仍然试图引起全世界天主教徒的同情和愤慨。然而，在武力和强权面前，教宗没有与之相抗衡的实力，他所能依靠的一则是外国干预，另一则便是天主教众。自罗马城破之日起，教宗闭门不出，对外宣布不再踏出梵蒂冈城，自称"梵蒂冈囚徒"。

表面上，"罗马问题"（Questione Romana）是罗马的归属权问题，而实质上是意大利在构建现代民族国家过程中，与罗马教廷既有的世俗权（Potere Temporale）之间产生的难以调和的矛盾。

公元 8 世纪，罗马教廷的世俗权得以确立。教宗斯特法诺二世（Stefano Ⅱ，752～757 年在位）试图利用法兰克人的武力反对意大利本土的伦巴第王国，于是与法兰克国王丕平达成了政治交易：丕平允诺保卫罗马教会和罗马人民，让伦巴第国王将所占领土及其权力归还教会；作为交换，754 年，教宗给丕平及其两个儿子（受封为"罗马贵族"）涂抹圣油。"丕平视教宗如罗马大公国，总督辖地和彭塔波利的元首。"③由此，教宗的世俗权得以产生。此时，教宗国的领土包括：拉文纳（Ravenna）、

① Pietro Scoppola, *Chiesa e Stato nella storia d'Italia：Storia documentaria dall'unità alla Repubblica*, p. 71.

② Pietro Scoppola, *Chiesa e Stato nella storia d'Italia：Storia documentaria dall'unità alla Repubblica*, p. 71.

③ 〔意〕路易吉·萨尔瓦托雷利：《意大利简史：从史前到当代》，沈珩、祝本雄译，第 84 页。

里米尼（Rimini）、佩萨罗（Pesaro）、切塞纳（Cesena）、卡托利卡（Cattolica）、法诺（Fano）、塞尼加利亚（Senigallia）、耶西（Jesi）、佛林波波利（Forlimpopoli）、佛尔利（Forlì）、卡斯特罗卡洛（Castrocaro）、蒙特费尔罗（Montefeltro）、阿尔切纳（Arcena）、卢卡罗山（Monte di Lucaro）、伯爵山脉（Serra dei Conti）、圣马力诺城堡（Castello di S. Marino）、萨尔西纳（Sarsina）、乌尔比诺（Urbino）、卡利（Cagli）、康齐亚诺（Canziano）、古比奥（Gubbio）、科马奇奥（Comacchio）、纳尔尼（Narni）、罗马和坎帕尼亚（Campagna）。①

如同世俗君主一般，教宗对这部分领地拥有最高立法、司法、行政权。"君士坦丁惠赐书"（Constitutum Constantini）正是为教宗世俗权进行辩护的。如此一来，教宗既拥有上帝授予的教权（神权），又获得了世俗君主赠予的俗权，教宗国成为政教合一的封建国家——基于教会封建主义②和僧侣等级集团。漫长的中世纪充斥着教宗与世俗君主的权力纷争，教宗国的领土以及教宗的世俗权在这个过程中多有变化。当世俗国家或帝国强大时，教宗国处于依附地位，如查理大帝时期，教宗利用其手中的神权为世俗君主保驾护航，而世俗君主则回报以领地和武力保护；一旦世俗国家或帝国式微，教宗则谋求独立自主的世俗统治，甚至发展出教权高于俗权的理论，如英诺森三世（Innocent Ⅲ，1198～1216年在位）曾指出：

> 教宗是基督在尘世的代表，是彼得的接班人，彼得又是主把他留在尘世管理教会和世界的，因而教宗握有两把宝剑，一把是他直接使用的精神宝剑，一把是他委托君王使用的世俗宝剑。在君王违反神律的情况下，教宗有最高控制和指挥权。③

---

① Claudio Rendina, *I Papi: Storia e segreti, Dalle biografie dei 265 romani pontefici rivivono restroscena e misteri della cattedra di Pietro tra antipapai, giubilei, conclavi e concili ecumenici*, Roma: Newton Compton editori, 2006, p. 226.

② 查理大帝及其继任者们向教堂和寺院分封大量的土地并许以豁免权。主教和寺院主持开始变为大领主，同伯爵和边境省省长并肩参加王国和帝国的议会。

③ 〔意〕路易吉·萨尔瓦托雷利：《意大利简史：从史前到当代》，沈珩、祝本雄译，第167页。

由此可见，教宗不仅要求对其领地行使世俗君主一般的权力，而且声称自己高于一般世俗君主，因为其手中握有"精神宝剑"；若世俗君主违背神律，教宗有权取而代之，行使最高指挥权。教宗实际上充分利用了意大利本土政权发展的一些规律来维持其统治，如地方主义兴盛和城市国家的传统。虽然在不同时期，教宗国强弱程度不同，但它始终屹立于亚平宁半岛的核心区域。

13、14 世纪是教宗国领土扩张和定型期。往北与威尼斯共和国、米兰大公国毗邻，往西至佛罗伦萨共和国和锡耶纳共和国的边界，往南紧靠那不勒斯王国，东北和西南到达亚得里亚海岸和第勒尼安海岸。① 从 16 世纪起，教宗国实际上丧失了对意大利的政治统治，而民族国家兴起也大大削弱了教廷对整个欧洲的控制。只是因为意大利民族国家构建的大幕迟迟未拉开，教宗国在意大利中部的统治虽然遇到了种种危机，却始终屹立不倒。这主要是因为教宗懂得在何时、以何种方式依附于世俗强权。拿破仑时代，教宗选择了政教协定的形式争取自保。1800 年 7 月 16 日，教宗与拿破仑的政教协定正式签署。由此，教宗国勉强保持其在意大利中部地区的统治。但是，拿破仑宣称自己是"罗马皇帝"，教宗实际上变成帝国俗权的附庸，教宗国就是拿破仑帝国的附属国。②

到 19 世纪 20 年代意大利复兴运动兴起，自由主义以及共和革命运动的浪潮极大地压缩了教宗国的统治空间，包括精神统治权也被极大地削弱。所以，教宗庇护九世才试图采取温和的自由化措施来维持教宗国岌岌可危的统治，然而这些改革并未触及问题的根本。③教宗国国家性质并没有改变，仍然是一个守旧、等级森严、依附列强的神权国家。到 1860 年底，教宗国领土仅剩拉齐奥地区，包括都城罗马，面积被压缩至 1.2 万平方公里。④

在意大利民族国家构建这条主线上，复兴运动是一个里程碑，1861 年

---

① Mario Caravale e Alberto Caracciolo, *Lo Stato Pontificio: da Martino V a Pio IX*, a cura di Giuseppe Galsasso, *Storia d'Italia*, Vol. XIV, Torino: UTET, 2005, p. 4.

② Mario Caravale e Alberto Caracciolo, *Lo Stato Pontificio: da Martino V a Pio IX*, p. 582.

③ Claudio Rendina, *I Papi: Storia e segreti, Dalle biografie dei 265 romani pontefici rivivono restroscena e misteri della cattedra di Pietro tra antipapai, giubilei, conclavi e concili ecumenici*, p. 767.

④ Mario Caravale e Alberto Caracciolo, *Lo Stato Pontificio: da Martino V a Pio IX*, p. 711.

意大利王国的成立是复兴运动的成果。长久以来，"意大利"都只是一个简单的"地理概念"①，指阿尔卑斯山往南以亚平宁半岛为主体的区域。②

> 当其他欧洲国家由强有力的君王统一起来的时候，意大利人仍然在为维持政治上的分裂而斗争。……直到 1861 年，撒丁国王、萨伏依王朝的维克托·埃马努埃莱（或译维克托·伊曼纽尔）才在法国军队、加里波第的志愿军和共和派革命分子的帮助下，成为意大利国王。在这以前的几个世纪里，任何人、任何诸侯、任何革命领袖，任何共和派或王侯家族，都从来没有强大到足以把整个意大利聚集到一面旗帜、一部法律之下。③

意大利构建统一的民族国家的历程曲折而艰难，这是由其政治、历史和宗教文化特点所决定的：地方自治传统根深蒂固；保守却又强大的天主教势力；历史上长期被外国强权控制，各个部分之间四分五裂，经济文化等甚少交流，难以形成具有统一认同感的民族。从某种程度上说，意大利的这些特点也正是它构建民族国家的障碍。而在这些障碍之中，天主教教会的阻碍作用显得较为突出。因为天主教教会本身就是意大利一支强大的地方分离主义势力；同时，为了保住其既有的世俗权和利益，其最高统治者教宗和统治集团罗马教廷，更是想方设法地阻止意大利境内形成任何足以统一意大利的政权。而教宗本身没有武力后盾，他所依靠的是外国列强，由此意大利完全就成为各种外来势力的竞技场，到皮埃蒙特-撒丁王国兴起之前基本没有出现过比较强大的意大利本土政权。所以，当意大利复兴运动发展起来时，天主教教会几乎与外国压迫者并列为首要的攻击对象。

所谓"现代民族国家"，对意大利而言，应该包括以下两个方面的内涵：一是对外的独立自主；二是对内的国家权威，其中就包含国家的世俗

---

① 奥地利梅特涅亲王（Klemens Wenzel von Metternich, 1773-1859）语。参见路易吉·萨尔瓦托雷利《意大利简史：从史前到当代》，沈珩、祝本雄译，第 461 页。
② Denis Mack Smith, *Cavour*, Milano: Gruppo Editoriale Fabbri-Bompiani-Sonzogno Etas, 1988, p. 3.
③ 〔意〕路易吉·巴尔齐尼：《意大利人》，刘万钧、张天润、张军译，生活·读书·新知三联书店，1986，第 344~345 页。

化。作为意大利构建现代民族国家的第一步，复兴运动的口号是"复兴"，实质是"民族独立"；相应的"罗马问题"实质上关乎现代民族国家构建的后续步骤当中的若干重要问题，包括统一的意大利国家政权的强化；意大利国家政治的世俗化、民主化；构建意大利本民族的历史文化认同感和民族共同体等。

（二）"自由国家之中的自由教会"

资深意大利史家丹尼斯·麦克·史密斯（Denis Mack Smith）曾指出，意大利复兴运动最引人注目的谢幕动作莫过于成功夺取教宗的世俗权。① 按照民族主义者阿尔弗雷多·罗科（Alfredo Rocco）的观点："教会与国家的关系问题，可以追溯到皮埃蒙特成为复兴运动领导人之时。"② 意大利复兴运动将国家独立统一作为目标，教会不可避免地被卷入这场运动的大潮中。皮埃蒙特-撒丁王国从一开始就决定从教会政策改革入手。

皮埃蒙特-撒丁王国国王维克托·伊曼纽尔二世（Vittorio Emanuele Ⅱ，1849~1878 年在位）"是一位强有力和倾向于个人统治（他反对政治-立宪观念）的君主"。③ 他从 1849 年起着手经营意大利的独立自由事业。皮埃蒙特-撒丁王国自知无法通过战争实现独立，于是先动手改革内政以期振兴国家。而其第一批改革目标便是教会。1850 年 4 月颁布的《西卡尔迪法》④ 取消了教会法庭和教会的庇护权，这引起了教会的强烈抗议。都灵大主教态度强硬，与当局发生冲突，后来该事件以大主教被捕和放逐告终。⑤

1852 年出任王国首相的卡米洛·本索·加富尔（Camillo Benso Cavour）也开始全力推行自己当议员时所阐述的政策：1855 年 5 月通过法

---

① Denis Mack Smith, *Cavour*, pp. 6-7.
② Alfredo Rocco, "Chiesa e Stato", *Il Resto del Carlino*, 4 aprile 1922, in Pietro Scoppola, *Chiesa e Stato nella storia d'Italia: Storia documentaria dall'unità alla Repubblica*, p. 54.
③ 〔意〕路易吉·萨尔瓦托雷利：《意大利简史：从史前到当代》，沈珩、祝本雄译，第 505 页。
④ 《西卡尔迪法》：意文 *Leggi Siccardi*，该法由 1850 年 4 月 9 日第 1013 号法令和 1850 年 6 月 5 日第 1037 号法令组成，由于法律提案最初由时任司法大臣朱塞佩·西卡尔迪（Giuseppe Siccardi）提出而得名。
⑤ 〔意〕路易吉·萨尔瓦托雷利：《意大利简史：从史前到当代》，沈珩、祝本雄译，第 506 页。

令，宣布取消所有不传教、不教育和不援助病人的修会，取消修会的法人资格，还籍没修会名下的部分封地，利用征集的财物成立"教会基金会"。这一法令激起天主教徒和保守分子的强烈反对；教宗强烈谴责该法令，对相关责任人处以绝罚，开启皮埃蒙特-撒丁王国与罗马教廷冲突之端。从这以后，皮埃蒙特-撒丁王国牢牢掌握着意大利民族复兴运动的领导权。1853 年皮埃蒙特-撒丁王国参与克里米亚战争；1859 年联合法国拿破仑三世对奥地利作战，吞并艾米利亚和托斯卡纳；1861 年 2 月 18 日，皮埃蒙特-撒丁王国在都灵组织意大利新议会，通过了只有一项条款的法律："国王维克托·伊曼纽尔二世为自己、为其后裔领取意大利国王之头衔。"2 月 28 日，此法律在上议院通过，3 月 14 日在下议院通过，17 日由国王签署批准，他自称"承上帝和民族意愿之光的意大利国王"，由此，君主政体传统与人民主权原则融为一体。

1861 年 3 月 25 日至 27 日，王国下院就定都罗马问题展开辩论，加富尔发表了长篇演讲。他首先强调定都罗马的重要意义，而后用大量篇幅来论证意大利占领罗马合情合理，并且不会损害教宗的权威性，意大利王国绝对无心伤害天主教徒的感情。他提出用以解决国家与教会关系的原则就是"自由国家之中的自由教会"（Libera Chiesa in Libero Stato）。加富尔在议会辩论时重申意大利真正的首都是罗马。① 3 月 27 日，议会辩论结束，通过议案"罗马，全国舆论呼唤的首都，意大利联合起来"。此时，新诞生的意大利王国隔空宣布罗马为王国首都，等于是对仍盘踞罗马的教宗国的挑衅和宣战。

"意大利王国注定要以罗马为首都。"②加富尔反复强调，罗马是意大利理所当然的首都，"选择首都所考虑的因素，不是气候，也并非地形；如果由气候和地形因素来决定定都何处，那么英国的首都不会选在伦敦，而法国的首都也就不是巴黎了"。③加富尔指出，意大利之所以选择罗马，完全是由"道德因素"决定的。这里的"道德因素"，加富尔其实说的是民

---

① 〔意〕路易吉·萨尔瓦托雷利：《意大利简史：从史前到当代》，沈珩、祝本雄译，第 517 页。

② "Atti parlamentari, Camera, Discussioni, leg. Ⅷ", sessione 1861, tornate del 25 e 27 marzo, pp. 284-286, 288-289, 332; in Pietro Scoppola, *Chiesa e Stato nella storia d'Italia: Storia documentaria dall'unità alla Repubblica*, pp. 6-7.

③ Pietro Scoppola, *Chiesa e Stato nella storia d'Italia: Storia documentaria dall'unità alla Repubblica*, p. 5.

心所向，他说："人民的意志决定了定都罗马以及与之相关的一切问题。"显然，他希望说明，不是意大利王国的国王或者他本人选择罗马作为首都，而是所有意大利人民心所向，民心不可违。所以定都罗马的决定也绝不会因为任何因素或压力而改变，包括教宗和教会的压力。

但是，意大利进驻罗马必须解决两大问题，加富尔指出：首先，必须与法国达成协议；其次，必须消除罗马以及意大利其他地区乃至意大利以外的天主教徒们的疑虑，即意大利王国并非剥夺了教宗的独立自主权，王国政府也无意否定教宗的精神领袖地位。加富尔认为只要达成了后者，与法国的协议便会水到渠成。他提醒王国议会和政治精英们注意，罗马的归属权问题仅仅依靠武力无法解决，也不是单纯的外交斡旋能解决的问题，而是人数众多的天主教教众的民心向背问题。

加富尔"自由国家之中的自由教会"原则的内涵是：教宗放弃世俗权，意大利国家承诺保障教宗的独立自主和天主教教会的自由。他深知，教宗不会轻易放弃世俗权，而他演讲的主要目的与其说是说服教宗，倒不如说是说服意大利国内外的天主教徒：

> 意大利王国入主罗马并不会使教宗颜面尽失，也不会使其失去其原有的独立自主性，教宗仍然是全世界天主教徒的领袖，这种地位不会因罗马并入统一的意大利王国而改变，天主教徒不必担忧这一点。如果事实真如天主教徒们担忧的那样，那么可以说将罗马并入王国不仅彻底伤害了天主教众，更是整个意大利的灾难。我不希望看到因为世俗权与宗教权被政府统统掌控而使得意大利虔诚的民众陷入极大的灾难中。在世界任何角落，一切历史都证明着一条亘古不变的规律，即世俗权与宗教权被某一个政治人物或团体所集中掌握时，就容易出现邪恶的专制主义；例如某些国家和地区的哈里发和苏丹就是既掌控世俗权又独揽精神权，僧侣特权阶级篡夺了世俗权力。①

---

① Pietro Scoppola, *Chiesa e Stato nella storia d'Italia：Storia documentaria dall'unità alla Repubblica*, p. 8.

加富尔非常肯定，入主罗马必须建立在保持教宗独立自主的精神权基础上，但他驳斥了支持教宗争取世俗权的理论。加富尔的论证是：

在过去的若干个世纪里，欧洲的世俗国家法律均以教会法为纲，教会法为公共世俗法提供统治的合法性，当时欧洲所有的统治者都遵循着这一原则。因此，欧洲的世俗统治者自然也就成为教宗国的保护者，他们给予教宗国世俗的领地及其统治权，直到 1789 年以前，这种世俗权的确保证了教宗的独立自主性。但是，世俗法与教会法的这种关联在 1789 年以来的现代世界已然改变，几乎所有政府都不约而同、理所当然地重申大众在政治生活中的重要性。大众对于政府的支持是其不可或缺的支柱，而以保证教会世俗权为条件获得教会的支持已然不是政治统治的根基。对于教会而言，世俗权也就不再是其独立自主的前提。[1]

加富尔此番论证的重点是，在现代世俗化的民族国家兴起的背景下，教宗丧失世俗权是历史的必然。实际上，民族国家兴起，就是旧的社会信仰体系逐渐瓦解、新的信仰体系逐步建立的过程。法国大革命之后，欧洲的社会历史背景发生了深刻改变，各国几乎都面临两个迫切而重要的问题：

（1）亟须设计一套新的政府形式以实现对所有国民直接而且有效的管辖与监督；

（2）人民对国家及统治体系的认同问题。

过去，国家统治者是通过宗教和社会等级等纽带来控制人民，然而随着革命年代的到来，旧制度崩溃，统治者必须直接面对人民。[2] 这就能理解为何加富尔如此强调意大利定都罗马是民心所向。

加富尔指出，教会自由最坚强的后盾是意大利人民，这源于意大利人

---

[1] Pietro Scoppola, *Chiesa e Stato nella storia d'Italia: Storia documentaria dall'unità alla Repubblica*, p. 9.

[2] 〔英〕埃里克·霍布斯鲍姆：《民族与民族主义》，李金梅译，上海人民出版社，2000，第 82~88 页。

民身上体现出来的可贵品质：

> 他们是十分虔诚的天主教徒，从未试图损害教会，只是希望改革教会的世俗权。而这种改革是古往今来众多思想家都考虑过的，我们从达布雷夏（Arnaldo da Brescia）、但丁（Dante Alighieri）、萨沃纳罗拉（Girolamo Savonarola）、萨尔皮（Paolo Sarpi）、詹诺内（Pietro Giannone）等人的著作中，都能找到这种改革思想的痕迹，然而谁都没有驳斥过天主教教义。[1]

加富尔进一步论证，因为没有了世俗权的羁绊，教宗不必终日被束缚于各种各样的政教协定。表面上看，通过这些协定教宗可以同时维护自己手中的精神权和世俗权，实际上，教宗乃至所有天主教徒都得时刻防备着世俗政府，不论是意大利的还是意大利以外的，他们随时有可能借助世俗手段对教宗的精神权加以限制。由此，从长远来看，教宗的权威只会日渐削弱。

"自由国家之中的自由教会"原则另一个需要阐述的重点就是，一旦教宗放弃争夺罗马，放弃了世俗权，那么教宗的自由独立如何保障？对此，加富尔的主要观点就是两权（政权与教权）分离。

> 政教分离得越明确、彻底和决绝，教会的自由权就越能得到保证，教宗的独立自主就比现在更加有保障。
> ……
> 在我看来这其中的道理是不言而喻的，我相信任何一位虔诚的天主教徒、热心积极从事宗教事业的神甫都必然会舍弃世俗的特权和地位而选择宗教活动自由权。若非如此，我们就可以认为这些天主教徒的信仰不够坚定虔诚，他们的宗教情感不过是获得世俗利益的手段罢了。[2]

---

[1] Pietro Scoppola, *Chiesa e Stato nella storia d'Italia：Storia documentaria dall'unità alla Repubblica*, pp. 10-11.

[2] Pietro Scoppola, *Chiesa e Stato nella storia d'Italia：Storia documentaria dall'unità alla Repubblica*, pp. 9-10.

对意大利来说，统一的民族国家构建包含对外民族独立和对内国家权威的建立，后者就包括国家世俗化，首要的就是政教分离。之所以如此，是因为如教宗国历史以及意大利复兴运动史所显示的，教宗以及罗马教廷从来都反对意大利独立和统一，更不可能充当意大利民族国家的代表；其与封建旧势力、外国强权的密切联系也促使一切支持意大利民族国家构建事业的人将其视为敌人。况且，此时，教宗依然盘踞罗马，阻碍着意大利王国的领土统一。因此，政教分离与进驻罗马对意大利构建民族国家而言是同等重要的。当然，意大利定都罗马，现代民族国家政权取代教廷行使对罗马的主权，这一事实本身就象征着意大利政教分离的决心。

然而，罗马教廷在世俗权问题上表现得相当强硬。1861 年 3 月 18 日，庇护九世发布《我们久已辨明》（*Jam dudum cernimus*）通谕，重申其不放弃教宗国的坚定决心，指出天主教主义坚决不会与"进步主义、自由主义和现代文明"达成任何妥协。教廷甚至粗暴地将加富尔的谈判代表赶出了梵蒂冈。①

加富尔去世后入主内阁的贝蒂诺·里卡索利（Bettino Ricasoli）②秉持着"自由国家之中的自由教会"原则，试图从法国方面进行突破。虽然取得了初步成果，缔结了协定，但是激起了教宗新的抗议，政教关系反而恶化。

1861 年 9 月 10 日，里卡索利致信庇护九世，重申了加富尔的"自由国家之中的自由教会"原则。

> 教会需要自由，我们在意大利王国内给教会带来了自由。我们全心全意地希望教会拥有自由权，因为教会的自由是王国安定繁荣的保障；为了实现这种自由，教会必须摆脱政治枷锁。迄今为止，教会因反对我们而借助外国列强之手，实则是自缚于政治桎梏之中。……如果教宗您能放下世俗领地欲求，就是帮助王国摆脱困境，意大利将给予您和教会安全、自由和新的崇高地位。您将不再受世俗君主之累，但仍然是至高无上的教宗；天主教教会的地位一如往昔，如您所愿，

① Denis Mark Smith, *Cavour*, pp. 274-275.
② 贝蒂诺·里卡索利（Bettino Ricasoli），1861 年 6 月至 1862 年 2 月第一次任首相；1866 年 6 月至 1867 年 4 月第二次担任首相。

教宗国可以作为自由而独立的国家存在。意大利是您钟爱的儿女，您若愿意聆听她的请求，那么在她心里您就是灵魂王国的君主，希望您能仁慈地为罗马、为世界各国祈祷，注视各国，助他们恢复法律秩序，我们也将像从前一样尊奉您，如守护神一般。①

1866 年 11 月 8 日，再次担任王国首相的里卡索利在给麦克奈特夫人（F. M. Macknight）② 的信中，把政教冲突的两个主体概念从意大利王国与教廷换成了"罗马人民"与"教宗"：

教宗没有世俗统治权，但仍拥有独立统治的权力。罗马人民因此获得了选举的权利，他们可以按照政治程序，选出他们认为最符合自身利益的政府。如果教宗与罗马人民之间的争执能和解，我将第一个为此鼓掌欢呼。③

在最关键的世俗权问题上，王国并不打算让步。连教宗目前所在的梵蒂冈城，里卡索利明确表示可以划出区域给教宗使用，但其主权仍然属于意大利。

它（梵蒂冈城）是罗马的一部分，尽管有别于其他部分，但它与其他部分是紧密相连的。在过去很长的历史时间里，它都是教宗的皇宫和城堡所在，为教宗所有，并且捍卫着教宗，使教宗在罗马人民多次的倾轧纷乱中得以保证人身安全。因此，我想可以划出该城一直延伸到大海的一条狭长的领土作为教宗驻地，保证其能自由畅通地与整个世界保持联络。

---

① "Atti Parlamentari, Camera, Documenti, leg. Ⅷ", sessione 1, Vol. Ⅱ, pp. 363–365, in Pietro Scoppola, *Chiesa e Stato nella storia d'Italia：Storia documentaria dall' unità alla Repubblica*, pp. 39–40.
② 麦克奈特夫人，英国人，天主教徒，在梵蒂冈社交圈中很有影响力。
③ B. Ricasoli, "Lettere e documenti", a cura di M. Tabarrini e Aurelio Gatti, Firenze 1898, Vol. Ⅸ（1866–67）, pp. 10–11, in Pietro Scoppola, *Chiesa e Stato nella storia d'Italia：Storia documentaria dall'unità alla Repubblica*, p. 47.

但是，教宗对这片领土没有主权，因为他手上没有武装力量，无法保障这片领土的安全。有鉴于此，教宗应首先同意大利王国达成协议，其次再与其他国家达成一致，所有天主教国家可以同心协力，敬奉教宗，捍卫天主教教义，这样教宗驻地的安全才有保障。为了保障教宗的自主独立，意大利王国可以提供一部分武装力量，驻守教宗驻地。①

1864 年 9 月 15 日，意大利与法国签订了《圣克劳德协定》（*Saint-Cloud Convenzione*）②，拿破仑三世同意撤出其驻教廷的军队。该协定是意大利绕过教宗与法国签署的外交性质的协议，没有教宗参与却协商处置了教宗的驻地事宜。得知意法订立了秘密协定后，庇护九世十分恼怒，称其像一份"遗弃书"。③ 教宗庇护九世在意大利与法国秘密磋商的时候正致力于加强教宗在整个天主教世界的权力，"打击任何一种不那么正统的、不那么赞成完全服从教宗的倾向；他（庇护九世）变得越来越僵化，抗击当代一切思潮和倾向"。④ 1869 年 12 月 8 日，庇护九世在圣彼得大教堂主持召开第一届梵蒂冈公会议（Concilio Ecumenico Vaticano Ⅰ）。1870 年 7 月经过两轮投票表决，通过了信仰宪章。该宪章主要的精神之一就是"教宗永无谬误论"：教宗在处理教会事务方面享有最高裁判权，其个人言论具有准确无误性。该理论的支持者认为，凭此即可反驳某些天主教国家的教会自治论（即主张民族教会独立自主）。而民族教会自治论者以及反对

---

① Pietro Scoppola, *Chiesa e Stato nella storia d'Italia: Storia documentaria dall'unità alla Repubblica*, pp. 47-48.

② 该协定内容：首先，意大利不得进攻 1860 年以来教宗所拥有的领土，并且有义务保护教宗的这部分领土免受外国进攻；其次，法国将在两年内逐步撤走驻教廷的军队，帮助教廷组织自己的卫队；再次，意大利政府同意教廷组织自己的卫队，这支卫队由外国人组成，旨在维护教宗的权威以及教宗国的安全稳定。这支卫队不会成为抵抗意大利政府的武装；最后，意大利须准备与教宗国订立一份协议，对教宗国部分领土被占领所受到的损失做出补偿。Ernesto Vercesi, e Dott. A. Mondini, *I Patti del Laterano——La Questione Romana da Cavour a Mussolini*, pp. 91-92；〔意〕路易吉·萨尔瓦托雷利：《意大利简史：从史前到当代》，沈珩、祝本雄译，第 518 页。

③ Ernesto Vercesi, e Dott. A. Mondini, *I Patti del Laterano——La Questione Romana da Cavour a Mussolini*, pp. 91-93.

④ 〔意〕路易吉·萨尔瓦托雷利：《意大利简史：从史前到当代》，沈珩、祝本雄译，第 519 页。

"教宗无谬误论"者则提出，教宗在整个教会体系中，扮演的是总主教角色，只是根据教义来引导教徒，并不表示他是最高权威。对此，教宗庇护九世针锋相对地振臂高呼："朕即传统。"（La tradizione sono io！）①

可以看到，"罗马问题"并不仅仅是罗马的归属权问题，非简单的领土主权争端，也不是外交斡旋可以解决的问题。它的实质是意大利构建统一的现代民族国家的目标与罗马教廷世俗权以及既得利益之间的冲突。

二 罗马教廷的新思维

（一）"资本主义教宗"②

"站在 19 世纪与 20 世纪相交的门槛上，透视纷乱迷繁、气象万千的历史烟云，就会发现，此时正处在从近代工业文明向现代世界起承转合的关节点上。发源于欧洲的资本主义近代工业文明，向世界其他地方的扩展到此告一段落，资本主义工业文明的世界体系已基本建立。"③ 列宁则把 19 世纪末至 20 世纪初欧美资本主义的发展形态定义为"以垄断为特征的垄断资本主义"，即帝国主义。霍布斯鲍姆（或译霍布斯邦）的 19 世纪三部曲，将 1875 年至 1914 年命名为"帝国的年代"："资本年代的矛盾却渗透并支配了帝国的年代。""由工业资本主义所创造，也为工业资本主义所特有的工人阶级，其大规模的有组织的运动已在这期间突然出现，并且要求推翻资本主义。""在这个时代，资产阶级自由主义的政治和文化制度，已经延伸到或行将延伸到资本主义社会的劳苦大众"。④

对于资本主义社会的发展，1878 年当选为教宗的利奥十三世（Leo XIII，1810～1903 年）一改其前任庇护九世的不妥协态度，开始努力使他领导下的

---

① Claudio Rendina, *I Papi: Storia e segreti, Dalle biografie dei 265 romani pontefici rivivono restroscena e misteri della cattedra di Pietro tra antipapai, giubilei, conclavi e concili ecumenici*, p. 770.

② 利奥十三世被称为"第一个'资本主义教皇'"。参见刘明翰《罗马教皇列传》，东方出版社，1995，第 186 页。

③ 马克垚主编《世界文明史》（下册），北京大学出版社，2004，第 41 页。

④ 〔英〕艾瑞克·霍布斯邦：《帝国的年代》，王章辉、张晓华、贾士蘅译，国际文化出版公司，2006，第 10～11 页。

罗马教廷和天主教教会适应资本主义的新时代。利奥十三世统治罗马教廷长达 25 年，是一位"跨世纪"的教宗。意大利著名政治史家乌尔巴诺·拉塔齐（Urbano Rattazzi）评价利奥十三世，"毫无疑问是一位具有重要价值的人物，他有着非凡的毅力，在履行自身职权时表现出不同寻常的严厉风格"，"他是一位值得称赞和仰慕的神甫，兼具政治上的远见卓识和极渊博的科学知识"。①他最引人注目的特点有二：一是不遗余力地企图重建教宗权威；二是他重建教宗权威的方式与其前任截然不同，他改变策略，开始正视时代的变化并努力使天主教教会适应这种变化。

为重建和巩固教宗权威，利奥十三世即位后着手改组教廷人员组成，基本上都选用其在佩鲁贾主教任职期间的一套领导班子，因为他认为只有这部分人员能够"无条件执行教宗的政治路线"。由此，他可以按照自己对教会和新的意大利政治形势乃至国际形势的判断，指挥这些"温和的、忠诚的、活跃的"②人士来实现其重建教宗无上权威的目的。

1878 年 4 月，即利奥十三世当选教宗仅两个月时，他致信当时的奥匈帝国皇帝弗兰茨·约瑟夫一世（Franz Joseph Ⅰ，1830～1916 年），表达了将教廷迁出意大利的想法。他担心，如果教廷继续留在罗马，"整个天主教世界都会被禁锢在此不得解脱"。③他打算求援，可是随着奥匈与意大利结盟，外逃计划落空。这也表明利奥十三世挣脱梵蒂冈"牢笼"的迫切心情。"他野心极大，企图通过经济和社会渠道将天主教势力慢慢渗入意大利国家，以此来重建教宗至上的世俗权力。"④

利奥十三世非常重视扩大罗马教廷的经济利益。1880 年 3 月，教宗将梵蒂冈拥有的财产转化为金融资本，与意大利一些大银行家合作，建立了

---

① Francesco Paolo Casavola（Istituto della Enciclopedia Italiana fondata da Giovanni Treccani），*Enciclopedia dei Papi*，Roma：Romagraf s. r. l.，2008，p. 578.

② Francesco Paolo Casavola（Istituto della Enciclopedia Italiana fondata da Giovanni Treccani），*Enciclopedia dei Papi*，p. 579.

③ Claudio Rendina，*I Papi：Storia e segreti，Dalle biografie dei 265 romani pontefici rivivono restroscena e misteri della cattedra di Pietro tra antipapai，giubilei，conclavi e concili ecumenici*，pp. 774-775.

④ Claudio Rendina，*I Papi：Storia e segreti，Dalle biografie dei 265 romani pontefici rivivono restroscena e misteri della cattedra di Pietro tra antipapai，giubilei，conclavi e concili ecumenici*，p. 780.

"罗马银行"（Banco di Roma）①，积极参与金融业务、证券、贷款等活动。② 此后他还开办公司，扩大投资，又通过罗马银行给意大利帕切利家族（Pacelli）贷款，创立了著名的"庞泰涅拉（Pantanella）面粉公司"，该公司当时垄断了罗马的面粉业，至今仍存在。梵蒂冈的信贷机构包括"罗马银行""罗马通用银行""手工业者银行""信贷银行"，19 世纪 80 年代，这些机构拨出巨款在罗马大量兴建房屋。据统计，此时梵蒂冈在罗马房地产投入资金超过 200 万里拉。③两家梵蒂冈企业"不动产公司"和"贫苦者与劳动群众房屋建筑公司"从事房地产的投机事业。梵蒂冈的代理人在意大利各地遍设水灾、火灾、人寿等保险公司。到 19 世纪末，罗马教廷的金融资本已经垄断了罗马的面粉、自来水、交通运输、建筑、电力和煤气等行业。④

利奥十三世意识到工人运动和社会主义活动的蓬勃发展对教宗和教会构成威胁。1878 年 4 月 21 日，他发布了即位后的第一封通谕，名为《深奥莫测之天主》（*Inscrutabili dei Consilio*）。阐发的一个中心思想便是"古代社会政治秩序已被恶势力扰乱"：

> 这些恶徒们给各地的普通百姓都造成了伤害，我们举目四望看到的是哀鸿遍野。他们掘毁了社会之根基，颠覆了原本令人满意的社会秩序；他们天性固执，容不下哪怕一点古代秩序的残余；他们经常性地煽动不和的情绪，导致社会内部的争夺，还挑起残酷和血腥的斗争。他们蔑视一切符合道德的、公正的法律；对眼前暂存的物质利益贪得无厌，对那些永恒之物却毫不在乎；他们总是煽动疯狂和暴怒，

---

① 罗马银行：到一战前该银行在意大利各地都开设有分行，并成为第一家在国外开设分行的意大利银行。一战后，银行资本大量投入意大利工业，二战时形成全国性的银行系统并积极开拓海外业务，重点为地中海地区、中东和东非。1991 年集中重组，1992 年联合罗马储蓄银行（Cassa di Risparmio）和圣灵银行（Banco di Santo Spirito）组建成新的"罗马银行"（Banca di Roma）。

② Alfredo Capone, *Destra e Sinistra da Cavour a Crispi*, a cura di Giuseppe Galsasso, *Storia d'Italia*, Vol. XX, Torino: UTET, 2004, p. 512; John F. Pollard, *Money and the Rise of the Modern Papacy: Financing the Vatican, 1850-1950*, New York: Cambridge University Press, 2005, pp. 62-67.

③ Pollard, *Money and the Rise of the Modern Papacy: Financing the Vatican, 1850-1950*, p. 63.

④ 刘明翰：《罗马教皇列传》，第 187~189 页。

导致普通人的不幸甚至死亡；他们没有什么管理的才能，只知滥用破坏，肆意贪墨公共财产。然而，他们却妄图蛊惑大众，让人们相信他们是祖国、自由和法律的捍卫者。这些致命病菌将蔓延至社会机体的每一个角落，有可能带来恐怖的灾难，令人担忧。①

其中，最让利奥十三世不能忍受的就是工人阶级运动"藐视"天主教教会：

> 天主教教会乃是因上帝之名义统领人间，代表一切合法正当之权力（复仇之权和保护之权），可他们却蔑视和否定教会神圣庄严之权威。②

终其一生，利奥十三世都在号召加强社会活动，同"离经叛道思想"作斗争。在他看来，社会主义显然不是解决劳资问题的最佳办法。在 1891年 5 月 15 日颁布的《新事物》通谕③中，利奥十三世具体地阐述了他的社会思想。概括起来就是要求统治者与被统治者，资本家与劳工阶级形成"合作"，所以他的思想也被称为"合作主义"（Corporativismo）。对劳资冲突和由之引发的社会问题，利奥十三世建议，政府要遵循道德法，尽力避免阶级斗争，采取具体的措施帮助贫困的底层人民，建议资本家和劳工达成合作。政治史家对这一通谕评价并不高：

> 这（指《新事物》通谕）既非社会的也非福音的：而是归尔甫派主张的中世纪城市的行会合作主义。为了平息社会主义大潮，利奥十三世只有以回到中世纪行会相召唤，舍此没有更好的办法。……他是一位赞同罢工权利的教宗，不反对建立天主教工会，他成了一个时代

---

① Francesco Paolo Casavola（Istituto della Enciclopedia Italiana fondata da Giovanni Treccani），*Enciclopedia dei Papi*，p. 580.
② Francesco Paolo Casavola（Istituto della Enciclopedia Italiana fondata da Giovanni Treccani），*Enciclopedia dei Papi*，p. 580.
③ 《新事物》通谕：拉丁文 *Rerum Novarum*，中文出版物也将其译为《劳工通谕》。

的象征：20 世纪已经来临。①

此乃天主教教会针对劳工世界的第一次表态；通谕一方面企图打击在欧洲各国政治中居主导地位且大多持反教权态度的自由阶层，另一方面使工人阶级免受日益增长的社会主义的影响。不过，尽管通谕引起的反响巨大，还是迟到了一步，白费力气；社会主义已经为大众所接受，教宗则完全成了贵族代言人。②

尽管如此，仍然可以看到，自利奥十三世开始，罗马教廷不得不重视资本主义现实问题，被迫应对社会主义浪潮。

（二）转向政治参与

开始重视政治参与是教廷新世纪新思维的另一重要表现。针对"天主教徒是否参与意大利选举"这一问题，庇护九世曾明令禁止。教廷官方下达教令 "*Non expedit*"，拉丁文本义是"不适当"（以下称"不适当"教令）。这一教令是庇护九世时期教廷提出，而后在利奥十三世时得到强调，在庇护十世即位后约束力减弱，直至本笃十五世正式宣布取消。这一教令由严格遵守到逐渐不遵守，再到最后废除的过程正体现了教宗领导的罗马教廷的又一个思维转变。这种转变促成了日后天主教徒广泛参与政治的局面，尤其是与自由派联合起来在政治上打压社会党。显然，政治上的联合或者说在意大利国家统治者与教廷之间出现了新的共同利益，无疑最有利于双方和解。

1861 年 1 月 8 日，虔诚的教权主义者唐·马尔戈蒂（Don Margotti）在《和谐》（*Armonia*）刊物上提出口号"不当选亦不投票"（Né eletti né elettori）。这一口号被其他主张教权主义的刊物频繁转载，从 1865 年至 1868 年其见报率很高，引起了天主教界的广泛关注和讨论。应天主教教众的要求，1866 年 12 月 1 日，道德法庭（Penitenzieria）在训令中提出教廷反对天主教徒参与意大利

① Claudio Rendina, *I Papi: Storia e segreti, Dalle biografie dei 265 romani pontefici rivivono restroscena e misteri della cattedra di Pietro tra antipapai, giubilei, conclavi e concili ecumenici*, p. 778.

② Claudio Rendina, *I Papi: Storia e segreti, Dalle biografie dei 265 romani pontefici rivivono restroscena e misteri della cattedra di Pietro tra antipapai, giubilei, conclavi e concili ecumenici*, pp. 777-778.

选举。随后最高宗教法庭（Sant'Ufficio）①、道德法庭（Penitenzieria）② 和枢机主教特别教务会议（Congregazione degli Affari Ecclesiastici Straordinari）③ 在相关指示中重申了教廷的态度。从 1864 年到 1865 年，仅道德法庭就曾先后三次下达指示，反对天主教徒参与选举和被选举。④

1868 年 2 月 29 日，道德法庭下达教令（Decree），提出"不适当"（Non expedire）一说，禁止天主教徒参与选举。关于天主教徒该不该参选和投票的问题在教会和教众中间一直有讨论，1871 年宗教法庭为回应教徒的争议，做出了新的指示，提出了天主教徒参与选举是"不适当"的说法。这是"不适当"说法第一次出现在教廷官方言论中。此后关于该说法的议论不断，于是 1874 年，宗教法庭又出面释疑，称："参加政治选举集会，和参与一切与选举有关的活动都是不适当的，对出任罗马下院议员和上院议员的人（指天主教徒），我们绝不宽恕。"⑤同年，教宗庇护九世在一次讲话中重申了这一说法；但是 1877 年 1 月 29 日，在对"天主教青年最高委员会"（Consiglio Superiore della Gioventù Cattolica）的简短发言中，庇护九世却宣称教廷尚未对该问题做出盖棺定论。道德法庭在 1874 年、1883 年和 1886 年下达指示，明令禁止天主教徒参与选举。

"不适当"教令实则是教廷对抗意大利王国的一种手段。正是在"罗马问题"引起的政教冲突达到顶点的那段时期，即 1871 年意大利占领罗马之后不久，教廷三令五申禁止天主教徒参与意大利选举，并逐渐明确了"不适

---

① 最高宗教法庭：1542 年教宗保罗三世下达训令在罗马成立了一个直接隶属于他的宗教裁判法庭，由教宗选任枢机主教和高级教士组成，主要任务是保持和捍卫天主教信仰的纯正，审查并废除错误及虚假的教义。该法庭一度成为天主教会内部最重要的裁判法庭，后来其他地方的宗教裁判所也能受理与教义相关的案件，于是罗马的宗教裁判法庭成为管理各地方宗教裁判所的最高机构。1633 年，该法庭曾对天文、物理学家伽利略做过审判决定。

② 道德法庭：是罗马教廷于 12 世纪时建立的司法部门，直接隶属于教廷，为天主教会最高法庭之内庭。其中有一位告罪大神甫、一位执行官、五名高级教士、一位检察官和一位副检察官，主要裁定判决关乎伦理、婚姻等罪行的豁免和特赦，根据案件轻重程度依次由执行官、告罪大神甫及教宗来判定。

③ 枢机主教特别教务会议：1814 年教宗庇护七世建立，旨在应对拿破仑帝国崩溃后恢复教廷机构和教宗国的相关事务。由八位枢机主教、一位书记和五位顾问组成，从成立之日起主要处理教廷与法国的重大外交、经济、社会和宗教事务，统一管理教廷其他各机构。

④ Elio Guerriero, *La Chiesa in Italia: Dall'unità ai nostri giorni*, pp. 203-204.

⑤ Elio Guerriero, *La Chiesa in Italia: Dall'unità ai nostri giorni*, p. 205.

当"的范围，而且教宗庇护九世也在公开场合强调这一说法。1871 年意大利形式上实现了统一，也进入了现代民族国家构建的实质性阶段，即在经济、政治、社会和文化等多领域开展。在政治方面，要建立中央集权政府，发展完善君主立宪政体，具体来说就是要健全议会政党政治、扩大选举权。然而，意大利民众普遍信仰天主教，"不适当"教令一出，也就意味着这部分意大利国民不能参与意大利政治选举。诚然，该教令对意大利的影响，在南方和北方有所区别。由于南方政治民主程度较低，那里的天主教徒对"不适当"教令的执行力度就较大；北方则反之，相对不那么遵守。

> "不适当"教令的贯彻执行产生了极大的影响，刺激了自发的弃权主义的兴起，即放弃选举权。可以肯定地说，这阻碍了普选权的扩大，若没有"不适当"教令，普选权的发展速度可以更快。①

在"是否允许天主教徒参与意大利选举"的问题上，利奥十三世不仅继承甚至还强化了庇护九世的政治保守性。他要求所有天主教徒遵守庇护九世的"不适当"教令，即天主教徒"不当选亦不投票"。② 利奥十三世试图渗入意大利民族国家的各个领域，而政治是他不能绕开的，但是他"不相信天主教的知识分子们；他认为在教会僧侣集团与这些天主教独立的知识分子们中间存在裂痕"。③ 利奥十三世抨击的具有独立思想的天主教知识分子主要就是指教会当中主张"基督教民主"（Democratico Dristiano）和现代主义（Modernismo）的教徒。他 1901 年的通谕《民主之重罪》（*Graves de communi re*）认为"基督教民主对许多善良的教徒造成了恶劣的影响，因为这种思想的基础是模糊不清且危险的"。"因为某些人可能利用基督教民主，争取民众力量以掩盖其政治目的，为的是维持现有的统治而不是推翻它。"与庇护九世一样，利奥十三世也极力反对教会内部的现代主义，宣称"世界上有一种对不明智的

① Elio Guerriero, *La Chiesa in Italia：Dall'unità ai nostri giorni*, p. 206.
② Claudio Rendina, *I Papi：Storia e segreti, Dalle biografie dei 265 romani pontefici rivivono restroscena e misteri della cattedra di Pietro tra antipapai, giubilei, conclavi e concili ecumenici*, p. 774.
③ Claudio Rendina, *I Papi：Storia e segreti, Dalle biografie dei 265 romani pontefici rivivono restroscena e misteri della cattedra di Pietro tra antipapai, giubilei, conclavi e concili ecumenici*, p. 780.

和可悲的革新的向往，但是僧侣应该高于凡人的意见和制度的可变性"。①

利奥十三世于 1903 年 7 月去世，继任教宗的是朱塞佩·萨尔托
（Giuseppe Sarto）主教，称庇护十世（Pio Ⅹ，1903~1914 年在位）。他出
生于意大利北部特雷维索（Treviso）附近的一个贫寒之家。因为出身关
系，庇护十世的性格谦恭且乐善好施。"他完全继承了利奥十三世的衣钵，
不同的是，利奥出身贵族，庇护是乡村教士出身；利奥有远见卓识和外交
才干，庇护则缺乏才能，但却执拗地忠诚于教会活动。"②

庇护十世在即位后第一封通谕中就强调："教宗是天主教社会之唯一
最高领袖。"但他同时也说："教宗与国家首脑及世俗当局基于自愿而相互
建立关系十分必要。"③庇护十世常说的一句话是"朕必须关心政治"，他支
持天主教徒与自由派秘密结盟（1913 年"真蒂洛尼密约"），还着手组建
天主教徒的政治组织，让温琴佐·奥托里诺·真蒂洛尼（Vincenzo Ottorino
Gentiloni）④ 担任这些政治组织的领导人。教宗相信，这是一种现代的"十
字军东征"。教廷得以控制天主教选票，使"基督教民主"分子苦心经营
的事业四分五裂，让其领导人如罗慕洛·穆里（Romolo Murri）⑤ 和唐·路
易吉·斯图尔佐（Don Luigi Sturzo）⑥ 等人远离"神圣之天职"。⑦

---

① Claudio Rendina, *I Papi*: *Storia e segreti*, *Dalle biografie dei 265 romani pontefici rivivono restroscena e misteri della cattedra di Pietro tra antipapai*, *giubilei*, *conclavi e concili ecumenici*, p. 780.

② 刘明翰：《罗马教皇列传》，第 201 页。

③ Francesco Paolo Casavola（Istituto della Enciclopedia Italiana fondata da Giovanni Treccani），*Enciclopedia dei Papi*, pp. 596-597.

④ 温琴佐·奥托里诺·真蒂洛尼（1865~1916），意大利政治家、公教进行会领导人。1909 年由教宗庇护十世授权领导"意大利天主教选举联盟"，直至去世。1913 年意大利全国大选，他领导下的选举联盟与意大利自由派达成秘密协议，该协议以他的名字命名，称"真蒂洛尼密约"。

⑤ 罗慕洛·穆里（1870~1944），意大利天主教士、政治家。曾积极推动天主教徒参与意大利政治，因 1909 年进入议会而被教会开除教籍。他的思想影响了 20 世纪意大利天主教民主政治的发展。

⑥ 唐·路易吉·斯图尔佐（1871~1959），意大利天主教士、政治家。曾积极参与公教进行会的活动，与罗慕洛·穆里私交甚笃。1919 年 1 月组建意大利人民党（Il Partito Popolare Italiano），1924 年 7 月被迫辞去人民党书记职务，之后长期流亡海外，二战后回到意大利，继续从事政治活动直至去世。

⑦ Claudio Rendina, *I Papi*: *Storia e segreti*, *Dalle biografie dei 265 romani pontefici rivivono restroscena e misteri della cattedra di Pietro tra antipapai*, *giubilei*, *conclavi e concili ecumenici*, p. 783.

庇护十世改组了公教进行会（l'Azione Cattolica）①，将其划分为三个联盟：意大利天主教人民联盟（Unione Popolare fra i Cattolici Italiani）、社会经济联盟（Unione Economico-sociale）和选举联盟（Unione Elettorale）。其中第一个联盟主要负责文化和宣传活动，后两个则负责经济和选举。在此之前，1867 年，部分在俗教徒建立了一个意大利天主教青年团（Società della Gioventù Cattolica Italiana）②；1908 年庇护十世又组建了意大利天主教妇女联盟（Unione fra le Donne Cattoliche d'Italia）。所有这些组织均一致遵守公教进行会的纲领。③

庇护十世试图将发动天主教民众的领导权牢牢控制在自己的手中。放松"不适当"教令实则是不得已而为之。因为普选权扩大和政治民主化是意大利构建现代民族国家的必经之途，在这条道路上，不论是执政的意大利自由政府还是处在上升期的社会党，都已经开始如火如荼地争夺选民，而选民中天主教徒占有重要份额。④此时，作为天主教教会首领的教宗自然不能置身事外，正如其前任利奥十三世不得不出面澄清教廷对资本主义社会矛盾的立场一样，庇护十世也必须面对新的形势。

① 公教进行会（l'Azione Cattolica），主要由天主教在俗教徒组成，由庇护九世创建于 1868 年。当时，教宗国受到意大利民族运动的冲击，为挽救危局，教宗号召意大利天主教徒组织起来以行动保护教会，故命名"公教进行会"。其麾下有许多分支组织，包括工会、学生组织、妇女组织等，具有国际性。凡天主教徒不分性别年龄阶级职业均可以参加。
② 意大利天主教青年团：最初由两位在校大学生马里奥·法尼（Mario Fani）和焦瓦尼·阿夸代尔尼（Giovanni Acquaderni）在博洛尼亚圣彼得城堡（Castel San Pietro dell'Emilia）建立。该团体的箴言是"祈祷、行动、牺牲"，有四项基本的组织原则：服从教宗；致力于教育；遵循基督教主义的生活；以接济弱势群体和穷人为己任。1868 年 5 月，该团体得到教宗庇护九世的首肯。此后发展迅速，影响几乎遍及全意大利。庇护十世改组公教进行会后，该团体被纳入其中。
③ Francesco Paolo Casavola（Istituto della Enciclopedia Italiana fondata da Giovanni Treccani），*Enciclopedia dei Papi*，p. 602.
④ 据贾科莫·马丁纳对相关资料的统计，18 世纪中期，都灵神职人员占人口比例为 1.67%；博洛尼亚为 2.2%；托斯卡纳为 1.2%；那不勒斯王国为 2.25%；拿破仑统治时期平均比例为 1.8%。至 1850 年前后，意大利境内（按照现在的国界线）居民约 2300 万人，天主教教士总数约 6 万人，教俗界神职人员总数约 10 万人；1861 年教士 87744 人，修士 30632 人；1871 年教士 10 万人，修士 9163 人；1881 年教士 84834 人，修士 7191 人。参见 Elio Guerriero，*La Chiesa in Italia：Dall'unità ai nostri giorni*，p. 33，p. 125；Alfredo Capone，*Destra e Sinistra da Cavour a Crispi*，a cura di Giuseppe Galsasso，*Storia d'Italia*，Vol. XX，pp. 124-127。

（三）"新俗权主义"

1922年2月，来自米兰的保守派主教阿基莱·拉蒂（Achille Ratti，1857~1939年）登上教宗宝座，称庇护十一世。与本笃十五世支持天主教徒参与选举、进入国家政治领域不同，庇护十一世排斥基督教民主主义，对天主教政党之类不感兴趣。他非常注重天主教慈善、教育、道德和社会工作，在他看来只有通过这些工作，实施天主教教会所阐述的基督精神，才是用以对抗"令人目眩的、混乱的现代生活"的唯一武器。为此他热心于组建专注慈善、教育、道德和社会工作的"公教进行会"。

庇护十一世一心想将天主教大众导向"公教进行会"而不是政党，明令禁止天主教教士加入任何政党。他积极地组织"公教进行会"活动，主要有四大分支：青少年男子团、成年男子团、青少年女子团、成年妇女团。"这一分布广泛的团体网络必然有助于捍卫耶稣基督在这个国家社会生活中的威严。"① 庇护十一世根本目的是要形成一股"坚如磐石"的天主教力量来应对现代民族国家的新形势，他要把天主教大众统一在以保守派为领导人的新天主教组织里。在经济和社会事务上，庇护十一世坚持保守主义立场，很大部分原因在于他的朋友和熟人圈里有很多是温和教权派资本家和贵族。

1922年法西斯夺权成功后，教宗庇护十一世对墨索里尼有一番评价刊登在1922年10月29日《罗马观察家报》（L'Osservatore Romano）上，他指出"墨索里尼阁下开始启动合作式的政府管理模式，联合各种力量，尤其将人民的利益放在首位"。② 需要指出的是，庇护十一世亲法西斯的一个重要原因是他与国务卿加斯帕里（Pietro Gaspari）一样也深惧共产主义。在任教廷驻波兰大使三年期间，他的一些亲身经历对其后来敌视共产主义的情绪有决定性作用。

与国务卿加斯帕里一样，庇护十一世也迫切希望解决"罗马问题"。他曾在教宗加冕式之后现身圣彼得广场发表公开演说（按照1870年以来

---

① Claudio Rendina, *I Papi: Storia e segreti, Dalle biografie dei 265 romani pontefici rivivono restroscena e misteri della cattedra di Pietro tra antipapai, giubilei, conclavi e concili ecumenici*, p. 791.

② Claudio Rendina, *I Papi: Storia e segreti, Dalle biografie dei 265 romani pontefici rivivono restroscena e misteri della cattedra di Pietro tra antipapai, giubilei, conclavi e concili ecumenici*, p. 790.

的惯例，新当选的教宗在圣彼得大教堂加冕后均在教堂内致辞，而庇护十一世是多年来第一位公开露面发表加冕演说的教宗）。他声明，与意大利和解将是他任内的一项主要任务。而他对于"罗马问题"的看法主要受其"新俗权主义"（Neo-temporalismo）思想的影响。

教宗传记作家们把拉蒂对世俗权的看法称为"新俗权主义"主要是为了突出其与过去几任教宗的不同之处。还在任米兰大主教时，拉蒂就曾发表言论指出：

> 教宗乃是意大利最崇高之荣耀，尤其在乱世。教宗所具有的国际地位和超越民族国家之上的至高权威将给我们这个国家（指意大利）带来难以想象的特权和优势。①

拉蒂坚信教宗应该拥有世俗权，但他所强调的"世俗权"已经较庇护九世所坚持的教宗国的"世俗权"在内涵和外延上都扩大了。即不仅仅是领土主权意义上的"世俗权"，还要包括在现代民族国家、现代国际社会当中无可比拟的崇高地位和至上权力。

> 他（庇护十一世）企图在世界范围内逐步重建天主教神权，充分利用一切机会建立教廷与世界各国的关系，不论这些国家是何体制。学校、政党之中都有天主教新的大本营，这些都是"新俗权主义"在现代世界的实践。②

在庇护十一世在位期间，梵蒂冈与多个欧洲国家陆续签订了政教协定，除意大利之外，还包括拉脱维亚、罗马尼亚、立陶宛、德国、奥地利、南斯拉夫和波兰。

---

① Claudio Rendina, *I Papi：Storia e segreti, Dalle biografie dei 265 romani pontefici rivivono restroscena e misteri della cattedra di Pietro tra antipapai, giubilei, conclavi e concili ecumenici*, p. 790.

② Claudio Rendina, *I Papi：Storia e segreti, Dalle biografie dei 265 romani pontefici rivivono restroscena e misteri della cattedra di Pietro tra antipapai, giubilei, conclavi e concili ecumenici*, pp. 791-792.

三 意大利国家政策转向与政教和解

（一）民族国家观念与天主教主义趋向和解

理论上，意大利民族主义似乎与天主教价值观格格不入。因为民族国家观念本质上是独立、排他的，而意大利民族国家的构建史又是从反对天主教教权开始的。从复兴运动起，天主教主义就被认为是意大利统一民族国家的大敌；另一方面，天主教价值观是普世、泛爱众人的，且在教宗国的历史上，教会从来就只是如何想方设法去阻止意大利本土强权的产生，避免该强权统一意大利。但不能否认的是，历来思考意大利民族国家构建的重要历史人物，如马志尼、加富尔等都在试图促成这两者的和解。

复兴运动的杰出思想领袖马志尼较早地在意大利民族国家观念与基督教普世思想和宗教价值观之间架设了一座沟通的"桥梁"。1831年，马志尼在法国马赛创立"青年意大利"。他指出，该组织是"相信进步和义务法则的意大利人的兄弟会，他们相信意大利会被称作一个国家，相信能够凭借自己的力量创造这个国家……他们团结一致将其思想和行动奉献于将意大利建成一个自由、平等的国家，一个独立、主权的国家的这一伟大信念之中"。马志尼"将政治纲领和思想革新行动及造福于全体人类的宗教思想极好地糅合在一起，从而将意大利的复兴运动提高到一个极其崇高的高度，没有东西比这更能赋予它以普遍的价值"。①

如果说马志尼在沟通宗教与民族方面做有效的尝试是从思想和情感上为意大利民族国家进一步接受天主教做了铺垫，那么加富尔所提出的"自由国家之中的自由教会"原则就是这种尝试在国家政治主张中的高调展现。加富尔在论述"自由国家之中的自由教会"原则时不断强调，教会自由最坚强的后盾是意大利人民，这源于意大利人民身上体现出的可贵品质。1861年2月21日，加富尔给政教秘密谈判做出指示时也强调，保持

---

① 〔意〕路易吉·萨尔瓦托雷利：《意大利简史：从史前到当代》，沈珩、祝本雄译，第478页。

人民的天主教信仰对政治统治十分必要。①

意大利人虔诚的天主教信仰是任何思考政教关系与意大利现代民族国家构建的人士都不能忽略的事实。天主教信仰已经内化为意大利人内心情感的一部分，从加富尔的言论中就能看出。到意大利王国建立时，"意大利"这一国家的概念远不及天主教信仰深刻。意大利民族国家需要人为有意识地构建出来，而宗教文化方面的努力对意大利来说显得尤为重要。所以，天主教主义固然与现代民族国家观念存在根本的冲突，但是并非没有妥协和调和的可能。况且，"罗马问题"的产生已经证明，天主教主义、天主教教会、教宗和教廷都是意大利民族国家构建事业无法回避的重要问题，也不是简单的武力压制能够解决的。所以，加富尔才会尝试从理论上调和意大利民族国家观念与天主教主义，不过他主要还是从现实统治需要出发，提醒意大利统治阶层要重视天主教问题；并试图用自由主义统辖民族国家与天主教。他的"自由国家之中的自由教会"原则一直指导着 1861 年以来历届自由派政府。直至 20 世纪初，意大利民族主义运动兴起，民族国家观念与天主教价值观才真正开始直接沟通、妥协并调和。如果说，加富尔树立的传统是民族国家被动地接受"意大利人民几乎全是天主教徒"这一事实，那么从 20 世纪初意大利对外殖民战争起，民族国家就开始主动寻求天主教主义的有利因素，择其之长为己服务。在政治合作之外，意大利民族国家又找到了与天主教和解互利的另一个基础。在这一方面，积极甚至近乎狂热的民族主义者功不可没。

19 世纪末 20 世纪初，世界进入了"帝国的年代"，欧美主要的资本主义国家陆续走上对外扩张之路。在这个过程中，意大利属于"后进之国"，它开始对外扩张的时间比英、法等国要晚，这主要是受其国内资本主义发展程度的限制。虽然较晚，热情却高涨，到一战前，意大利民族主义者已经开始逐渐地在意大利民族国家与民族帝国之间画上等号。20 世纪意大利民族主义的提倡者是阿尔弗雷多·奥里亚尼（Alfredo Oriani）和加布里埃莱·邓南遮（Gabriele D'Annunzio）。反教权主义已经过时，取而代之的理

---

① Pietro Scoppola, *Chiesa e Stato nella storia d'Italia：Storia documentaria dall'unità alla Repubblica*, pp. 30–31.

论认为"宗教情绪"是社会秩序的支柱，天主教主义应当被尊奉为意大利民族精神的伟大缔造者，宗教的慰藉将强化为祖国奉献牺牲的精神。一些民族主义者甚至认为基督教乃是外来的闪米特精神的产物，而天主教则属于罗马人和帝国。①

首先，虽然民族主义者描绘的帝国图景相当虚幻和理想化，但在一些天主教徒看来，至少比秉持不可知论的自由国家显得更高尚些。青睐民族主义的天主教徒们将组织化的民族国家与国家控制下的劳工组织视为天主教"合作主义"理论的现实实践；把民族主义者鼓吹的殖民扩张战争视为旨在建立天主教基督王国的新时代十字军东征。1911～1912 年意大利发动对利比亚的殖民战争，民族主义者就充分利用了这些天主教徒对民族主义的好感。民族主义鼓吹者焦瓦尼·帕斯科利（Giovanni Pascoli）和加布里埃莱·邓南遮用对外殖民扩张战争和帝国主义理想激发了天主教徒的热情。众多天主教媒体不仅将支持利比亚战争当作一种爱国义务，更视其为一场"圣战"；既有利于天主教福音的传播，更是一种实现教会世俗利益的途径。因为意大利对外殖民扩张所夺取的利益当中也有罗马教廷的份额：作为"教会之家"的罗马银行在非洲利比亚不仅有正常的金融收入，它还拥有五艘蒸汽船并经营着一条运输线。此外，教会希望借助意大利对利比亚进行战争的机会巩固其在非洲的传教成果。

意大利下议院的"天主教徒议员"（deputati cattolici）支持意大利对利比亚的战争，如博诺梅利主教（Geremia Bonomelli，克雷莫纳主教）认为：若能赢得利比亚，不仅意大利能获得开放的市场、殖民地和又一道海上屏障，而且"在意大利三色旗飘扬的地方，我能看到十字架正冉冉升起的光辉……意大利自然会尊重当地人们的宗教信仰，但它（意大利）或许同样希望传教士们在王国的支持和保护下耐心从事当地人改宗天主教的工作，尽管这一改宗过程相当缓慢"。② 1913 年 1 月 9 日，民族主义者 F. 科波拉（F. Coppola）在周刊《民族观念》（Idea Nazionale）上发表题为《"傻瓜"

① Richard A. Webster, *The Cross and the Fasces: Christian Democracy and Fascism in Italy*, Stanford, Calif: Stanford University Press, 1960 p. 24.

② Richard A. Webster, *The Cross and the Fasces: Christian Democracy and Fascism in Italy*, p. 30.

思考者与"观察家"学者之间》的文章，提出：

> 首先，反天主教主义是一种过失，……因为天主教主义是秩序、纪律、等级制度，能约束个人专制，否定成体系的革命主义；所以它是道德的教育，公民的教育，政治的教育。在本质上，主张民主的个人主义与反天主教主义是一丘之貉，正因为如此我们才反对反天主教主义的观念，拒绝反对天主教。①

路易吉·费代佐尼（Luigi Federzoni）在 1914 年民族主义者大会（il Congresso Nazionalista）召开前夕的评论中写道：

> 民族主义者应该考虑到宗教信仰对民族国家统一的重要性，它可以变成一种凝聚力，由此可以保障民族共同体免受分离势力的破坏。宗教信仰给予每个个人一种精神力量，使其易于接受超越性，这样就与我们的根本宗旨（民族主义）不谋而合，且无论如何都不会与物质主义（社会主义或共产主义）妥协。②

在寻求民族国家观念与天主教主义和解的同时，民族主义者也没有放弃其根本立场，即不希望国家变成教会的工具。在这个立场上，对民族国家与天主教教会关系论述较详细的是阿尔弗雷多·罗科（Alfredo Rocco）。③作为法西斯主义的先行者，罗科在他 1922 年的著作《教会与国家》④中称：

> 原始基督教是个人主义的"分解力量"（在他看来，社会主义运

---

① Franco Gaeta, *La crisi di fine secolo e l'età giolittiana*, a cura di Giuseppe Galsasso, *Storia d'Italia*, Vol. XXI, Torino: UTET, 1996, p.457.

② Luigi Federzoni, e Maurizio Maraviglia, "Alla vigilia del congresso", *L'Idea nazionale*, 14 maggio 1914, in Pietro Scoppola, *La Chiesa e il Fascismo—Documenti e interpretazioni*, p.37.

③ 阿尔弗雷多·罗科（Alfredo Rocco），1875～1935 年，意大利政治家、法学家。1921 年进入下议院，1924 年 5 月 24 日至 1925 年 1 月 5 日担任下院议长；1925 年 1 月至 1932 年 7 月 20 日担任意大利司法部部长。

④ Alfredo Rocco, "Chiesa e Stato", *Il Resto del Carlino*, 4 aprile 1922, in Pietro Scoppola, *La Chiesa e il Fascismo—Documenti e interpretazioni*, pp.54-58.

动是个人主义泛滥的结果），而民族主义正是一种民族的宗教，要求自愿奉献和日常的自我克制。在个人自律和服从集体这一层面上，基督教原始教义与民族主义存在不谋而合之处。①

原则上不能使国家沦为教会的工具。即使事关教会，国家也必须坚定地行使其主权。天主教和教会的确是国家生活中极为重要的部分，但必须首先保障国家主权，然后才是尽量照顾到天主教的利益。在意大利国家生活中，要保障国家主权有必要采取尊重意大利天主教徒信仰自由的政策，禁止打着反教权民主派的旗帜从事宗教迫害活动。……甚至，将来或许能更进一步，让国家与天主教教会订立政教协定，哪怕只是秘密协定，由此，天主教组织就可以为意大利民族国家在世界范围内的扩张作出贡献。②

（解决教会与国家关系问题）最优的方案就是，意大利以自身实力为后盾对外拥有独立自主权；而教廷依然保持其在国际上的固有地位，双方公开地握手言和。国家承担一定的宗教义务，积极维护天主教在意大利的国教地位；教会停止干预意大利国家内政，真正为促进意大利民族国家繁荣而出力。③

罗科的这些观点对意大利与罗马教廷后来的和解有重要的理论意义。1929 年教廷与法西斯进行和解谈判时，罗科亦是直接参与谈判的代表之一。

（二）墨索里尼对政教关系的认识转变及政策转向

墨索里尼早期曾公开反对教权，著有小说《枢机主教的女儿》。他在书中将神甫比喻为"黑色的细菌，就像结核病菌那样致命"。1919 年，墨索里尼任《意大利人民报》（Popolo d'Italia）编辑，他曾在报刊上写道：

---

① Richard A. Webster, *The Cross and the Fasces: Christian Democracy and Fascism in Italy*, p. 37.

② Alfredo Rocco, "Scritti e discorsi politici di Alfredo Rocco", 3 vols., Milan: A. Giuffrè, 1938, p. 81, in Pietro Scoppola, *La Chiesa e il Fascismo—Documenti e interpretazioni*, p. 58.

③ Alfredo Rocco, "Chiesa e Stato", *Il Resto del Carlino*, 4 aprile 1922, in Pietro Scoppola, *La Chiesa e il Fascismo—Documenti e interpretazioni*, p. 59.

"由于我们憎恶各种形式的基督教，所以我们对现代异教崇拜力量与勇气的复兴便怀有极大的同情。"他还说："我们党（法西斯党）要求政教分离，取消天主教的一切特权，没收教会财产。国家必须把教会作为一个民法管辖下的纯粹私人结社，宗教活动必须限制在教堂内进行。"① 1919 年 11 月 18 日，他撰文高呼反教权主义，甚至激进地喊出"将教宗逐出罗马"的口号。② 教宗本笃十五世对此曾提出公开抗议，反对"这位不正当地自称意大利人民的代表发表诽谤我们神圣救世主的可怕渎神言论"。③

1919 年 6 月，全国大选开始前夕，法西斯党的战斗纲领规定：没收一切宗教修会的教产；教区主教们的薪俸开支造成了巨大的国家财政赤字，应全部废止，同时废除他们拥有的部分特权。之后到 1920 年 5 月，法西斯政治纲领再次强调了这些规定。④ 但是到 1920 年秋，墨索里尼开始认识到教会在意大利政治生活中的极端重要性，他在给邓南遮的信中写道："我相信在意大利向世界扩张的过程中，天主教主义可资成为最强有力的一个武器。"⑤ 1921 年 6 月 21 日，他在下议院发表演讲——这是他在议会政治舞台上的首次露面，宣称"法西斯主义既没有实践过也从未宣扬过反教权主义"⑥，不会像共济会（Massoneria）那样作茧自缚。他指出，共济会是戚戚小人和琐碎小事的聚集所，自己断然不会与他们为伍。他又提出，只要意大利教会放弃其"世俗梦想"，他便可以为之提供物质资助。在 1921 年 11 月 4 日教会举行的一次庆典上，拉蒂主教（后来的庇护十一世）允许法西斯旗帜进入米兰大教堂。此后不久，拉蒂当选为教宗，墨索里尼便感到由衷的高兴。

墨索里尼于 1922 年 10 月被国王任命为王国首相，此后他积极活动促成与教廷和解。首先，他规劝教宗放弃世俗权要求：

---

① 〔意〕路易吉·巴尔齐尼：《意大利人》，刘万钧、张天润、张军译，第 135 页。

② Pietro Scoppola, *La Chiesa e il fascismo—Documenti e interpretazioni*, p. 34.

③ 《意大利人民报》1919 年 5 月 11 日，转引自段琦《梵蒂冈的乱世抉择（1922—1945）》，金城出版社，2009，第 9 页。

④ John F. Pollard, *The Vatican and Italian Fascism, 1929-32—A Study in Conflict*, New York: Cambridge University Press, 2005 p. 22.

⑤ John F. Pollard, *The Vatican and Italian Fascism, 1929-32—A Study in Conflict*, p. 22.

⑥ Pietro Scoppola, *La Chiesa e il fascismo—Documenti e interpretazioni*, pp. 52-54.

如果梵蒂冈肯完全放弃世俗权要求，那么意大利愿意为梵蒂冈提供一切物质保障，如学校、教堂、医院等设施，我相信梵蒂冈已然走上了这条道路（指放弃世俗权）。天主教徒的数量必将随着全世界40亿人口的增长而与日俱增，世界各地的教徒无不注视着罗马，作为意大利人，这一点对我们裨益良多而且让人倍感自豪。①

在取得政权后，墨索里尼声称，自己是"奉天主的旨意"来治理国家，"愿天主帮助我圆满地完成这个沉重而艰巨的任务"。此后他多次发表这类言论，在意大利实行宗教自由政策的同时，"要特别关照天主教，使之居于主导地位"。他还曾对一位西班牙新闻记者说：

意大利人不仅尊教宗为宗教领袖，也把他本人视为罗马教会的象征。缺少这种象征，我们自中世纪以来的历史就无法理解。今天，意大利的许多政治现象是一种精神复苏现象，尽管尚未完全为世人所理解。因此，意大利政府的宗教政策不能不寻求一种全新的基础。②

墨索里尼甚至提出：

天主教主义是拉丁传统以及罗马帝国在当代的象征，如果说当代罗马还存在某种普适性思想的话，那么有且只有梵蒂冈有发言权。③

其次，墨索里尼尽一切努力塑造"虔诚教徒"的形象。1923年，墨索里尼让自己的孩子们都受洗皈依天主教，与妻子蕾切尔（Rachele Mussolini）补办天主教仪式婚礼。他早期写的《上帝不存在》以及有关约翰·胡斯

① B. Mussolini, "Scritti e discorsi", *La Rivoluzione fascista*, 23 *marzo*-28 *ottobre* 1922, Vol. II, Milano 1934, pp. 183 – 186, in Pietro Scoppola, *La Chiesa e il Fascismo—Documenti e interpretazioni*, p. 53.

② Anthony Rhodes, *The Vatican in the Age of the Dictators* (1922-1945), N. Y. : Holt, Rinehart and Winston, 1973, p. 29.

③ B. Mussolini, "Scritti e discorsi", Vol. II, in Pietro Scoppola, *La Chiesa e il Fascismo—Documenti e interpretazioni*, p. 53.

（Jan Hus）的小册子或已绝版，或已停止发行，教宗不会再因这些"教会禁书"而迁怒于他。① 在教会十分在意的离婚立法问题上，他极力迎合教会观点：

> 从内心深处来说，我不是一个支持离婚的人士，因为感情的问题无法通过司法程序来解决。②

他指出，意大利人可以同时效忠国家和教会，两者并不冲突。他承诺将改善政教关系的任务列入其重要工作日程，且是不可或缺的部分。在社会公共生活层面，他还采取了以下一系列措施。③

其一，恢复宗教标志。国家规定法庭上必须悬挂十字架，以"作为神圣公正的标志"。在学校里，国王像旁边要悬挂十字架，并强制恢复宗教教育。1925 年，法西斯政府恢复古罗马圆形剧场上的十字架。④

其二，恢复宗教仪式。教会的节日成为公众的节假日，而对一些可能伤害教廷感情的节日则保持低调。如不再像以往那样大肆庆祝占领罗马日。政府还主动配合一些大型宗教活动，如为 1923 年 9 月在热那亚举行的圣体大会提供方便。当时的参加者之中有 40 位枢机主教，群众队伍长达15 公里。为表示对教会的友善，政府恢复了一系列自 1870 年以来在公共场所早已停止的教会活动。例如在复活节时敲响罗马市政厅的大钟以示庆祝；恢复罗马大学内的教堂——"智慧堂"（La Sapienza）的宗教活动。对教会看重的圣人百年纪念和圣年等活动，政府也十分重视。为庆祝 1924年 12 月 24 日开始的圣年，当局修好了通往圣彼得大教堂的道路，并大大改善罗马四大教堂之间的交通，此举深受天主教界的欢迎。1925 年为筹备

---

① 〔英〕丹尼斯·麦克·史密斯：《墨索里尼其人》，许其鹏、陆炳华译，军事译文出版社，1985，第 202~203 页。

② B. Mussolini, "Scritti e discorsi", Vol. II, in Pietro Scoppola, *La Chiesa e il Fascismo—Documenti e interpretazioni*, p. 52.

③ Pietro Scoppola, *La Chiesa e il Fascismo—Documenti e interpretazioni*, pp. 52-54.

④ 这里是历史上基督教第一批殉道者流血之地，为了表示纪念，教会于 675 年在此地竖起十字架。意大利民族独立运动期间，该十字架被共济会人士摧毁，取而代之的是"罗马凯旋者"雕像。

来年纪念圣方济各逝世 700 周年的活动，墨索里尼亲自写信给意大利驻外使团，为前来参加活动的各国来宾提供便利，并且为教宗特使梅里·德尔瓦尔（Merry Del Val）枢机主教派出专列接送。当德尔瓦尔主教途经奥尔托、特尔尼、斯帕莱托站时，月台上奏起意大利国歌；到达西西里时，还鸣放了 21 响礼炮以示欢迎。在正式举行纪念活动这天，教宗旗帜与意大利国旗并排飘扬，担任仪仗队的士兵们穿上了节日盛装。这些举动都感动了这位一直对法西斯抱有"不妥协"态度的枢机主教，他热情称赞墨索里尼对国家和宗教的杰出贡献。

其三，恢复渎神罪。该项罪行被自由政府取消多年，如今得以恢复。法西斯政府对那些渎神及败坏天主教教规的行为给予处罚。1923 年，定居罗马的美国新教"美以美会"信徒买下了梵蒂冈附近马里奥山的大片土地，打算在那盖一所"美以美会"大学、一座教堂和一所中学，使梵蒂冈变成新教徒的朝圣之地。他们对教廷态度不恭，甚至谩骂天主教教会是"巴比伦淫妇"。为此，罗马教廷求助意大利政府，政府立即宣布"不能宽容这类亵渎罗马的行为"。同时还表明要从"美以美会"手中赎回这些土地，若他们不肯，就没收，改建成但丁博物馆，费用将由公众捐款和意大利新闻界来资助。①

为赢得教宗好感，墨索里尼还大刀阔斧地在国家层面采取有利于教会的措施。

首先，撤换教育部部长。原担任教育部部长的焦瓦尼·真蒂莱（Giovanni Gentile）是位哲学家，他坚决反对在其新的中学教改计划里引入宗教教育，同时继续坚持执行不允许牧师担任教师的禁令。② 1924 年 6 月代替他出任教育部部长的是一位天主教徒——佩斯特罗·费代莱（Pestro Fedele），耶莫洛评价他："不论什么事情，他（费代莱）都准备向教廷让步。"③

其次，撤换司法部部长。1925 年 1 月，墨索里尼撤换了不合作的阿尔

---

① 段琦：《梵蒂冈的乱世抉择（1922—1945）》，第 15 页。
② 到 1926 年，真蒂莱在法西斯党内的地位已受到严重威胁，他最后一次政治亮相是在 1928 年，他举旗反对已箭在弦上的政教协定的签署，以失败告终。
③ Arturo Carlo Jemolo, *Chiesa e Stato in Italia negli ultimi cento anni*, Torino: Einaudi, 1965, p. 225.

多·奥维利奥（Aldo Oviglio），由原民族主义分子阿尔弗雷多·罗科出任该职。在此之前，马太–真蒂利（Mattei-Gentili）被任命为司法部副书记。罗科出任部长意味着司法部已经完全被亲教权派所掌控。1918 年 12 月，罗科在一篇政治声明中写道："罗马天主教教会运用其精神的和传统的力量在意大利人民心中树立了令人景仰的丰碑，意大利不能也绝不应该忽视这一点，换言之，教会仍然享有最广泛的声望，它进行普世宣传的潜力无可限量。"① 而在 1922 年 4 月发表的一篇文章中，罗科的亲教权倾向更加明显。他指出，复兴运动的自由传统应该摒弃，意大利国家应该对天主教更加开放、更加积极，国家应该用促进和捍卫天主教的实际行动来回报教会对意大利社会、政治秩序的大力支持。② 无疑，他在鼓吹恢复 19 世纪"王座与圣坛"的联盟。③

再次，打击共济会。共济会几个世纪以来一直被教廷视为反教权的大本营。1923 年 2 月，墨索里尼打响了反共济会的第一枪，他宣布共济会支部成员的身份与法西斯政党支部成员的身份不可兼得。到 1924 年底，意大利许多地区的共济会办事处都成为法西斯分子打击的对象，共济会成员沦为法西斯暴力团的受害者。④ 1925 年 1 月，罗科在议会提出一项法案，旨在打压共济会机构，将隶属于共济会及其他秘密组织的世俗人员定为犯罪分子。⑤

最后，撤换法西斯党书记。1926 年 4 月，法西斯党书记、反教权主义派人士罗伯托·法里纳奇（Roberto Farinacci）被免职。他的去职不仅是梵蒂冈期望的，也标志着墨索里尼取得了控制法西斯党的最终胜利。而继任书记的奥古斯托·图拉蒂（Augusto Turati）则坚定不移地支持墨索里尼的

① Adrian Lyttelton, ed., *Italian Fascisms from Pareto to Gentile*, London : Weidenfeld and Nicolson, 1973, p. 267.

② Roland Sarti, ed., *The Axe Within*: *Italian Fascism in Action*, New York: New Viewpoints, 1974, p. 37.

③ John F. Pollard, *The Vatican and Italian Fascism, 1929–32—A Study in Conflict*, p. 40.

④ Adrian Lyttelton, *The Seizure of Power*: *Fascism in Italy, 1919–29*, London : Weidenfeld and Nicolson, 1973, pp. 280–282.

⑤ Daniel Anthony Binchy, *Church and State in Fascist Italy*, London : Oxford University Press, 1970, p. 143.

宗教政策。①

对墨索里尼讨好教会的政策，罗马教廷也做出了积极的回应——迫使被法西斯党视为眼中钉的意大利人民党（Partito Popolare）② 解散。1923 年 7 月 10 日，罗马教廷勒令人民党书记斯图尔佐（Don Luigi Sturzo）辞职，此后他被迫流亡国外。阿尔奇德·德加斯佩里（Alcide De Gasperi）③ 出任人民党书记。人民党在 1925 年 6 月 28 日至 30 日召开了最后一次大会后名存实亡。1925 年 12 月，德加斯佩里也被迫辞去人民党书记一职。到 1926 年底时，该党彻底解散，甚至连地下政治组织都不复存在。在促使人民党解体的过程中，罗马教廷拉近了与法西斯党的关系。

结　语

通过梳理《拉特兰条约》签署前意大利与罗马教廷为解决"罗马问题"所做之历史选择，可以获得以下几点认识。

第一，"罗马问题"并非 1870 年意大利武力占领罗马后突然产生的一个外交性问题，所牵涉的亦不仅仅是罗马的归属权问题，其本质上是复兴运动以来，意大利构建现代民族国家的目标与罗马教廷世俗权及既得利益之间的矛盾总和。既涉及古老的教宗国与新兴意大利王国的冲突，也涉及意大利国家内部的政教矛盾。

第二，政教分离是现代民族国家发展的必然结果，不论是意大利自由政府时期提出的"自由国家之中的自由教会"还是法西斯政府时期促成政教和解的观念，其中都天然地包含政教分离原则。教会必须纳入民族国家

---

① John F. Pollard, *The Vatican and Italian Fascism*, *1929-32—A Study in Conflict*, p. 41.

② 1919 年为西西里神甫唐·路易吉·斯图尔佐所组建。其纲领主要有三点：独立于天主教会；与社会党争夺选票；抨击自由主义。

③ 阿尔奇德·德加斯佩里（1881~1954），当代意大利著名政治家，基督教民主党领导人。1919 年 12 月被选为意大利人民党地区书记，1921 年以人民党议会党团主席身份进入下议院，1923 年 7 月接任人民党书记，1925 年 12 月辞去书记职务，1927 年 3 月被法西斯当局逮捕，判刑两年半。1928 年 7 月，由于特伦提诺主教亲自向国王求情，他被释放；1929 年 4 月进入梵蒂冈图书馆担任图书管理员，1942 年末至 1943 年初秘密组织建立基督教民主党（Democrazia Cristiana），之后主持意大利战后重建。

的框架之中，这一点始终不变。

第三，意大利与罗马教廷的和解条件经历了数十年的积累过程，是双方所做之历史选择的共同结果。在此过程中，罗马教廷尤其历任教宗面对资本主义新时代的经济、政治、社会变化，或主动或被迫适应，与意大利达成和解符合天主教教会发展的利益。

第四，对意大利而言，天主教是其不可分割的历史组成部分，民族国家构建尤其资本主义对外扩张都需要与罗马教廷进行和解。意大利国家本身是人为构建而成，克服地方自治传统和分离主义是重中之重，天主教固然能为其建立民族认同、进行对外扩张所用，也给其民族国家建构埋下多种隐患，即使政教暂时达成和解，意大利国家仍须面对政教关系的后续问题。

（作者系中国社会科学院中国历史研究院世界历史研究所助理研究员，主要研究方向为意大利近现代史。）

论科尔政府对民主德国的
经济政策（1989~1990）*

王　超

【摘要】 20世纪80年代末至90年代初，联邦德国科尔政府充分借助东欧剧变和"柏林墙"倒塌的历史契机，果断地对民主德国采取和平统一攻势。为此，联邦德国对民主德国的经济政策模式迅速由"以合作促缓和"向"以经援促统一"转变。凭借联邦德国巨大的经济优势，科尔政府以经济援助为杠杆，促使民主德国的经济、政治、社会体制发生变革。随后，为了加快德国统一进程，科尔政府不惜在两德马克兑换比率上做出重大让步。随着两德经济、货币和社会联盟的成立，民主德国全面接受了联邦德国市场经济制度，为两德统一的迅速完成扫清了内部障碍。科尔政府对民主德国的经济政策也随之完成了"统一杠杆"的作用。

【关键词】 科尔政府　民主德国　经济政策　德国统一

在战后德国分裂时期，联邦德国政府除坚持使用政治和外交手段解决德国统一问题之外，还注重以经济为手段（经济制裁、经济援助、经贸合作、金融信贷等）谋求其德国统一的目标。作为联邦政府德国统一政策的重要组成部分，联邦德国对民主德国的经济政策在德国统一进程中发挥了独特而又重要的作用。然而，学术界关于二战后德国统一问题的相关研究，大多侧重于国际关系、大国外交和联邦德国的对外政策、两德政党的统一政策等层面，尤其是德国统一加速时期，科尔政府

＊　本文为国家社会科学基金青年项目"联邦德国对民主德国的经济政策研究（1949~1990）"（项目编号：16CSS029）的阶段性成果。

在政治和外交方面的作为。① 到目前为止，学术界关于联邦德国对民主德国的经济政策鲜有系统性研究。② 本文以德国统一加速时期科尔政府对民主德国的经济政策为核心研究视域，重点考察这一时期科尔政府对民主德国经济政策的具体实践及其影响，以及促使科尔政府调整该政策的内外部因素，从而进一步揭示出该政策在推动两德统一过程中所发挥的杠杆作用。

一 "柏林墙"的倒塌与《十点计划》的提出

自 1949 年德国被分裂为东西两部分后，尽管历届联邦德国政府都把实现德国统一作为一项基本国策，但是德国统一的历史契机姗姗来迟，直到 40 年后的 1989 年才出现。联邦德国总统魏茨泽克曾打比喻说："德国问题就像关闭着的勃兰登堡门一样，长期悬而未决。"③ 不过，当德国统一的列车启动——"柏林墙"倒塌后，德国在不到一年的时间内便迅速完成了统一。而这与整个世界格局的重大变化息息相关。

1985 年，戈尔巴乔夫当选苏联最高领导人后，开始推行"新思维"外交。除主动缓和东西方关系，放弃与美国对抗之外，苏联开始放松对东欧

---

① 相关代表性研究成果包括，亚历山大·冯·柏拉图：《德国统一——世界政治权力游戏：布什、科尔、戈尔巴乔夫与莫斯科的机要秘密》（Alexander von Plato, *Die Vereinigung Deutschlands-ein weltpolitisches Machtspiel. Bush, Kohl, Gorbatschow und die geheimen Moskauer Protokolle*, Links Christoph Verlag, 2002）；纳迪内·特劳特曼：《科尔政府的德国政策》（Nadine Trautmann, *Deutschlandpolitik unter der Regierung Kohl*, GRIN Verlag, 2013.）；卡尔-鲁道夫·科尔特：《德国统一史（第一卷）·科尔总理时期的德国政策》（Karl-Rudolf Korte, *Geschichte der deutschen Einheit*, Bd. 1, *Deutschlandpolitik in Helmut Kohls Kanzlerschaft*, Deutsche Verlags-Anstalt DVA, 1998）；沃尔夫冈·耶格尔等：《德国统一史（第三卷）·克服分裂》（Wolfgang Jäger et al., *Geschichte der deutschen Einheit*, Bd. 3, *Die Überwindung der Teilung*, Deutsche Verlags-Anstalt DVA, 1998）；维尔讷·魏登菲尔德等：《德国统一史（第四卷）·争取德国统一的外交政策》（Werner Weidenfeld *et al.*, *Geschichte der deutschen Einheit*, Bd. 4, *Außenpolitik für die deutsche Einheit*, Deutsche Verlags-Anstalt DVA, 1998）。

② 有学者以经济学审视两德货币、经济和社会联盟的建立，认为它与经济学原理相冲突，是迫于形势的举措。参见迪特尔·格鲁瑟尔《德国统一史（第二卷）·货币、经济和社会联盟的冒险之举》（Dieter Grosser, *Geschichte der deutschen Einheit*, Bd. 2, *Das Wagnis der Währungsunion, Wirtschaftsunion und Sozialunion*, Deutsche Verlags-Anstalt DVA, 1998）。

③ 〔联邦德国〕沃尔夫冈维·维德迈尔：《德国总统魏茨泽克传》，孙秀民译，中国大百科全书出版社上海分社，1991，第 21 页。

其他社会主义国家的干预和控制，并对其"改革"采取支持态度。苏联的这些政策调整为德国统一问题的重新提出和解决，创造了极为有利的背景和条件。

受戈氏"新思维"政策的影响，1989 年初，波兰和匈牙利的政局率先发生剧变。随后，民主德国和其他东欧国家的形势也急转直下。1989 年 9 月，匈牙利正式宣布开放其西部边界。在匈牙利度假的民主德国公民因此可以自由跨越奥匈边界，借道奥地利进入联邦德国。在匈奥边界开放后的一周里，有超过 15500 名民主德国公民由此出走联邦德国。[①] 正当民主德国爆发移民潮之际，国内又出现了此起彼伏、连绵不绝的示威潮，使得民主德国内部危机进一步尖锐化。

11 月 9 日，在国内民众的施压下，民主德国领导人克伦茨突然宣布开放"柏林墙"，试图缓和因大批民众要求前往联邦德国导致的社会动荡。此令一出，如同大闸拉起，民主德国公民潮水般涌向联邦德国和西柏林，两德人民几十年来被压抑的民族感情顿时迸发了出来。民主德国公民在示威游行过程中开始高呼要求民族统一的口号——"德国，统一的祖国""我们是一个民族"。

"柏林墙"的开放使早已被束之高阁的德国统一问题重新提上议事日程。11 月 10 日，科尔紧急召集总理府高层官员商讨局势。他们认为，当前局势相当棘手，需要紧急援助来稳定形势。但是，所有援助首先都必须有利于民主德国的民众，因此，经济领域内任何有意义的合作，都要以民主德国的改革为前提条件，眼下大家很可能只能帮助克服供应瓶颈并确保提供医疗关怀。[②]

此时，民主德国总理莫德罗为克服严重的国内危机，公开表达了愿进一步加强两德合作的想法："我们赞成，两个德意志国家通过达成条约共同体来取代责任共同体。其远远超出了《基础条约》以及两德间迄今所签

---

① Cornelia Heins, *The Wall Falls: An Oral History of the Reunification of the Two Germanies*, London: Grey Seal, 1994, p.198.

② 〔联邦德国〕霍斯特·特尔切克：《329 天：德国统一的内部视角》，欧阳甦译，社会科学文献出版社，2016，第 12 页。

订的所有条约。对此，本届政府已经做好了对话的准备。"① 然而，在科尔看来，莫德罗的建议旨在缓解民族统一诉求对民主德国造成的压力，联邦德国不能将德国统一的主动权拱手让出。

11月28日，在没有与西方盟国和本国同僚事先沟通的情况下，科尔在联邦议会宣读了一份关于统一德国的《十点计划》。该计划针对民主德国移民潮引发的一系列现实问题，提出联邦德国准备向民主德国提供紧急人道主义援助；建议和民主德国共同设立一笔外汇基金，以满足民主德国公民到联邦德国旅行的外汇需求，但前提是民主德国必须从签证、通行和货币兑换等方面，为联邦德国公民进入民主德国提供更多便利，以实现双向往来尽可能地不受阻碍；提议与民主德国全面展开经济、科技和文化合作，条件是民主德国必须进行彻底的政治和经济改革，并举行自由选举。

显然，《十点计划》的核心思想是以经济手段促使民主德国进一步发生演变，从而达到以联邦德国统一民主德国的目的。科尔在《十点计划》中还提出了实现统一的三阶段构想：第一阶段，在经济、交通、环保、科技、卫生、文化等领域建立两德联合委员会；第二阶段，在拥有一定主权的两个德意志国家之间构建"邦联结构"；第三阶段，逐步向建立一个统一的中央政府过渡，最终实现德国统一。

此外，《十点计划》还主张联邦德国将无条件尊重各欧洲国家的领土完整与安全；德国统一进程与欧洲一体化进程、东西方缓和进程相适应；继续推动欧安会进程；主张在欧洲加速裁军；谋求建立全欧安全体系等。其目的在于改善德国统一的外部条件，消除或减少各国，特别是苏联、法国的疑虑和阻难。

然而，科尔的《十点计划》一经提出，便引来苏联和民主德国的抨击和反对。戈尔巴乔夫认为，该计划明显违背两德《基础条约》和《柏林四方协定》的主旨。此外，他还直言不讳地批评说，这是最后通牒式的要求。② 民主德国政府则明确拒绝了联邦政府附加给谈判的前提条件，以及

---

① Bundesministerium für innerdeutsche Beziehungen（Hrsg.），*Texte zur Deutschlandpolitik*，Reihe Ⅲ/Bd. 7，Bonn：Deutscher Bundes-Verlag，1990，pp. 422-423.

② 〔苏联〕米·谢·戈尔巴乔夫：《我与东西德统一》，王尊贤译，中央编译出版社，2006，第69页。

科尔关于德国统一的要求。

尽管如此，民主德国仍积极寻求同联邦德国建立紧密的合作关系。12月 19 日，科尔赴德累斯顿与莫德罗进行会晤，其间他同意向民主德国提供经济援助，此外还鼓励各州市和经济界向民主德国提供援助和开展合作。[①]双方还达成共识，即刻着手起草《合作和睦邻友好条约》，并于 1990 年春生效。该条约致力于通过深化合作，建立联合机构来发展条约共同体，进一步推动两德特殊关系的发展，从而有利于克服德国和欧洲的分裂状态。

然而，随着民主德国国内形势的迅速恶化，苏联逐步改变了反对德国统一的立场。1990 年 2 月 1 日，莫德罗又提出了一个分阶段实现统一的方案——《德国，统一的祖国》。根据这一方案，两德先基于合作和睦邻关系签订《条约共同体条约》，接着组建以邦联为基础的联合机构，然后将两德的主权转让至邦联的权力机构中，最后经由邦联的两部分选举产生一个统一的议会，建立邦联或联盟式统一的德国，并由该议会决定统一的宪法，成立统一的政府，首都设在柏林。[②]

尽管科尔表示欢迎莫德罗的统一方案，但反对其军事中立的主张，认为这与全欧联合进程相悖，处在欧洲心脏地带的德国绝不能被孤立。随后，科尔迅速提出两德统一的方式，主张以联邦德国《基本法》第 23 条为法律依据，要求民主德国先恢复原 5 个联邦州的建制，然后由各州宣布加入联邦德国，以此实现德国统一。科尔的主张遭到民主德国领导人的坚决反对。他们认为：两德统一不是德意志联邦共和国的延伸，而是为了创建一个崭新的德国，应该进行全民公决，由人民来决定德国新的体制。[③]

由于莫德罗的统一方案与科尔的《十点计划》存在巨大分歧，以及民主德国国内局势的进一步恶化，当莫德罗 1990 年 2 月回访联邦德国时，科尔拒绝向民主德国提供 100 亿~150 亿联邦马克的紧急援助，并提出尽快成立两德货币、经济联盟的要求，以此进一步加强对民主德国政局的影响。

---

① 〔民主德国〕汉斯·莫德罗：《起点与终点：前东德总理莫德罗回忆录》，王建政译，军事科学出版社，2002，第 70~71、73~75 页。

② Bundesministerium für innerdeutsche Beziehungen（Hrsg.），*Texte zur Deutschlandpolitik*，Reihe Ⅲ/Bd. 8a，Bonn: Deutscher Bundes-Verlag，1991，pp. 49-51.

③ 〔民主德国〕克里斯塔·卢夫特：《最后的华尔兹：德国统一与回顾》，朱章才译，中央编译出版社，1995，第 135~136 页。

科尔对莫德罗说，他不相信民主德国的现行体制在当前局面下，凭借来自联邦德国几十亿马克的强心剂能够继续维持下去。[①]

显然，莫德罗政府已经不是科尔政府理想中的谈判伙伴了，因为联邦政府已经决心以经济援助为杠杆，促进民主德国政治体制的全面变革，其目光已投向了即将到来的民主德国大选。莫德罗对此心知肚明，他在回忆录中写道："科尔现在已经不再去想他在德累斯顿许诺的那句话：'莫德罗先生，您是我的对话伙伴。'科尔总理用一句话概况了联邦政府的立场：'马克是联邦政府所拥有的最好的东西，民主德国公民很快也将拥有它'"，"科尔的战略是向世人表明，他不再想同莫德罗政府达成任何协议，而是把在野派力量视为未来的联盟伙伴——如果这些力量及时与我划清界限。"[②]

二 以"经济援助"影响民主德国选举

1990年1月28日，民主德国各党派在圆桌会议达成协议，将原定于5月6日的人民议会选举提前至3月18日进行。参加这次全国大选的政党和组织共计24个，其中3个具有较大的影响力。它们分别是德国联盟[③]、德国社会民主党、民主社会主义党[④]。在竞选主张及实现德国统一的方式上，三大政党存在明显的差异。

德国联盟主张进行经济改革，实行社会市场经济，同联邦德国建立货币联盟，使用联邦德国马克，与联邦德国的联盟党及科尔总理本人紧密合作，按照联邦德国《基本法》第23条加入联邦德国，迅速实现统一。德国社会民主党主张维护民主德国的地位及其公民权益，实行多种形式所有制的社会市场经济，要求两德建立经济和货币联盟，并按照联邦德国《基

---

① Kai Diekmann et al. , *Helmut Kohl: Ich wollte Deutschlands Einheit*, 2. Aufl. , Berlin: Propyläen, 1996, p. 258.

② 〔民主德国〕汉斯·莫德罗：《起点与终点：前东德总理莫德罗回忆录》，王建政译，2002，第96页.

③ 1990年2月5日，在科尔的鼓动下，民主德国基民盟、德意志社会联盟以及民主觉醒三个党派联合组成德国联盟。

④ 1989年12月，德国统一社会党改名为德国民主社会主义党。

本法》第 146 条①实现统一。民主社会主义党主张实行民主社会主义，反对联邦德国以任何形式吞并民主德国，两德公民各自维护其原有的价值观念，在欧洲联合的框架内逐步过渡到一个德意志国家联邦，并保持军事中立。

尽管这些政党关于德国统一的方式和进程各持己见，但它们与普通民众此时已形成一个共识，即两德最终会实现统一。据一份民意调查显示，普通民众中 79% 的人希望两德统一，统一后的德国奉行中立政策。② 生活在民主德国经济落后地区的民众，尤其期待通过两德迅速统一来提高自身的生活水平。

3 月 18 日，民主德国人民议会选举正式拉开帷幕。在参加选举的93.39%③的选民中，德国联盟的得票率为 48.15%，获得 192 个席位；德国社会民主党得到 21.76% 的选票，获得 88 个席位；民主社会主义党共得16.32% 的选票，获得 66 个席位。

德国联盟之所以能够取得胜利与联邦德国联盟党的支持有着密切的联系。为了使其姊妹党赢得大选，科尔总理为其提供大量的人力、物力和财力上的支援。据联邦德国德国内部关系部透露，联邦德国政府拿出 750 万联邦马克资助民主德国的一些党派。联盟党还先后动员了约 160 万民主德国公民参加选举大会，并派出 2000 余名宣讲者赴民主德国做竞选宣传，共张贴 50 多万份竞选宣传单。④

在竞选初期，德国社会民主党的主张曾受到大多数民主德国选民的欢迎。2 月中旬，汉堡《明星》周刊进行过一次民意测验。民意测验结果显示，民主德国选民中有 53% 支持德国社会民主党，24% 支持德国联盟。⑤

---

① 即通过成立两德制宪委员会，制定共同的宪法，通过公民投票来实现德国统一。
② *Süddeutsche Zeitung*, vom 12. März 1990.
③ 具有选举权的民主德国公民人数为 12426443 人，实际参加选举的人数为 11604418 人，有效投票数为 11541155 张。参见 Bundesministerium für innerdeutsche Beziehungen（Hrsg.），*Texte zur Deutschlandpolitik*, Reihe Ⅲ/Bd. 8a, Bonn：Deutscher Bundes-Verlag, 1991, p. 142。
④ Zeno Zimmerling, Sabine Zimmerling, *Neue Chronik der DDR. Berichte, Fotos, Dokumente*, Bd. 4/5, Berlin：Verl. Tribüne, 1990, p. 241。
⑤ 〔民主德国〕特奥多尔·霍夫曼：《最后一道命令：民主德国末任军职国防部长的回忆》，王建政等译，海南出版社，2001，第 230 页。

为此，舆论界还一致认为，社会民主党将最终获得选举胜利。为了扭转德国联盟在竞选中的被动局面，联邦总理科尔开始通过参与助选来对选举进程施加影响力。从2月初至3月中旬，科尔6次亲赴民主德国的德累斯顿、罗斯托克、马德堡、埃尔富特、莱比锡和科特布斯，向数以千计的民主德国公民发表演说，帮助德国联盟拉选票，扩大其政治影响力。

在选举关键期，科尔总理还以经济援助为诱饵，争取民主德国选民的支持。3月1日，科尔在卡尔·马克思市举行的竞选集会上表示，如果3月18日德国联盟获选，那么联邦政府将向民主德国提供数十亿联邦马克的援助。另外，在科特布斯的竞选集会上，科尔还充分利用联邦总理的身份公开向民主德国选民许诺：如果德国联盟能够上台执政，那么在两德实现货币统一时，民主德国公民的工资将采用1民主德国马克兑换1联邦德国马克的兑换率；退休人员养老金甚至会增值；仅存款兑换暂时受限。但如果德国联盟不能掌权，那么联邦德国将不会向民主德国提供任何援助。[1]

科尔总理颇具吸引力的许诺深深地打动了民主德国选民的心。面对巨大现实利益的诱惑，民主德国选民的倾向由此发生了明显的变化。[2]这使得德国联盟的影响力在竞选后期迅速超越了德国社会民主党。对于大选前夕出现的这一戏剧性的变化，时任民主德国国防部长的霍夫曼在其回忆录中写道："很明显，受到西德联盟党和科尔本人全力支持的竞选联盟，尤其是当地最大的政党——东德的基民盟，选票支持率直线上升。而社民党的支持率仍持续下滑。该趋势在这些天是每个人都能感觉到的，尽管几乎没有人能想到已稳操胜券的社民党会获得如此灾难性的结果。"[3]

得知德国联盟选举获胜后，科尔兴奋地表示："在经历了德国历史上黑暗的40年后，民主德国人民没有放弃民族认同性，愿同联邦德国携手奋

---

① *Der Spiegel*, Nr. 8, 1990, p. 24.
② 奥地利的《萨尔茨堡消息报》对此曾这样评价："在当时的形势下，民主德国的选民只得以生计取代头脑来参与选择。"参见 HeddaAngermann, *Aufbrüche: Dokumentation zur Wende in der DDR: Oktober 1989 bis März 1990*, München: Goethe-Institut, 1991, p. 149.
③ 〔民主德国〕特奥多尔·霍夫曼：《最后一道命令：民主德国末任军职国防部长的回忆》，王建政等译，第247页。

斗，共同迎接光辉灿烂的历史新篇章。"① 从某种程度上说，民主德国德国联盟的获胜，也是联邦总理科尔的胜利。他在媒体界也赢得了高度的赞誉。例如，3月19日《明镜周刊》的封面标题便是"科尔的凯旋"。②

对于联邦德国基民盟领导人而言，一切都在按计划进行。科尔和朔伊布勒在3月初就已预料到，在民主德国的这次选举中，联邦德国的政党将发挥重要作用，没有它们的支持，在民主德国进行选举的机会也很渺茫。③4月12日，民主德国基民盟主席德梅齐埃当选为民主德国总理，德国联盟同社民党和自民党组成联合政府。就这样，随着这位亲科尔政府、主张尽快实现德国统一的新总理上台执政，德国统一已不存在任何政治障碍了。

三 "经济并入"：迈向德国统一的关键一步

民主德国的人民议会选举结束后，尽快实现德国统一便成为两德政府面临的首要任务。这也是一项十分艰巨的任务。联邦德国总统魏茨泽克在民主德国的电视台讲道："我们是一个民族，归属于一体，也必然会逐渐愈合为一体。但我们必须一起成长，而不是在一起芜杂丛生。我们需要时间。"④

为此，两德政府就统一的具体措施展开多轮协商。其中，当务之急便是建立两德经济、货币和社会联盟。事实上，联邦政府就建立两德经济、货币联盟的工作已经准备就绪。早在1990年2月6日，科尔就在联盟党议会党团会议上宣布："目前，我们须再次与民主德国政府进行接触，并直接表明我们已做好准备，就建立货币和经济联盟可以即刻进行谈判。"⑤

---

① Kai Diekmann et al., *Helmut Kohl: Ich wollte Deutschlands Einheit*, 2. Aufl., Berlin: Propyläen, 1996, p. 335.

② 〔联邦德国〕霍斯特·特尔切克：《329天：德国统一的内部视角》，欧阳甦译，第120页。

③ Wolfgang Schäuble, Dirk Koch, *Der Vertrag: Wie ich die deutsche Einheit verhandelte*, Stuttgart: Deutsche Verlags-Anstalt, 1991, p. 44.

④ 〔联邦德国〕里夏德·冯·魏茨泽克：《通向统一之路》，孟虹译，东方出版社，2014，第86页。

⑤ Kai Diekmann et al., *Helmut Kohl: Ich wollte Deutschlands Einheit*, 2. Aufl., Berlin: Propyläen, 1996, pp. 259-260.

　　然而，联邦总理科尔迅速引入货币联盟的想法受到了联邦德国经济界和金融界的广泛质疑。经济学家和银行家主张德国统一进程中需要经历一个过渡时期，其出发点是减少联邦政府财政开支，防止可能出现的通货膨胀，同时也要顾及民主德国的经济发展问题。

　　德意志联邦银行行长珀尔（Pöhl）就表示建立货币联盟为时尚早。珀尔称，它本身是一个由联邦政府负责，并由联邦政府做出的政治决定。他已经通过德意志联邦银行向联邦政府提出意见，这当然是为了尽量减少风险。此外，他重点强调了以下几点：货币联盟和德国统一之间须存有必然联系，否则，德意志联邦银行不可能负责引入联邦马克；尽可能地减少货币转换带来的通货膨胀的风险；尽可能避免降低民主德国企业的竞争力；对财政预算支出加以限定；确保两德公民的接受度。①

　　与此同时，联邦经济部长豪斯曼（Haussmann）也提出一份三个阶段的发展计划：首先，引入根本性的改革。例如，自由贸易、谨慎地放开物价和工资额，减少多余的购买力，向现实的汇率兑换过渡。其次，保持稳定的预算。民主德国马克向联邦德国马克转换，然后实现完全兑换和资本流动自由化。最后，经济政策趋同化，引入共同的经济和货币政策机构。联邦德国马克取代民主德国马克成为统一的货币单位。②

　　对于科尔总理而言，两德统一的进程不能仅停留在谈判和设想方案上，必须搭建一座能使两德在关键领域统一起来的桥梁。民主德国新政府成立后，科尔立即致力于解决两德统一最重要的环节——建立两德经济、货币和社会联盟，以此为实现统一的核心步骤，即先实现两德经济统一，在此基础上再完成政治上的统一。另外，为抑制民主德国移民潮对两德经济、社会结构的进一步冲击，唯一的办法就是尽可能地拉平两德经济发展水平的巨大差距，使两德经济、社会制度保持一致。科尔认为，这事关德国的政治命运，尽管可能会出现通货膨胀的风险，但除了迅速实施之外已别无其他选择。不过，科尔也赞同与德意志联邦银行保持紧密联系，相互

①　Wilhelm Nölling（Hrsg.），*Wiedervereinigung*：*Chancen ohne Ende? Dokumentation von Antworten auf eine einmalige Herausforderung*，Hamburg：W. Nölling，1990，p. 54.

②　Deutschland（Bundesrepublik）Bundesministeriums für Wirtschaft（Hrsg.），*Tagsnachrichten*，Nr. 9507 vom 8. Februar 1990，Bonn，p. 3.

协调，一同走好每一步棋。① 显然，科尔为了尽快促成两德经济统一，已然决心为之付出巨大的经济代价。

尽管民主德国新政府在实现德国统一问题上与科尔政府保持一致，然而，双方在尽快实现经济、货币和社会联盟的一些技术性环节上存在分歧。具体表现在，双方在货币兑换上展开了激烈的争论。在这一问题上，联邦德国主要考虑的是，如何既满足和照顾民主德国公民的经济利益，又不增加联邦德国的财政负担。②

3 月 29 日，德意志联邦银行提出了一个货币兑换方案。该方案主张每位民主德国公民可以按 1∶1 的比价兑换 2000 联邦马克的存款，但工资、养老金、债权等只能按 2∶1 兑换。这一消息被披露之后，立刻引起民主德国政府及民众的强烈反应。很多民主德国公民走上街头进行示威游行，指责科尔政府出尔反尔，违背了其在民主德国参与助选活动时的承诺。此时，民主德国公民的游行口号已由"我们是一个民族"变成"没有 1∶1 就没有统一"③ 以及"统一和我的马克"④。

4 月 19 日，民主德国总理德梅齐埃在人民议会发表政府声明称，关于按照 1∶1 或 1∶2 进行货币兑换的讨论，使我们清楚意识到，这里存在一种内在关系，以及我们必须坚持的条件，就是确保民主德国公民不会感到自己是二等德国人。他认为，工资和津贴应该按照 1∶1 来兑换；养老金也同样按照 1∶1 来兑换，且在其过了 45 年保险龄之后，逐步提高净养老金值的 70%；带有储蓄性质的存款和保险也应该按 1∶1 来兑换；国营企业的国内债务重估至少按照 2∶1，并对有一定竞争力的公司在欧共体框架内

---

① Kai Diekmann et al., *Helmut Kohl*: *Ich wollte Deutschlands Einheit*, 2. Aufl., Berlin: Propyläen, 1996, p. 263.

② 科尔起初设想，在有限的范围内采取 1∶1 的兑换率。这在政治心理上具有极为重大的意义。它向民主德国公民传达了一个明确的信号，表明团结是以平等为基础的，而不是富有的本家兄弟在穷亲戚面前拉起一张长脸。但科尔心里也清楚，这是一笔极不寻常的庞大支出，在任何一本教材里也找不到先例。作为世界上最坚挺的货币之一，联邦马克是联邦德国人民富裕生活的基石，因此须谨慎行事。参见 Kai Diekmann et al., *Helmut Kohl*: *Ich wollte Deutschlands Einheit*, 2. Aufl., Berlin: Propyläen, 1996, pp. 261-262。

③ *Der Spiegel*, Nr. 15, 1990, p. 14.

④ *Der Spiegel*, Nr. 8, 1990, p. 59.

给予债务减免的援助措施。①

4 月 24 日，德梅齐埃与科尔在波恩再次就马克比价问题进行会晤。经过双方反复磋商，科尔政府做出了一定的让步，双方达成了以下原则：从 7 月 1 日起，民主德国公民的工资和养老金按 1∶1 兑换，存款和现金每人按 1∶1 兑换 4000 联邦马克，超出部分的存款、贷款以及企业债务以 2∶1 兑换。德梅齐埃则要求免除国内私人企业和合作社企业的全部债务，另外他还希望所有存款及其他款项以 1∶1 无限额兑换。不过，科尔拒绝了这样的要求。因为在他看来，这已远远超出了联邦德国的经济能力。②

随后，双方又进行了几个回合艰苦而又紧张的谈判。为尽快实现德国统一这一政治目标，科尔政府不惜在经济上付出"巨大代价"，再次对民主德国做出让步。双方决定按公民的年龄分档兑换。例如，民主德国公民的工资、养老金、各种租金全部按 1∶1 兑换，个人存款和现金则 14 岁以下的公民每人可以按 1∶1 兑换 2000 联邦马克，15 岁至 59 岁的公民每人 4000 联邦马克，60 岁以上的公民每人 6000 联邦马克，超过限额的部分可按 2∶1 兑换；其他债务或清偿金额一律按 2∶1 兑换。这个兑换方案基本满足了民主德国人民的要求，为两德经济统一的迅速完成铺平了道路。

5 月 18 日，两德财政部部长在波恩共同签署了《德意志联邦共和国和德意志民主共和国关于建立货币、经济和社会联盟条约》③。《经济统一条约》规定以联邦马克为唯一的法定流通货币，德意志联邦银行作为货币发行银行，联邦德国在金融、货币、财政和信贷等方面的法律规定适用于民主德国；民主德国引入联邦德国的劳动法制度和社会保障法制度，实行联邦德国的社会保险原则。6 月 21 日，两德议会分别批准通过了《经济统一条约》。该条约于 1990 年 7 月 1 日正式生效。

此外，为帮助民主德国平衡财政预算，联邦政府及各州同意设立"德国统一基金"。在其框架下，截止到 1994 年，用于统一进程的融资将达到

---

① Bundesministerium für innerdeutsche Beziehungen（Hrsg.），*Texte zur Deutschlandpolitik*，Reihe Ⅲ／Bd. 8a，Bonn：Deutscher Bundes-Verlag，1991，pp. 174-177.
② Kai Diekmann et al.，*Helmut Kohl：Ich wollte Deutschlands Einheit*，2. Aufl.，Berlin：Propyläen，1996，p. 354.
③ 又称《经济统一条约》。

1150 亿联邦马克。除 200 亿联邦马克由联邦政府财政支付外，其余 950 亿联邦马克则通过借贷来筹措，1991 年的借贷额度必须达到 310 亿联邦马克，到 1994 年，统一基金的信贷支持将降为 50 亿联邦马克。每年贷款额的 10% 将被用于偿还贷款本息，信贷费用则由联邦与州县各承担一半。1991 年，它们分别承担 10 亿联邦马克，到 1994 年提高至 45 亿联邦马克。①

《经济统一条约》的签署是通往德国统一的关键一步。随着该条约的实施，两德在经济和社会制度方面实现了同质化，这为两德实现政治统一奠定了坚实的基础。联邦总理科尔在签约仪式上说：这个条约的签字之日也就是"一个自由、统一的德国诞生之时"；民主德国总理德梅齐埃也指出，条约的签署将使两德统一的进程"不可逆转"。② 正是在经济统一的基础上，两德很快于 8 月 31 日签订了《德意志联邦德国和德意志民主德国关于实现德国统一的条约》③，致使民主德国全面接受了联邦德国的政治和法律体系，从而为最终实现德国统一扫清了内部障碍。

可见，为推动两德迅速完成经济和政治上的统一，科尔政府甘愿在货币兑换及平衡民主德国财政赤字方面做出经济牺牲。尽管德国统一给联邦德国带来沉重的经济负担④，但对于科尔政府来说，"即使德国统一要比目前多付出三倍的代价，也不愿意放弃统一"。⑤

值得注意的是，德国统一的成功实现与联邦德国雄厚的经济实力密不可分。1986 年，联邦德国的出口额达到 2433 亿美元，超越美国成为世界第一大出口国。与此同时，联邦德国的贸易顺差达到 520 亿美元，仅次于

---

① Bundesministerium für innerdeutsche Beziehungen（Hrsg.），*Texte zur Deutschlandpolitik*，Reihe Ⅲ/Bd. 8a，Bonn：Deutscher Bundes-Verlag，1991，p. 305.

② 世界知识出版社：《德国统一纵横》，世界知识出版社，1992，第 41 页。

③ 又称《政治统一条约》。条约规定：民主德国地区先恢复原 5 个联邦州的建制，并以联邦德国《基本法》第 23 条规定加入联邦德国；统一后的德国首都设在柏林；联邦德国《基本法》延伸至 5 个新联邦州。

④ 1990 年至 1996 年底，仅联邦财政预算就有 7200 亿联邦马克被用于新的联邦州。科尔认为，如果当时放慢德国统一进程的步伐，那么日后联邦政府就必须承担由此而造成的政治及经济代价，它比财政负担要沉重数倍。参见 Kai Diekmann et al.，*Helmut Kohl: Ich wollte Deutschlands Einheit*，2. Aufl.，Berlin：Propyläen，1996，pp. 384-385。

⑤ 科尔借用了前任总理赫尔穆特·施密特说过的一句话。参见 *Die Zeit*，vom 17. 05. 1991，p. 3。

日本，位居世界第二。此外，联邦德国的外汇储备 1988 年为 808 亿美元，高居世界第一。[①] 正是凭借巨大的经济优势，科尔政府对民主德国具有"攻势"的经济政策才能够顺利实施。

此外，科尔政府以巨额的经济、技术援助以及安全承诺为代价，换取苏联对两德统一的首肯；与此同时，为得到西方盟友的支持，科尔政府表示坚决忠于北约和欧洲共同体；科尔政府还明确承认波兰的西部边界，排除了牵制两德统一的一个外部障碍。10 月 1 日，四大战胜国及两德外长在纽约签署了一项宣言，宣布停止四大国在柏林和德国行使权力。3 日，两德又签署了《两德统一条约》。最终，战后分裂长达 41 年的德国在经历了历史的重重考验之后实现了统一。

四 科尔政府对民主德国经济政策调整的原因

自二战后德国分裂以来，德国重新统一始终面临着内外部两大障碍：一是雅尔塔体系造就两大阵营（包含两个德国在内）的对峙格局；二是两德经济、政治和社会制度的严重差异。鉴于德国统一问题的特殊复杂性，联邦德国历届领导人都把克服欧洲和德国的分裂联系起来，并将实现德国统一设为一项长远的目标。1982 年 10 月，由科尔领导的联盟党重新上台执政后，继承了前任社民党政府对民主德国的经济政策，积极利用德国内部贸易、无息透支贷款、政府担保贷款、非商业性财政支付等经济手段来改善和密切两德关系，推动东西方关系的缓和，为日后的德国统一不断创造内外部有利条件。然而，到了 1989 年末，德国统一进程进入加速期后，科尔政府及时调整了对民主德国的经济政策，其模式由"以合作促缓和"转变为"以经援促统一"。这与东欧剧变、民主德国严重的政治经济困境以及科尔总理果敢的行动密切相关。

（一）东欧剧变：千载难逢的统一契机

自二战后德国分裂以来，外部环境便成为制约德国实现统一的一个重

---

① *Frankfurter Rundschau*，vom 12. 09. 1988.

要因素，即两个德国依附于两大政治军事集团的残酷事实。尤其是，美苏"冷战"使两德走上了不同发展道路，彼此越来越疏远。只要美苏"冷战"持续进行，德国统一就会变得遥遥无期。联邦德国历届政府对此心知肚明。所以，德国统一只有通过国际政治大气候和欧洲大国关系的改变逐步加以实现。

然而，到了 20 世纪 80 年代后期，国际形势与国际格局发生巨大变化。西欧各国在超国家组织——欧共体的框架下不断深化经济、政治一体化。与之相对，曾为超级大国的苏联则陷入严重的、全方位的危机：不仅国内各种问题缠身，对外控制能力也逐渐衰弱。1985 年，戈尔巴乔夫领导的苏联主动增大国内政治公开性，并对经济进行结构性调整，同时鼓励和支持东欧其他社会主义盟国进行类似的改革。苏联的政策调整对其东欧盟国的发展进程产生重大影响，并直接导致了 20 世纪 80 年代末东欧社会主义国家先后发生巨大变革。特别是，1989 年 11 月，民主德国被迫开放"柏林墙"，致使横贯欧洲大陆 40 多年的"铁幕"瓦解了。此时，美苏冷战的坚冰开始快速消融，阻碍德国统一的外部障碍也随之逐步消除。

与此同时，苏联对德国统一的态度也慢慢地发生了变化。1987 年，民主德国驻苏大使柯尼希（König）发现，许多苏联作者在各种新闻媒介上撰写文章，称"消除德国的分裂"成了当今迫切的政治任务，"消除德国的分裂"，被视为对建立"欧洲大厦"的贡献。[①] 到了 1990 年 1 月，苏共中央委员尼古拉·波图加洛夫（Nikolaj Portugalow）在《图片报》的访谈中公开表示："如果民主德国人民要重新统一，那它就将到来。我们绝不会反对这一决定，我们不会干涉。"[②]

国际格局的深刻变化使联邦德国政府在推动两德统一时，能具有更高的自主性和能动性。这也为联邦政府大幅度调整对民主德国的经济政策提供了难得的历史机遇。正是在这样的历史背景下，科尔政府一改以往对民主德国经济政策那种"温和"的风格，果断地采取具有"攻势"的经济政策。

---

① 〔联邦德国〕赖因霍尔德·安德特等：《倒台：昂纳克答问录》，顾增文等译，世界知识出版社，1992，第 2 页。
② 〔联邦德国〕霍斯特·特尔切克：《329 天：德国统一的内部视角》，欧阳甦译，第 76 页。

（二）内外交困：民主德国的真实写照

20 世纪 80 年代末，民主德国出现严重危机，其直接根源除了匈牙利开放西部边境引发民主德国的移民潮和示威潮外，还与其自身严重的债务危机密切相关。民主德国生产效率低下，只有联邦德国水平的 40%，投资率下降，尤其是对西方国家的债务居高不下，已从 1970 年的 20 亿联邦马克上升到 1989 年的 490 亿联邦马克。1990 年，为了防止外债继续上升，民主德国应将生活水平下降 25%~30%，即便这样，民主德国也可能"失控"。① 此外，民主德国还存在严重的财政赤字：截止到 1989 年底，民主德国的总收入为 59 亿美元，总支出却达到 180 亿美元，所产生的财政赤字高达 121 亿美元。②

尽管如此，民主德国政府仍没有实行有效的改革。对国内状况感到失望的大批民主德国公民因此出走联邦德国。为此，民主德国领导人也承认，"他们离开我们，是因为他们不再相信有可能改变民主德国的社会状况，是因为他们看不到未来的前景。他们留下了家庭、社会和国民经济中令人痛苦的裂痕"。③ 大规模的移民潮使本已十分脆弱民主德国经济雪上加霜。1990 年初，民主德国经济建设领域大约缺乏 25 万劳动力，数以千计的公民已经在西德和西柏林找到工作。④

在国内危机日益恶化的形势下，民主德国政府开始试图从外部获取经济援助。然而，此时苏联面临的局势比民主德国还要严峻得多。它已无力向后者提供任何形式的援助。在无法得到盟友有效援助的情况下，民主德国只能将求助的目光由苏联转向联邦德国。对于当时两德在经济状况上的鲜明对比，民主德国政府也有着清晰的认识：波恩当局经济实力强大、有

---

① Kai Diekmann et al. , *Helmut Kohl : Ich wollte Deutschlands Einheit*, 2. Aufl. , Berlin : Propyläen, 1996, p. 115.

② 〔民主德国〕埃贡·克伦茨：《89 年的秋天》，孙劲松译，中共中央党校出版社，2005，第 170 页。

③ 〔民主德国〕埃贡·克伦茨：《大墙倾倒之际：克伦茨回忆录》，沈隆光等译，世界知识出版社，1991，第 22 页。

④ 〔民主德国〕汉斯·莫德罗：《起点与终点：前东德总理莫德罗回忆录》，王建政译，第 44 页。

输出资本、财政状况稳定。另外波恩方面还有对民主德国公民有很大魅力的"硬通货"——西德马克，这在某种程度上是王牌！相反，民主德国的经济要得到恢复就亟须实行现代化，并因此亟须引进资本。[①] 正因为如此，为了避免国家的全面崩溃，莫德罗政府将希望寄托在联邦德国的支持上，条约共同体提议就是为了换取科尔政府的经济援助。

可见，民主德国内忧外困的现实窘境以及对经济援助的迫切需求，是影响科尔政府对民主德国经济政策进行调整的另一大因素。随着民主德国国内危机的不断加剧，在求助盟国无果的情况下，民主德国政府便将联邦德国的经济援助视为最后一根救命稻草。因此，带有附加政治条件的经济援助便成为科尔政府全面变革民主德国经济、政治和社会体制的有力杠杆。此时，联邦德国已经不满足于以经济手段换取民主德国些许的政治让步了，其目标直指德国统一。对此，民主德国总理莫德罗无奈地表示："西德孤注一掷打出西马克牌：如果民主德国公民不必去投向西马克，而是西马克投向民德公民，那么一切矛盾就会迎刃而解。然而事态的发展恰恰相反。"[②]

（三）随机应变：一次果敢的政治冒险

"柏林墙"被推倒后，由于担心在东欧局势发生激烈动荡之时，强力推动德国统一会给联邦德国带来巨大的政治风险，一些联邦德国政府要员因此谨慎地建议延缓统一进程。例如，联邦总统魏茨泽克就号召人们保持忍耐："尽管现在德国人如此强烈地渴望相互接触，但是不能让欧洲的活力落在德国活力的后面，甚至也不能忽视所有参与者的安全利益。这也应是我们的任务。"[③] 不过，这些言论并没有动摇科尔总理迅速推进德国统一进程的决心。

在得知联邦、各州以及地方的税收、中期预算都有显著增长，社会生

---

① 〔民主德国〕克里斯塔·卢夫特：《最后的华尔兹：德国统一与回顾》，朱章才译，第151页。

② 〔民主德国〕汉斯·莫德罗：《起点与终点：前东德总理莫德罗回忆录》，王建政译，第95页。

③ 〔联邦德国〕沃尔夫冈·维德迈尔：《德国总统魏茨泽克传》，孙秀民译，第22页。

产总值从没有像这时那样有利，不增加税收便可实现统一之后，科尔便开始实施他的计划。他解释说，"我们有必要投入我们最强有力的资产"即德国马克。① 于是，针对民主德国内外交困、孤立无援的情况，科尔及其同僚商议决定以提供大规模经济援助的允诺作为催化剂，加快德国统一进程。

随后，科尔迫不及待地发表了一份关于统一德国的《十点计划》，把德国统一的要求明确地摆到民主德国和全世界人民的面前。科尔认为，现在不是犹豫不决的时候了，而是采取（统一）攻势的关键时刻，必须牢牢地抓住统一的主动权。② 根据《十点计划》，民主德国受到援助的前提条件是其必须进行彻底的改革。对于这一战略，科尔做了如下的解释："依我看来，没理由让它继续存在下去，使它得到稳定。经济援助的前提条件首先是继续改革。"③

由于在德国统一方案上，两德政府间存在本质上的分歧，科尔借助民主德国日益动荡的政局，旋即转而支持民主德国内部赞成其统一方案的政治力量。为了助其上台，科尔不仅提供了大量的支援，还亲自参与助选。其间，科尔许诺将提供经济援助，俘获了民主德国选民的心。受其支持的德国联盟因此如愿获选。

可见，在德国统一加速时期，科尔个人卓越的决策能力和执行能力也是促使联邦政府对民主德国经济政策发生转变的一大因素。在20世纪80年代末90年代初，科尔总理能够紧紧地抓住"历史契机"，适时主动地调整了对民主德国的经济政策，使其从缓和两德对立的工具转变为推动德国统一的杠杆。科尔作为联邦政府最高决策者和执行者，表现出了果敢、沉着，又不失思虑缜密的作风。传记作家马泽尔曾给予这位"统一总理"这样的评价："在恰当的时机他抓住了历史大衣的一角，他充满了责任感又承担着风险，大无畏地行动着。虽然他不能行使什么主权，

①　〔联邦德国〕维尔纳·马泽尔：《统一总理：科尔传》，马福云译，时代文艺出版社，2002，第361页。

②　HelmutKohl, *Erinnerungen 1982-1990*, 3. Aufl., Droemer H. C., 2005, p.996.

③　Kai Diekmann et al., *Helmut Kohl: Ich wollte Deutschlands Einheit*, 2. Aufl., Berlin: Propyläen, 1996, p.109.

但他还是制定了自己所能推行的措施。国际政坛将他视为一股难以遏制的力量。他靠自己独自做出了决策，无人可以替代他，最终也证实他是个伟大的政治家。"①

（作者系中国社会科学院中国历史研究院世界历史研究所助理研究员，主要研究方向为德国现当代史。）

---

① 〔联邦德国〕维尔纳·马泽尔：《统一总理：科尔传》，马福云译，第 360 页。

试论魏玛共和国的社会保险制度及其成效

王宏波

【摘要】 实行议会民主制的魏玛共和国从维护政权的合法性和稳定性出发,不仅萧规曹随,继承了德意志第二帝国时期的社会保险制度,而且对其进行了扩展,使德国初步向福利国家方向发展。但是,魏玛共和国社会保险制度的扩展没能够实现共和国和社会的稳定,在一定程度上成了共和国的"阿喀琉斯之踵",成为导致魏玛议会民主制崩溃的重要因素之一。国内政治环境、经济条件及国际环境等因素共同影响了魏玛共和国社会保险制度的成效。

【关键词】 魏玛共和国　社会保险制度　社会稳定

众所周知,魏玛共和国陷入社会危机是法西斯上台的重要原因。显然,作为社会安全网的社会保险制度未能发挥应有的功能。德国早在德意志第二帝国时期就在世界上最先建立起社会保险制度,且被其他欧洲发达国家纷纷效仿。在德意志第二帝国废墟上建立起来的魏玛共和国实行了怎样的社会保险制度?这样的社会保险制度为何没能发挥社会保护功能?影响其社会保险制度成效的主要因素有哪些?本文对这些问题进行初步探讨。①

一　魏玛共和国社会保险制度扩展的背景和目的

魏玛共和国的社会保险制度是与维护其政权的合法性和稳定性紧密联

---

① 国内关于魏玛共和国社会保险制度的研究比较薄弱,主要成果有李工真:《德国魏玛时代"社会福利"政策的扩展与危机》,《武汉大学学报》(哲学社会科学版) 1997 年第 2 期;孟钟捷:《试论魏玛"福利国家"的早期实践 (1918~1920)》,《安徽史学》2008 年第 5 期;孟钟捷:《试论魏玛共和国的社会政策》,《德国研究》2003 年第 4 期;刘梦然:《魏玛共和国福利制度的扩展与危机》,《中国市场》2015 年第 29 期。

系在一起的。

魏玛共和国是在1918~1919年德国十一月革命推翻德意志第二帝国之后建立起来的。德国工人阶级作为十一月革命的主力显示出来的巨大力量，以及一战后工人群体越来越成为经济活动主体的现实，使资产阶级性质的魏玛政府不得不考虑劳动者最关切的需求——社会保护需求。据统计，到1895年时德国工人及其家属已到达3500万人，已占全国总人口的67%了。据1925年的职业调查，工人占全体就业人员的45.1%，[①] 因此，还在1918年11月9日德皇威廉二世退位后至魏玛共和国成立之前的人民委员政府（临时政府）时期，在其颁布的法令里就有保护劳动者的条款。魏玛共和国成立之后，在其根本大法——《魏玛宪法》中规定，共和国政府建立针对保护劳动力的广泛的社会保险制度。宪法的第7条规定了国家在建立工人保险方面的立法权；第157~163条规定国家对劳动力实施特别、广泛的保护。例如，第157条规定，"劳力，受国家特别保护"。第161条规定，"为保持健康及工作能力，保护产妇及预防因老病衰弱之生活经济不生影响起见，联邦应制定概括之保险制度，且使被保险者与闻其事"。[②] 这样，建立针对劳动者的社会保险制度就在国家根本大法中确认下来，成为魏玛政府的权力和义务。在1919年2月魏玛第一届政府成立时，"奉行一条彻底的社会政策"成为参与组阁的包括社会民主党在内的三大政党确立的作为政府政策三项条件的第三项。[③] 鉴于社会保险制度的代际互助特点和功能，魏玛共和国对德意志第二帝国社会保险制度的继承就顺理成章了。

同时，在魏玛共和国，越来越多的社会群体谋求通过选票来获得社会保险的保障。如前文所述，德意志第二帝国时期社会保险制度保障的对象是组织起来的、以工资为主要收入的雇佣劳动者，无论是"蓝领"工人还是"白领"工人都是如此。没有组织起来且没有工资收入的弱势群体、贫

① 苏珊·米勒、海因里希·波特霍夫：《德国社会民主党简史：1848—1983》，刘敬钦等译，求实出版社，1984，第121页。
② 《魏玛宪法》，参见 https://baike.baidu.com/item/%E9%AD%8F%E7%8E%9B%E5%AE%AA%E6%B3%95/8516506? fr=aladdin。
③ 苏珊·米勒、海因里希·波特霍夫：《德国社会民主党简史：1848—1983》，第90页。

困群体是被排除在社会保险的保障之外的。魏玛宪法扩大了选举权，取消对选举权的经济条件的限制，议员选举权的年龄也由 25 岁降到了 20 岁，尤其是妇女有了选举权。这使得这些弱势群体谋求通过自己手中的"选票"来获得社会保险的保障，摆脱贫困。由此，社会保险费制度成为各政党不得不考虑的政治问题，社会保险越来越与选票、与党派斗争联系在一起。[①]

魏玛共和国从建立之日起，还必须面对一个对其政治制度的稳定构成最大威胁的群体的保障问题。这一群体就是因德意志第二帝国在一战中战败、魏玛共和国被迫接受并执行《凡尔赛条约》的裁军条款，涌入社会的 600 万退伍军人和军工企业停产后数量庞大的原军工企业员工。这些人曾经是德意志第二帝国君主专制制度的支柱。同时，他们中的相当一部分在一战期间曾受到过社会民主党左派斯巴达克派关于俄国十月革命和马克思主义革命学说的鼓动和宣传的影响，其中的一部分还参与了 1918~1919 年德国十一月革命，自认为是共和国的"功臣"。显然，解决好这一群体的风险保障问题对于共和国稳定的重要性不言而喻。因此，在人民委员政府颁布的法令中就对军人的权益问题给予了特别的关注和保障。《魏玛宪法》也在第 7 条规定了国家对军职人员及其家属之保护方面的立法权。与此同时，这一群体因为一战在人类战争史上的前所未有的规模而在数量上也是前所未有的，这些人的风险保障问题构成共和国的一项重大责任和巨大负担。其中，就业保障问题首当其冲。就业对退伍军人来说不仅仅是安身立命之本，更涉及尊严问题。因此，退伍军人的就业保障问题不仅是社会问题也是政治问题。为此共和国在就业方面给予退伍军人优先权。[②]

除退伍军人的就业保障之外，共和国还面临其他群体的就业保障问题，例如，每次战争后一般都会发生的国民经济由战时经济向和平经济转型所产生的劳动者的重新就业问题。

需要强调的是，就业问题还关系整个社会保险体系的正常运转问题。社会保险金主要来源于就业者缴纳的保险费，没有就业保障保险费就没有

---

① Michael Stolleis, *Origins of the German Welfare State: Social Policy in Germany to 1945*, New York: Spring, 2013, p. 115.

② Michael Stolleis, *Origins of the German Welfare State: Social Policy in Germany to 1945*, p. 124.

保障，因此社会保险体系的运转需要一定的就业率。可以说，"魏玛共和国的命运是'工作'（work）"。[①]《魏玛宪法》第 7 条规定了国家在工人、佣工职业介绍方面的立法权。第 163 条规定，"德国人民应有可能之机会，从事经济劳动，以维持生计"。[②]

就业率通常与失业率构成此消彼长、互为因果的关系。失业是工业化社会出现的现象。德意志从 19 世纪 30 年代开始工业革命后也产生了失业问题，但是由于直到第一次世界大战前德国经济总体上处于高速发展期，就业岗位和机会相对充足，失业问题不构成社会问题。劳动者在失业期间收入中断的风险主要由当地政府提供的保障水平较低的社会救济来保障。不过，失业意味着保险费收入的减少，有导致整个社会保险体系无法运转的可能性。

不幸的是，共和国建立之初就面临严峻的就业和失业问题。从 1918 年 10 月至 1919 年 1 月短短 3 个月的时间里，失业率从 0.7% 上升到 6.6% 左右。[③] 1923 年 1 月爆发鲁尔危机后，失业问题加剧。据统计，1923 年 4 月以后，德国劳动总人口中只有 29.3% 的人是充分就业的，47.3% 的人仅仅是短期就业，23.4% 的人正在失业。[④] 1924 年 4 月以后到 1929 年这一被公认的魏玛共和国经济稳定、繁荣时期，德国的平均失业率仍然高达 11.4%。[⑤] 1924 年之前的失业问题成因主要有两个方面：一是就业人员的供给量猛增。上述数量庞大的退伍军人、原军工企业员工和因为生产转型需要重新就业者一下子涌入了就业市场，打破了原有就业市场上的就业人员数量。二是就业岗位的供给量萎缩。造成这种状况的因素有《凡尔赛条约》对德国的经济制裁造成企业数量减少、企业减产等导致对劳动力需求的减少，比如军工企业的停产、商船队大幅减少等。1924~1929 年出现的失业问题则主要是因为企业开展的"产业合理化运动"，出现的结构性、

---

① Michael Stolleis, *Origins of the German Welfare State: Social Policy in Germany to 1945*, p. 116.
② 《魏玛宪法》，参见 https://baike.baidu.com/item/% E9% AD% 8F% E7% 8E% 9B% E5% AE% AA% E6% B3% 95/8516506? fr = aladdin。
③ Richard J. Evans, Dick Geary, *The German Unemployed: Experiences and Consequences of Mass Unemployment from the Weimar Republic to the Third Reich*, New York: St. Martin's Press, 1987, p. 27.
④ Craig G. A. , *Germany, 1866-1945*, Oxford: Oxford University Press, 1986, p. 454.
⑤ 吴友法、黄正柏：《德国资本主义发展史》，武汉大学出版社，2000，第 282 页。

技术性失业。

因此，就业问题和失业问题不仅是影响魏玛共和国社会稳定的主要问题，也是共和国的执政者们必须直面的主要政治问题。正如有学者指出的那样，"就业与失业问题是共和国两个决定性的因素"。①

二 社会保险制度的扩展

魏玛共和国在继承德意志第二帝国社会保险制度的同时，对社会保险制度进行了扩展。主要体现在以下三个方面。

第一，把伤残军人和战争遗属这些特殊群体纳入社会保险体系中。伤残军人和遗属的供养问题原来归军事部门负责和管理，按照《凡尔赛条约》的裁军条款规定，这部分群体的供养问题社会化了。针对这一情况，1919 年 10 月魏玛政府把这部分群体的供养责任转到劳动部。1920 年 3 月魏玛政府颁布了《帝国供给法》和《健康严重受损者法》，将这部分群体的供养问题正式纳入社会保险体系之中，使"战争牺牲者们"获得了有关医疗、职业恢复、教育培训以及养老金方面的法律保证和许诺。②

第二，魏玛政府对德意志第二帝国的社会保险进行了扩展，主要体现在以下方面。一是对保障对象进行了扩展。在疾病保险中，1919～1923 年把在公共公司工作的雇员，在家庭商业领域工作的人员（家庭雇工），在幼儿保育、教育、社会救助、护理和社会福利领域工作的这些被认为应该受到特殊社会关系保护却长期未受到特殊保护的群体，纳入疾病保险的范围。1927 年把"养家糊口"者（户主）的家属也纳入疾病保险范围，同年通过的《海员疾病保险》把海员也纳入疾病保险的范围。到魏玛共和国灭亡时，德国人口的 60% 已经被纳入了法定疾病基金的保障范围。③ 在工伤事故保险中，与实际生产领域联系紧密的部门，如销售和管理部门的雇员也被纳入保障的范围。除此之外，一些新兴行业的从业人员（如实验室

---

① Michael Stolleis, *Origins of the German Welfare State: Social Policy in Germany to 1945*, p. 116.

② 李工真：《德国魏玛时代"社会福利"政策的扩展与危机》，《武汉大学学报》（哲学社会科学版）1997 年第 2 期。

③ Michael Stolleis, *Origins of the German Welfare State: Social Policy in Germany to 1945*, p. 118.

技术员）、以前未得到社会保护的人员（如演员），以及涉及公共利益的行业尤其是高危行业里的从业人员（如消防员、救生员、护理人员和救助人员）[1] 被纳入此险的保障范围。在职员社会保险中，扩大了自雇者的范围，而且把工作领域在独立和非独立之间存在重叠的新职业群体（如音乐人、助产士）也纳入保障的范围。[2] 二是扩大了风险保障范围。在工伤事故保险中，从1925年起，不仅发生在工作中的事故继续得到保障，而且劳动者在往、返工作地点途中发生的事故，在操作劳动工具包括修理和看护劳动工具时发生的事故，职业病都被纳入工伤事故保障的范围，而且根据医学专家的建议被纳入工伤事故保障范围的职业病的目录在增加。[3] 三是提高了保障的待遇。在养老保险中，参保人所获取的养老金由战前最后几年的每年平均180马克提高到了1929年的400~700马克。根据工龄长短，工人每月为33~58马克，职员每月为65~70马克。在遗属年金方面，丧失就业能力的工人寡妇能享受亡夫年金的6/10（过去为3/10），孤儿享受5/10（过去为2/10）。如果孤儿在接受教育，这笔年金可从18岁延续到21岁（过去为16岁）。[4]

魏玛政府将参保者的家属纳入保障范围，从理论上来说有减轻雇用工人负担，保护未来劳动力的效果。从德国社会保障制度的发展来看，它突破了德意志第二帝国建立社会保险时把保险对象限定在有工资收入的雇佣工人，以防止这些群体因风险得不到保障，自己采取谋求利益诉求的措施从而危及其统治的最初设想和目的。将保险对象扩展到家属，也突破了社会保险制度的特点，即"自助者得助"，参加者必须以缴纳保险费为获得保障的前提，社会保险基本功能是参保人之间的互助。显然，投保者的子女是没有工资收入，也不可能缴纳保费的，也就不能帮助其他参保人。魏玛政府对德意志第二帝国三大社会保险的扩展显示了德国向福利国家发展的迹象，这也是德国社会政策领域的一次变革。

第三，建立就业安置和失业保险制度。1927年7月7日魏玛国会通过

① Michael Stolleis, *Origins of the German Welfare State: Social Policy in Germany to 1945*, p. 119.

② Michael Stolleis, *Origins of the German Welfare State: Social Policy in Germany to 1945*, p. 121.

③ Michael Stolleis, *Origins of the German Welfare State: Social Policy in Germany to 1945*, p. 119.

④ 参见李工真《德国魏玛时代"社会福利"政策的扩展与危机》，《武汉大学学报》（哲学社会科学版）1997年第2期。

《就业安置和失业保险法》，并于同年 10 月 1 日起生效。该法规定，失业保险费由雇员和雇主各承担一半。失业者获得的待遇是 6 个月的失业救济金，失业救济金的标准依据工资等级确定，基本标准为相当于被保险人失业前工资的 50%~80%。此后，如果失业者还需要得到救助，可以获得 6 个月的危机救济金，其标准根据个人需要确定。在享有这两个救济金后，失业者还没有就业，可获得针对长期失业者的公共救济金。国家对失业保险收支之间的差额提供财政平衡，公共救济基金由国家财政承担 4/5，地方财政承担 1/5。①

《就业安置和失业保险法》代替了以往济贫性质的失业救济，改变了失业风险的保障性质，提高了失业风险的保障水平，是失业风险保障发展中的一次大变革。而且该法是世界上第一部把就业安置和失业保险结合在一起的失业保险法。此外，该法增加了社会保险的种类，将德意志第二帝国的三个社会保险扩展到四个，至此现代社会保险制度的四大核心社会保险全部建立起来。因此，失业保险的建立不仅是魏玛共和国在社会保险制度方面的重大扩展，也是德国社会保险制度发展史上的一次重大变革。

三 魏玛共和国社会保险制度扩展的效果

魏玛共和国对德意志第二帝国时期已建立的社会保险制度的扩展，不但没有实现现有政权稳定的目的，反而成为导致它最终崩溃的主要要素之一，主要体现在以下几个方面。

第一，德国社会民主党的选票连年降低。德国社会民主党自 1898 年至第一次世界大战结束一直是德国议会最大党。在 1918~1919 年德国十一月革命期间该党迫于形势，曾是要求德皇退位的主要力量之一。在德意志第二帝国崩溃前夕该党被容克-资产阶级认为是当时唯一可以与之合作稳定德国的力量，② 被授权接管了国家权力。在 1918 年 11 月 9 日德皇威廉二世

---

① Karl Chrisian Fuehrer, *Arbeitslosigkeit und die Entstehung der Arbeitslosenversicherung in Deutschland*: *1920-1927*, Berlin: Colloquium-Verlag, 1990, p. 305.

② 邸文选译《一九一八年德国十一月革命》，《世界史资料丛刊（现代部分）》，商务印书馆，1990，第 100 页。

退位后，该党是德国由君主制帝国变为资产阶级议会制共和国的宣布者、共和国宪法起草工作的组织者，魏玛共和国的第一任总统和第一任总理均由该党领导人担任。因此，该党一直自认为是"民主共和国的真正支柱"和议会民主制的支柱、维护者和民主的核心力量。[1] 同时，作为德国工人阶级的政党，该党自认为是"穷人、劳动者和被剥夺继承权的人的代言人"，因此是关系工人最切身利益的社会保险制度的积极推动者和维护者。[2] 可以说，共和国的命运一定程度上是与社会民主党的命运联系在一起的。但是德国社会民主党在魏玛共和国时期对民众尤其是劳动者的吸引力逐渐丧失，在议会选举中的选票连年降低。例如，在 1919 年 1 月 19 日的国民议会选举中，社会民主党的得票率是 37.9%，在 1920 年 6 月的国会选举中下降到 21.6%，1924 年为 26%（1922 年 9 月独立社会民主党与社会民主党合并），1928 年上升到 29.8%，但两年后的 1930 年又降到 24.5%，1932 年 7 月 21.6%、11 月 20.4%。[3] 在共和国存续的 14 年中，该党作为主要执政党组阁的时间加起来不足 4 年。在 1920 年 6 月至 1928 年 6 月长达 8 年的时间里社会民主党失去了主要执政党的地位，只作为小伙伴参加了四届短命内阁，加起来总共不过 9 个月。这在一定程度上显示了其包括社会保险制度在内的社会政策的效果。

第二，社会保险制度丧失对劳动者的风险保障功能，魏玛共和国的社会基础越来越薄弱。

首先，经常性通货膨胀使社会保险的保障水平降低。在共和国 14 年的存续期间，除 1924~1929 年外，共和国前期、后期出现的经常性的通货膨胀使参保者的保障水平缩水，尤其作为解决劳动者后顾之忧的养老保险的保障水平大大降低。最为显著的例子是，在 1923 年鲁尔危机引发的通货膨

---

① 苏珊·米勒、海因里希·波特霍夫：《德国社会民主党简史，1848—1983》，第 129、130、137 页。

② 1919 年 2 月在组建第一届魏玛政府时，社会民主党提出了作为政府政策的三项条件，其中第一项是"毫无保留地承认共和制"，第三项是"奉行一条彻底的社会政策，并对时机成熟的工业部门实行社会化"。这三项条件为其他两个参与第一届政府的政党德意志民主党和中央党所接受。参见苏珊·米勒、海因里希·波特霍夫《德国社会民主党简史，1848—1983》，第 90 页。

③ 苏珊·米勒、海因里希·波特霍夫：《德国社会民主党简史，1848—1983》，第 132、137 页。

胀时期，以柏林中央市场上的牛肉价格为例，1923年2月初每磅3400马克，10月29日提高到560亿马克，11月5日升至2800亿马克。[1] 纸马克事实上成了废纸。以纸马克作为养老金的购买力也微乎其微了。社会保险金的领取者特别是养老金的领取者和普通退养者成为"新穷人"。这样的状况严重伤害并削弱了以工资为收入来源的工人对共和国的信心和信任。1923年秋，德国工人阶级在全国掀起了声势浩大的罢工，随着斗争的发展，工人提出了推翻古诺政府和建立工人政府的口号，在萨克森、图林根等地成立了工人政府。反对共和国的极右势力也乘机纠集在一起，在巴伐利亚，卡尔政府撕毁帝国宪法，同国家政府分庭抗礼。1923年11月8日慕尼黑爆发了希特勒领导的啤酒馆暴动。虽然暴动最终失败了，但纳粹党因此事一夜成名。共和国的社会基础受到无法修复的削弱。

在1930年德国陷入经济大危机后，社会保险不仅没能发挥保护劳动者的风险保障功能，而且基本"失能"。危机爆发后，魏玛政府向本已脆弱不堪的社会保险制度持续"开刀"。例如，1930年7月"条令"规定，疾病保险公司须等候3天时间才可支付病假津贴。1931年12月8日的"紧急法令"又规定，取消所有免费医疗项目和疾病预防支付；在工伤事故保险中，就业能力损伤度不足20%者不再得到工伤年金，其他损伤程度的工伤事故年金平均缩减10%，1932年进一步缩减[2]；残疾养老保险中，普遍性地削减养老金，养老金已经不能为老年人提供真正的安全保障。与此同时，把养老保险的等待期（缴纳养老保险的期限）从200周增加到了250周，15岁以上的孤儿不再享受孤儿津贴，还减少了其他群体的津贴。[3] 即便如此，到1933年在养老保险中仍有120亿马克的赤字无法弥补。[4]

与此同时，被劳工部和各工会"看作是整个工资制度的防护堤和社会政策的基石"、关乎共和国"命运"、应该为劳动者提供最后一道安全网的失业保险受到最强烈的冲击，失去其保障功能。由于失业率猛升，主要以就业者缴纳保费维持运转的失业保险入不敷出。不得已，政府采取不断提

---

[1] 樊亢、宋则行等编《主要资本主义国家经济简史》，人民出版社，1973，第267页。

[2] Michael Stolleis, *Origins of the German Welfare State: Social Policy in Germany to 1945*, p.131.

[3] Michael Stolleis, *Origins of the German Welfare State: Social Policy in Germany to 1945*, p.131.

[4] Michael Stolleis, *Origins of the German Welfare State: Social Policy in Germany to 1945*, p.131.

高保险费、降低保险待遇的办法来应对。比如，布吕宁政府颁布几个条令将失业保险费由基本工资的 3% 提高到 6.5%，从而使个人缴纳的保险费由 1929 年毛工资的 15.5% 上升到 1930 年的 19%。[①] 但是仍然扭转不了保险费入不敷出的局面。于是，布吕宁、巴本政府便不断通过大幅度削减失业救济金和危机救济金、延长领取这些待遇的等候时间、缩短支付持续时间等手段来减少失业保险金的支出。1931 年 6 月，失业救济金已被削减了 14.3%，到 1932 年，失业救济金的削减超过了 50%。同时，危机救济金也减少 10%，领取失业救济金的等候时间不断延长。1931 年 6 月以后，一位单身汉要在失业的 21 天后才能领到失业保险金。[②] 与此同时，领取失业救济金待遇的时间由半年即 26 周减少到 1932 年 6 月后的 6 周。[③] 即便如此，1932 年 2 月，12.6% 的失业者仍未能得到任何救济。29.9% 的人，包括不再领取失业救济金和从未参加社会保险的群体，诸如许多穷人、老人、青年和当时的自由职业者只能依靠地方性的公共救济金为生。在许多地方，"失业救济金甚至根本不能糊口，更谈不上支付房租。人们在露天、候车室、收容所中忍饥挨冻，期盼着会出现结束这一灾难的奇迹。他们早已对政府心灰意懒"。[④] "失业意味着财政负担的增加和政治极端主义。"[⑤] 失业成为压垮共和国的最后一根稻草，解决失业问题成为纳粹党崛起的最大招牌和噱头。

魏玛政府在社会保险制度的执行过程中降低保障待遇水平、提高缴费的做法与社会保险制度具有的刚性需求特点形成冲突。社会保险制度的刚性需求特点决定了民众不会接受社会保障种类和水平的降低或缩减，如果政府这样做，不但会失去选票，也会招致民众的愤怒。从这种意义上说，魏玛共和国社会保险制度的扩展还不如不扩展，扩展而无法落实引起民愤，从而丧失了民众对政府的信任，极大地损害了共和国的权威和社会基

① 参见李工真《德国魏玛时代"社会福利"政策的扩展与危机》，《武汉大学学报》（哲学社会科学版）1997 年第 2 期。
② 苏珊·米勒、海因里希·波特霍夫：《德国社会民主党简史，1848—1983》，第 140 页。
③ 参见李工真《德国魏玛时代"社会福利"政策的扩展与危机》，《武汉大学学报》（哲学社会科学版）1997 年第 2 期。
④ 苏珊·米勒、海因里希·波特霍夫：《德国社会民主党简史，1848—1983》，第 140 页。
⑤ Michael Stolleis, *Origins of the German Welfare State: Social Policy in Germany to 1945*, p. 116.

础。民众向右转，转向魏玛民主政体的掘墓人——许诺给他们稳定生活的纳粹党。正是在大危机期间，纳粹党突飞猛进发展，1928 年大选时纳粹党的得票率是 2.6%，1930 年 9 月猛增到 18.3%，1932 年 7 月 37.4%，1933年 3 月达 43.9%。[①]

第三，退伍军人成为对共和国稳定构成最大威胁的群体。尽管魏玛政府给予退伍军人的保障足够的重视，但社会保险制度的"失能"成为退伍军人与共和国的敌对者纠集在一起走上反共和国道路的重要因素之一。1920 年 3 月爆发了主要由退伍军人支持的、由公务人员卡普领导的旨在推翻共和国的暴动，暴动者直捣共和国首都柏林，总统艾伯特和其他政府官员仓皇出逃。1923 年 11 退伍军人希特勒在慕尼黑发动旨在推翻共和国的"啤酒馆暴动"。尽管这次暴动最终被镇压，但纳粹党由于这次暴动而闻名。随着社会危机的进一步发展和社会保险功能的丧失，越来越多的退伍军人成为纳粹的骨干。

四　影响社会保险制度成效的主要因素

前文所述，魏玛共和国时期社会保险制度的扩展没能够实现政策设计者的目标，即政权和社会的稳定。本文从以下三个方面对影响魏玛共和国社会保险制度成效的因素进行探讨。

（一）经济条件和环境

在魏玛共和国时期，德国经济的恢复和发展一直处于不稳定状态，且经济发展水平在总体上低于一战前德意志第二帝国的经济发展水平。如果以 1913 年的工业生产水平为 100，魏玛共和国的工业生产水平在1927 年才恢复到 1913 年的水平，只有在 1928 年和 1929 年两年才略微超过 1913 年的水平，其他年代均低于 1913 年的水平。这样的经济状况根本无法为保险制度的扩展提供物质基础。造成这种状况的主要原因有以下几方面。第一，《凡尔赛条约》严重削弱了共和国的经济基础。《凡尔赛

[①]　苏珊·米勒、海因里希·波特霍夫：《德国社会民主党简史，1848—1983》，第 138 页。

条约》的规定使德国损失了 1/8 的领土，1/10 的人口；一些经济最发达的地区被暂时占领；失去了全部殖民地、海外投资、9/10 的商船和几乎全部外贸市场；丧失了对运输系统、捐税、进口的管控。① 这些破坏了德国自 19 世纪 30 年代工业革命以来尤其是德意志第二帝国时期已经形成的经济发展布局、经济部门之间的联系。赔款的规定又使它承受沉重的经济负担，并剥夺了共和国恢复经济所需的宝贵资金。这些使魏玛共和国的经济发展条件在某种程度上不如德意志第二帝国时期。第二，魏玛政府在经济政策上的失误。为了对抗《凡尔赛条约》的不公正待遇，魏玛政府尤其是前期、中期的历届政府有意无意地实行消极的经济政策，以体现德国不具备实施条约关于赔偿的能力，结果消极经济政策造成严重的通货膨胀，通货膨胀使社会保险收入的实际价值贬值。这在 1923 年 1 月爆发的鲁尔危机事件上体现得最为明显。古诺政府实行消极抵制政策，对造成德国历史上前无先例后无来者的匪夷所思的通货膨胀负有重要责任。危机期间，1923 年 11 月 15 日，美元与马克的汇率竟然达到了 1 美元可以兑换 42 亿马克的空前绝后的地步。② 工人们用钞票当作家中火炉点火的引子、用麻袋装工资，社会保险收入的实际价值可想而知。社会保险失去了风险保障的功能，社会能否稳定不言而喻。此外，1924 年以后不顾社会后果而进行的生产合理化是造成 1924～1929 年德国经济处于稳定期后出现大量失业的主要原因。③

在这样的物质基础和条件上，魏玛共和国要维持德意志第二帝国时期的保障种类和水平已经相当困难了，不用说还必须对庞大的一战复员、伤残军人的风险进行社会保障了。有专家估计，由于一战，单单残疾与老年社会保险的负担在 1913～1924 年就增加了 10 倍多④，而魏玛共和国的收入减少了一半。⑤ 在这种情况下更不用说对德意志第二帝国的社会保险制度进行扩展了。据统计，国家用于社会保险的补贴不包括无业和失业补助在

---

① 《凡尔赛条约》的条款见《国际条约集 1917～1923》，世界知识出版社，1961，第 72～266 页。
② 科佩尔·S. 平森：《德国近现代史——它的历史和文化》（上册），范德一等译，商务印书馆，1987，第 593 页。
③ 苏珊·米勒、海因里希·波特霍夫：《德国社会民主党简史，1848—1983》，第 125 页。
④ Michael Stolleis, *Origins of the German Welfare State: Social Policy in Germany to 1945*, p. 120.
⑤ Michael Stolleis, *Origins of the German Welfare State: Social Policy in Germany to 1945*, p. 98.

内，1924/1925 年度为 12900 万马克，1925/1926 年度上升到 25900 万马克，随后在 1926/1927 年度增至 28400 万马克，在 1927/1928 年度增至 34500 万马克。[①] 这对国家来说是一项巨大的负担。

如果不顾经济发展水平和条件扩展社会保险制度，那只能是事与愿违，成为沉重的负担，最终被社会保险所"绑架"。魏玛共和国即是如此。

（二）政治环境

在魏玛共和国，没有稳定的、有力的政府为社会保险制度提供政治保障。首先，魏玛共和国政府更迭频繁。从 1919 年 1 月共和国建立到 1933 年 1 月希特勒上台，内阁更迭达十九次之多，影响了政府的执政能力和执政效率。各党派主要从获取选票和争夺权力出发对待保险制度，所谓"选票决定社会保险制度"，[②] 缺乏对保险制度的实施条件、运行环境的前瞻性研究与调查，导致在条件根本不具备的情况下盲目对保险制度进行扩展。最明显的例子是新的保险种类——失业保险制度的建立。德国经济在 1923 年因为鲁尔危机受到重创，虽然从 1924 年开始随着解决赔款问题的道威斯计划的实施而启动的国外贷款的到来，德国经济走向恢复，到 1927 年全面恢复，工业发展水平恢复到 1913 年的水平。但是这一恢复缺乏坚实的基础，它是建立在国外贷款的基础上的，德国中央政府和地方政府深陷债务之中。[③] 但是，德国各界对此没有统一的认识，盲目乐观，缺乏对德国经济和国际经济发展趋势的长远研判，而是以 1927 年德国的经济发展状况和一战前 1913 年德国的失业率作为重要参考，对原有的失业保障办法盲目进行重大变革，从失业救济发展到失业保险，建立了保障水平更高的失业保险制度。1913 年之前德意志第二帝国时期失业人数基本上在 80 万人以下，魏玛共和国时期失业人口的数量基本上没有低于 80 万。其次，没有强有力的国家力量保证国家经济发展免受他国随意干扰。主要受德国一战战败国地位的影响，魏玛共和国不能保卫领土免受英法等战胜国以监督《凡尔赛

---

① 〔瑞士〕埃里希·艾克：《魏玛共和国史》下卷，高年生、高荣生译，商务印书馆，1994，第 115 页。

② Michael Stolleis, *Origins of the German Welfare State: Social Policy in Germany to 1945*, p.115.

③ Michael Stolleis, *Origins of the German Welfare State: Social Policy in Germany to 1945*, p.100.

条约》的执行为借口对德国经济的随意干扰。在魏玛共和国存续期间，协约国多次出兵占领德国领土，对德国经济的正常发展造成消极影响，动摇了保险制度正常运转的经济基础。

（三）国际环境

随着工业革命的步伐，世界经济在19世纪末不可逆转地走全球化，各国经济受世界经济的影响越来越大，以经济为其运行基础的各国社会保险制度也不可避免地受到世界经济状况的影响。

在魏玛共和国时期，英法战胜国对战败国德国的领土随意占领，干扰德国经济的正常发展，造成德国经济、社会动荡，影响社会保险制度的正常运转和效能。鲁尔危机对德国社会保险制度的影响就是鲜明的例子。而与此同时世界经贸环境不良，主要大国竞相实行贸易战，实行关税壁垒，起源于美国金融危机的1929~1933年世界经济大危机爆发后，这种状况更甚。这对于日益依赖国际贸易的德国来说无异于雪上加霜。可以说，魏玛共和国社会保险制度运行的国际经济环境是"恶劣"的。

综上所述，我们可以看到，良好的经济环境和条件、具有较强执政能力的政府、开放的"友好型"的国际经济环境是实现社会保险制度社会稳定目标的保障和基础，否则由于社会保险制度的刚性需求的特点，社会保险制度的运行，不但不能起到稳定社会的目的，反而成为社会稳定的隐患。

（作者系中国社会科学院中国历史研究院世界历史研究所研究员，主要研究方向为现代国际关系史、近现代社会保障制度史。）

法国新古典主义绘画的历史背景解析

张　瑾

【摘要】18世纪末19世纪初是法国社会的重大变革时期，同样在艺术领域也出现了新的变化。这时诞生的新古典主义艺术风格承接17世纪法国的古典主义，反对繁冗浮华的洛可可主义，并为后来的现代主义艺术的出现做了铺垫。新古典主义的绘画作品是世界艺术史上的丰厚财富，其代表画家大卫还亲自参与法国大革命，是革命中的艺术旗手，所以新古典主义又称革命的古典主义。新古典主义绘画的出现与整个欧洲大陆的文化发展紧密关联，它推崇古典时代，受到古典主义绘画的启迪，以意大利庞贝古城的挖掘为契机，在古希腊和古罗马艺术传统与古典主义美学理论的熏陶下，在大革命时期的政治文化影响下形成了自身的独特风格。

【关键词】新古典主义绘画　大卫　庞贝古城　温克尔曼　法国大革命

18世纪到19世纪上半叶的新古典主义艺术风格，是一场波及全欧洲的学习古典艺术的思想文艺运动，法国是新古典主义美术发生与发展的中心。这一时期的法国美术既不是古希腊和古罗马美术的再现，也非17世纪法国古典主义的重复，它有着自身的特点和背景。新古典主义代表画家有大卫、安格尔、热拉尔、勒布仑、普吕东、格罗、洛兰等。其中，以大卫和安格尔最具代表性。大卫把革命与艺术相结合，而安格尔则是为艺术而艺术，把简洁的美发挥到了极致。

新古典主义是欧洲文化史上的一个重要概念。《文史哲百科辞典》里对新古典主义的定义是，"18世纪50年代兴起的在美术和建筑领域中注重古典式的宁静与考古式精确形式的艺术流派，80年代至19世纪初在一切视觉艺术领域中盛行。新古典主义通过采纳古典形式体现了重建理性和秩序的意图。其产生背景是古典遗址的考古发现"。① 虽然这里简要提到了新古典主义的产生背景，但其历史背景远不止这些。从整个艺术史的研究上来看，虽然新古典主义美术跨越了 18 和 19 两个世纪，但在艺术领域的研究中，学者们对新古典主义美术之前的文艺复兴、巴洛克、洛可可美术等和之后的浪漫主义、现实主义等的研究成果更为丰富，对新古典主义美术的考察相对来说稍显薄弱，对其诞生的历史背景更是鲜有探究。

欧洲历史上至少有三次仿效古典艺术的高潮，文艺复兴、17 世纪的古典主义以及 18 世纪末 19 世纪初的新古典主义。新古典主义这一艺术流派既不是古希腊和古罗马艺术的再现，也非 17 世纪法国古典主义的重复，而是适应资产阶级革命形势需要的一场借古开今的艺术潮流。新古典主义是相对于 17 世纪的古典主义而言的，同时，由于其与法国大革命紧密相关，所以也有人称之为"革命的古典主义"。有学者说，18 世纪晚期占据法国艺术发展中心地位的就是新古典主义的兴起。② 新古典主义绘画是古典主义绘画的最后一个高峰，其产生与当时的政治、社会、文化背景有着极为紧密的联系，这些历史背景是很值得探讨的问题，可以从以下四个方面来具体分析。

一 指路明灯——古典时代和古典主义

古典的概念很广，提及古典，首先让人想到的是在古希腊和古罗马的戏剧、神话、诗歌、散文等艺术形式中蕴藏的大量的素材、创作法则、题材和体裁，古典被普遍认为是最优秀的、典范的、可以用来学习和模仿的，这是由于古典时代是个天才辈出的时代；另外，古典也代表了一种艺术风尚和风格，高雅、明晰、严谨，显出静穆而超然的美。古典是从历史的维度上，承认普遍的人性和社会性，相信社会与自然之间存在的伦理和规范，将知识的创造回归本源。古典代表了"一种更理智、更综合、更稳

---

① 高清海：《文史哲百科辞典》，吉林大学出版社，1988，第 787 页。
② Noel Parker, *Portrayals of Revolution*, London: Harvester Wheatsheaf, 1990, pp. 75-76.

定的思考方式，它倾向于系统化，倾向于接受那些已被证实是有价值的东西，倾向于利用那些代代相传的形式"①。总而言之，古典的价值体现在人用理性来理解和规范世界。古希腊的艺术对随后的古罗马艺术的影响尤其深刻。在古罗马艺术中，形式变得更加丰富，表达能力更加强劲，同时掺杂了许多艺术家个人的情感因素，因而其表达的思想更加复杂，领域也更加开阔。古罗马艺术是对古希腊艺术的继承和发展，在很多原则性的美学问题上是一致的，比如它们都讲求庄严和对称，都有着古典艺术的共同特质。

新古典主义画家对古希腊和古罗马文化的崇拜是从骨子里体现出来的。安格尔说："希腊人在雕塑、建筑、诗歌以至其他方面都是那样精美无瑕，使人感到'希腊的'这个形容词简直变成了'美的'同义语了。世上惟有他们是绝对的真实，绝对的美；他们善于观察、洞悉和表达。你们会像亲眼目睹那样见到这些大师们。他们并不装腔作势，和活着时一样，这些足够了！罗马人模仿他们，而且更加出色；可是我们，我们这些高卢人是野蛮人，我们只有努力接近希腊人，只有采用他们的艺术方法，艺术家的称号才名实相符。"② 基于这个出发点，安格尔从古代的碎片中开始绘画事业。雕塑、绘画、希腊和罗马的花瓶、灯、残缺的诗集和超过320件作品混杂的肖像画集的综合成为开启安格尔绘画生涯的可利用的资源。③ 考古研究印证了这一点，"新古典主义的源泉在于，第一，较低层次的对希腊作品的模仿的罗马复制品，这些复制品很可能是古希腊晚期艺术风格的；第二，明显单调和线性风格的希腊和伊特鲁里亚花瓶"。④ 安格尔甚至说："我，我是一个希腊人。"⑤ 作为西方文化发源地的古希腊和古罗马哺育了整个西方文明，可以说，每个西欧国家都从它那里吮吸过成长的

① 多米尼克·塞克里坦：《古典主义》，艾晓明译，昆仑出版社，1989，第5页。

② 安格尔：《安格尔论艺术》，朱伯雄译，广西师范大学出版社，2004，第46页。

③ Sous la direction de Pascale Picard-Cajan, *Ingres & l'Antique*：*L'illusion Grecque*，Arles：Actes sud，2006，p. 27.

④ Athena S. Leoussi, *Nationalism and Classicism*：*The Classical Body as National Symbol in Nineteenth-Century England and France*，London：Macmillan Press Ltd.，1996，p. 27.

⑤ Elizabeth Gilmore Holt, selected and edited, *A Documentary History of Art*，Volume Ⅲ，*From the Classicists to the Impressionists*：*Art and Architecture in the 19th Century*，New York：Doubleday & Co.，Inc.，1966，p. 36.

乳汁。

新古典主义绘画取材多来自古典时期的神话、传说、历史和文学作品，这些画作的目的在于回想古代的伟大与荣光，重现古代的功业与教训，借以激励劝诫世人。新古典主义画家大多受过严格的学院教育，被传授了根植于古希腊和古罗马的古典教育，对古希腊和古罗马的历史、神话等了如指掌。与神话结合的这种绘画具有神秘性，能够把观者带入画家营造的境界里去，画面的处理上不单单追求一种质感和真实，更多的是营造一种带有文学性，或者带有奇异感受的境界。雅克-路易·大卫的《求乞的贝利萨留》《安德洛玛刻哀悼赫克托耳》《苏格拉底之死》《帕里斯与海伦之恋》《抢劫萨宾妇女》《雷奥尼达在温泉关》《维纳斯与马尔斯》，安格尔的《朱比特与特提斯》，弗朗索瓦·热拉尔的《普赛克接受爱神的初吻》，吉洛代的《昂迪米翁的安睡》等，运用古典题材的新古典主义画作比比皆是。

以复兴古希腊和古罗马艺术为旗号的古典主义绘画继文艺复兴之后出现在17世纪的法国。当时的法国古典主义是适应和维护君主政体的产物，基本上属于宫廷艺术的范畴。17世纪的法国处于君主专制的全盛时期，资产阶级政治革命的条件尚未成熟。"太阳王"路易十四时期，王权强大，为王权服务的古典主义文化繁荣发达，出现了一整套等级分明的规则和礼仪。如画家勒布伦以为专制王权歌功颂德为宗旨，他的不少作品都展示了戴着假发的路易十四好大喜功的形象。

17世纪在法国形成和发展起来的古典主义文艺潮流代表了当时欧洲文艺的最高水平，对欧洲文艺发展产生了广泛而深远的影响。尼古拉斯·普桑是17世纪法国古典主义绘画的奠基人，他在法国17世纪画坛的地位至高无上。普桑在年青时代曾钻研过古希腊和古罗马的文学艺术，通晓文艺复兴大师们的诗文、数学、解剖学和透视学，这为他日后偏重理性的古典主义艺术创作奠定了基础。普桑为古典的理性所支配，将古典的形式美运用到自己的创作中，在创作过程中常常控制着自己的情感，从而不使人物为感情而动，并尽量求得画面统一、和谐、庄重、典雅和完美。他力求素描的严格、构图的完美、人物造型的庄重典雅和富于雕塑感。普桑的作品大多取材神话、历史和宗教故事，构思严肃而富于哲理性，具有稳定静穆和崇高的艺术特色，画幅通常不大，但是精雕细琢。作为宫廷外古典主义大画家，普桑是个自由人，他的作品体现出个人的理想，而不是宫廷权贵的旨趣。"普桑常常自己选择主题；他是把绘画当成思索的画家——对他来说绘画既是哲学的也是审美的沉思。"① 古希腊和古罗马艺术中精密的平衡形态，宁静、写真的情调和对崇高、纯洁的向往在普桑作品中都有所体现。"普桑主义成为一种官方审美，经历了几个时期，直到19世纪，都在引导着法国学校的学术方向。"② 普桑的古典主义道德以及高超的艺术技巧，影响了法国后来的许多大画家，尤其是新古典主义代表画家大卫和安格尔。大卫十分推崇普桑，在艺术理念上明显受到普桑的影响，主张用理性来指导艺术，将艺术纳入规范和有序之中。安格尔对普桑的评价也极高，1823年12月13日安格尔给朋友的信中称普桑为"艺术上和哲学上的我的导师"。③

综上，法国古典主义文艺与当时中央集权的君主专制政治有密切关系。法国的古典主义美学具有双重性：一方面，它反映封建宫廷贵族的审美趣味和文艺理想，具有保守性；另一方面，它也在一定程度上反映了时代对文艺的要求，具有一定的进步意义。

传统是一条既有形又无形，并蕴含着巨大精神能量的纽带。这条纽带不是一代人，更不是短时间织就的，而是在历史长河中经过了长期的、反复的冲刷而逐渐形成的带有普遍意义的社会积淀。它连接着历史、现在和未来。新古典主义与古典主义一字之差，时间上也相差一个多世纪。新古典主义与古典主义相似之处在于内容、技巧、构图上都遵循既有的规范和秩序，但是两者在题材选择、表现方式和人物安排等方面有许多区别。新古典主义画家们重视历史的精确性，试图通过细节的真实刻画戏剧般地重现和还原历史的瞬间。新古典主义艺术风格不仅仅是简单的"崇古"现象，它表现了对人类崇高精神内涵以及对意识形态严肃性的诉求。新古典主义绘画与现实结合紧密，它经常借用古代英雄主义题材和表现形式，直

---

① Germain Bazin, *Baroque and Rococo*, London：Thames and Hudson，1964，pp.136-139.

② Germain Bazin, *Baroque and Rococo*, pp.141-142.

③ Jean-Auguste-Dominique Ingres, *Lettres d'Ingres à Marcotte d'Argenteuil*, Nogent-le-Roi：Librairie des Arts et Métiers，2000，p.75.

接描绘现实斗争中的重大事件和英雄人物，紧密配合现实斗争，具有鲜明的现实主义倾向。

在总结新古典主义定义时，有学者说："我们很难把新古典主义看作是年轻的、炽热的和叛逆的运动。它的名称本身就是一个阻碍。它在 19 世纪中期被发明，作为一个轻蔑的术语，被认为是无生气的，冷淡的和与个人无关的'古代复兴'风格来描绘当时仍在对希腊罗马雕塑的模仿：这些否定的含义仍与这一名称相联。……18 世纪没有用新古典主义或古典主义这种词来描绘这一风格。评论家、理论家和艺术家当时简单地称它为'真正的风格'或'艺术的重生'或艺术的复兴时代，把它设想成新的文艺复兴，一个对永恒真理的重申，而绝不仅仅是一个潮流和时尚。"① 所以，新古典主义这一名称使人们在一定程度上产生了误解。新古典主义这一定义是在 19 世纪末期才被人谈论，且在一定程度上趋于贬义。回望历史，应该说，新古典主义是一个复杂的艺术思想观念，它是 18 世纪法国大革命之前宣扬爱国和牺牲精神的一种新的时代风尚和审美倾向的体现；它形成一种朴素、理性之美的新观念，追求古希腊和古罗马的美学规则和伦理价值；它以古典艺术美为典范，从现实生活中吸收营养，本质是借古以喻今，从一定程度上可以说是现实主义的。大卫、安格尔等这一时期的艺术家处于一个被限定了的文化圈——一个自成一体、热衷于自身的文化传说、崇拜英雄的欧洲。

二 反面教材——洛可可画风

古典主义发展到普桑，既是高峰，又是终结。古典题材如果不提升内涵，情节样式就没什么太多吸引人的地方。从艺术史的整个发展来看，艺术的发展应该以人为本，它是建立在现实需要基础上的。古典主义风格的作品太过理性和冷漠，甚至做作，以至于古板乏味，所以后来的洛可可取代了古典主义，延伸了世俗品味，淡化了学究考证。

18 世纪的法国美术在 17 世纪法国和欧洲传统之上创造了只属于 18 世

---

① Hugh Honour, *Neo-classicism*, Middlesex：Penguin Books Ltd.，1968，p. 14.

纪法国独特时代的作品。可以说，这个世纪更充分地反映出了纯法国情调和趣味。尽管这时法国的君主专制政体已经失去昔日的辉煌，而由物质财富和传统积累所导致的思想和文化艺术的极端活跃，却仍然使巴黎保持了欧洲文明中心的地位。

18世纪初法国正统古典主义艺术发生了明显的变化，路易十五时代代替路易十四的时代时，艺术的理想从雄伟转向了愉悦，讲求雅致和细腻入微的风气遍布盛行。路易十五时代法国上层社会所追求的这种新的艺术趣味就是洛可可。洛可可（Rococo）这个词由法文"Rocaille"和意大利文"Barocco"合并而来。洛可可风格是一种纤巧、华美、富丽的艺术风格或样式，又称路易十五式风格，它反映出上流贵族的审美理想和趣味，是18世纪欧洲的主流艺术风格。洛可可主要表现艳丽、轻盈、精致、细腻和表面上的感官刺激，而排斥了以往那种端庄和严肃的表现手法。洛可可绘画多选择愉悦享乐轻松的题材，大量使用烦琐的装饰，用愉快活泼的情调来表现社会生活和神话故事，特别是青年男女的爱情风流韵事。在作品中，着重刻画男女调情的细节，甚至追求色相和肉感、性感的描绘，以这种感官刺激的艺术形象，迎合上流社会醉生梦死的审美趣味。享乐、肉欲、轻松、漂亮是那个时代的特征，时尚造就了大众的审美趣味，也造就了大批迎合这种口味的艺术家。

洛可可画家选用清淡鲜明的颜色和精致的曲线构图，经常用小天使和爱情神话来点缀画中氛围，令画面变得优美而神秘。历史画、宗教画衰落了，即使有，也都变成了洛可可的趣味，游乐图、轻松的宗教题材、肖像画开始流行，到处呈现出歌舞升平的景象。绘画对象不再是神、圣人或骑士，而是宫廷的朝臣、贵族等，表现手法上颜色细致、淡雅，人物纤细。绘画不再表现人物的端庄神圣，开始表现得有点不纯洁和不道德。风景画则是田园诗式的，多数描写贵族男女悠闲地游山玩水。适应着这种需要，一个新的画种——色粉画也开始流行起来。它是用一种有色粉笔画在纸上的新画种，这种材料作画方便，是在纸上直接调色。从代表画家华托的作品中就能看到，那是一种透着脂粉气的单纯清丽的画面效果。华托的《发舟西苔岛》凸显了洛可可画风的琐细和美感。华托和其后的洛可可画家不同的是，他的画除了纯粹的装饰外，往往渗出一种忧郁气息。之后的洛可可画家包括布歇、弗拉戈纳尔等，他们都深受华托的影响。可以说，他们的绘画是一种迎合贵族和上层资产者口味的媚俗的现代风情画。

在法国流行了几十年的洛可可艺术，作为专制政权的点缀，耗费了法国人民的大量财富，广大的第三等级非常厌恶贵族的浮华颓废之风。有着进步主张的人们，在批判社会制度的流弊时，对这种腐朽的社会风尚进行批判是很自然的事。先进的思想家们主张以崇尚实用、简明、精练和严格的合理性为特点的新古典主义来取代奢靡的洛可可，可以说是符合艺术变化规律的要求的。对洛可可的反对是与当时的启蒙运动相结合的，主要表现为道德上的反对。

18 世纪初至法国大革命期间，法国思想界的新思维不断涌现。启蒙运动与理性主义等一起构成一个较长的文化运动时期。启蒙运动背景下的艺术思潮带有强烈的理性主义色彩。这种理性主义精神是希腊文明的基调，也是整个西方文明长期的基调，在 18 世纪中叶时更成为美术发展的基调。《百科全书》的序言中说："几乎没有一种科学或技术，是不能以严密而合乎逻辑的方式来教给智力最不发达的人，因为绝大多数领域中的命题和规则都可以被分解成简单的概念，并按照紧密连接的次序来安排，其间维系的链条是决不会被打破的。"① 由此不难理解，人们为什么将欧洲这段历史时期称为"理性的时代"。18 时期中叶以后，批评家们大多倡导道德色彩浓厚的古典主义，而对几乎完全与上层社会联系在一起的洛可可潮流持严厉的批判态度。他们猛烈抨击洛可可艺术的矫揉造作，主张用艺术描绘普通人的生活，以理性反对纯感官的刺激。

启蒙运动的哲学家们主张人人都有自身发展的自由，但同时又认为这种自由绝不是随心所欲的。当时虚伪、矫饰、享乐已过于泛滥，因此需要理智和教育来重建道德以引导人类健康发展。所以此时，追求享乐与趣味的艺术受到了批评。启蒙运动思想家狄德罗对布歇的严厉批评是著名的。英国作家和艺术史学家阿尼塔·布鲁克纳说："狄德罗 1759 年开始作为职业的艺术批评家，以把法国绘画的所有缺点归咎于布歇而闻名。"② 这种说

① 丹尼·狄德罗：《百科全书》，梁从诫译，辽宁人民出版社，1992，第 53 页。
② Anita Brookner, *Jacques-Louis David*, London: Chatto & Windus, 1980, p. 17.

法有一定的道理，确实，狄德罗对布歇的评价极低，"我敢说这个人不了解雅致为何物；我敢说他从未认识真理；我敢说优雅、正直、纯洁、简朴等概念对他来说几乎都是陌生的；我敢说他从未见过自然，至少没有见过能打动我的灵魂、您的灵魂、一个禀性良好的儿童或一个善感的女人的灵魂的那种自然；我敢说他没有鉴赏力"。① 1763 年沙龙上，狄德罗贬斥布歇说："如此出色的才能被滥用了！如此多的时间被浪费了！"② 1765 年沙龙上，狄德罗贬斥布歇说："谁能想象一个终日与社会底层的妓女为伍的人的生活？"③ "他没有艺术思想，有的只是奇想。"④ 显然，狄德罗认为布歇的画作缺乏高雅、正直、真纯、朴素的观念，不能给人们以教育意义。启蒙运动的倡导者们猛烈批评华托、布歇等画家，认为他们的作品是"空虚、淫荡、荒诞"的，把他们看成上层统治阶级道德堕落的表现者。新古典主义理论家温克尔曼的新思想生来就建立在对轻浮的洛可可的本能厌恶之上，他于 1748 年第一次面对它时就是如此。在论及艺术的实用价值时，温克尔曼极力提倡艺术应该用于崇高的目的，而不应充作无聊的玩物。温克尔曼的矛头所指是很明确的，那就是巴洛克和洛可可风格的艺术家及其艺术作品。

在近代艺术史上，各个风格的艺术更替中，能看到一个有趣的特点。简单说，就是性别风尚的更替。如果说古希腊、罗马是一个男性化十足的时代，那么经过了文艺复兴后，在路易十四和路易十五的法国艺术中我们仿佛看到了女性味十足的风尚。从洛可可到新古典主义的更替中也能看到这一特点，那就是，形式上从"女性主义"到"男性至上"的转变。洛可可的宫廷贵妇般的小巧玲珑的装饰风格显示了娇气的、神经质的细腻纤巧的女性风格。后来的新古典主义又再次展现了古希腊和古罗马时代的兴盛和男性的英雄气概。新古典主义用男性主义的壮美格调，具有男性荷尔蒙的力度美，代替了洛可可的女性主义。大卫将洛可可以画女性肖像为主的宫廷趣味转换为男性的领域，在他的画中，男性至上，女性降级为妻子或

① Diderot, *Salons de 1765*, Paris: Hermann, 1984, p. 55.
② Denis Diderot, *Salon de 1759-1761-1763*, Oxford: The Clarendon Press, 1967, p. 115.
③ Diderot, *Salons de 1765*, p. 54.
④ Diderot, *Salons de 1765*, p. 57.

恳求者的角色。① 评论家们都看到了大卫沙龙中的画作鼓吹了男女性别两极化。②

新古典主义画家反对洛可可的陈腐画风，渴望通过重视古希腊、古罗马的简洁和庄重来传达正义、荣誉和爱国主义等道德观念。他们重视历史的精确性，试图在古典题材中如戏剧般重现当时的一幕，甚至试图通过细节的真实刻画来还原历史的瞬间。比如，大卫用古希腊式的静穆甚至呆滞来表现人物的动态和表情，同时人物的肤色也回到文艺复兴时的"固有色"，只是亮度得到了提高。人物描绘方面在一定程度上回到巴洛克的粗壮，男性与武器占据画面高点的情况也再次出现。

新古典艺术有了一个新形象，它的自然、大度、质朴、宏伟特征，恰好与洛可可流行趣味形成对照。当时居于法国上流社会的红衣主教和王权贵族们在艺术上也厌倦了洛可可的艺术格调，需要寻求新的形式来填补由洛可可艺术的谢幕所形成的审美空白。因此，新古典主义也就成了他们所能够欣赏并接受的新时尚。在大革命前夕，人们正在反感与社会气氛格格不入的洛可可，重提古典和再现古希腊和古罗马的雄伟，配合了社会的发展。至此，洛可可的曲线、轻快都让位给新古典的广阔与沉重。新古典主义作品一反洛可可轻巧俏丽的艺术风格，表现出宏伟、朴实、严谨、清晰的艺术特色，反映了法国 18 世纪末美术发展的方向。

18 世纪法国的两大艺术风格，洛可可和新古典主义的交锋和碰撞产生了艺术史上的一大火花和亮点。人们很容易把洛可可艺术描绘成对物质世界的热情欢快的反应，同时把新古典主义看成理智对本能的否定。③ 从 18 世纪中叶到 19 世纪初，新古典主义一扫洛可可的奢靡、纤巧之风，席卷了整个欧洲。新古典主义无法与文艺复兴时期艺术大师们的艺术成就相媲美，但它还是忠实地代表了启蒙运动的理想，也就是寻求一个由理性和公平来统治的更好世界和回到更加简朴和纯真去的愿望。

---

① Sophie Monnere, *David and Neo-classicism*, Paris: Finest Saléditions Pierre Terrail, 1999, p. 8.

② Ronald Paulson, *Representations of Revolution（1789-1820）*, New Haven and London: Yale University Press, 1983, p. 29.

③ Stephen Jones, *The Eighteenth Century*, London: Cambridge University Press, 1985, p. 31.

三 理论溯源——庞贝考古和温克尔曼美学思想

古希腊和古罗马的艺术光辉能在 18 世纪下半叶得到再一次崇尚，是以其时代背景为契机的。其中之一就是 18 世纪上半叶开始的古城考古热。这些令人惊奇的考古发现以及随之引发的教育旅行对新古典主义的产生有着重要影响。

从公元 79 年开始，罗马古城庞贝就一直被埋在维苏威火山灰下。维苏威火山的顶点离庞贝不到十公里，离赫库兰尼姆不到七公里。这座山是一个大活火山链上的组成部分。[①] 庞贝在当时并不是非常重要的城镇，只是住着一些富有的中小商人和私有业主。[②] 庞贝遭掩埋后不久，就有些人组织起来，想挖出些珍贵的东西，带回罗马。可是他们未能如愿，只在城墙上留下了挖掘的痕迹。直到 18 世纪，庞贝及附近也被掩埋的赫库兰尼姆这两个城市的遗迹出土，才引起了欧洲人的兴趣。[③] 庞贝等古城中，巨大的雕塑与壁画惊人地保存完好。18 世纪前期庞贝等古城遗址的发现和挖掘，鼓舞着人们把探查扩展到位于西西里岛和希腊的古希腊遗址。紧接着，一篇篇详尽的考古报告传遍欧洲，发掘出来的古希腊和古罗马艺术珍品被运送到各大博物馆。18 世纪后半叶到 19 世纪的考古研究取得了显著的成绩。考古学的成果使古代从文学、史学作品和政治学论著的书本描述中步入现实的世界，呈现在 18 世纪的法国人面前，由此引发了一场真正的古代世界的复兴。一些新涌现的公众和评论家们要求艺术在精神上具有更多的严肃性。[④] 德国考古学家和艺术史家温克尔曼是其中重要的一位。庞贝的挖掘工作一开始非常紊乱，温克尔曼当时大声疾呼，抗议这种无政府状态。他把庞贝的情况传到欧洲他国，而且撰写了著名的《古代艺术史》（也称《希腊人的艺术》），世人多尊他为艺术史考古的前辈。

① Weiden and Nicolson, *Les Cités du Vésuve*: *Pompéi et Herculanum*, Librairie Hachtte, 1972, p. 25.

② Sous la direction de Baldassare Conticello, *Rediscovering Pompeii*, Rome: L'Erma di Bretschneider, 1990, p. 3.

③ 埃蒂艾纳:《庞培: 掩埋在地下的荣华》, 王振孙译, 上海书店出版社, 1999, 第 16 页。

④ Noel Parker, *Portrayals of Revolution*, London: Harvester Wheatsheaf, 1990, p. 76.

文艺复兴和古典主义时期的理论是新古典主义兴起的间接理论基础。它的直接的审美理念主要是温克尔曼、门格斯、皮拉内西等的美学思想。其中，温克尔曼又是最有代表性的一位。温克尔曼是欧洲第一位认真研究并热烈崇拜古希腊和古罗马艺术的学者。随着庞贝古城发掘工作的深入和出土文物的不断涌现，温克尔曼收集资料并进行有关考古、历史、艺术和美学的考察和研究，为他撰写《古代艺术史》打下了基础。1764年，他出版了这部为他在艺术史上赢得盛誉的著作。温克尔曼把"历史"与"艺术"这两个词组合在了一起，这是头一次有人采用"艺术史"为书的名称。所以他常被誉为现代艺术史与科学考古学的真正创始人。温克尔曼的《古代艺术史》对新古典主义风格的形成有着重大贡献。它是最早在文化的背景上研究艺术风格演变的历史著作，是第一本真正的艺术史。温克尔曼将古希腊的艺术分为"古风时期""古典时期"和"希腊化时期"，并概括性地提出希腊艺术的美在于"高贵的单纯与静穆的伟大"。温克尔曼说："使我们变得伟大、甚至不可企及的唯一途径乃是模仿古代。"[1] 他在书中写道："希腊杰作有一种普遍和主要的特点，这便是高贵的单纯和静穆的伟大。正如海水表面波涛汹涌，但深处总是静止一样，希腊艺术家所塑造的形象，在一切剧烈情感中都表现出一种伟大和平衡的心灵。"[2] 他的作品中充满对古希腊和古罗马的膜拜，强调艺术里古典式的宁静沉重，强调艺术家都应以古代的伟大作品为创作蓝本，追求真正的理想之美。温克尔曼的美学观被当成 18 世纪新古典主义风格的指导。

古希腊人崇拜英雄，还有他们那趋于完美的躯体，为此，对人体的忠诚表现成为表达崇拜的最淋漓尽致的方式。许多古希腊和古罗马艺术品虽然是残缺的，但仍然给人以美感，因为古典就隐藏在残缺的美感之中。古典是一种无形的内在逻辑，它潜藏在事物的表面现象下。新古典主义艺术家深受这种古典美的感染。大卫就曾说："我要像纯粹的希腊人那样做；我从古代雕像的眼睛中汲取养料，我意图模仿某些人。"[3]

---

[1] 温克尔曼：《希腊人的艺术》，邵大箴译，广西师范大学出版社，2001，第 2 页。

[2] 温克尔曼：《希腊人的艺术》，第 17 页。

[3] E. J. Delécluze, *Louis David, Son École et Son Temps*, Paris: Macula, 1983, p. 62.

古城的发掘最重要的部分是壁画，但这些引起的好奇心多于狂热的赞叹。"有人认为画法简单，只能称之为草图。有人认为画得不好，解剖学上不正确，表达效果和构图差劲。……温克尔曼说这是尼禄时期已经衰落了的绘画，门格斯也认为这些不能代表古代艺术的精华。……在继续挖掘的过程中，面对古城壁画中的色情、腐化、堕落的场景，艺术理论家更加责难洛可可的道德观念，并提倡新古典主义的纯净、高尚和反堕落。"① 一定程度上可以说，壁画的考古研究对新古典主义绘画的发展起到了反推的助力，而古迹和遗址研究从正面促进了新古典主义风格的提升。

在 18 世纪中期，随着各方面条件的改善，普通的旅行者能够参观西西里和意大利古希腊殖民地城市中的神庙，他们对"古希腊和古罗马"艺术产生了浓厚的兴趣，而这些人又把对古希腊的神往带回自己的国度，这为新古典主义的产生提供了催化剂。由于教育旅行的推动，上层人士和富家子弟纷纷南下去意大利领略古代与文艺复兴的艺术，接受古典传统的熏陶，作为必备的教养。在这种情况下，一大批学者、艺术家和建筑师前往罗马，他们对建筑遗址和文物进行考察和研究，这种风气在当时十分盛行。1817 年 2 月 26 日，司汤达写道："我在旅行中所见到最奇特的地方，就是庞贝；人在庞贝，你会感到自己置身古代。"②

庞贝等古城的考古发掘和温克尔曼美学思想的传播顺应了时代需要，为新古典主义美术的诞生起到了推波助澜的作用，法国和其他西欧国家很快掀起了一股崇拜和研究古希腊、古罗马的热潮。以法国的维恩、大卫、安格尔为代表的一些新古典主义画家的某些作品，显然受到了这些方面的影响，他们的作品表现出冷静、庄严、典雅的气氛，有时给人过分安排、人物有如古代雕像的感觉。1763 年维恩的《贩卖爱情的女商人》的灵感来自一幅赫库兰尼姆的壁画。安格尔的《穆瓦蒂西尔夫人》是从年代久远、鲜为人知的赫库兰尼姆壁画《赫拉克勒斯和未成年的忒勒福斯》获得灵感的。③ 虽然安格尔不曾见过出土于庞贝的神秘山庄的壁画，但把两者加以

① Hugh Honour, *Neo-classicism*, p. 45.

② Stendhal, *Voyages en Italie*, Paris: Gallimard, 1973, p. 51.

③ Bryson, Noeman, *Tradition and Desire: From David to Delacroix*, Cambridge: Cambridge University Press, 1984, p. 2.

比较是有益的。① 两幅画中，两者的动作出奇地一致，都是左手伸向前上方，半裸的服饰也很相似。这似乎说明了安格尔在创作时真的把自己化身成了古代人。安格尔从古城出土的建筑、雕塑和壁画断片中借用主题和构成，他模仿整个肖像，包括某些赫库兰尼姆的门廊上的肖像，成为他绘画的一部分。② 另外，大卫的弟子中有一些就在意大利进行多年的研究，从罗马到西西里对艺术品进行临摹和仿制。③

西方世界中几乎所有的艺术和思想意识都有着古希腊和古罗马的烙印。古典对于西方人说来尽管时间上那么遥远，情感上却又那么亲切。古希腊和古罗马的文明是欧洲文明的共同源头。以民主性和科学性为特征的希腊文明，经过罗马的继承发扬和广泛传播，加之文艺复兴以来的提倡和尊奉，成了欧洲文明的核心和源头。古希腊和古罗马的艺术，以其深刻的现实意义、和谐的完整性、英雄的气概、热爱生活的精神以及对人的崇高品质的尊重而震惊后世。新古典主义对古希腊和古罗马时期的艺术形象进行了重组。事实上，每个时代的文化都会对以前的艺术形象进行重组。斯蒂芬·琼斯在《十八世纪》中写道："对18世纪的每一位艺术家来说，罗马都是个至关重要的形象，对它的认识是艺术家一生经历的关键。每个时代都按照其关注点来重新发现罗马。"④ 古希腊和古罗马创造了"美"的永恒的艺术原则，新古典主义重拾了这一原则并给予了自己的注解。

四　时代呼声——法国大革命

18世纪的法国出现了一系列重大的社会变革，启蒙运动、大革命、拿破仑称霸等著名历史事件使法国当时成为世人瞩目的中心。18世纪的欧

---

① Bryson, Noeman, *Tradition and Desire: From David to Delacroix*, p. 133.
② Victoria C. Gardner Coates and Jon L. Seydl ed., *Antiquity Recovered: The Legacy of Pompeii and Herculaneum*, Los Angeles: J. Paul Getty Museum, 2007, p. 66.
③ Victoria C. Gardner Coates and Jon L. Seydl ed., *Antiquity Recovered: The Legacy of Pompeii and Herculaneum*, p. 142.
④ Stephen Jones, *The Eighteenth Century*, p. 31.

洲，正值资本主义早期的启蒙运动，启蒙思想家们代表资产阶级各阶层的利益，极力倡导资产阶级"人性论"，宣扬"自由""平等""博爱"。正是这种对民主共和的向往，唤起了人们对古希腊古罗马的礼赞。新兴的资产阶级为了推翻日趋腐败堕落的封建专制统治，取得革命的胜利，就要在意识形态领域高举反封建、反宗教神权的旗帜，号召和组织人民大众起来为资产阶级革命而献身。因此他们需要在人们的心理上注入为革命献身的美德和勇气，那就是为共和国而战斗的英雄主义精神。他们趁机借用古典的外衣打造进步的英雄角色，古希腊和古罗马时期的英雄便成为被推崇的圣贤和偶像。在这样的历史环境下，产生了借用古代艺术形式和古代英雄主义题材的新古典主义。激扬、热烈的法国大革命实际上是法国文化艺术发展的催化剂。

法国大革命是世界历史上一次重大的资产阶级革命，它不仅对法国现代社会发展产生了重要影响，而且对世界其他国家和地区的发展也产生了重要影响，它所带来的社会变革直接导致了法国现代文艺创作的巨变，也就是说，大革命的意识形态直接影响了当时的审美趣味。新古典主义是法国大革命在艺术领域革命的折射，在法国大革命时期达到了鼎盛。有学者认为"这一时期的艺术无疑比罗马帝国覆灭后的任何艺术都更大程度上见证了政治和社会变革"。[1] 新古典主义艺术家希望重现古希腊和古罗马艺术的简朴和庄重，传达如正义、荣誉、英雄主义和爱国主义精神等严肃的道德观念。

大革命时期，怀古的情怀尤其表现得偏爱和执着。20 岁至 40 岁的年轻人头脑中都充斥着古典文化——古希腊和古罗马文化，尤其是拉丁语和罗马人的形象。[2] 18 世纪的英国哲学家大卫·休谟谈及当时的社会状况时说道："二千年以前在雅典和罗马受人欢迎的荷马今天在巴黎和伦敦仍受人钦佩。所有气候、政府、宗教和语言的变化都不能遮掩他的光辉。"[3] 西塞罗和塞内加的政论著作被广泛阅读和引证，用来证实人民拥有主权的原

---

① Hugh Honour, *Neo-classicism*, p. 13.

② Jacques Bouineau, *Les Toges du Pouvoir*, Toulouse：Association des Publication de l'Universite de Toulouse et Edition Eche，1986，p. 26.

③ 布洛克：《西方人文主义传统》，董乐山译，生活·读书·新知三联书店，1997，第 106 页。

则，国家的政令应建立在市民自愿达成的协议基础之上。这一时期出版的政治性小册子里刊登的都是塔西佗、萨卢斯特与贺拉斯的语录，文章写作与修辞以西塞罗的文体为典范。议员们举行会议的大厅内排列着卡米卢斯、埃伦和其他一些罗马议员的饰有花环的雕像。在辩论中，人们总喜欢引征西塞罗的语句来阐述某一重要论点。人们经常把他们的党人称为布鲁图和加图们，而把他们的对手称为卡塔莱纳们。① 他们的举止姿态和手势也仿效罗马雕像的姿态和手势，人们在发誓时总是对着布鲁图斯的雕像或者众神发出誓言。② 这一时期社会上公民的一些品格似乎是直接从某些书籍中仿效而来，这是从未有过的现象。法国大革命的许多象征物也都是直接从古人那里借用的。这时的自由帽实际上就是获得自由的罗马奴隶的弗里基安（phrygien）式帽子。弗里基安帽之所以能成为一种自由帽，是由于大卫 1788 年的画作《帕里斯与海伦之恋》，塑造了一个深得资产阶级喜爱的戴着红色弗里基安帽的帕里斯形象。有学者认为，这种帽子本来并没有什么意义，它被同"自由"联系起来只是一些文人穿凿附会的结果。③ 另外，法国的革命者采用罗马时期权威的象征——束棒中有一柄凸出的斧头——作为权力的象征。④ 革命者们把自己看成古希腊罗马人的重生。雅各宾派采纳新古典主义作为他们的官方艺术形式，对古代的崇拜达到宗教信仰的程度。罗马共和国的坚忍的美德不仅作为艺术的标准也作为政治行为和个人道德的准绳。新古典主义成为时尚。⑤ 新古典主义这一文化现象与革命者的历史想象相结合，成为法国大革命宣传的工具。

在整部欧洲美术史中，"革命画家"的名号非法国画家雅克-路易·大卫莫属了。大卫是法国大革命时代的发言人。他不管在当时还是在此后的

---

① 塔西佗：古罗马元老院议员、历史学家，曾任行政长官、执行官、亚细亚行省总督。萨卢斯特：古罗马历史学家和政治家，曾任财务官、保民官等职。布鲁图：古罗马贵族派政治家，刺杀恺撒的主谋者，后逃往希腊，集结军队对抗安东尼、屋大维联军，战败自杀。加图：古罗马政治家，斯多葛派哲学信徒，支持元老院共和派，反对恺撒和喀提林，战败自杀。

② 威廉·弗莱明、玛丽·马里安：《艺术与观念：巴洛克时期——新千年》，宋协立译，北京大学出版社，2008，第 504～505 页。

③ 高毅：《法兰西风格：大革命的政治文化》，浙江人民出版社，1991，第 201 页。

④ 在古代罗马，行政长官以此代表政治权力，其意蕴是，权力来自长官与人民的团结一体。

⑤ Hugh Honour, *Neo-classicism*, p. 171.

历史中都是位引起激烈争论的艺术家和革命家。大卫是法国新古典主义的最纯粹表达者，他是大革命时期法国政府的官方画家，也是革命的拥护者和参加者，曾在雅各宾专政时期任共和国教育与文化委员会艺术总监，在政治上扮演过重要角色。大卫在此时开创了艺术为政治服务的先河。大卫对新古典主义的一幅开创性的贡献之作是《荷拉斯兄弟之誓》，这幅作品中，"大卫为他的表达提供了一个最强烈、最能显示出这一时代美学气氛的主题。场景在罗马，时代为法国共和国的开端"。[1] 大卫的绘画显然顺应了革命的潮流，在他那些通过外部活动、极尽模仿古代雕塑之能事的历史画卷中，在他那些与古罗马凯旋门的浅浮雕阴冷而僵直的布局惟妙惟肖的仪典的画面上，一件猩红的长袍，一只蓝丝绒坐垫，一幅金色的刺绣，一支蘸水羽毛笔，一面丝织的军旗，所有那些反映当时现实的物品，难以在绘画颜料中加以改变的附加的物品，都用最丰富、最密集、最不透光的光泽描绘了出来。[2]

大革命还为大卫的绘画增添了丰富的题材。《网球场的宣誓》是大卫一幅关于革命纪实重要的作品。为了表现 600 名代表在大厅宣誓的庄严、激动的伟大历史时刻，大卫画了许多种构图，反复修改、仔细推敲，最后选定了这种纪念式的构图。另外，大卫的《马拉之死》不仅使这位革命者的英雄形象流传千古，而且它也是大卫作品中最深刻动人的一幅。在描绘这一场景时，大卫将那种悲剧主义的色彩表现得更为含蓄和深沉，构图更加简洁，明暗的对比给人以强烈震撼，作品的感人程度远远超出了他以往那种充满高度热情和激昂色彩的画作。《马拉之死》是大卫绘画生涯的另一个重要标志，这幅描绘现实突发事件的作品具备了杰出的历史画的凝重分量，是一幅历史画和肖像画相统一的作品。

很多学者对新古典主义画家大卫在大革命中的地位有着高度评价，如，"大卫成为大革命的一分子和当时艺术领域的权威人士。他成功地把道德和古代汇合为政治创造——一种有生命力的东西，同时也是那个极端

---

① Jean Starobinski, *1789*, *Les Emblèmes de la Raison*, Paris：Flammarion, 1973, p.89.

② 黎·福尔：《世界艺术史》下，张泽乾等译，长江文艺出版社，1996，第 816 页。

时代的一部分。欧洲所有的富有创造性的艺术家们中，谁能配得此称呢?"[1] "大卫严谨的构图证明了全体一致的革命信仰。"[2] 在大卫绘画的影响下，甚至无套裤汉的优秀男子都想象自己是一个英雄般的战士。[3] 这足以说明大卫艺术的力量和社会影响。

小 结

19 世纪的法国思想家和艺术史家丹纳说："如果我们想了解一件艺术品、一群艺术家，我们就必须要认真考察他们所生活时代的精神和风俗状况。可以这么说，时代的精神和风俗状况是产生艺术品、艺术家的根本，它起到决定性的作用。"[4] 艺术是一个涉及社会各方面文化的复杂系统，它与人类的历史文化、生产方式、生活方式、思维方式等都有着不可分割的联系，因而要分析和阐释艺术，就必须从整体上去把握和理解艺术与这些相关因素的内在的和外在的联系。

新古典主义绘画的出现与整个欧洲大陆的文化发展紧密关联，它以古典主义为基础，以意大利庞贝古城的挖掘为契机，受到古希腊和古罗马艺术传统和古典主义美学理论的熏陶以及大革命时期的政治文化影响。它从古典中寻找依靠，但同时排斥了后者的抽象、脱离现实和缺乏血肉的形象。它以古典美为典范，从现实生活中吸收营养，在法国大革命的时代，它成为艺术史上与现实结合最紧密的艺术运动。新古典主义是对旧制品味洛可可的反动，令人神清气爽，追求古希腊和古罗马的艺术风韵，重新掀起对怀旧的一种激情，从而确立一种崇古寓今的规则。新古典主义被新发现的庞贝古城与赫库兰尼姆古城的考古灵感所刺激，回归古典梦想，意欲创造出理想的美，以新的强劲势头动摇了 18 世纪的古典主义秩序，建立新

---

[1] Walter Friedlaender, *David to Delacroix*, translated by Robert Goldwater, Massachusetts: Harvard University Press, 1952, p. 19.

[2] Jonathan P. Ribner, *Broken Tablets: The Cult of the Law in French Art from David to Delacroix*, University of California Press, 1993, p. 6.

[3] Ronald Schechter, ed., *The French Revolution: The Essential Readings*, Oxford: Blackwell Publishers Ltd, 2001, p. 251.

[4] 丹纳:《艺术哲学》，彭笑远编译，北京出版社，2007，第 2 页。

的纯净、简洁而又肃穆的古典原则，展现出力量、气节与果敢。

新古典主义的这个"新"是与新时代资产阶级的艺术观一致的。它是对之前奢侈、豪华、享乐、堕落的艺术品位的反省，是人类心灵的一次净化。新古典主义绘画的特征是选择严峻的重大题材，即古代历史和现实的重大事件，在艺术形式上，强调理性而非感性的表现，在构图上强调完整性，在造型上重视素描和轮廓，注重雕塑般的人物形象，而对色彩不够重视。新古典主义艺术家们在怀古的情境中审思历史和现实，对艺术进行终极意义的叩寻，对当时社会进行一定程度的深层观照。因而，新古典主义在本质上体现了一种反思、继承、批判的精神。新古典主义绘画诞生于法国，其风格波及全欧洲，甚至远达大洋彼岸的美国。

艺术史上任何风格的演变中都有它存在的价值和所要实现的历史使命，但同时又存在或多或少的局限性，新古典主义也不例外。虽然在后来浪漫主义的冲击下，新古典主义成了保守、迂腐的象征，但是它当时发挥的历史作用和给予人们的历史想象，以及特有的精准造型和高超的写实技法，以及那种静穆、单纯、典雅、和谐的理想美，确是艺术史上不可多得的明珠。

（作者系中国社会科学院中国历史研究院世界历史研究所副研究员，主要研究方向为欧美科技人才、文化史。）

弗里德里希·本亚明·奥西安德医生的《秘密记录本》：哥廷根大学产科医院的匿名分娩（1794~1819）

于尔根·施伦博姆（Jürgen Schlumbohm）　著　王　超译

文章概要

　　匿名或秘密分娩问题是当前争论的一个话题，它有着悠久的历史。早在 18 世纪和 19 世纪，一些产科医院就为"秘密分娩"提供了可能性。最近出现的关于哥廷根大学产科医院的原始资料使人们能够洞察到，保守出生秘密的动机以及这种秘密分娩对母亲、父亲以及孩子造成的影响。该医院的院长是一位产科教授，他为一些妇女撰写了病例报告，后者为他提供的帮助以及得到的住院治疗支付了可观的费用。作为回报，这些妇女可以用假名入院治疗，从而伪造其孩子的出生证明；此外，她们的分娩没有被用作医学生和助产士的教学素材，而"普通"孕妇必须提供她们的姓名，同时作为对免费分娩的回报，她们的分娩可用作临床教学。

　　经过细致研究的 10 个案例表明，导致人们选择匿名分娩的原因是多方面的，他们以不同的方式使用这种方法，并产生了不同的后果。当然，所有这些都是非法怀孕。在一个案例中，准妈妈已经结了婚。在更多案例中，孩子的父亲是已婚人士。大多数秘密分娩者似乎向教授提供了她们真实的个人资料，而他对此守口如瓶——其中一个案例则是例外，多年后他在一份抚养费诉讼中透露了案例报告的内容。只有一名男子公开承认是孩子父亲，但更多人是通过替孕妇办理入院登记或陪同孕妇去医院，隐讳地透露出他们的身份。

如果要对孩子的出生信息保密，就必须将其交给养父母。通过支付一笔通常为 14 年的抚养费，其中一位母亲避免了以后与儿子的任何接触。在大多数情况下，联系似乎仅限于支付这种食宿费用。其中一对情侣后来结了婚，并将婚前秘密生下的双胞胎留在身边。另一位母亲通过中间人与儿子保持密切的联系。

所有以这种秘密方式分娩的妇女都得到了经济上的支持，通常这笔费用来自孩子父亲或亲戚。她们中很少有人是独自前往医院的。在围产期，只有那些免费分娩的孕妇才会像今天选择匿名分娩的妇女一样独自去医院。

引 言

匿名分娩问题多年来一直备受热议和争议。一方面，它可以帮助孕妇在紧急情况下和冲突局势中，保护她们孩子的生命安全；另一方面，它关系到诸如青年福利局和户口登记处等部门的职责、公民身份登记的管理，同样重要的是孩子们有权知道自己的出身。作为完全匿名分娩的替代方案，"秘密分娩"得到了宣传，产妇的个人资料将被存放在密封的信函中，并在 16 年后交给她的孩子；2013 年，一项联邦法律已将其制度化了。①

匿名分娩问题由来已久。自中世纪或文艺复兴以来，许多欧洲城市建有育婴堂，在 18 世纪和 19 世纪初，它们的数量和规模有所增加，尤其是在天主教国家。那些国家允许匿名分娩孩子，但通常也可以通过一个旋转盒来提供个人标识符号。② 正如自 18 世纪中叶建立产科医院以来，有需要的单身妇女或多或少地能够秘密分娩，甚至是完全匿名分娩。在维也纳综合医院规模庞大的产科（1784 年开业），匿名分娩实际上是按照类别分级，安置也是如此。付费分娩孕妇无须说出她们的姓名，并且可以将自己的脸庞隐藏在面纱后面。在可免费分娩的产科，孕妇姓名被记录在医院登记簿

---

① Coutinho/Krell（2011）；s. die gegenwartsbezogenen Beiträge in Metz-Becker（2012）；für Frankreich：Villeneuve-Gokalp（2011）. Zu dem Gesetz von 2013：http：//www. bmfsfj. de/ BMFSFJ/gleichstellung，did = 199392. html（letzter Zugriff：29. 1. 2014）.

② Enfance abandonnée（1991）；MacClure（1981）；Taeger（1986）；Hunecke（1987）；Ransel （1988）；zusammenfassend Schlumbohm：Findel-und Gebärhäuser（2012），auch zum Folgenden.

中，但不会透露给第三方；即使在法庭上，住在产房也不会被视为非法分娩的证据。[1] 正如在维也纳、巴黎、都灵、莫斯科和圣彼得堡，产房与收养弃婴的机构组合在一起，这些女性得以在不暴露"失足"迹象的情况下返回故乡。许多同时代的人认为，这类机构是防止谋杀儿童的有效手段。

哥廷根大学的产科病房于1751年在圣灵医院的一个房间里开业，并于1791年搬进了"产科医院"雄伟的新建筑，在这里普通孕妇的个人信息只能获得有限的保密。[2] 普通孕妇必须向院长和管理员提供姓名、原籍地、年龄等信息。个人详细信息记录在医院登记簿中，并提交给负责婴儿洗礼的神职人员，随后记录在教区记事录、当时的公民身份登记簿中，也出现在汉诺威政府的年度账目清单中。然而，数据的准确性难以验证，特别是因为大多数孕妇来自乡下。但是，如果在个别情况下发现某位孕妇使用假名，她则被归类为可疑者，可能被拒之门外。但医院会保护孕妇免受那些对"住院或出院人员"有"好奇心"的外人打扰；这些陌生人被拒绝进入医院大楼以及查看医院登记簿。这甚至适用于哥廷根警察和司法部门；只要这些孕妇住进医院，她们就像所有的大学师生一样，受到大学法院的管理。然而，在调查和审判中，院长向政府部门提交了医院里的孕妇信息：1805年，在哥廷根以北25公里处的露天空地发现一名6周大的女婴，该医院的产妇被认为有弃婴嫌疑。于是他自愿向政府部门递交了一份详细名单，列出了在近三个月内诞下女婴的妇女。[3] 在对普通孕妇的规定中，她们得到了免费医疗和护理，因此她们的分娩被作为医学生和助产士的教学素材。她们生活贫困，且绝大多数未婚。

与之相反，哥廷根大学产科医院对付费分娩孕妇广泛实行匿名。弗里德里希·本亚明·奥西安德（Friedrich Benjamin Osiander）医生从1792年开始任该医院院长和产科教授，直到1822年他去世。他欢迎这样的孕妇——她们"希望在产褥期保持安静以及不为他人知晓，同时支付租金和伙食费等……"。1794年，他印制的医院简介听起来像是一份特殊的邀请函：

---

① Pawlowsky (2001), S. 88ff.

② Alle Hintergrundinformationen zum Göttinger Entbindungshospital nach Schlumbohm: Phantome (2012).

③ AUFK Gö, W 17, fol. 18ff.; in dieser Akte weitere Fälle ähnlicher Art.

任何一个想要匿名分娩的女士都可以在这里秘密诞下她的孩子。她只能通过第三方的信件与我联系，并指定一个可靠的人或公司给我支付费用，她不必向我或这里的任何人提供她的姓名和居住地信息。……她的孩子在家里接受洗礼，为此她可以在没有进一步调查的情况下，给出她想好的父亲和母亲的名字。[①]

付费分娩孕妇不被用于临床教学；院长亲自给她们接生，不在医院的工作日志中撰写她们的病例——这有别于免费分娩孕妇。管理员通常在登记簿中将这些妇女登记为"未透露姓名者"，当然，通常会添加她们出现时使用的名字。州政府的年度清单不会出现这些名字；只会注明医院从"未透露姓名者"那里获得的款项。从这些文件中可以明显看出，哥廷根大学产科医院的付费分娩孕妇是少数：在 1792~1822 年，除了 2600 多次免费分娩外，只有 16 个此类案例。[②]

原始资料

虽然有关普通孕妇的大量文献资料流传了下来，但迄今为止，那些支付过费用且未透露姓名的孕妇的信息却存世很少。不过，在 2012 年夏天，人们在一些私人物品中发现了新的资料来源，这些资料在 2012 年底被哥廷根大学伦理与医学史系收购。它是一个大约 20 厘米长、17 厘米宽、2 厘米厚的纸面本，紫罗兰色纸板封面已然褪色，上面写有"秘密记录本"（Das Lila-oder Geheime-Buch）的字样，内页标题写着："秘密记录本，包含了未来所需的信息，自我在皇家医院工作以来秘密指导分娩的孕妇的信息。奥西安德教授，1797 年。"[③]

---

① Osiander（1794-1795），Bd. 1，1，S. LXXXIIIf.

② Schlumbohm：Phantome（2012），S. 309-313.

③ AUFK Gö，W 36 a. Außen-und Innentitel sind hier buchstabengetreu wiedergegeben；im Übrigen wird bei Zitaten nur der Lautstand gewahrt，Orthographie und Interpunktion jedoch dem modernen Gebrauch angeglichen.

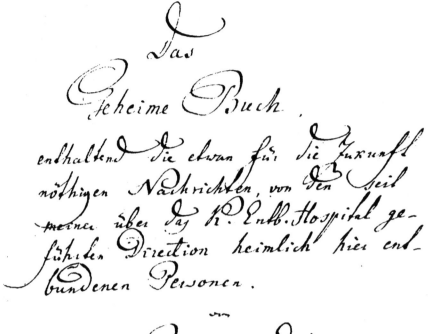

图 1　《秘密记录本》的标题页

　　毫无疑问，这是弗里德里希·本亚明·奥西安德的手稿，他曾长期担任产科医院的院长。从第 7 页至第 65 页，他记录了 10 个秘密分娩的案例，每个案例通常有好几页。除最后 2 个案例，其他案例均用罗马数字编号。案例一，1794 年的一次分娩似乎是由旧笔记补充完成的。《秘密记录本》中缺少案例二，因此，奥西安德把来自比斯豪森的伊丽莎白·米勒恩（Elisabeth Müllern）遭哈登贝格法院起诉的案件算作案例二。这名女子1796 年 3 月 3 日被医院接收，6 月 20 日分娩，在 6 月 29 日她女儿的洗礼日当天去世。根据奥西安德的诊断，她死于"愤怒"，诱因是科隆商人舍内（Schöne）"对孕妇态度冷漠造成的恼怒"。① 案例三至案例五涉及 1797 年的分娩，就在这一年，这位院长开始根据标题页撰写他的《秘密记录本》。他记录的下一个案例是 1800～1801 年；紧接着 1805 年有 3 个案例，1819 年有 2 个案例。第 67 页至第 75 页是奥西安德的继任者路德维希·门德（Ludwig Mende）教授在任期间（1823～1832 年）记录的 3 个案例。最后一部分内容（第 77～94 页）是之后一任院长爱德华·冯·西博尔德（Eduard von Siebold，1833～1861 年在任）记录的 14 个案例笔记，通常只有几行文字。《秘密记录本》的后半部分由空白页组成。

在奥西安德《秘密记录本》的 10 个案例中，有 7 名分娩者被医院管理员在住院簿上标注为"未透露姓名者"或"自费者"。此外，案例三的秘密分娩者出现在管理员的登记簿上，但没有提及她的特殊身份②，而 1819 年的 2 个案例在那个登记簿上完全丢失。相反，在登记簿中，有 8 名"未透露姓名者"、"自费者"或"付费者"，她们并未出现在院长的《秘密记录本》中。③ 个别的措辞表明，有一些分级可以解释登记簿之间的差异。像 1807 年一位莱比锡裁缝的女儿卡罗琳·克拉恩（Caroline Krahn）每月只支付半塔勒的"床位费"，或者如 1819～1820 年的玛格丽特·贡德曼（Margreth Gundermann）只自行支付了一部分的医院住宿费，这样的人无权匿名。④ 常规的医院工作日志没有记载院长《秘密记录本》中的任何病例。⑤

与标题页的说法相悖，新的原始资料没有完全涵盖匿名分娩者；管理员的登记簿在这方面的差距甚至更小。毕竟，在奥西安德任职期间，《秘密记录本》将匿名或付费分娩的人数从 16 人增加到 19 人。这还不到哥廷

① Schlumbohm：Phantome（2012），S. 311.

② S. u. S. 148 mit Anm. 26. Das trifft auch auf die soeben erwähnte Elisabeth Müllern zu；sie ist nur aufgrund der vierteljährlichen Übersicht des Direktors als 《auf ihre Kosten heimlich gebärende》 Person zu identifizieren.

③ 《Ungenannt》 und 《auf eigene Kosten》：AUFK Gö，Aufnahmebuch，Bd. 1，851（i. J. 1801），1805（i. J. 1812）；nur 《auf eigene Kosten》：Bd. 1，1480（1809），1684（1811），1686（1811）；Bd. 2，1860（1813）；nur 《hat bezahlt》：Bd. 1，1350（1807）；Bd. 2，2441（1819/20）.

④ AUFK Gö，Aufnahmebuch，Bd. 1，1350；Bd. 2，2441.

⑤ Überprüfen ließ sich das für die fünf Fälle des 《Geheimen Buchs》，die in Jahre fielen，aus denen das Hospitaltagebuch erhalten ist.

根大学产科医院所有分娩人数的1%。虽然不排除个别此类案例没有记录在任何流传下来的文件中的可能，但新的原始资料让人有理由相信，未记录的案例数量不可能很大。因此，这一发现证实，哥廷根大学产科医院的付费分娩孕妇案例是罕见的。

匿名——一种昂贵的特权

在《秘密记录本》的前两页，院长写了一些一般规则和付费分娩孕妇的收费规定：

> 王室政府允许哥廷根大学产科医院进行秘密分娩；根据医院的结算规定，这些人必须以"未透露姓名者"的名义写入孕妇登记簿中。

这一要求符合管理员制定的账目报告。还值得注意的是："当地警方不得在非刑事案件中搜查此类人员，也不得在任何非刑事案件中搜查医院。"哥廷根警方只有怀疑有刑事犯罪行为，才可以要求医院提供关于秘密分娩产妇的信息，进入医院。在这方面，免费分娩孕妇似乎得到了更好的保护，因为她们在出席刑事法庭期间也受到大学法院的管理。① 原因也许是免费分娩孕妇在官方登记簿上是按姓名记录的，但付费分娩孕妇没有登记姓名。

奥西安德为"秘密分娩"制定了详细的费用清单。每月初为住宿、烧火和照明支付5塔勒，并交到"医院收款处"。每月需为"管理员购置的"床上用品支付24玛丽安格罗森的租金。② 每周的伙食费是1.5塔勒。加强

---

① AUFK Gö, W 36 a, S. 3; vgl. Schlumbohm: Phantome (2012), S. 87.

② AUFK Gö, W 36 a, S. 5 und Beilagezettel a, auch zum Folgenden. 1 Taler = 36 Mariengroschen (mgr.), 1 mgr. = 8 Pfennig (d.); 1 Taler = 24 Gute Groschen (ggr.), 1 ggr. = 12 Pfennig. Die Magd des Hospitals erhielt damals pro Jahr einen Barlohn von 10 bis 12 Talern, die Hospitalhebamme 35 Taler, der Verwalter 200 Taler; Professor Osianders Jahresgehalt belief sich auf 500 Taler. -Die Unterschiede zwischen den verschiedenen Talerwährungen und Münzsorten (s. Gerhard (2002), S. 306ff.) werden in diesem Beitrag ignoriert, da es hier nur um die Größenordnung der Preise und Ein-kommen geht.

人工监护的费用甚至更高。作为"领导、医生和助产士的酬劳",院长收取 20 塔勒的费用,这几乎是他月薪的一半。由于全体员工都参与了对付费分娩孕妇的服务,因此每个人都获得了报酬。正如附在《秘密记录本》里的一页纸所详细说明的那样,向"管理员和助产士"每人支付2.5 塔勒,以回报他们所付出的辛劳;每月需付"女佣"1 塔勒的费用,"用于房间清洁"以及信使服务。需向牧师支付 1 塔勒 12 玛丽安格罗森,向教堂司事支付 13 玛丽安格罗森,用于洗礼、在教区登记和洗礼证书。该规定的最后一句话是:"其他所有东西都是付费的。"因此,付费分娩孕妇住一个月医院要花费 40 多塔勒,远远高于从其他来源的零散笔记中所看到的数字。①《秘密记录本》前面的收费标准是从 1797 年开始实施的。这个记录本里有一张 1796 年的活页清单,其中一些内容甚至更加详细,个别款项有所不同。因此,每月初要为住宿、照明包括床上用品支付5 塔勒,如果含"烧火"需支付 10 塔勒。关于膳食也有详细的描述,如,"早餐有茶与牛奶,糖和小面包;午餐有汤、蔬菜和肉食;晚餐有汤、黄油面包和饮料"。这里给院长的报酬也是 20 塔勒,并明确说,这是一个固定的数额,不取决于分娩是"自然的还是人工的"。因此,付费分娩孕妇没有理由担心,她获得有用的"人工帮助"越多,支付的就越多。② 根据较老的清单,管理员"通过提供伙食、住宿和登记"有权收取 3 塔勒③;助产士"服侍孕妇……以及在洗礼时照顾孩子"却只能获得 2 塔勒,当然还有另外一句:"如果孩子晚上醒来",那么她们"每天晚上"会得到额外的 12 玛丽安格罗森。

院长采取的收费规定有两个文本,这对他而言本来只是一个准则,他自己有调高或调低收费标准的权力。《秘密记录本》前 6 个案例中列举的部分详细账单证明了这一点。他向第一位 1794 年分娩者收取了 30 塔勒的报酬,比 1796~1797 年规定的数额多出 50%。大约三周的"租金、伙食"费用收取了 45 塔勒;即使它包括了管理员和助产士的酬劳,那也比后来的

① Vgl. Schlumbohm: Phantome (2012), S. 313.
② Nach der Analyse von Loudon (1992), S. 243ff., 251, 392ff., bestand etwa in Großbritannien und den USA während der ersten Hälfte des 20. Jahrhunderts Grund zu dieser Sorge.
③ Die beanspruchte er auch 1812: Schlumbohm: Phantome (2012), S. 313.

收费标准高出 1 倍多。在案例四中，除通常的 20 塔勒报酬外，奥西安德还额外收取了 5 塔勒；管理员得到了 3 个多塔勒，助产士获得 1.5 塔勒，低于 1797 年的收费标准；每周的伙食费为 30 玛丽安格罗森，收费标准明显有所降低。之后的一次，院长只收取了 10 塔勒，这是正常酬劳的一半——大概是出于对孩子父亲的关照，后者曾在院长门下学习，而且是院长的一位教授同事的儿子。在案例七中，孕妇在医院待了将近七个月，奥西安德共收取了 52 塔勒，约为其平常酬劳的 2.5 倍；助产士也得到了 14 塔勒，是她平常酬劳的数倍，这主要是因为她把自己的房间让给了孕妇；女管理员（这里写的是她而非她丈夫）只好接受几乎与平常一样的酬劳（2 塔勒24 玛丽安格罗森），但是她通过增加床单租金获得了补偿（7 个月收取 7塔勒）；女佣可能会对 5 塔勒的酬劳感到高兴——这是五个月的工钱；医院收款处只收取了 16 塔勒的住宿费，这大概是三个月的款项，这个案例没有提到伙食费，这位妇女或许是让人从外面带伙食过来。

奥西安德的收费表显然是那几十年里的指导准则。在他去世后，他的儿子约翰·弗里德里希·奥西安德（Johann Friedrich Osiander）把《秘密记录本》寄给他的继任者，并提示"有关伙食费的笔记"对他"可能会有些价值"。第二位继任者爱德华·冯·西博尔德于 1839 年确认了院长、女佣和住宿收取的费用（在不含照明和烧火的情况下，收费 5 塔勒）；然而，与 1797 年相比，他使管理员和助产士的报酬翻了一番，达到 5 塔勒。①

付费分娩孕妇只是偶尔住院，因此无法将某些房间长期保留给她们。在 1794 年的公告中，院长说，目前在产科医院三楼的公务住房里，他为"秘密分娩的孕妇"准备了两个最好的房间，并且"在产褥期提供所有必要的和干净的家具"。1794 年，有一位女士在那里秘密分娩；分娩手术也是在同楼层一个房间里进行的。由于院长不断增加的科学收藏品占据了越来越多的空间，而付费分娩孕妇的房间租金无论如何都要交给医院收款处，自 1797 年以来，这些孕妇通常被安置在一楼。"病房和仆人房"在南侧，位于院长的花园。因此，付费分娩孕妇仍然与二楼的免费分娩孕妇明

---

① AUFK Gö，W 36 a，Beilagezettel b，c zum《Geheimen Buch》. Zu Johann Friedrich Osiander：Schlumbohm：Phantome（2012），S. 140ff.

显隔开，避免被外人看到。后来，管理员或医院助产士偶尔会在他们的房间里接收一位付费分娩孕妇。①

图 2　哥廷根大学产科医院一楼，18 世纪 90 年代贝泽曼（C. A. Besemann）创作的铜版画
Staats-und Universitätsbibliothek Göttingen，Sign. gr 2 H Hann V，34 Rara，fol. 45.

那些有钱的婚外孕女士不惜一切代价保守她们的秘密，与一个屋檐下同样分娩的大量贫困妇女保持距离。除了隐匿姓名外，付费分娩孕妇还免于成为医学生的教学素材。无论是在怀孕期间还是在分娩时，她们都不能被用于医学生和助产士的检查练习；原则上，分娩时只有院长和医院助产士在场，不会有大量的实习生。② 路德维希・门德 1828 年在《秘密记录本》中记录的一个案例表明了这一方面对这些妇女的重要性。哈里豪森（甘德斯海姆附近）的磨坊主瓦内克（Warnecke）在拉恩让来自坎贝格的阿格内斯・赖因哈德（Agnes Reinhard）怀孕后，为她每天在哥廷根产科

① Schlumbohm：Phantome（2012），S. 309f.，313；AUFK Gö，W 36 a，S. 5，8，31，45，49.
② Wenn gelegentlich auch ein fortgeschrittener Student oder eine Hebammenschülerin anwesend war（AUFK Gö，W 36 a，S. 20，46，65），wird die zahlende Patientin dem zugestimmt haben.

医院支付 4 玛丽安格罗森，所以在她住院的两个月零七天里，共支付了 11 塔勒 4 玛丽安格罗森，这只是为了"免于身体检查"。[1]

女人、男人和秘密分娩

1797 年 2 月 6 日，来自埃施维格 30 岁的安东尼娅·苏珊娜·吉塞尔（Antonia Susanna Giesel）来到哥廷根大学产科医院。[2] 与大量的贫困孕妇不同，她既不是一个人来的，也不是未提前登记就来了。一位"曾经当过药剂师"，名叫雅各比（Jacobi）的人此前曾与院长交谈过，并协商她秘密入院的条件。现在，他把她"带"过来，并"为她存入 48 塔勒"作为担保，同意如果她住院期间死亡了，便用这笔钱支付账单。奥西安德并不清楚（没记下来）雅各比是否是未出生孩子的父亲，也不知道他与这位女士是什么关系。这位孕妇向院长透露她的身份时毫不担心；她甚至带来了一张洗礼证明书，上面写着她的父亲是一位指挥官。当然，她也有可能对第三方使用了假名。奥西安德将她描述为"消瘦、病弱、几乎耳聋"，并指出她"有脓性白带，脸色苍白，咳嗽和经常性头晕"。他发现她"面容丑陋"、"有痘痕"以及"情绪忧郁"。

3 月底，临产阵痛开始了，但"好几天，孩子的头……无法沉入骨盆深处，宫颈也不能正常打开"。经过"多次毫无结果的阵痛"后，奥西安德根据他的产科经验，于 4 月 2 日凌晨 1 点使用产钳从孕妇体内取出一名男婴。在这种情况下，一个特别有经验的医学博士西蒙·约瑟夫·博查德（Simon Joseph Bochard）被允许"在场"帮忙；他已经在哥廷根大学产科医院参与过 6 次分娩。[3] 与免费分娩孕妇不同，这位教授显然没有在分娩前对吉塞尔女士进行妇科检查。他只在出生报告的结尾处提到："她生育部位的特征似乎表明她曾生过孩子。"其他妇女在入院时接受了外检和内

---

① AUFK Gö, W 36 a, S. 75; AUFK Gö, Aufnahmebuch, Bd. 2, 3467. Im Tagebuch des Entbindungshospitals（AUFK Gö, Tagebuch, Bd. 1828, Nr. 32）sind Name und Wohnort unleserlich gemacht.

② AUFK Gö, W 36 a, S. 19-21（Fall Ⅲ）, auch zum Folgenden.

③ Das ergibt sich aus meiner Datenbank, die u. a. auf den Tagebüchern des Hospitals beruht; s. Schlumbohm: Phantome（2012）, S. 530.

检；如果她们声称自己是首次怀孕，那么当奥西安德摸到她们宫颈上有疤痕时便会对其进行查问。[①] 他没有对付费分娩孕妇提过这样的问题。

孩子出生后的第三天，教区牧师来到产科医院，给孩子取名为约翰·威廉（Johann Wilhelm）。吉塞尔女士说，孩子的父亲是"约翰·威廉·施密特（Johann Wilhelm Schmidt），一个已故的青年公务员"，她是他的遗孀，是来自萨克森选侯国的"施密特夫人"。因此，在公民身份证明文件中，非婚生子的污点被消除，孩子的真实出身被隐藏起来。另外，管理员掌管的医院登记簿存有母亲身份的线索；在那里，她被称为"施密特夫人，吉塞尔，一位萨克森选侯国公务员的遗孀"，因此没有证据表明她是非法生育，以及她的身份是一名付费分娩的匿名孕妇。[②]

当然，这个秘密分娩的女人不想也不能留下她的儿子。显然，她自己为养父母的事情操心过；他们住在"黑德明登地区"，并在医院洗礼后不久接走了婴儿。这位母亲在产褥期生病了，"起初"她必须"每天服药。然而，她很快就康复了，并于 1797 年 4 月 14 日出院"。在支付了酬金和其他款项之后，院长向她转交了近 33 塔勒，这笔钱是那位药剂师留下的保证金的剩余部分。奥西安德后来以一种不为人知的方式得到了这对母子的消息，"据说孩子后来随养父母搬到内尔滕寄养"。"寄养费"是由孩子母亲或父亲的密友罗克曼（Rockmann）夫人支付的；她还陪同吉塞尔女士离开了哥廷根。1798年 4 月，在其秘密分娩一年后，教授听到传言说："这个可怜的吉塞尔再次怀孕并且很快就会分娩。"但这次她没有来哥廷根大学产科医院。

1797 年 4 月 5 日，在安东尼娅·苏珊娜·吉塞尔处于产褥期的时候，下一个秘密就诊的孕妇就已来到哥廷根大学产科医院。她自称玛丽亚·莱曼宁（Maria Lehmannin），24 岁，"红头发"，由于战时的奔走，她已经见过一些世面。[③] 她出生在埃林豪森（特威斯特塔尔地区），1796 年，一位年轻的军官在那里接近她，"他当时正和父母在瓦尔德克申度假"。他所属

① Schlumbohm（2002），S. 140ff.

② KKA, Kirchenbuch St. Crucis Göttingen, Taufen 1797, Nr. 25. AUFK Gö, Aufnah-mebuch, Bd. 1, 438: Als Aufnahmedatum wird dort der 28.1.1797 angegeben, viel-leicht der Tag, an dem Jacobi die Aufnahme aushandelte.

③ AUFK Gö, W 36 a, S. 27-30（Fall Ⅳ）, auch zum Folgenden; KKA, Kirchenbuch St. Crucis Göttingen, Taufen 1797, Nr. 30; AUFK Gö, Aufnahmebuch, Bd. 1, 452.

的部队传统上由负债累累的瓦尔德诸侯领导，受荷兰或当时的巴达维亚共和国雇用。[①] "她从未说出过他的名字"，他仍然是她心中的秘密；但这不是短暂式男女关系。当玛丽亚怀孕时，他确保她能够留在他的身边，成为多德雷赫特（荷兰南部）的一位女厨师。当然，即使在军队里，他们也不敢在公共场合展示自己是一对夫妇。当 "她的怀孕无法再被隐瞒" 时，她就 "被带到了这里"。这名军官是否知道哥廷根大学产科医院及其收费标准或是其他人，还有待观察。即将分娩的玛丽亚·莱曼宁通过搭乘 "邮车" 开始了她的旅程，大约 450 公里的路程花费了 14 天的时间。

院长在这位孕妇身上注意到 "有很强的忧郁倾向"，但他称 "她的行为……安静和无可非议"。他还判断她在分娩方面不会那么顺利。和一些免费分娩孕妇的案例记录[②]一样，他也在《秘密记录本》里坦率地发表了评论。4 月 26 日凌晨 1 点，玛丽亚·莱曼宁感到 "剧痛"。奥西安德来到她身边，检查后发现 "子宫颈变薄"，官颈只打开了 "两指宽"。但是，这位年轻女子 "对子宫收缩非常胆怯和悲伤，抱怨非常痛苦"。凌晨 3 点 30 分，她的宫颈 "完全打开"，"她疼得大声呼救"，助产士采取干预措施，弄破了胎膜囊。和往常一样，奥西安德列举了随后使用产钳的双重理由："因为婴儿头部没有向前移动，而且待产妇的抱怨和哀哭增加了。" 凌晨 4 点 30 分左右，教授通过牵引力帮孩子顺利降生。奥西安德发现分娩障碍是，孩子的手在她的头旁边，"脐带被缠绕在她的脖子上"。他认为这个新生的女婴 "出生及时" 以及 "发育良好"。在操作产钳的过程中，产钳 "在孩子右侧额骨留有轻微的压痕"；起初，孩子 "有点虚弱，但很快就恢复了"。

玛丽亚·莱曼宁决定 "用牛奶喂养" 并将女儿交给了保姆；此外，她有 "乳头内陷" 的问题，母乳喂养更加困难，所以她 "没有把孩子放在她的乳房上，而是用奶瓶喂她"。孩子父亲虽在远方，却依然给予关注，对于孩子母亲的健康状况，他无论如何是非常关心的。但他通过间接沟通系统隐藏了自己的身份；助产士不得不 "将莱曼宁的分娩消息传递给瓦尔德

---

① Menk (1995), S. 243f.

② Schlumbohm: Phantome (2012), S. 413ff.

克申地区负责维尔东根的牧师法恩哈根（Varnhagen）先生"，这是诸侯国最杰出的牧师之一，他也是一位历史小说作家。①

5月1日，像往常一样，这个叫作玛丽亚·亨丽埃塔·卡罗莱纳（Maria Henrietta Carolina）的孩子在医院的祈祷室接受了洗礼；奥西安德在这里强调，这个名字是按照"孩子母亲的要求"起的。这位刚生下孩子的女人说，孩子父亲是"她的丈夫弗里德里希·莱曼（Friedrich Lehmann），一位来自普鲁士的商人"，牧师或教堂司事将其写入教区记事录中。另一方面，管理员将这位孕妇登记为"未透露姓名者"，没有将孩子父亲莱曼描述为她的丈夫。

这个小玛丽亚·亨丽埃塔·卡罗莱纳没有被交给"保姆"，而是交给了没有孩子的木匠戈特洛布·莫比乌斯（Gottlob Möbius）和他的妻子来抚养和看护。据推测，奥西安德建议这对可靠的夫妇收养这个孩子，他们住在哥廷根西北12公里处的格拉德贝克村。这对夫妇已经受医院的委托抚养过两个孩子：由于孩子母亲是一位免费分娩孕妇，她在分娩后便离开人世，产科医院为此支付了一笔护理金，直到孩子年满14周岁为止。② 显然，玛丽亚·莱曼宁发现与女儿的分离比她想象的要困难得多。至少，当她于6月7日离开医院时，她"亲自去了格拉德贝克村，在那里待了一段时间"，"但是她很快就不得不说再见了"。7月29日至30日夜间，她的孩子在格拉德贝克村去世。③ 他们显然继续通过奥西安德教授进行沟通，以便随时了解她的行程。"她来到赫文森的冯·帕佩（von Pape）先生那里，距离格拉德贝克村半个小时的车程"，后者是当地庄园的主人。④

"然而，不久之后，来自荷兰的这位孕妇来信说，她想尽快回去"。奥西安德还收到了来自不来梅中间人的近30塔勒。由于玛丽亚·莱曼宁已经支付了医院账单，这些钱可能是用于旅行，奥西安德除了将其中6塔勒作为他额外工作的酬劳外，他于"1797年9月21日，她离开医院的前一

① Johann Adolph Theodor Ludwig Varnhagen（1753–1829）. Zu ihm s. Deutsches Bio~graphisches Archiv（DBA）.

② Schlumbohm: Phantome（2012），S. 465，468.

③ Laut Kirchenbuch von Gladebeck（Mikrofiche in KKA）starb es am 30.7.1797 an 《Auszehrung》.

④ Stölting/Münchhausen（1912），S. 268ff.

天"，将剩余的钱当面交给了她。玛丽亚还是乘坐邮车返回。在案例的结尾，奥西安德记录了她的目的地地址："先到随军牧师弗皮尔（Foppel）先生那里，从瓦尔德克申第二军团去往荷兰格罗宁根省代尔夫宰尔市。然后，这个牧师把她交给指挥官。"

1797 年 9 月上半月，医学博士约翰·格奥尔格·威廉·加特雷尔（Johann Georg Wilhelm Gatterer）拜访了产科医院院长，并恳求"帮他一个忙，临时接收一个怀有他孩子的女人（在分娩时）在这里住院并秘密分娩"。① 奥西安德教授认识这个年轻人；他在教授门下学习过，他的父亲是哲学系的同事，历史学家约翰·克里斯托夫·加特雷尔（Johann Christoph Gatterer）。②

奥西安德"答应"会在"正常情况下"满足他的请求。这个孕妇当时住在城里，"在年轻的金匠米伦普福尔特（Mühlenpfort）那里干活"；很显然，她在那里当女佣。9 月 16 日，她"带着临产时的阵痛来到医院"，院长立即帮她进行分娩，"在医院助产士赫伦金丁（Herrenkindin）的见证下诞下一名男婴"。奥西安德记录了待产妇的履历："亨里埃特·德宾（Henriette Debin），出生在诺尔特海姆，一个 20 多岁、身材高大、发育良好的女仆。"因此，她的儿子在出生后第二天以"乔治"的名义受洗时，她也被写入教区记事录中。她称孩子的父亲是一位"法学专业的大学生，来自梅索登的弗里德里希·林德纳（Friedrich Lindner）"，这个地方在库尔兰的梅索赞（今天拉脱维亚的梅宗尼斯）。因此，他的名字被写在出生证明上，只是没有提及他法学专业学生的身份。这个名字不是虚构的：在1796~1797 年冬季学期，来自库尔兰的弗里德里希·格奥尔格·路德维希·林德纳（Friedrich Georg Ludwig Lindner）在哥廷根大学学习过。然而，现在他为了博士学业转到耶拿大学继续深造，他的名字就可以使用了。③奥西安德在《秘密记录本》中的个人情况说明里写道，这名女子"可能和一个医学博士帕雷曼（Parlemann）生育过一个孩子"。

---

① AUFK Gö，W 36 a，S. 31-34（Fall V），auch zum Folgenden.
② Zu ihm Gierl（2012）.
③ KKA，Kirchenbuch St. Crucis Göttingen，Taufen 1797，Nr. 53；vgl. AUFK Gö，Aufnahmebuch，Bd. 1，484；Heerde（2006），S. 395.

虽然免费分娩孕妇分娩后通常在医院待两个星期，但这位"健康"的秘密分娩者在她分娩后的第四天便离开了医院，"又回到了米伦普福尔特那里"。医院管理员把她的儿子送到了内尔滕，让一个寄养家庭去"照看"。孩子父亲再一次找到院长，并"请求"允许他每次把"赡养费"交给院长，这样别人就不会知道他是孩子父亲了。奥西安德"答应了他的请求"，条件是加特雷尔"必须始终按时支付"。否则他可能"不会做任何事情"。这位年轻人兴奋地保证，"即使他要去旅行或死亡，他也会确保按时支付这笔款项"。

虽然这位秘密分娩者提供的是一个假名——实际上，她的名字叫约翰娜·多萝西娅·阿玛莉亚·蒂斯（Johanna Dorothea Amalia Thies），但是她可能没什么可隐瞒的。因为直到发生临产阵痛，她一直与哥廷根的一位市民住在一起。此外，她还在大学法院起诉过她第一个孩子的父亲卡尔·弗里德里希·帕雷曼（Karl Friedrich Parlemann，1773-1816），后者在1797年6月获得博士学位；他实际生于梅索赞，他的父亲是那里的一位牧师。[1] 虽然他最初为官司失败支付了大约100塔勒，但这只是承诺的一小部分。[2]

保密对于孩子父亲而言，显然比对于孩子妈妈更重要。格奥尔格·加特雷尔（1769~1803）还没有完成他的博士学业，但他又和其他女人生了两个私生子。[3] 此外，另一位名叫罗辛·霍夫曼（Rosine Hoffmann）的女人身怀他的骨肉住进产科医院，由于加特雷尔无法或不愿为她支付费用，她作为免费分娩孕妇在医院做了登记。1797年10月，她向大学法院对他提起诉讼，要求他为孩子支付一笔抚养费。她于1797年11月28日生下了孩子。他长时间拖延诉讼程序，但当他在1798年底最终进入授予博士学位程序时，他不得不接受法庭和解，即一次性向罗辛·霍夫曼支付58塔勒，尽管他没有明确承认自己是孩子的父亲。1799年5月，院长在他的博士证

---

① Heerde（2006），S. 481，auch zum Folgenden.

② Näheres zu diesem Prozess bei Schlumbohm（2013）.

③ Im Durchschnitt promovierten die Mediziner in Göttingen damals mit 23 Jahren: Tröhler（2009），S. 259. Näheres zu Georg Gatterer und seinen fünf unehelichen Vaterschaften: Schlumbohm（2013）.

书上签字；但博士证书从来没有颁发给他。罗辛·霍夫曼因未能遵守和解协议以及缺乏可质押的资产而被捕。另一位妇女也步其后尘，她怀上了格奥尔格·加特雷尔的孩子。这位博士逃避了一切职责和获得的声誉，离开哥廷根并移民到美国，据说他于1803年在美国离开人世。

这位年轻的加特雷尔通过支付秘密分娩费用以及孩子第一年的抚养费，从多萝西娅·蒂斯那里买来了和平。1798年9月，当她的儿子格奥尔格·林德纳（Georg Lindner）在养父母家里长到一岁后，她便把他接回到身边，在她与金匠米伦普福尔特后来组建的同居家庭里共同生活；当时她已怀上米伦普福尔特的孩子。他们于1800年2月结为夫妻。所以下一个孩子是在婚内出生的，接下来她又生了七个孩子。米伦普福尔特的继子在其一生中都使用林德纳这个名字；金匠将自己的手艺传授给了他。1818年，当这个男孩外出游历时，米伦普福尔特起诉加特雷尔的继承人，要求他支付所欠的抚养费。哥廷根法院要求大学法院、产科医院院长和助产士作为证人接受询问，问其是否知道"加特雷尔博士与原告的现任妻子多萝西娅·蒂斯生有一个私生子并以林德纳的名字接受洗礼……"①

虽然这位70岁的助产士被认为对此没有记忆，但传票让奥西安德教授陷入两难境地。那时，他曾答应格奥尔格·加特雷尔接收他的情妇入院秘密分娩，并收到约定的付款（当然，他只收取了平常一半的报酬）。但他无权拒绝作证，他无法承担伪证罪。原告的请求也是有道理的，在哥廷根没有人再与加特雷尔家住在一起。他回答说，他记得"加特雷尔博士曾经对一个怀有他骨肉的女人表示关心"，并"请求他允许那个女人在产科医院进行分娩"。他不知道更多细节、姓名等，但"从他的《秘密记录本》中"，他可以给出"更准确的信息"。大学法院采纳了这个陈述，奥西安德交出了这个小册子。通过用红色墨水涂抹，他事先隐藏了所有与其他秘密分娩案件有关的页面。关于亨里埃特·德宾，又名多萝西娅·蒂斯的案例，法庭制作了一个完整的、（几乎）逐字照抄的副本。因此，"秘密分娩"后来成为"机密"。

---

① UA Gö, Ger. D XL 83, auch zum Folgenden. Vgl. AUFK Gö, W 36 a, S. 34.

在下一个案例中，奥西安德"出于谨慎"，将关键的个人情况说明弄得难以辨认；显然它们是"更重要的名字"。①

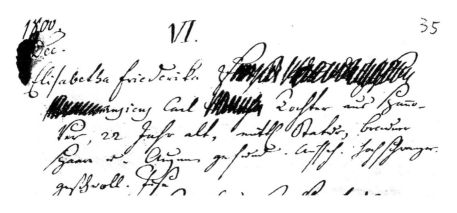

图3 "伊丽莎白・弗里德里克・P……，汉诺威音乐家卡尔……的女儿，22 岁，中等身材，棕色头发和眼睛，健康的容貌，即将分娩，双脚肿胀"

从中只能辨认出，即将分娩的伊丽莎白・弗里德里克・P……，是汉诺威音乐家卡尔……的女儿，22 岁，"应苏德斯豪森地区牧师林德曼（Lindemann）先生的请求"，她所住的村庄位于哥廷根以北 15 公里处，"把她作为秘密分娩者收入产科医院"，她于 1800 年 12 月 24 日中午 12 点"从苏德斯豪森"来到医院。她说："5 月份，她怀上了宫廷膳食记账员约翰・迈克尔・施密特（Johann Michael Schmidt）的孩子；他的妻子生病了，他答应和她结婚，他也会照顾她腹中的孩子。"12 月 27 日，她接待了一位"先生"的来访，奥西安德删除了包含更多详细内容的三行——令人惊讶的是，有关孩子父亲的信息没有被涂抹。产科医生写道："她的羊水破了。"1801 年 1 月 20 日，她报告说有临产阵痛。晚上 8 点 30 分，当宫颈口打开三指宽时，教授感到"婴儿的臀部"在前面。他继续扩张宫颈，"拉婴儿的脚，用产钳把头拉出来"。但子宫里还有第二个婴儿。正如他骄傲地写道，他也"抓住了另一个婴儿的双脚并使两个婴儿顺利降生"。晚

---

① So erklärte der Sohn, Johann Friedrich Osiander, dem Nachfolger seines Vaters die Streichungen：AUFK Gö，W 36 a，Beilagezettel b. -Fall Ⅵ steht auf S. 35-39.

上 9 点 30 分，"分娩结束"。1 月 22 日，这两个"金发"男婴以"约翰·弗里德里希"（Johann Friederich）和"西奥多·卡尔"（Theodor Carl）的名字接受了洗礼。在教区记事录中，孩子母亲称自己是"伊丽莎白·弗里德里克·布劳恩（婚前姓）（Elisabetha Friederika, geb. Braun）夫人"；孩子父亲是"她的丈夫约翰·迈克尔·施密特，来自瓦尔德克申"。一个孩子被送到内尔滕的一个家庭照看，另一个由哥廷根大学产科医院助产士的女儿来照顾。2 月 12 日，一位先生接走了这名妇女，他的名字被删除了。

　　显然，这位妇女已经意识到，她最初讲的通奸往事太敏感了，不能将其写在出生证明上。当孩子的父亲确实存在时，就更应该如此：汉诺威的姓名地址录列有宫廷膳食记账员约翰·迈克尔·施密特的信息。[1] 但她的丈夫怎么样了？所有的信息都被非常小心地删除了。到目前为止，通过技术手段辨认这些字迹的各种尝试都宣告失败。由于删除过程中使用的墨水与原来书写时使用的墨水非常相似，因此在羊皮纸研究中使用的多光谱采集技术被证明与存档标准石英灯一样不成功。因此，只有靠传统的方法来识别单个字母——特别是那些上部较长或下部较长的字母——并通过字体比较来逐字猜测。因此，最终发现探访和接走孕妇的神秘人物就是"苏德斯豪森地区牧师的儿子，汉诺威法院陪审推事迈尔（Meyer）先生的家庭教师，神学博士林德曼先生"。

　　汉诺威基督教教会的牧师名单显示，约翰·加布里尔·林德曼（Johann Gabriel Lindemann，1767-1814）是苏德斯豪森地区牧师的儿子，于 1801 年成为汉诺威-明登布拉修斯教堂的第二位传教士。1814 年教会新闻公报中的讣告不仅提到他以前是汉诺威法院陪审推事迈尔的家庭教师，而且他在 1802 年 8 月——获得牧师职位的一年后——已经与"来自汉诺威的伊丽莎白·弗里德里克·普罗伊斯（Elisabeth Friederike Preuß）结婚"。

　　对《秘密记录本》的重新检查，证实了伊丽莎白·弗里德里克·普罗

---

① Königlich Groß-Britannischer und Churfürstlich Braunschweig-Lüneburgischer Staats-Kalender（1803），S. 40.

伊斯是 1801 年初出生的双胞胎的母亲，她的父亲是一位"宫廷音乐家"。①
讣告称小林德曼是"八个孩子的父亲"。但是在明登教区记事录里，只记
录了六次洗礼，时间从 1803 年 6 月到 1813 年 2 月。坚信礼登记簿显示，
在 1815 年，即他们父亲去世的一年后，1801 年 1 月出生的双胞胎卡尔·
西奥多·林德曼（Carl Theodor Lindemann）和约翰·弗里德里希·林德曼
（Johann Friederich Lindemann）在布拉修斯教堂接受了坚信礼。②

　　显然，在汉诺威当家庭教师期间，约翰·加布里尔·林德曼与伊丽莎
白·弗里德里克·普罗伊斯彼此已经相爱——在这四年里，"他总是称这
是他一生中最幸福的时光"。直到他找到一份足以养家糊口的工作，他们
才能结婚。在这个时代，因为教会认为自己是性道德的守护者，在汉诺
威，婚外生育仍然受到教会公开的惩罚③，如果公开承认婚前的父亲身份，
可能会令这位年轻的牧师失去所有的工作前景。1800 年 9 月，明登教区公
布了牧师职位空缺的消息，1801 年 1 月 18 日，约翰·加布里尔·林德曼
提交了申请④——就在他的双胞胎孩子出生前两天。哥廷根大学产科医院
的秘密分娩是摆脱困境的出路。在两位父亲——老林德曼（Lindemann
sen.）牧师和宫廷音乐家普罗伊斯（Preuß）的支持下，秘密分娩变得切实
可行；这对年轻夫妇非常感谢他们的支持，在他们第一个婚育孩子的洗礼
中，邀请他们去当孩子的教父。在这之前，小林德曼 1801 年 2 月在明登进
行布道，6 月当选为第二位传教士，10 月就职，他的妻子和孩子在这一时
期不得不躲藏起来。在他们婚后一个未具体说明的时间里，林德曼一家把
双胞胎孩子从养父母那接回了家。到目前为止，还没有证据显示教会高层
或教区教徒对此的反应。正如讣告所示，约翰·加布里尔·林德曼不得不
与其教会职责的一些困难作斗争，而且他被剥夺了职业发展的前景，而导

---

① Als solcher war er Mitglied des 18-köpfigen Orchesters in Hannover: Königlich Groß-Britannischer
　und Churfürstlich Braunschweig-Lüneburgischer Staats-Kalender（1803），S. 44；auf S. 29 ist der
　Hofgerichtsassessor Johann Heinrich Meyer，Hannover，verzeichnet. -Meyer（1941 - 1953），
　Bd. 2，S. 157；Nachrichten von Kirchen-und Schulsachen（1814），S. 122 - 126，auch zum
　Folgenden.

② Kirchenbücher von St. Blasii in Hann. Münden（Mikrofiche in KKA）.

③ Schlumbohm：Phantome（2012），S. 317ff.

④ Stadtarchiv Hann. Münden，MR 4257，auch zum Folgenden.

致这种结果的原因不一定是他要对其婚前子女及其母亲负责。

1804年底，在预产期前的四个多月，这名妇女从康斯坦茨来到医院，将其丈夫称为孩子父亲，但她将儿子托付给了哥廷根贫民救济基金会，并且支付了300塔勒，根据这些数据——在医院登记簿上记载的——她似乎是一位已婚女士，想隐瞒不忠行为产生的后果。① 她的案例以不同的方式出现在《秘密记录本》中。这位26岁的玛丽亚·梅赫（Maria Mehrer）并非"来自博登湖边的康斯坦茨"，而是"来自瑞士的圣加仑"，而且"根据当地保健员内夫（Näf）博士的建议"，她也把汇票寄往哥廷根。这位出生于1769年的医生与奥西安德教授熟识，在斯特拉斯堡大学毕业后，他长期担任法国和普鲁士军队的外科医生，1802年在哥廷根的格里芬·楚·斯托尔贝格-韦尼格奥德（Grafen zu Stolberg-Wernigerode）教授那里获得博士学位。在为期四个月的第二学位学习期间，他在产科医院指导了三次分娩。② 奥西安德在《秘密记录本》中写道，玛丽亚·梅赫不是商人的妻子，而是"商人的女管家"，在4月中旬，奥西安德后来纠正为在8月初，"这个商人让她第一次怀孕"。1804年12月17日，她来到哥廷根大学产科医院；在次年1月，她得了胃热和舞蹈病，"因感冒、悲伤和愤怒以及胃部不适出现了圣维斯特舞蹈病，胃热病加跳舞的狂热"，奥西安德帮她放血和催吐。4月25日，临产阵痛开始发作，由于分娩没有进展，教授在26日凌晨0点30分用钳子帮她分娩。正如他在记录本中所强调的那样，当时只有医院的助产士赫伦金德（Herrenkind）在场。4月29日，孩子在医院病房以"卡尔·奥古斯特·梅赫"（Carl August Mehrer）的名字接受了洗礼。孩子母亲从一开始就称自己为玛丽亚·梅赫；她将孩子父亲的名字登记为"卡尔·梅赫（Carl Mehrer），康斯坦茨的平纹细布工厂主"。

第二天，木匠默比乌斯的妻子接走了婴儿，她从格拉德贝克来，并收到了2⅓塔勒，这是第一个月的护理金。但两个月后，又通过谈判达成了另一项永久安排。哥廷根贫民救济基金会"接管"了"永远照料"这个孩

---

① Vgl. Schlumbohm: Phantome（2012），S. 311. Zum Folgenden: AUFK Gö, W 36 a, Fall VII, S. 40-44, 58.

② Promotionsakte mit CV: UA Gö, med. Dek. 1802; meine Datenbank（s. o., Anm. 24）.

子的任务；为此，总共要支付 300 塔勒，"现在先支付一半，另一半在 1806 年新年支付"。教授为第二笔分期付款做担保，扶贫管理部门将孩子安置在哥廷根的养父母家中。玛丽亚·梅赫把看护儿子的任务委托给一家著名机构后，她于 1805 年 7 月 13 日前往"卡塞尔、奥格斯堡"等地。不寻常的是，医院的助产士陪她去了卡塞尔。

由于在圣加仑的居民和机构登记簿中找不到梅赫的名字①，尚未弄清楚为什么这次怀孕和分娩要如此保密，以至于自称玛丽亚·梅赫的妇女在外逗留了 7 个月，与孩子的任何经济联系都要付一笔可观的金钱。毕竟，孩子父母放弃积蓄护理金，这可能会导致他们的孩子早逝。但卡尔·奥古斯特·梅赫在 14 年的童年里幸存了下来。然而，1819 年 5 月 6 日，他因"腿部损伤"死于哥廷根的"济贫院"，在那里，除了成年志愿者和"强迫劳动者"外，还雇用了儿童从事纺织、砍柴及其他工作。②

当玛丽亚·梅赫仍"留宿"在产科医院"助产士的房间"时，另外两个秘密分娩者到达了产科医院；她们相继搬进了一楼南侧的房间。1805 年 2 月 8 日晚上 8 点，这两位秘密分娩者中的一位，在夜幕的掩护下，经过长途跋涉抵达产科医院。院长起初在《秘密记录本》中写了她的个人情况说明，但后来又将它删除了。这位女士是院长应哥廷根一位先生的"请求"而被收入医院的，其身份和姓名随后也变得难以辨认。她以莫勒（Moller）夫人的身份出现，"身材高大苗条，深棕色头发，长脸"，根据奥西安德的观察，她具有"男性特征"。她讲述了往事，不仅引起了人们的同情，而且准确的数据也为产科医生的工作提供了资料。她在"1804 年 5 月 14 日凌晨 1 点，5 月 1 日是她月经的最后一天，怀上了一位汉诺威中尉的孩子，她与这位男士两年前便许了婚"；这件事发生在未婚夫"与她道别，将随汉诺威军团前往英格兰的时候"③。为了尽可能地掩盖自己怀孕，她将"她的肚子紧紧地缠了起来"。

---

① Für diese Auskunft（11./18.3.2013）danke ich Dr. Marcel Mayer, Stadtarchiv St. Gallen.

② KKA, Kirchenbuch St. Johannis Göttingen, 1819, Nr. 27. Zum Werkhaus: Pütter/Saalfeld/Oesterley（1765-1838）, Bd. 2, S. 359, Bd. 3, S. 591f.; Zahn（1972）, S. 118ff., 127ff.

③ Zu den hannoverschen Truppen, die als Deutsche Legion von England aus dem Kampf gegen Napoleon fortsetzten: Schwertfeger（1907）. -Dies ist Fall Ⅷ in AUFK Gö, W 36 a, S. 45-48.

这位孕妇显然没有反对医生对其进行内检和外检。入院后，教授立即查清了胎儿的状况，并确认了她的说法——"首次怀孕的妇女腹部皮肤紧绷"以及"子宫颈无疤痕"。2 月 13 日，经过漫长而痛苦的临产阵痛，教授用产钳帮助她成功分娩，医院助产士和一名女医学生在旁协助。这是一个"正常大小的男婴"——付费分娩孕妇的孩子既没有被测身高也没有被称体重。教授在日历中查阅了她的受孕日期，他认为他的假设这一次被经验证据所证实，即在月亮渐圆的时候怀孕，通常会生男孩。[①] 2 月 17 日，这个男婴以"弗朗茨·奥古斯特"（Franz August）的名字接受了洗礼，孩子母亲称自己是来自贝特玛的奥古斯塔·莫勒（Augusta Moller），父亲是来自温岑格罗迭的威廉·奥古斯特·奥斯特豪斯（Wilhelm August Osthaus）军官。第二天，默比乌斯女士从格拉德贝克来到产科医院，就像往常一样从"莫勒本人手中"接过这个男孩和洗礼证书。证书作为公民身份证明使养父母合法化。双方商定每月支付 2 塔勒作为伙食费。奥西安德从克林泽尔（Klingsöhr）先生那里得到了这笔钱，后者要求提供默比乌斯的收据。3 月 2 日，莫勒夫人离开了医院，那位帮忙分娩的女助产士学生陪同她前往附近的威因德村。

仔细观察已删除的单词可以看出，哥廷根那位先生的姓名可能以"P"开头，并包含"st"作为第三个和第四个字母。然而，在当时哥廷根的牧师中，没有一个名字与被划掉的字形匹配。邮政服务将汉诺威的姓名地址录做成了索引。汉诺威官方把邮局工作人员都列出来了，负责哥廷根工作的除了其他四个人，还有格奥尔格·奥古斯特·尤利乌斯·克林泽尔（Georg August Julius Klingsöhr），[②] 他显然是给奥西安德看护金的那名男子。通过比较涂抹和未涂抹的签名特征可以证明，正是"邮局办公室文职人员克林泽尔"请求院长接收秘密分娩孕妇，对于奥西安德来说，莫勒夫人"无疑"就是"克林泽尔小姐"，她是请求者的亲戚，不住在哥廷根。教授似乎并不认为他是孩子父亲，而是作为一个亲戚，在这位年轻女子处于困境的时候，帮她获得匿名分娩的机会。

---

① Dazu Schlumbohm: Phantome（2012），S. 265f.

② Königlich Groß-Britannischer und Churfürstlich Braunschweig-Lüneburgischer Staats-Kalender（1803），S. 246.

尚不确定下一个秘密分娩孕妇是否也是这样的情况，特别是因为奥西安德从一开始就只以缩写的形式记录了她的真实姓名。1805 年 3 月 30 日：

> 晚上六七点钟，Cl. 小姐化名埃维尔（Evel）夫人来到医院……。应来自弗雷德斯洛的阿姆特曼斯·克莱韦（Amtmann Cleve）先生的请求，1804 年 12 月 22 日他在我这儿，并和我约好，在星期六下午三四点钟乘坐一辆从这里派出去的车，在天亮时将她接至安格斯坦。

路德维希·克里斯蒂安·西格弗里德·克莱韦（Ludwig Christian Siegfried Cleve）是哥廷根以北 30 公里弗雷德斯洛修道院庄园的房客[①]，他在那里已经待了十年，也是秘密处理这件事情的人。他让孕妇带着她的"手提箱"在距离哥廷根 10 公里的客栈里等待迎接。教授估计她的年龄为 30~40 岁，并指出"上颚的前牙间隙"是一个不可改变的特征。孕妇对所有可能发生的情况都采取了预防措施。4 月 16 日，她递给奥西安德"一个密封的包裹"，根据字迹表明，里面装有 60 塔勒。具体如下：

> 一封密封的信……上面写着："除非与预期相反，埃维尔夫人死了，只要她人还在哥廷根，奥西安德教授被要求打开这封信，否则就在她离开时完整地归还这封信。"

他可能在没有打开的情况下将这封信当面交还给了她。

住院期间，她行事非常小心以免被人看见：她"总是待在她的房间里"，除了奥西安德、"女佣"、医院助产士以及她丧偶的女儿，没有人"来过她的房间"，她的女儿负责她的产后护理工作。直到 5 月 1 日临产阵痛开始的时候，产科医生才"第一次"为她做检查。经过 5 个多小时的临产阵痛，她"渴望分娩"，奥西安德用产钳帮她生下了一个"相当结实的

---

① Zu ihm：Böhme/Scholz/Wehner（1992），S. 252f. -Dies ist Fall Ⅸ in AUFK Gö, W 36 a, S. 49-53.

男婴"。两天后，孩子以"克里斯蒂安·奥古斯特"（Christian August）的名字接受洗礼；母亲称自己是来自汉诺威的埃莱奥诺拉·奥古斯塔·迈尔恩（Eleonora Augusta Maiern），称孩子父亲是克里斯蒂安·埃维尔（Christian Evel）。第二天，格拉德贝克亚麻织布工阿尔布雷希特（Albrecht）的妻子把孩子接走照顾，并立即收到了第一个月 2⅓ 塔勒的看护金以及洗礼证书。不久之后，埃维尔夫人乘坐一辆轻便"马车"离开医院，向南驶往汉恩·明登。

很显然，奥西安德知道这位秘密分娩孕妇真实的姓氏。如果你反着读假名的话，缩写"Cl."就像假名埃维尔一样暗指克莱韦（Cleve）。人们可能会想到弗雷德斯洛中级行政官的妹妹，出生于 1765 年 10 月 3 日的索菲亚·利奥波丁娜·多罗西娅·克莱韦（Sophia Leopoldina Dorothea Cleve）。这仅仅是兄弟般的关怀，还是怀孕背后隐藏着一个更为重大的秘密？无论如何，在 1804 年，这位中级行政官发现自己深陷家庭困境之中。他的妻子于 1803 年 9 月 22 日去世，享年 30 岁，死因是"分娩死产的男婴"。之后，他妹妹或许代他操持家务。他于 1804 年 12 月 30 日再次结婚——就是他在哥廷根大学产科医院替"埃维尔夫人"挂号的一周之后。①虽然教授在这种情况下似乎没有花费很多精力去隐匿信息，但当事人都知道如何保守生父身份的秘密。

1819 年 2 月 5 日晚，一位"大约 20~21 岁的女人"来到产科医院进行秘密分娩，她一直对院长隐瞒自己的身份。陪同孕妇住院并支付住院费用的男士自称是来自埃尔富特地区埃尔克斯莱本的 J. F. 特劳特曼（J. F. Trautmann）的叔叔。几周前，他在哥廷根拜访了奥西安德，并与其和管理员商定了条件。

    由于他不想透露她的名字、出生地和居住地，因此他将 1000 塔勒押入了美因茨选侯国的债券中，其利息在埃尔富特支付，并附有"作为弗里德里克·特劳特曼（Friederika Trautmann）意外死亡的

---

① KKA, Kirchenbuch von Göttingen-Weende, Taufen 1765, Nr. 34; Kirchenbuch von Fredelsloh, Beerdigungen 1803, Nr. 24f., und Heiraten 1804（Mikrofiches in KKA）.

保证"。

　　她用这个假名出现在人们面前。在 2 月 14 日星期日的晚上，她"感受到了临产阵痛，但没有告诉任何人"——这是一种奇怪的行为，因为作为一个付费分娩孕妇，她不用担心成为医学生的教学对象。午夜过后，她被分娩的痛苦所"侵袭，最后不得不打滚和哭喊"。起初，医院助产士和一名女医学生似乎来了，后来由她们负责产褥期护理；凌晨 4 点，教授从三楼的公务住房下来，让她下床到分娩椅上，凌晨 5 点过后不久，他亲自"接生了一个身体柔弱，和她长相非常相似的健康女婴"。之后一个星期天的下午，女婴弗兰齐斯卡·朱莉安娜（Franziska Juliana）在产妇的床前接受了洗礼。医院管理员作为孩子的代父；奥西安德和他 23 岁的女儿也出席了洗礼仪式。在教区记事录里，孩子母亲称孩子父亲是亚当·莫里茨·特劳特曼（Adam Moritz Trautmann），埃尔富特附近埃尔克斯莱本的一位庄园主，她自己是弗里德里克·贝尔根（婚前姓）（Friederike, geb. Bergen）夫人。①

　　奥西安德任职期间，最后一位秘密分娩者是来自黑森州沃尔夫哈根的珍妮特·许特（Jeanette Schütte）。她提供了自己及孩子父亲的详细信息，孩子父亲为她办理了入院登记：他是黑森州大阿尔梅罗德的"商人和瓷器工厂主马丁·弗尔克尔（Martin Völkel）。许特于 1819 年 7 月 30 日到达医院，9 月 6 日，在院长的帮助下，她在医院助产士和一名女医学生面前诞下一名活体女婴，她没有母乳喂养她的孩子"。

　　12 日，女婴莉迪娅·玛格丽塔（Lydia Margaretha）"在管理员的侧室"接受了洗礼，而且根据母亲的宗教信仰，由改革派教会牧师主持洗礼仪式。此外，教区记事录正确记录了孩子父母的姓名，这次分娩被标记为非婚生。显然，孩子父母认为，40 公里的距离以及中间的边境提供了足够的保护，防止信息泄露。"应孩子母亲的要求"，医院管理员在格拉德贝克照顾孩子。但珍妮特·许特"开始变得精神错乱，因为她过早地户外放风，并且一年多以前就曾精神失常过"。她"必须被束缚住"并在"9 月 19 日被弗尔克尔先生

---

① AUFK Gö，W 36 a，S. 61-63；KKA，Kirchenbuch St. Albani Göttingen，Taufen 1819，Nr. 9.

用马车带走"。她的女儿于 9 月 29 日凌晨 3 点在格拉德贝克去世。①

《秘密记录本》的第一个案例涉及 1794 年的秘密分娩以及在 1797 年事后被记录的信息，奥西安德令其大部分内容变得难以辨认。② 显然，这个案例在许多方面是敏感的，有关的当事人拥有较高的社会地位，秘密分娩的孕妇已经结婚了，给教区记事录提供的姓名、居住地和社会地位都是假的。当然，孩子是在哥廷根附近喂养的。不过，母亲寻求到一个满意和可靠的寄养家庭。至少在 15 年半的时间里，她的儿子住在那里，他们间接地保持联系。然后，她把他转移到上劳齐茨的一个农庄，在那里他学会了"经济业务"，但他在 1813 年去世。奥西安德获得了这些信息，显然是因为他与孩子母亲保持着长期的联系。

各种各样问题的一种解决方案——秘密分娩

虽然在哥廷根大学产科医院秘密分娩的人数并不多，但案例的具体细节表明，所涉男女均出于各种原因，以不同方式使用这一服务，并产生了不同后果。当然，所有这些都是婚外怀孕。在一个案例中，准妈妈已经结了婚，在更多案例中，孩子父亲可能是已婚男士——但在奥西安德的案例中并未明确提及。教授显然确信，10 位秘密分娩孕妇中有 8 位向其提供了正确的个人详细信息；然而，在 1 个案例中，他只以缩写的形式记录了孕妇的名字，在另外 3 个案例中，他事后将孕妇的名字变得难以辨认。然而，在公民身份证明文件中，在教区记事录中，只有一位母亲如实地提交了关于自己、孩子父亲以及非婚生孩子的全部信息。因此，这些孕妇是通过支付高额报酬，使院长为其保守秘密的。事实上，他似乎也这样做了，除了加特雷尔的儿子是例外。格奥尔格·加特雷尔是奥西安德唯一明确登记为孩子父亲的人。但是，在几个案例中，教授非常肯定替孕妇挂号或陪其来

---

① AUFK Gö, W 36 a, S. 65; Kirchenbuch der ref. Gemeinde Göttingen, Taufen 1819, Nr. 27, und Kirchenbuch von Gladebeck, Beerdigungen 1819, Nr. 10, mit Todesdatum 2. 10. 1819 (Mikrofiches in KKA). Zu der damals bedeutenden Steingutfabrik Rüppel & Völkel in Großalmerode: Borchard (1924), S. 31f.

② AUFK Gö, W 36 a, S. 7–17.

医院就诊的男士就是孩子的父亲。他们即使亲临医院，也并非都提及自己的姓名。如果提供了足够的付款保障，院长便接受了这一切，包括在可能发生产妇死亡的情况下为孩子提供儿童看护金。

由于要隐瞒妊娠和分娩，孩子随后必须交给养父母照料。玛丽亚·梅赫和她的情人的意图最明显，避免之后再跟儿子接触，以确保这次分娩秘密安全。对他们中的大多数人来说，联系仅限于支付伙食费，为预防泄密往往通过中间人进行操作，但是玛丽亚·莱曼宁出院后便去了女儿寄养的村庄。一位已婚妇女于1794年生下了非婚生儿子，随后她一直照顾他，直到他的生命走到尽头。约翰·加布里尔·林德曼和伊丽莎白·弗里德里克·普罗伊斯（婚前姓），在林德曼谋到职位后，便结婚了，把婚前生的双胞胎接到自己家里。与之相反的是格奥尔格·加特雷尔，他只付了第一年的抚养费，通过移居以逃避对其孩子以及孩子母亲的抚养义务。

如果奥西安德教授没有以完全匿名的方式接收秘密分娩孕妇，而是要求当事人中至少一方提供正确的个人信息，那绝非为了孩子有一天能了解其家世和出身，而是要确保孩子的生存，特别是得到看护金。付费分娩孕妇并不是独自前来哥廷根大学产科医院进行秘密分娩。在整个怀孕期间，孩子父亲、亲属或中间人预先替她们办理入院登记。她们中的大多数人有人陪伴。付费分娩孕妇通常从孩子父亲或者亲戚那里获得经济上的和其他实际的支持。在围产期，只有那些免费分娩的孕妇才会像今天选择匿名分娩的妇女一样独自去医院。[1]

参考书目

Archivalien（档案）

Bibliothek der Abteilung Ethik und Geschichte der Medizin, Universitätsmedizin Göttingen; Archivmaterialien aus dem Bestand der Universitäts-Frauenklinik der Universität Göttingen（AUFK Gö）

Aufnahmebuch, Bd. 1, 2

Tagebuch, Bd. 1828

---

[1]　Schlumbohm: Phantome（2012），S. 269-388.

W 17；W 36 a

Evangelisch-lutherisches Kirchenkreisarchiv und Kirchenbuchamt Göttingen （ KKA ）

Kirchenbücher St. Albani Göttingen

Kirchenbücher St. Crucis Göttingen

Kirchenbücher St. Johannis Göttingen

Kirchenbücher der ref. Gemeinde Göttingen （Mikrofiches）

Kirchenbücher von Göttingen-Weende

Kirchenbücher von Fredelsloh （Mikrofiches）

Kirchenbücher von Gladebeck （Mikrofiches）

Kirchenbücher von St. Blasii in Hann. Münden （Mikrofiches）

Universitätsarchiv Göttingen （UA Gö）

Ger. D XL 83

med. Dek. 1802

Stadtarchiv Hann. Münden

MR 4257

Internetquellen （互联网原始资料）

http：//www. bmfsfj. de/BMFSFJ/gleichstellung，did ＝ 199392. html （letzter Zugriff：29. 1. 2014）Deutsches Biographisches Archiv （DBA）

Gedruckte Quellen und Literatur （印刷资料和文献）

Böhme，Ernst；Scholz，Michael；Wehner，Jens：Dorf und Kloster Weende. Von den Anfängen bis ins 19. Jahrhundert. Göttingen 1992.

Borchard，Wanda：Die Entwicklung der Tonindustrie in Großalmerode. Berlin 1924.

Coutinho，Joelle；Krell，Claudia：Anonyme Geburt und Babyklappen in Deutschland. Fallzahlen，Angebote，Kontexte. München 2011.

Enfance abandonnée et société en Europe. XIVe-XXe siècle. （＝ Collection de l'Ecole Française de Rome 140）Rom 1991.

Gerhard，Hans-Jürgen：Grundzüge der Verfassung，Verwaltung und Wirtschaft der Stadt Göttingen 1650－1866. In：Böhme，Ernst；Vierhaus，Rudolf （Hg. ）：Vom Dreißigjährigen Krieg bis zum Anschluss an Preußen. Der Wiederaufstieg als Universitätsstadt （1648－1866） . （＝Göttingen. Geschichte einer Universitätsstadt 2）Göttingen 2002，S. 255－340.

Gierl，Martin：Geschichte als präzisierte Wissenschaft. Johann Christoph Gatterer und die Historiographie des 18. Jahrhunderts im ganzen Umfang. （＝ Fundamenta Historica 4）Stuttgart 2012.

Heerde，Hans-Joachim：Das Publikum der Physik. Lichtenbergs Hörer. （＝Lichtenberg-Studien 14）Göttingen 2006.

Hunecke，Volker：Die Findelkinder von Mailand. Kindsaussetzung und aussetzende

Eltern vom 17. bis zum 19. Jahrhundert. (= Industrielle Welt 44) Stuttgart 1987.

Königlich Groß-Britannischer und Churfürstlich Braunschweig-Lüneburgischer Staats-Kalender auf das Jahr 1803. Lauenburg 1803.

Loudon, Irvine: Death in childbirth. An international study of maternal care and maternal mortality 1800–1950. Oxford 1992.

MacClure, Ruth K.: Coram's children. The London foundling hospital in the eighteenth century. New Haven 1981.

Menk, Gerhard: Die Beziehungen zwischen Waldeck-Pyrmont und den Niederlanden in der Neuzeit. In: Lademacher, Horst (Hg.): Oranien-Nassau, die Niederlande und das Reich. Beiträge zur Geschichte einer Dynastie. (= Niederlande-Studien 13) Münster 1995, S. 223–258.

Metz-Becker, Marita (Hg.): Kindsmord und Neonatizid. Kulturwissenschaftliche Perspektiven auf die Geschichte der Kindstötung. Marburg 2012.

Meyer, Philipp (Hg.): Die Pastoren der Landeskirchen Hannovers und Schaumburg-Lippes seit der Reformation. 3 Bde. Göttingen 1941–1953.

Nachrichten von Kirchen-und Schulsachen. Hannover 1814.

Osiander, Friedrich Benjamin: Denkwürdigkeiten für die Heilkunde und Geburtshülfe. 2 Bände in 4. Göttingen 1794–1795.

Pawlowsky, Verena: Mutter ledig-Vater Staat. Das Gebär-und Findelhaus in Wien 1784–1910. Innsbruck 2001.

Pütter, Johann Stephan; Saalfeld, Friedrich; Oesterley, Georg Heinrich: Versuch einer akademischen Gelehrten-Geschichte von der Georg-Augustus-Universität zu Göttingen. 4 Bde. Göttingen 1765–1838.

Ransel, David L.: Mothers of misery. Child abandonment in Russia. Princeton, N. J. 1988.

Schlumbohm, Jürgen: Grenzen des Wissens. Verhandlungen zwischen Arzt und Schwangeren im Entbindungshospital der Universität Göttingen um 1800. In: Duden, Barbara; Schlumbohm, Jürgen; Veit, Patrice (Hg.): Geschichte des Ungeborenen. Zur Erfahrungs-und Wissenschaftsgeschichte der Schwangerschaft, 17. –20. Jahrhundert. (= Veröffentlichungen des Max-Planck-Instituts für Geschichte 170) Göttingen 2002, S. 129–165.

Schlumbohm, Jürgen: Lebendige Phantome. Ein Entbindungshospital und seine Patientinnen 1751–1830. Göttingen 2012.

Schlumbohm, Jürgen: Findel-und Gebärhäuser als Mittel gegen den Kindsmord. Debatten und Praktiken im späten 18. und frühen 19. Jahrhundert. In: Metz-Becker, Marita (Hg.): Kindsmord und Neonatizid. Kulturwissenschaftliche Perspektiven auf die Geschichte der Kindstötung. Marburg 2012, S. 25–38.

Schlumbohm, Jürgen: Nichteheliche Patchworkfamilien am Ende des 18. Jahrhunderts. Stud. med. Georg Gatterer und die Mütter seiner Kinder. In: Göttinger Jahrbuch 61 (2013), S. 221–238.

Schwertfeger, Bernhard Heinrich: Geschichte der Königlich Deutschen Legion 1803 – 1816. 2 Bde. Hannover 1907.

Stölting, Gustav; Münchhausen, Börries von (Hg.): Die Rittergüter der Fürstentümer Calenberg, Göttingen und Grubenhagen. Beschreibung, Geschichte, Rechtsverhältnisse und 121 Abbildungen. Hannover 1912.

Taeger, Angela: Der Staat und die Findelkinder. Findelfürsorge und Familienpolitik im Frankreich des 19. Jahrhunderts. Diss. phil. TU Berlin 1986.

Tröhler, Ulrich: Wer studierte welche Medizin im Göttingen des 18. Jahrhunderts? In: Elsner, Norbert; Rupke, Nicolaas A. (Hg.): Albrecht von Haller im Göttingen der Aufklärung. Göttingen 2009, S. 245−282.

Villeneuve-Gokalp, Catherine: Women who give birth 《secretly》 in France, 2007 – 2009. In: Population. English edition 66 (2011), S. 131−168.

Zahn, Reinhard: Die Armenanstalt der Stadt Göttingen unter Ludwig Gerhard Wagemann sowie andere armenpflegerische Einrichtungen der Stadt im ausgehenden 18. Jahrhundert. Diss. med. (masch.) Göttingen 1972.

（作者系德国哥廷根大学历史系教授，主要研究方向为欧洲近代医疗社会史。译者系中国社会科学院中国历史研究院世界历史研究所助理研究员，主要研究方向为德国现当代史。）

中美印关系发展与
"印太战略"的前景[*]

孟庆龙

【摘要】"印太战略"成为近年来国际上热炒的一个话题。美国和印度作为"印太战略"框架内最重要的两大政治体,其双边关系、它们分别与中国的关系以及中美印关系的过去、现在和未来,将在很大程度上决定"印太战略"的走向。鉴于美印之间一直缺乏平等和尊重、存在差异和分歧,中国的地区和国际影响力越来越大,中印关系和中美关系的相互影响日趋增强,以及印太区域内国家的态度等因素,印度在"印太战略"上与美国携手或相向而行的概率不大,美国拉拢印度遏制或围堵中国、防止中国在该地区扩大影响的图谋难以实现。

【关键词】中国 美国 印度 国际关系 印太战略

从 2010 年开始,美国、印度、日本和澳大利亚的战略分析人士和政治人物纷纷提出"印太"概念。2014 年以来,"印太"更是成为上述 4 国媒体热炒、国际上关注度日高的词语,已成为一种新的区域安全概念和地缘战略构想,并被广泛用于美、日等国的官方文件和政要的演说中,且在美、印、日、澳等国有升级为"战略"之势。美国和印度作为"印太战略"框架内最重要的两大政治体,两国关系、它们与中国的双边关系以及中美印三边关系的历史基础、现状及未来发展,将在很大程度上决定"印太战略"的地缘格局演变乃至结局。

---

* 本文为国家社科基金重大项目"中英美印俄五国有关中印边界问题解密档案文献整理与研究(1950—1965 年)"(12&ZD189)的阶段性成果。

一 中美印大不相同的历史基础

中印之间和中美之间有着大不一样的历史基础。从历史来看，中印之间和多斗少，中美之间则是斗多和少。

中印之间的和平友好有着深厚的基础。两国交往历史久远，且和平友好占据绝对主流。近代以来，两国命运类似，都曾是半殖民地或殖民地，摆脱帝国主义剥削和压迫成为两个国家追求和奋斗的目标，相互关心、声援、支持和帮助成为两国关系史乃至世界历史上的佳话。中印在 20 世纪三四十年代的中国革命、抗日战争及印度的民族独立运动中相互支持。印度虽然早就开始了民族独立运动，但因种族、宗教、语言等原因，一直缺乏凝聚力，因此，印度民族运动的诸多领导人对中国人民在惨烈的革命运动和抗击日本侵略的战争中所表现出的英勇顽强、不怕牺牲，特别是团结精神，由衷地钦佩和赞赏，热切希望中国发生的事情能作为外力，促进印度国内民众的觉醒和团结，也期待中印能携起手来，为亚洲的联合与觉醒发挥重大作用。尼赫鲁在 1938 年曾赞扬中国人民团结战斗的精神是"为民族自由而团结和牺牲的榜样"，号召印度人民学习中国人民。[①] 他在 1938 年和 1939 年多次发表文章和讲话指出，都在争取自由的中印两国人民相互支持非常必要，中国抗战的成败直接影响着印度民族解放事业。后出任印度共和国副总统和总统的拉达克里希南在 1944 年时认为，中国人民抵抗日本铸就的精神团结"显然优于印度"，[②] 意欲用中国军民团结一致抵抗外来敌人的形象来警醒也在为民族独立而斗争的印度民众。中国在抗战期间，共产党和国民党等各派政治势力都对印度在多个方面提供了宝贵支持，特别是敦促英国改变对印政策，把罗斯福、丘吉尔联合发表的大西洋宪章"从字面化为实际，不把民族自决当作空谈"。[③] 印度在 1943 年 10 月为史

---

① 参见尚劝余《尼赫鲁与甘地：分歧与对话的原因》，http://blog.sina.com.cn/s/blog_505efa4d01008cu2.html，最后访问日期：2018 年 3 月 28 日。

② S. Radhakrishnan, *India and China*: *Lectures Delivered in China in May 1944*, Bombay: Hind Kitabs Ltd., 1954, pp. 28-29.

③ 参见《新华日报》1942 年 1 月 20 日。

迪威组建和训练中国军队提供方便，而中国军队 1944 年在缅北取得的重大军事胜利则大大鼓舞了印度的士气。1945 年日本无条件投降第二天，尼赫鲁、阿扎德、甘地等印度民族主义领袖纷纷致电祝贺中国的胜利，中国各界也通过报刊、电台和集会等形式，向国大党和印度人民表示了最衷心的感谢。可以说，中国的抗战在精神、意志及外交和军事等方面给予印度民众前所未有的鼓舞和支持，印度民族独立运动得到的最大的国际支持来自中国的政府、各派政治力量和人民，抗战使中印两国在现代史上第一次彼此成为重要伙伴。中印人民相互支持、相互帮助，凝结了深厚、真诚的感情，成为中印友好史上最为光辉的篇章。

中华人民共和国建立之后，中印关系迅速发展，在 20 世纪 50 年代中期进入"蜜月期"。两国共同首倡了和平共处五项原则，中印友好在万隆会议上达到顶峰。1956 年周恩来总理访印时说："在伟大的甘地和尼赫鲁总理领导下，印度人民在争取独立的斗争中取得了辉煌的胜利"，两国虽然取得独立的道路不一样，但"维护独立、建设祖国和保卫和平的共同目标是一致的。这些共同目标为我们两国的亲密合作提供了深厚的基础"。虽然 50 年代后期中印关系开始恶化，60 年代初还发生过边界战争，但 80 年代后期就恢复了正常关系。尽管边界争端迄今仍未解决，是制约两国深化友好关系的主要障碍，但已不足以影响两国关系的大局。2017 年洞朗事件后，中印都更加务实，特别是 2018 年 4 月习近平和莫迪的武汉会晤，被莫迪一再强调具有"里程碑意义"。双方达成共识，两个国家不应视彼此为威胁和对手，而应成为通过合作实现共同发展的伙伴。此后，印度的对华言论比以前明显和缓，双方互信增强，中印关系有所升温，日趋成熟，比以前更少受到美国等外部因素的干扰，两国关系总体上步入平稳向好发展的轨道。最近几年，中国在印太地区为包括印度在内的许多国家的发展和稳定发挥了积极作用，未显现出削弱印度在南亚乃至亚洲地位的意图，还欢迎印度加入上合组织，希望印度在金砖国家开发银行等多国机构和多边机制中发挥积极作用。2018 年 7 月 26 日，习近平在南非与莫迪举行了 3 个月内的第三次会晤，双方表示要及时对双边关系进行顶层引领、宏观把握，保持密切对话沟通，深化各领域合作，妥善处理分歧，加强在多边框架内的合作，调动两国各方面积极因素，推进更加紧密的发展伙伴关系。

9 月印度议会对外关系委员会发布的洞朗事件最终报告，对莫迪政府处理此次危机的总体做法予以肯定，这与此前对中国议题持批评意见为主的情况相比，印度对华态度显然更加积极、务实。从中印关系史的发展，特别是近两年来处理双边棘手问题的实践来看，与西方大国对它的"忽悠"、利用和不够尊重相对比，中国是最尊重印度的大国。

中美关系 70 年来经历了波浪起伏的发展历程。中华人民共和国与美国的关系发展史，斗远多于和，麻烦和摩擦不断，还有人员伤亡。中华人民共和国成立之初奉行向苏联"一边倒"外交，美国则率一众西方国家对中国进行经济封锁和外交打压。第二次世界大战后，美国一直将意识形态和地缘政治作为其外交指导思想，把世界多个地区视为瓜分地盘和划分势力范围的"大棋局"，发动或积极参与了 30 多场战争，其中绝大多数打赢了，只有在与中国较量或中国参与的战争或军事行动中遭到失败或未能获胜。1950~1953 年，在朝鲜半岛，以中国为主的中朝联军把以美国为首的 16 国组成的"联合国军"从鸭绿江边赶至"三八线"，美军司令官克拉克第一次在美国"没有获胜"的停战协定上签字。但美国对此心有不甘，接着于 1954 年又开始在印度支那与中国进行军事较量，最多时投入 50 多万兵力，最终失败。50 年代中后期和 90 年代中期，美军数次把庞大舰队部署在台湾海峡，威慑中国大陆。70 年代初，中美关系开始缓和，1979 年正式建交。10 年后，美国又率西方国家对中国进行严厉制裁。1993 年 7 月，美国在国际公海上强行无理检查中国"银河"号货轮，还威胁要对中国进行制裁。1999 年 5 月，美国 B-2 轰炸机轰炸中国驻南斯拉夫联盟大使馆，造成重大人员伤亡和财产损失。2001 年 4 月，美国 EP-3 侦察机在中国海南岛附近海域与中国战斗机相撞，造成中方机毁人亡。然而，这 50 年里尽管每过几年就发生一次较量、危机或摩擦，两国关系总体上还是曲折向前发展的。但是，进入 21 世纪，特别是 2010 年之后，美国对中国的基本判断开始发生巨大转变。商人总统特朗普上台后，认定中国的迅速崛起"打破了地区力量平衡"，形成对美国价值观与多种利益的"挑战"，把中国作为对手的意味更浓，出手更猛、更硬，2018 年更是多次抬升与中国的贸易摩擦烈度，加大对中国制裁的力度。从目前中美关系的情势来看，两国即使在未来不陷入"修昔底德陷阱"，但短期内的对峙和较量不会戛然而止，很可能会持续较长时间，有时在某些领域还会非常"惨烈"，从而使中美关系的发展面临诸多不确定性。不过，冷静下来细细分析不难看出，中国对于美国来说具有多重角色，在多个领域兼具伙伴、对手、竞争者、合作者、债权国等多种特性。在对华关系中，美国如要在各个领域取得优势，既无绝对实力，更无必胜信心，需要拉着印度等一帮国家来造势、施压。

美印关系缺乏历史基础。美国自第二次世界大战期间正式介入南亚事务后①，对印度的态度经历了一个从不甚关注到重视程度不断提高、不断加大经济和军事援助的过程。20世纪40年代末50年代初，美国对印度大体上经温政冷。印度独立建国后，尼赫鲁对印美关系寄予厚望，派其胞妹潘迪特夫人出任驻美大使，他本人于1949年10月11日至11月17日首次访问美国更是极为罕见地长达40天，但因与美方在反共、承认中华人民共和国等问题上分歧太大，被美国冷遇，访问很不成功。不过，鉴于印度国内面临严重困难（50年代初每年饿死人数以万计、十万计、数十万计）等因素，美国根据"第四点计划"，在1950年12月、1952年1月和11月向印度提供了120万美元的赠款和技术专家援助，1950年底在印度发生严重饥馑时还提供了70多万吨的紧急粮食援助。

美国虽然早在1952年就把印度称为"最大的民主国家"，但从来没有平等地对待过它，甚至有些轻视。如1952年3月23日的《纽约时报》称，无论美国向印度提供多少经济援助，也解决不了后者的贫穷等严重的社会问题；在印度无论撒出去多少钱，也买不来美国的那套民主等政治制度。②美国虽然从50年代初开始向印度提供经济和技术援助，但对它显然缺乏信任。除上述因素外，美国还不满尼赫鲁和印度政府反共"不力"，尤其对印度没有站在美国为首的西方国家一边，而把当时世界上多个地区发生的冲突描述成"两个旨在主宰世界的大国之间的争斗"，"未能认识到苏联对

---

① 美国与印度的官方关系始于第二次世界大战期间。主要事件有：1942年4月3日，罗斯福总统派其私人代表、前助理陆军部长路易斯·约翰逊（Louis Johnson）率技术援助印度使团（即"约翰逊使团"）出使印度，此乃美国对印度外交史上首个正式官方使团；1942年8月，美国战略情报局派遣情报官员伊利亚·托尔斯泰（Ilia Tolstoy）中校和布鲁克·多兰（Brooke Dolan）上尉经印度进入西藏；第二次世界大战期间有数千美军驻扎印度。

② *The New York Times Magazine*, March 23, 1952.

印度意味的危险"甚而"盲目地赞扬"中国取得的成就颇有微词。① 实际上，美国真正关注的是它自身的利益，而非印度的发展需要。

虽然出于同苏联的争夺等考虑，美国官方从 1953 年下半年开始重视"美国在印度的利益"，对印度比以前更热络了，美驻印大使艾伦称两国已建立起广泛关系，"在国际事务方面的合作比此前更富有成果"，美国对印度的理解和同情"与日俱增"，"更有决心消除对印度的误解"，坚定地与印度发展"友好关系"。② 但是，整个 50 年代上半期，虽然美国政府总的来说对印度的重视程度在提高，但援印规模和力度均有限，主要原因有四：一是担心印度政局不稳，二是不满印度指责它干预克什米尔问题，三是印度抱怨和批评西方国家不重视其"在事关亚洲问题上的观点"，四是美国政府内部缺乏共识。

50 年代后半期中印关系开始恶化，为美国"讨好"、拉拢印度提供了"可乘之机"。特别是 1959 年 3 月西藏平叛后，中印关系急剧恶化，美国谨慎地升温了与印度的关系，再加上苏联在印度"咄咄逼人"的攻势、东欧等社会主义国家不断加大对印度的经济援助，美国在英国的鼓动、"撺掇"下，加大了对印度的支持，但言辞还算谨慎，极力避免对印度承担具体义务，特别是防务方面的责任和义务。1959 年 9 月和 10 月，美印关系明显拉近。如，美国为印度驻美大使查格拉（Mahomed Ali Currim Chagla）提供平台，让其在华盛顿美国国家新闻俱乐部和《纽约时报》发表演讲和文章，攻击中国在西藏的平叛行动，宣称印度"将利用其所有的力量和资源"来保卫"神圣不可侵犯的边界"，"不怕与中国开战"。③ 11 月 10 日，印度驻联合国代表克里希纳·梅农（V. K. Krishma Menon）拜会美国国务卿赫脱（Christian Archibald Herter），争取美国在中印边界问题上支持印度的立场，为此极力渲染印度国内反对中印友好的气氛。而赫脱此时对中印

---

① " India's Need for More U. S. Aid", *Times*, March 23, 1953.

② "India: A Pattern for Democracy in Asia", *Background*, Department of State, 见 *Political Relations between USA and India and Pakistan: Visit of Vice President Nixon to India*, Dec. 1953, 英国外交部文件，档案号 FO371/106857。

③ 参见 "Voice For a Free India", *The New York Times*, Sept. 2, 1959; *Violation of Borders of India by China*, 1959, 英国外交部文件，档案号 FO371/141271。

边界问题表态还比较谨慎，12 日对记者发表了言辞较为温和的讲话，没有像印度希望的那样，明确地在边界问题上站在印度一边，直截了当地"谴责中国在中印边界争端中使用武力"，① 引发印度媒体不依不饶的口诛笔伐。尽管赫脱随后马上改口，严厉批评了中国，也没能换得印度人的原谅。此时的美国媒体有的对尼赫鲁的困境"表示同情"，也有的讥讽尼赫鲁和印度的不结盟立场"很不明智"。② 总统艾森豪威尔对印度极为看重的中印边界问题表态"圆滑"，既对印度表达了有限的关注，同时又避免明确表态。他在 14 日祝贺尼赫鲁 70 岁生日的修改过的贺信中，为向尼赫鲁和印度释放善意，把第一封信中的"良好祝愿"改为"最衷心地祝愿"尼赫鲁健康长寿。③ 艾森豪威尔随后在 12 月初作为首个访印的美国总统，在与印度领导人会晤时，既表示"很愿意"讨论中印边界之类的问题，又说他本人并不认为有谁"对麦克马洪线知道得清清楚楚，并能说得准确无误"，有关国家必须通过"真诚的谈判和会谈来解决分歧"。艾森豪威尔虽对印度"示好"，但并未承诺一旦中国"企图大规模入侵印度"，美国会对印度提供何种具体帮助。④ 另一个说明美国此时不想"真诚"帮助印度的事例是，1960 年 4 月 20 日，英国自己不能也不愿满足尼赫鲁提出的援助要求，而是希望"如法炮制"第二次世界大战后在希腊和土耳其的做法，由美国代替它，更多地承担援助印度的责任和义务。但美国这次在南亚没有痛痛快快"接盘"，而是提出由国际财团众筹援助印度，并一再坚持让英国在援助印度上当"带头大哥"。

1962 年 10 月中印边界战争爆发后，印度在军事上很快处于不利状态。美国为拉拢印度、扩大在南亚地区的势力，表示要增加对印度的军事援

---

① 参见 *Violation of Borders of India by China*，1959，机密，英国外交部文件，档案号 FO371/141273。

② 参见 *Seventieth Birthday of Mr. Jawaharal Nehru*，*Prime Minister of India*，1959，机密，英国自治领事务部文件，档案号 DO35/9660；*Sino-Indian Relations*，1959，绝密，英国自治领事务部文件，档案号 DO35/8819；"Voice for a Free India"，*The New York Times*，Sept. 2，1959。

③ 参见 *Seventieth Birthday of Mr. Jawaharal Nehru*，*Prime Minister of India*，1959，机密，英国自治领事务部文件，档案号 DO35/9660。

④ 参见 *Political Relations between China and India*，1959，英国外交部文件，档案号 FO371/141264；"Mr. Eisenhower's Talk on China"，*Daily Telegraph*，Dec. 14，1959。

助，但却借口对印度国内情况不明，在提供援助时程序烦琐，步伐"拖沓"，实则担心被印度拖入同中国的战争。甚至到了 11 月中旬，印度败局已定、国内恐慌气氛弥漫，美国对印度的援助请求仍"不急不忙"，还提出了先决条件，如要求印度保证"为美国驻印度使馆提供必要的设施"，以便美方评估和履行 1951 年美印协议中的防务条款。① 即使面对"恐慌"的尼赫鲁的两度"求援"，美国不但在援助数量上很少满足，价钱不"打折"甚至远高于国际市场价，而且还往往提出附加条件。

印度在面临困难、求人之际仍极力保持民族"自尊"和"大国尊严"，没有对美国"低三下四"。1962 年 11 月 19 日，尼赫鲁为获取更多援助第二次写信给美国总统肯尼迪，力陈印度面临的困难和"险情"，大表对抗中国的"决心"，对美既有"奉承"之词，又不失"体面"和"自尊"。他一方面请求美国立即提供至少 12 个中队的超音速、全天候战斗机等紧急援助，并"保证"美国提供的所有帮助和装备"将全部用于抵抗中国人"，另一方面又称印度"提出的援助要求很有节制"，"并不想使朋友为难"。② 美国对此没有正面答复，而是继续强调英国要在援助印度上发挥至关重要的作用。肯尼迪认为印度局势"令人烦扰，尼赫鲁似已精疲力竭"，故"美国可以尽其所能援助印度，但作用不宜太过突出"，否则"就只会增加苏联在幕后全力支持共产党中国的机会"。③ 此时中苏关系已经破裂，肯尼迪此种态度显然是美国不愿在援助印度上出头而找的托辞。为避免尼赫鲁"把美国紧紧卷入一场同中国的战争"，美国提出了援助条件。国务卿腊斯克 20 日对英国驻美大使戈尔说，如果此时美国出手援助印度，后者"须满足某种最低限度的条件"，如：与巴基斯坦就克什米尔问题达成协议；向美国报告局势进展，并请求联合国支持谴责中国对它的"侵略"。④ 对于

---

① 参见 *Military Aid to India following India/China Border Dispute*，*1962*，机密，英国自治领事务部文件，档案号 DO189/245。

② 参见 *China-India Frontier Dispute：Part 2*，*1962*，秘密，英国首相府文件，档案号 PREM11/3839。

③ 参见 *UK/US Talks Concerning Borders Dispute with India*，*1962*，秘密，英国外交部文件，档案号 FO371/ 164929。

④ 参见 *International Military Aid to India*，*1962*，秘密，英国外交部文件，档案号 FO371/164880。

印度紧急提供大规模援助的请求，肯尼迪颇为"淡定"，在11月20日的记者招待会上大谈古巴导弹危机，中印边界战争则简单触及。

中印边界战争后，美国增加了对印度的经济和军事援助，但落实的数量和质量远逊于协议或承诺。20世纪70年代初，美国因印度发动对巴基斯坦的战争并肢解后者而疏远了印度。70年代末80年代初，冷战呈苏攻美守之势，印度迅速靠近苏联，美印关系趋于冷淡。90年代初，苏联解体后，美印关系又开始回暖。进入21世纪后，两国关系迅速升温，军事等方面更是频频靠近。克林顿总统2000年访问印度时强调，美、印作为世界上"最强的民主国家"和"最大的民主国家"，共有"民主基因"，双方关系为"天然盟友"。小布什总统任内，美印在反恐和军事方面有密切合作，签署了《民用核能合作协议》等。奥巴马上台后提出"再平衡"战略，更加重视印度在地区战略中的作用，有公开挺印度"入常"等举措。近年，印度频频向美国示好，两国领导人互访频繁，签署了多项经济技术和军事协定，关系快速升温，似乎越抱越紧了。2016年6月莫迪访美，两国发表联合声明，美国承认印度为"主要防务伙伴"，声称将进一步与印度分享技术，努力达到等同于最亲密盟友和伙伴的关系。美印还签署了多个关于美国向印度出售海陆空武器装备、两国在军事基地方面相互提供方便等军事协议。

然而，美印分歧从未减少，只是有时被掩盖或被有意无意地忽视、淡化。特朗普上台后，美印关系再临变数，其简单、粗暴的行事方式令渴望大国尊重的印度人颇受伤害，但他依然表明"不会像以前的美国总统以仁慈来对待印度"[1]。就近期情势来看，印度对美国在战略上的需求不但明显减少，且已从战略上的大体同步逐渐变为战略不调，甚至战略离心和反向，新德里对华盛顿的战略疑虑和"心中没底"日益加深、加重。

总的来说，70多年来，美印关系虽在冷战时期没少磕磕绊绊，但少有太大起伏，大体上呈曲线平稳状。时有冷淡、倒退，却未有过剑拔弩张、对峙或"横眉冷对"，还不乏热络。美国是印度主要的援助国之一，印度

---

① 张梦旭、苑基荣、柳直：《美印"2+2"对话遭遇制裁困局》，《环球时报》2018年9月5日。

与美国多次拉手、牵手，但美国对印度难说平等和尊重，印度对美国也不乏微词、不满和抱怨。如 2018 年 6 月，美国单方面宣布推迟美印外长和防长 2+2 对话会，主要是因为国务卿蓬佩奥要访问朝鲜，印美关系的重要性显然不及朝核问题和美朝关系，这让期待满满的印度人备感失落，疑虑顿增。在特朗普的心目中，美印关系分量、成色几何，印度人至少画着问号在观望、审视，并煞费心思地去解读，美国对印度加征钢铝关税，美国对印度与俄罗斯签署购买 S-400 防空导弹系统协议、继续购买伊朗石油如何处置，都将对美印关系的走势产生重大甚至是分水岭式的影响。

莫迪执政以来，印度外交上更加灵活，左右逢源，以便为自己争取最大的利益。它一方面努力小心翼翼地避免过分惹恼或刺激中国，尽可能与中国维持和发展友好关系，并使之成为应对西方的筹码甚至王牌；另一方面，印度在改善对华关系的同时，由于"联美遏华"的想法在国内依然有相当市场，美国被认为是帮助其实现"大国梦"、提升国际地位和影响力的最重要的外部支持力量，故也没有忽视或冷淡美国，如邀请特朗普出席2019 年的印度共和国日阅兵式。

二　中美印之间的关系互动和相互影响越来越强

就近期而言，中美印之间，无论是双边关系还是三边关系，其互动性和相互影响呈越来越强、日益复杂趋势，特别是中国与美印之间，互动越来越多。2010 年，美国总统奥巴马实施"重返亚太"（或曰"亚太再平衡"）战略，意即平衡或防范中国崛起，中美关系自此开始竞争大于合作。特朗普上台后，已经实施或威胁要实施的防范和压制、围堵中国的手段比奥巴马时期要粗鲁得多。自 2017 年 12 月美国《国家安全战略报告》将中国定位为首要战略竞争者后，中美之间竞争加剧。2018 年 10 月 4 日美国副总统彭斯（Mike Pence）的演讲反华味道之浓厚，令世界上有不少人认为特朗普政府要跟中国打冷战了。10 天后，10 月 14 日，美国总统国家安全事务助理博尔顿（John Robert Bolton）再放重话，称"现在是制止中国的时候了"。中国对美方的无理指责进行了有理有据的反驳，并未采取升级中美对抗的报复行动，在姿态示强方面保持了极大的克制，但绝不会在原则上让步。这不是因为中国怕美国，而是我们决心维护并继续深入改革开放的局面，不因美国的高强度施压而走回封闭、保守。细而观之，中美之间目前的交手，犹如太极对拳击，多个方向的力量将决定最终结局。尽管国内外对中美关系的走向有不同观点，但一个不争的事实是，中美将进入长期的战略竞争时期，有专家估计会持续20年或更长。相比之下，中印关系则逐渐趋稳，少了些浪漫，多了些务实和老道，也更具建设性了。三边关系中，最不确定的是美印关系。

纵观70多年来美印关系的发展，两国在政治、意识形态、经济、外交、发展战略等方面有许多共性和共识，也不乏相近和一致的利益，但其差异和分歧也显而易见。从发展来看，美印之间的差异和分歧不但未能弥合，有的反而有扩大趋势。

一是美印在意识形态和价值观上少有高度契合。双方虽然都反对共产主义意识形态，但异同显见，美国既反共又反对大多数社会主义国家；印度也反对共产主义意识形态，尼赫鲁自称他和印度是"亚洲同共产主义做斗争最坚定的"，但很少反对社会主义国家，而是欢迎社会主义国家的援助，故与大多数社会主义国家保持了密切的经贸、政治关系。印度在意识形态上很少按照美国的意愿行事。现如今，美国试图借"印太战略"从价值观和安全方面提升美印关系，强调美印是拥有共同民主价值观的"天然盟友"，但未见印度总理莫迪等高官提及"价值观"几个字。

二是美国对印度的"大国"雄心缺乏尊重，"使印度伟大"与"美国第一"难以协调。独立前就立志成为"有声有色的大国"的尼赫鲁很少得到美国等西方大国的尊重。印度历届政治领袖都有"使印度伟大"的抱负，并为此积极参与国际事务，出人又出力，不遗余力地扩大其地区影响力、力争增强印度在世界上的发言权，但许多讨论重大国际问题的多边会议，桌上前排却鲜有印度的座签，这与美国对它不够重视很有关系。20世纪五六十年代，美国感到与尼赫鲁打交道很麻烦，认为此人非常复杂，"对美国心存疑虑，并不欣赏"。印度一直奉行的自以为傲、引以为豪的旨在提高其大国地位的不结盟政策，却时常遭到美国的奚落、讥讽和诟病。在国际舞台上，美国政府动辄搬出"例外论"和"美国第一"，极力维护其霸权，在重大国际问题上排斥、压制和防范其他大国，经济体量快速增长、被视为其潜在竞争对手的印度自然也名列其中，在国际事务中的空间受到压制和限制。莫迪2014年上台后雄心勃勃地要把印度打造成"制造业大国"，这势必与特朗普重振美国制造业的方略形成对冲。追求利益至上、搞贸易霸凌的特朗普绝不愿印度成为继中国之后的又一个制造业大国。因此，美国尽管表面上很重视印度，口头上说要在地区和全球层面帮助其实现"大国梦"，支持其联合国"入常"，还要它在阿富汗问题上发挥更大作用，但60多年来给予印度的实际支持力度都不是很大。现在美国力推"印太战略"，自己要当老大，以日、印、澳的领导者自居，并极力拉拢印度，反而会在客观上促使印度继续坚持走不结盟、"战略自主"和"大国平衡"的外交方略。

三是美印在"印太战略"的概念、设想、内涵、动机等方面有些共性，但差异也不小，对他方的期待大不一样。在美国的印太地缘战略中，虽然日本是"印太战略"最积极的推手，但美国最看重印度，故对"印太战略"的考量首先与印度有关，既想拉拢印度，又试图促使中印相互消耗，也有对印度崛起未雨绸缪、尽早把美国加强对印度洋的控制或主导变为现实、防止印度成为对美国新的挑战之意。美国版"印太战略"的构想业已显露出动机既不纯又露骨，声势既大又猛，但投入却吝啬得很，前不久竟然想拿出区区三四个亿美元来帮助印太国家搞基础建设等，印太地区却没有一个国家响应，不足为奇。

对于美国的拉拢，印度显得平和、"稳健"。主打经济牌上台的莫迪执政后，印度经济快速发展，在地缘政治中的地位明显上升，扮演"有声有色"大国角色、介入地区乃至全球事务的愿望和能力进一步增强。2018年以来，美印在战略上越发不在一个频道上。在1月的达沃斯论坛上，莫迪高调力挺自由贸易，实则暗批美国的贸易保护主义及退出《巴黎协定》等极端自私利己行为。特朗普借"印太战略"颇显张扬地把印度的地位提升至与日本、澳大利亚等"铁血"盟国平等的地位，似乎是给了印度很高的"礼遇"，但印度并不领情，自认为作为亚洲地区大国和南亚军事强国，其量级自然在日、澳之上。在6月的香格里拉对话会上，"倔强"的莫迪不但没有领美国的情，在讲话中没去迎合美方的腔调，而是主张"建立自由、开放、包容的印太地区"，着重阐述印中合作的积极意义，令美国人心有不悦。不言自明的是，聪明的印度人当然乐见通过"印太战略"提高印度的分量，但又公开称之为一个不具排他性的地区性概念，除了有对美国"砍价"的味道外，也亮明了就凭印度如此宏大的体量，也不会去为美国买单，更不愿为美国遏华、制华出血、割肉的态度。由于印度将印度洋视为自己的禁脔，美国将太平洋司令部改称印太司令部，恐怕不能拉拢印度而反倒让印度认为动了它的奶酪。因此，莫迪在香格里拉未提及美国的"印太战略"，只是从"印太"概念出发，提到印度洋与太平洋之间需要加强联系，以及如何使印太地区成为一个合作、发展、共赢的地区。及至2019年3月，印度驻华大使唐永胜更明确说印度把"印太""更多看成是一个概念，而并非一个战略，并且肯定不针对任何其他国家"。① 近来印度政府对"印太战略"的重视程度明显下降，把参加美日印澳四国战略对话的官员级别从副部级降至正局级。这清晰流露出印度要在其"印太战略"中强调独立性和自主性，不当受人摆布和操控的棋子。

尽管近年来美印迅速走近，但主要动因是各有所需，各图其利。其中固然有遏制中国快速发展的因素，但实际上都意欲为自己增加筹码，博"势"取"实"，各种小动作也多为权宜之计。印度人在美国心目中的实际分量没有他们想象的那么重，2017年8月18日的美国媒体就宣称，印度在经济和地缘政治重要性方面都远不如中国。②

鉴于中美印关系的历史，考虑到印度的大国心态，如何处理中美关系将对印度产生重要影响。我们只要继续在对美关系上保持强大定力，面对特朗普的贸易"铁拳"和在台湾问题上的"踩线"冒险，在不使中美关系破裂的前提下坚定对美斗争，充分展示实力，就会对中印关系产生正面影响。需要指出的是，尽管目前整个世界都认为美国对中国的态度开始发生大转变，但美国对中国的政策似乎迄今为止无人能讲清楚，故还没有"尘埃落定"。但从贸易相互需求来看，中国对美国的重要性要大于美国对中国的重要性。例如，从2001年到2016年，美国货物贸易对华出口增长了

---

① 《印度驻华大使唐永胜接受〈环球时报〉专访：印度赋予对华关系高度优先性》，《环球时报》2019年3月20日。

② 《美称印度在经济与地缘政治重要性方面都远不如中国》，http://mil.news.sina.com.cn/china/2017-08-21/doc-ifykcppx9872444.shtml，最后访问日期：2018年10月15日。

500%，远远高于美国对全球出口 90% 的增幅。先不说美国无论如何极限施压，也不会搞垮中国，退一万步讲，从长远来看美国假如真的把中国这个世界最大的市场搅黄了，其价格昂贵的高科技产品、占主导地位的金融服务业又去挣谁的钱呢？资本到哪里去逐利呢！美国人真有那么傻吗！

美国当然不愿看到中印关系得到改善，一直企图拉印制华，热捧"印度重要论"，其首要说辞便是"中国威胁论"。它一直企图在中印这两个既有悠久的友好历史又长期面对棘手的历史遗留问题的大国之间打下不和的楔子，想打"印度牌"来对付中国。2017 年洞朗事件期间，美国挑拨、分化中印关系的图谋未能得手，便提升了"印太战略"的调门。但从印度对"印太战略"的反应中不难看出，它最终被美国这一战略俘获的可能性很小。莫迪的"印太"和美国的"印太"不是一码事。未来中印关系不大可能因为美国的"印太战略"而受到大的负面影响。

纵观目前中美印关系的发展趋势，中印更加现实和务实、共同点越来越多，关系稳定且明显上升；中美关系趋紧已是不争的事实；美印关系表面上的"一种相思、两处闲愁，掩盖不住背后的心思各异、貌合神离"①。美印之间军事上可能走得很近，但中印之间外交上互动会更加频繁、不断深化。中、美、印三方之间，"势"与"实"的博弈和转换将越来越微妙，最终实实在在的"利益"将起决定作用。

三 "印太战略"势必受到多种不确定因素的影响

在明确提出"印太战略"的四国中，美国最为积极，日、澳紧随其后，印度则反应平和。"印太战略"未来如何发展，美、日、澳、印各自扮演何种角色固然重要，但中国与这四国及中国与东南亚国家的关系、东南亚国家对"印太战略"的态度以及美印关系的发展等，都是影响"印太战略"走势的不确定因素。

第一，中国因素十分重要。美、印、日、澳等国在"印太战略"上的共性和共识，多与对中国的考虑有关。近一年来，中印关系、中美关系在

---

① 钱峰：《新德里知道什么是不可承受之重》，《环球时报》2018 年 9 月 5 日。

发生方向不同的变化，而这两种关系的演变及其互动又必然会影响美印关系的发展。因此，美、印与中国的关系是影响它们走近最重要的外部因素。此外，中国作为印太地区国家最为重要的经贸对象和旅游收入来源，在该地区的影响力迅速提高，自然也会影响域内国家对"一带一路"倡议的态度。近年来，"一带一路"倡议沿线国家项目的落地和实施，推进和加快了太平洋和印度洋的对接，也在诸多领域推进了亚欧大陆的经济一体化，共识越来越多，进一步增强了中国在地区事务和国际问题上的话语权。连美国也承认："中国力量上升对亚洲安全与政治秩序的影响"，是当今时代的"国际变革力量"。对于有关国家提出和不同程度地推进"印太战略"，中国的态度一直非常明确：印太地区不存在零和游戏，谋求共同发展、互利共赢，符合本地区及域外绝大多数国家的利益，中国欢迎"印太战略"倡议国共同参与该地区的基础建设等经济发展项目。对于中国的倡议和立场，美国和印度显然持有不完全相同的态度，且随着各方的反应和形势的发展，美印之间对付中国的共识将会减少，对各自国家利益的追求将会使其"分化"加剧，甚至渐行渐远。另外，需要强调的两个因素是：（1）"一带一路"倡议的继续推进、已落成项目的"示范"效应，将大大增加有关国家推行"印太战略"的经济、外交、军事成本；（2）"一带一路"倡议对"印太战略"的对冲作用，即日、澳、印三国对"一带一路"倡议已经表现出来的不同态度，将对三国与美国在"印太战略"上的"合力"产生对冲效应。日本态度的变化尤其明显。安倍在2006年首次当选首相时对"印太战略"是何等的积极，大谈要与印度等国建立"价值观同盟"，但2018年以来，特别是如愿实现访华后，便再也听不到他本人或其他重要阁员提这个词了，甚至多次将"印太战略"解释为主要是经济合作而非军事合作。

第二，印太地区国家的态度是影响"印太战略"走势的重要变量。"印太战略"在地域上涵盖了东亚、东南亚、南亚、太平洋等地区，但核心区域应该是东南亚、南亚和太平洋方向。东南亚国家地处"印太"区域内，无论对于美、印哪个"印太战略"版本，这些国家的态度和外交政策，都将在很大程度上发挥重要影响。美国已经对相关国家做了不少工作，但成效不大。印度与东南亚国家关系一直较为密切。莫迪上台后将印度的"东向"政策落实为"东进"战略，东盟处于核心地位，其中，新加坡和越南是这项政策的两个关键支柱。2015年新加坡资政李光耀去世，印度不但由总理莫迪亲赴参加国葬，还把新加坡举行国葬的3月29日定为印度的国家哀悼日。2017年11月29日，新加坡与印度签署海军合作协议，内容包括海洋安全合作、举行联合演习、短暂使用对方海军设施并提供后勤支持等。近年来，印度一直把焦点放在加强与东盟地区国家的安全和防务关系上，"没有比印度和越南扩大防务伙伴关系更明显的了"。印度不仅向越南提供数亿美元的信用额度，用于从印度购买国防装备，还邀请越南的海军和空军军官在印度接受训练。2018年1月16日的共和国日阅兵仪式，印度邀请了所有东盟十个国家的领导人前来观礼，被认为是到那时为止印度推进"东向政策"最大的一次外交活动。此外，东盟国家领导人还参加了印度—东盟峰会，纪念双方建立对话伙伴关系25周年、领导人层面会晤建立15周年和战略伙伴关系建立5周年。

尽管印太地区多个国家与美、日、印、澳四国都保持着友好关系，但绝大多数国家对他们发起和推动的"印太战略"未做积极响应。实际上，多数东南亚国家对"印太战略"的态度在很大程度上受到其最大贸易伙伴和重要投资方中国对"印太战略"态度的影响。如果美、日、印、澳的"印太战略"把主要矛头对准中国的话，东盟国家将不得不避免在这种地缘战略对抗中选边站。此外，美、日、澳各自表述的"印太战略"中都有"自由""民主"，不少正处在政治转型过程中的东盟国家担心美、日、澳借"印太战略"干涉其内政。因此，尽管美、日、印、澳四国都声称要坚持东盟在"印太地区"的"中心地位"，并发挥东盟领导下的各种机制在区域架构中的作用，但东盟整体上仍反应消极。十个成员国中，只有越南和印度尼西亚出于各自动机，对"印太"明确表示了支持，但也是各有打算。越南试图通过域外力量平衡中国不断增长的影响力，印尼是想借此来追求其"印太"地区领导者的地位。

随着中国和印度的崛起，美国试图构建更大的包围圈，既围堵、遏制中国，又防范印度势力在南亚地区的过快扩张。印度固然有借外力抑制中国影响的考虑，一方面宁愿美、日、澳在南亚和印度洋的势力扩大，另一方面也不愿看到自己的"后院"被外部势力过度渗透，从而威胁自己的传统主导地位。美、印、日、澳之间的相互借势、利用、慎防，将同时并存，相互交织，哪种作用何时何地消长，均为不可测的变量。

第三，美印关系与"印太战略"的相互影响增加了不确定性。有美国学者认为，美国的"印太战略"没有正确对待，甚至错误评估了印度、日本及美国其他亚洲盟友的利益、力量和能力，从而削弱了其未来发展的可行性。美印关系日益走向密切的同时，印度在美印相互关系中的分量和主动性也在不断增加。美国虽然把印度视为重要性不断加强的安全伙伴，但两国并没有建立安全同盟关系。美印关系在洞朗事件后已发生重大变化，热度明显下降。2017 年 11 月 12 日，日、美、澳、印四国的外交负责人在菲律宾马尼拉举行了会谈，讨论印度洋和太平洋的"航行自由"及海洋安全保障方面合作问题。印度与其他三国有明显意见分歧：日、美、澳在法律秩序及核不扩散等 9 个主要项目上几乎全部达成一致，但印度避免谈及海洋安保等 3 个项目。印度在围绕其超音速巡航导弹"布拉莫斯"的安保政策方面，与美国之间的协调未取得进展。印度还希望在印度洋东端的海洋安保上与越南合作，并计划向越南出售"布拉莫斯"，而美国则"无法容忍有损美国主导的地区安保的出售计划"。印度对内倾趋势日强的特朗普也有着强烈的不信任感，虽然表面上与美国步调一致，如参与"印太"四国框架等，但印度的安保外交优先推行的是其自主的"印度洋战略"，仅仅是在其延长线上参与日、美、澳、印在印度洋和太平洋的战略。[1]

第四，日、美、澳、印四国的历史"根脉"和"性格"大不相同。美国建国的历史不长，是欧美列强，世界"老大"，习惯发号施令、使唤一帮众兄弟，很少顾及别人的感受。其领导层和政治"精英"们越来越不愿正视自己的历史和他国的历史乃至世界发展史，特朗普更是在历史问题上屡屡显出幼稚和无知，不尊重历史的美国很难与他人平等合作。日本长期喊叫着要"脱亚入欧"，可如今，亚没有脱，欧也未能入，既缺少亚洲大国的底蕴和气节，也不被人视为欧美属性的国家，故只能作为美国在亚洲听话的小兄弟，大事上跟美国表面上高度一致，但内心却时有不甘，一有

① 参见《日媒称印度对特朗普强烈不信任：只是表面与美日一致》，http://news.youth.cn/gj/201712/t20171210_11128075.htm，最后访问日期：2018 年 10 月 15 日。

机会就想出出头，但美国一丢脸色就赶忙缩回，因此在亚洲难获尊敬。澳大利亚原为欧洲人的"流放之地"，历史不长，体量有限，但一心想发挥地区大国作用，希望让人"瞧得起"，故只得依靠美国、依附美国，甘当美国的喉舌、马前卒甚至打手。澳大利亚靠着这条一成不变的"道法"，迄今为止得了不少好处，但今后恐怕为此所付的代价会越来越大，其对外政策调整是迟早的事。印度与日本和澳大利亚不同，它与中国一样有着悠久的历史和灿烂、自豪的文明，是百分之百的亚洲国家、十足的地区大国和南亚强国，一向不看别人脸色行事，在维护自身利益上不乏"聪明"。因历史渊源，它与欧美大国一直友好；因历史和地缘关系，素来重视与亚洲国家特别是邻国的关系。尤其是在美国面前的分量和身段，日、澳没法跟它比。因此，四个"根脉"差异很大的国家，尽管都吹着"印太战略"的号，但声调不同、长短不一，注意力难聚，在"印太战略"上的动机、期待及所处态势甚为不同，或明或暗都希望自己当棋手，别人是棋子，能够按照自己的"印太战略"思维和步伐落棋布子。

结　语

鉴往知来，洞悉规律。"印太战略"主要是一个现实问题，但要想全面、客观地认识中美印关系，考察其与"印太战略"的相互影响，就有必要通过对中美印关系的历史基础进行梳理，从长时段而非从几个月、半年甚或几年来的事件来做结论。通过对各种因素的分析，有助于对美印关系和"印太战略"及其相互影响保持理性的认识，不要把四国特别是美印的战术动作当成战略举措。

无论是从中美印关系的历史基础，还是从美印目前的外交政策特别是与中国的关系来看，"印太战略"还没有成为美印双方合力推动的战略，也远非凝聚四国共识的定型的"战略"，只是一个尚处在发展过程中的概念。就"印太"而言，该区域自古以来就是一个相互联系密切、相互交流频繁、相互融合深广的地区，域内各国在文化、宗教、人文等方面均有深厚的历史基础，在政治、经济、安全等方面更是密不可分。因此，域外国家任何图谋私利、不充分照顾本区域国家民生福祉和国家利益的言行，都不会轻易得逞。就目前情势发展来看，作为美、印、日、澳四国都认可的"印太战略"，在可预见的将来成型的概率不大。

中国提出"推动构建新型国际关系，构建人类命运共同体"的新概念，大力推动"一带一路"倡议，为加入该倡议的印太地区国家带来了实实在在的好处，使它们看到了大家共享一个地球家园，互相合作、包容，促进共赢的美好愿景。因此，美国主导的"印太战略"如果以发展经济为主，该地区的国家有可能积极响应；但是，如若意在推动其地缘政治战略，遏制中国的发展、削弱中国在该地区的影响力，域内多数国家是不可能加入或"帮衬"的。另一个至关重要的因素，将对印度、日本、澳大利亚及域内国家产生越来越大的心理影响，即特朗普对其他多个国家的贸易施压，特别是与中国不断升级的贸易摩擦，究竟能给它们带来多少好处，是福还是祸，都会是其仔细观察、认真考虑的变量。美国如果不能"制服"中国，让其他国家如愿以偿，它对该地区的影响力必将大大缩水。鉴于印度与中国、南亚和东南亚国家的关系，它在"印太战略"上不大可能与美国走得太近。如果美印不能牵手，日本、澳大利亚等国影响力有限，"印太战略"在可预见的将来，还会是美国主唱、结局难料的一个戏码。极其复杂的地区和国际关系，对中国来说，既是挑战，更是机遇，结局难料的"印太战略"很可能成为前景光明的"一带一路"倡议的极佳反衬，客观上促进"人类命运共同体"的理念深入人心。

（作者系中国社会科学院中国历史研究院世界历史研究所研究员、武汉大学国家领土主权与海洋权益协同创新中心特聘研究员，主要研究方向为美国史、世界现代史、现代国际关系史。）

从努特卡湾危机看杰斐逊外交思想的原则

金 海

【摘要】努特卡湾危机是美国联邦政府建立以后面临的第一个直接涉及其利益的国际危机。从时任国务卿杰斐逊对该危机的处理方式中，我们可以看出其外交思想的三个主要原则：强调欧洲与美洲是两个不同的世界，因此美国不能贸然卷入欧洲事务；美国的根本利益在于抓住一切机会在美洲大陆上扩张领土；欧洲力量均势是国际政治中的重要因素，甚至是美国安全的最大保障。这些原则对美国外交政策产生了深远的影响，在 19世纪末之前一直是美国政府用来制定美国外交政策的重要依据。

【关键词】努特卡湾危机　杰斐逊　外交思想

托马斯·杰斐逊作为美国重要的开国元勋之一，其思想长期以来一直受到研究美国早期史学者们的关注。然而，人们更多关注的是杰斐逊的政治思想，尤其是他的民主理念，对杰斐逊的外交思想却较少涉及，仅有的一些文章也更多的是从思想层面进行抽象探讨，而很少结合某个具体案例来分析杰斐逊对当时美国根本利益是如何界定并据此行动的。① 努特卡湾危机是美国联邦政府建立后面临的第一个直接关系到它切身利益的国际危机，在处理这一危机的过程中，当时担任美国政府国务卿的杰斐逊发挥了

---

① 近年来，国内试图探讨杰斐逊外交思想的论文主要有徐尚平的《杰斐逊的国际政治观与外交思想研究》（《北大史学 15》，2010），认为杰斐逊强调国际关系中的道德和正义原则，是美国理想主义外交传统的起源；宋云伟的《论托马斯·杰斐逊的外交政策》（《山东师范大学学报》（哲学社会科学版）2003 年第 5 期），集中探讨杰斐逊弱战强和的思想，认为杰斐逊的外交政策具有现实性；杨展的《理想与现实：杰斐逊的外交思想与外交实践》（《河北职工大学学报》2002 年第 9 期），认为杰斐逊的思想极具理想主义色彩，又富有现实精神。

重要作用。本文试图以这场危机为切入点,从国家利益界定的角度对杰斐逊的外交思想做一初步探讨。

一 努特卡湾危机及其对美国的影响

努特卡湾危机是英国和西班牙在争夺美洲大陆西北部地区的控制权而引发的国际危机。好几个世纪以来,西班牙一直根据 1493 年的教皇敕令,声称对美洲大陆的太平洋沿岸地区拥有主权。但是直到 18 世纪中期以前,几乎没有什么欧洲船只到过美洲西北部的太平洋沿海地区,西班牙人的实际控制权也从来没有扩展到墨西哥以北地区。直到俄国人开始勘探阿拉斯加并且在当地建立皮毛贸易站之后,西班牙才开始做出反应,从 1774 年起向美洲西北部太平洋沿海地区派出一系列的探险队,决心一劳永逸地确立西班牙在当地的领土主权和在太平洋沿岸地区的航行权。1789 年 5 月 5 日,伊斯特班·乔西·马丁内斯(Esteban José Martinez)率领一支西班牙探险队到达努特卡湾,奉命在那里建立西班牙的定居点和要塞。他扣押了在当地停泊的一艘英国船只,并逮捕了它的船长。此后,又发生了一系列西班牙在当地捕获英国船只的事件。1790 年 4 月 30 日,英国小皮特内阁要求西班牙政府对它在努特卡湾所捕获的英国船只提供充分的赔偿,西班牙政府对此表示拒绝。于是两国都开始进行战争准备,国际局势很快变得紧张起来。

对于新生的美国联邦政府而言,努特卡湾危机的影响主要体现在两个方面。首先,它使美国有可能与一个欧洲国家(即英国)结盟,从而被直接卷入这场主要是欧洲国家之间的危机。努特卡湾危机发生之时,联邦政府正在为了重新规划与英国的关系而与英国进行秘密接触。这些接触主要是通过三个渠道进行的:华盛顿总统向英国派出的特使古弗尼尔·莫里斯(Gouverneur Morris)与英国内阁进行的会谈、英属加拿大总督多切斯特勋爵派出的密使乔治·贝克威思(George Beckwith)和美国财政部部长亚历山大·汉密尔顿(Alexander Hamilton)进行的非官方谈话,以及由美国驻英公使约翰·亚当斯(John Adams)的女婿和秘书威廉·史密斯(William S. Smith)利用私人关系与一些英国政府官员进行的接触。在前两个场合里，都涉及美国在努特卡湾危机中的立场问题。

在这些英美接触中，最早提到努特卡湾危机的是莫里斯与英国政府进行的谈判。1790 年 5 月 20 日，莫里斯就英国为准备与西班牙作战而强征美国水手一事向英国政府提出抗议。第二天，小皮特首相也参加了莫里斯和英国外交大臣里兹公爵的谈判。这两位英国政府官员的态度使莫里斯感到英国希望在美洲内地与美国达成谅解，以便两国能够携手对付西班牙——也许还有支持它的法国。谈话中皮特首相提到希望英美两国能够建立起"友好的联系"，莫里斯在 1790 年 5 月 29 日给杰斐逊的信中，将这种"友好的联系"解读成英美之间建立"联盟"。在 9 月 18 日给华盛顿总统的信中，莫里斯更加明确地将这种关系说成是英美之间的"攻守同盟"。莫里斯对英国政府的意图做出了这样的判断："除非他们（即英国的大臣们）觉得有可能建立一个攻守同盟，否则他们是不会和我们打交道的。"[1] 然而，这仅仅是莫里斯对英国政府态度的解读，皮特和里兹公爵在英美关系上的态度都非常模糊，从来没有明确地提出过英美联盟的想法。

明确提出英美联盟想法的是汉密尔顿与贝克威思的谈话。1790 年 7 月 8 日，在他们进行的第一次长谈中，贝克威思就非常清楚地谈到了英国和西班牙之间有可能爆发的战争。他将之称为"一场所有的商业性国家都肯定会支持英国观点的战争"，并且表示相信，如果战争爆发的话，美国将会和英国而不是西班牙"站在一起"。在这次会谈中贝克威思也提到了莫里斯在英国的谈判。他奉多切斯特勋爵的命令向汉密尔顿指出，英国方面并不想拖延谈判，而且这位加拿大总督相信小皮特内阁"不仅倾向于和美国进行友好的交往，而且还想和美国结盟"，特别是在英国和西班牙爆发战争的情况下更是如此。[2] 几天之后，汉密尔顿在和贝克威思进行的第二次会谈中，对"联盟"问题进行了更多的讨论。汉密尔顿认为"联盟"的想法"给英美关系打开了一个广阔的领域"，并且要求贝

---

① "Morris to Washington, Sept. 18, 1790", Jared Sparks, ed., *Life of Gouverneur Morris*, Vol. 2, Boston: Gray and Bowen, 1832, pp. 40–46.

② "An Undated Memorandum", Henry Cabot Lodge, ed., *Works of Alexander Hamilton*, Vol. 4, New York: G. P. Putnam's Sons, 1904, pp. 30–32.

克威思"提出某种特定的形式,它可能为会谈提供更好的基础"。当贝克威思对美国和西班牙之间的"联系"进行试探时,汉密尔顿毫不犹豫地宣称美国和西班牙之间"没有特别的联系",他要求贝克威思探索是否存在英美两国联合反对西班牙的可能,而且声称美国政府准备"考虑这个问题"。① 这样,美国站在英国一边卷入这场国际危机的问题就提了出来。

一旦英国和西班牙爆发战争,英国非常可能乘机夺取西班牙的美洲殖民地,从而给美国的发展造成巨大的障碍。在西属美洲殖民地中,对美国最为重要的就是密西西比河流域。当时,对于生活在阿巴拉契亚山脉以西的美国人来说,通过俄亥俄河进入密西西比河的自由航行权是非常重要的,因为这是他们的产品运往美国各地市场甚至进入大西洋运往欧洲最便捷的通道。随着迁往阿巴拉契亚山脉以西的美国人数量的增长(杰斐逊估计在 1790 年这个数字已经达到了 20 万),密西西比河上的航运业也就显得越来越重要。仅仅 1790 年上半年,就有 41 艘美国平底船运载了 4900 桶面粉、900 大桶烟草、200 桶肉、100 加仑威士忌、500 磅黄油、11 吨铁和 7 吨大麻到密西西比河上的新奥尔良,再由那里转运到其他地区的市场。② 从长远来看,密西西比河流域是美国进一步向西扩张,进入美洲内陆地区的门户,这一地区保持在软弱的西班牙政府控制之下有利于美国的势力不断向当地渗透。而这个地区对英国来说也同样重要,因为它是连接英属加拿大殖民地与美洲内陆地区的重要通道。美国独立之后,这个通道的战略重要性日益增强。18 世纪 80 年代,英美两国都不断向西班牙施加压力,要求获得在整个密西西比河上的自由航行权,三国势力在密西西比河流域形成了微妙的平衡。而战争爆发将彻底打破这个平衡。英国会乘战争之机夺取密西西比河流域和东西佛罗里达,完成对美国的包围,甚至利用进入墨西哥湾的"便利"来引诱美国西部各州,特别是与弗吉尼亚毗邻的各州加强与英国的联系。用杰斐逊的话说,在战略上,"我们将不会有两个力

---

① "Hamilton to Washington, July 22, 1790", Henry Cabot Lodge, ed., *Works of Alexander Hamilton*, Vol. 4, pp. 299-302.

② Francis D. Cogliano, *Emperor of Liberty: Thomas Jefferson's Foreign Policy*, Yale University Press, New Haven and London, 2014, p. 88.

量均衡的邻居，而是有一个其力量远远超过另外两个的邻居"①。这就直接对美国的安全造成了威胁。如何在这场危机中最有效地维护美国利益的问题，也直接提到了美国政府的面前。

1790 年 7 月，华盛顿总统召开内阁会议，要求其政府成员对于美国在英国和西班牙爆发战争的情况下应该如何行动提出建议。7 月 12日，杰斐逊提交了一份"在战争情况下可能采取的政策纲要"。这份文件中所包含的建议体现了杰斐逊外交思想的三个主要原则：第一，由于欧洲和美洲是两个不同的世界，因此美国不能卷入与欧洲国家的联盟，应该在危机中保持中立。第二，美国共和政体的生存和发展依赖于其领土的不断扩张，因此美国应该利用努特卡湾危机向西班牙施加压力，获得密西西比河流域甚至东西佛罗里达。第三，应该从欧洲力量均势的角度来看待危机所造成的国际局势。下面，我们将对这三个原则分别进行考察。

二 美国不应该卷入欧洲国家冲突的原则

这个原则所依赖的基础是早在殖民地时期就已经建立起来的传统，即欧洲和美洲是两个不同的世界，在处理各自的事务时有完全不同的标准和价值观，因此不能将它们的事务混淆起来处理。在 16 世纪和 17 世纪，欧洲国家往往利用这个传统避免由于殖民地发生的争端而将母国卷入战争之中，或者在母国进行战争的时候仍然维持彼此殖民地之间的和平关系。1686 年英法两国的《白厅条约》中清楚地确认了这个传统，规定两个缔约国同意美洲的政治不能被视为欧洲战争的起因，同样，他们在欧洲的战争也不能被视为在美洲爆发冲突的理由，这样就正式承认了应该将欧洲和美洲的事务区分对待的做法。随着英属北美殖民地的发展，殖民地人民越来越多地利用这个传统强调自己有着和母国不同的独特利益，而清教徒将北

---

① "Outline of Policy Contingent on War, July 12, 1790", in Julian P. Boyd et al., eds., *The Papers of Thomas Jefferson*, Vol. 17, Princeton N. J.: Princeton University Press, 1950, p. 109.

美殖民地视为上帝挑选的"山巅之城"的观点则给这个传统披上了宗教意识形态的外衣。最终，英属北美殖民地的人民开始将欧洲和美洲是两个不同世界的思想用来反对母国的统治。杰斐逊在他的《英属美洲权力观》中就指责乔治三世说："你的周围都是英国的顾问们，但请记住他们是争论一方的当事人。你并没有负责美洲事务的大臣，因为你并没有从我们中挑选大臣。"他要求乔治三世："不要再为了实现帝国某一个部分的过分渴望而牺牲另一个部分的权利，而应该平等地和不偏不倚地对待所有部分。不要让任何一个立法机构通过可能损害另一个立法机构的权利和自由的法案。"① 实际上是把殖民地和母国作为两个平等的世界来考虑它们的冲突了。

从美洲和欧洲是两个不同世界的传统中，衍生出了美国应该尽力不要卷入欧洲事务的思想。杰斐逊早年的经历和美国独立战争时期盛行的自由主义思想相结合，使他对欧洲的强权政治抱有深深的敌意，并因此把欧洲视为一个野蛮主义笼罩的世界。他认为，在欧洲的国际关系中，"全部道德原则已被支配国与国关系的准则彻底清除……一切道德原则荡然无存"。受到美国独立战争的影响，在杰斐逊和其他美国开国元勋的眼里，英国则代表了欧洲这种野蛮主义和强权政治中最黑暗的一面，是美国最大的敌人。甚至在独立战争结束 4 年多后，杰斐逊的这种想法仍然没有改变。1787 年 12 月 15 日，杰斐逊在给美国驻西班牙临时代办威廉·卡迈克尔（William Carmichael）的信中仍然将英国称为"我们的天然敌人，是在地球上打心眼里希望我们遭到不幸的唯一国家"②。因此，杰斐逊自然对英国抱有深深的不信任感。正是这种不信任感使杰斐逊对 1790 年 7 月贝克威思在与汉密尔顿的会谈中所提出的"英美联盟"想法充满了怀疑。在他 8 月12 日写给美国派往英国的特使莫里斯的信中，杰斐逊通报了这次会谈的情况，并且对贝克威思提出的"联盟"想法进行了评价。他说："我们讨论了交换公使的问题、签订商约的问题和联盟的问题。就最后一个问题而

---

① Noble E. Cunningham, Jr., *Jefferson vs. Hamilton: Confrontations that Shaped a Nation*, Boston: Bedford/St. Martin, 2000, p. 8.

② "Jefferson to William Carmichael, December 15, 1787", in Julian P. Boyd et al., eds., *The Papers of Thomas Jefferson*, Vol. 12, Princeton N. J.: Princeton University Press, p. 424.

言，如果它的目标是值得尊敬的，那将毫无作用；如果它的目标是不光彩的，那就是不能接受的。这些不正当的手段表明，他们认为战争非常可能爆发。"① 在杰斐逊看来，所谓"结盟"，实际上就是英国想把美国绑上自己的战车，让美国继续在国际政治中为英国利益服务。这是绝对不能接受的。

出于这种想法，杰斐逊在向华盛顿总统提交的"在战争情况下可能采取的政策纲要"中，对于应该如何应对贝克威思的"结盟"主张提出了详细的建议。他认为，应该把商业条约和联盟的问题分开讨论，而不能让商业条约成为英国借以把联盟强加给美国的砝码。杰斐逊指出，就商业条约问题而言，只有建立在完全互利的基础上才能得到欢迎。而就可能的联盟而言，美国需要对这个联盟的目标和可能采取的形式知道得更多，才能做出决定。杰斐逊还强调，这个联盟不能"与现有的协定相冲突"——这指的是当时美国和法国之间现有的盟约。他主张明确地告诉贝克威思，在英国和西班牙爆发战争的情况下，"我们将严守中立"。② 正是根据杰斐逊的这个建议，在 7 月 22 日与贝克威思的会谈中（杰斐逊也参加了这次会谈），汉密尔顿要求这位英国代表就联盟可能采取的特定形式做出更加详细的说明。汉密尔顿一再重复："这件事过于笼统，我们无法承认或者判断最终什么是能够被认可的或可行的。"汉密尔顿还强调，美国将会"与我们的荣誉尽可能一致地"追求自己的利益——这明显是在暗示美国不会抛弃与法国现有的盟约。但是在美国将严守中立的问题上，汉密尔顿没有接受杰斐逊的建议，反而向贝克威思暗示美国政府可能会考虑两国联合对付西班牙的问题。这也体现出汉密尔顿与杰斐逊在外交政策主张上的分歧。③

进入 8 月以后，随着英国和西班牙之间关系的日益恶化，战争似乎已经迫在眉睫。华盛顿总统相信，英军非常可能从底特律出发借道美国攻击新奥

---

① "Jefferson to Morris, New York, Aug. 12, 1790", Jared Sparks, ed., *Life of Gouverneur Morris*, Vol. 2, pp. 31–32.

② "Outline of Policy Contingent on War, July 12, 1790", in Julian P. Boyd et al., eds., *The Papers of Thomas Jefferson*, Vol. 17, 1950, p. 110.

③ "Hamilton to Washington, July 22, 1790", Edited Henry Cabot Lodge, ed., *Works of Alexander Hamilton*, Vol. 4, pp. 299–302.

尔良或者路易斯安那境内的其他西班牙据点。因此，8 月 27 日，华盛顿总统再次给内阁成员写信，询问他们如果加拿大总督多切斯特勋爵请求允许英军穿过美国领土攻击路易斯安那的西班牙军队的话，美国政府应该如何答复。对此杰斐逊立刻做出回答，他建议"美国尽可能久地保持中立，并且尽可能晚地参战"。杰斐逊认为，根据国际法，美国是可以允许英军穿过自己的领土，但前提是它应该给予西班牙军队以同等的权利，以体现其不偏不倚的中立地位。如果美国拒绝给予英军过境权而英军仍然强行越境的话，美国将不得不立刻对英宣战，否则的话美国"就会在全世界面前大大地丢脸，而这个耻辱很快就会招致另一个耻辱"。但是杰斐逊相信，由于英国在欧洲还受到法国的牵制，事情不大可能走到这一步，所以当时对美国来说最好的做法是先不表态，这样可以在英国真的侵入美国领土之后保持最大的行动自由。用杰斐逊的话来说，就是"不做出任何答复，留有选择的余地……直到事态的发展决定是接受英国人的道歉还是利用这个侵略行动作为宣战的借口，哪个做法最为有利"①。华盛顿总统接受了他的意见。

英西两国经过紧张会谈，最终在 1790 年 10 月签署了第一份《努特卡条约》，努特卡湾危机开始走向缓和并最终结束。英国和西班牙成功地避免了战争，英美联盟没有成为现实，华盛顿总统所担心的英军越境行动也没有发生。但是，从杰斐逊对这些问题的处理中，我们可以清楚地看到他保持美国中立，竭力避免卷入欧洲事务的思想主张。而这也成为以后杰斐逊担任副总统和总统时期外交思想的一个重要内容。1797 年，时任美国副总统的杰斐逊在给格里的一封信中强调："我和你一样真诚地希望，我们能够将对所有国家完全中立和独立作为我们的态度。这一直是我公共生涯的不变目标，特别是对英国和法国而言更是如此。"② 杰斐逊的这一思想对日后美国政府外交政策的制定有很深的影响。1823 年，门罗曾经就美国如何应对欧洲国家可能采取的干涉拉丁美洲革命的行动问题征求过杰斐逊的意见。杰斐逊在

---

① "Thomas Jefferson to George Washington, Aug. 27, 1790", in Julian P. Boyd et al., eds., *The Papers of Thomas Jefferson*, Vol. 17, pp. 129-130.

② "Thomas Jefferson to Elbridge Gerry, May 13, 1797", in Julian P. Boyd et al., eds., *The Papers of Thomas Jefferson*, Vol. 29, Princeton N. J.: Princeton University Press, 1950, p. 363.

给门罗的信中写道："我们的第一条行为准则应当是：绝不卷入欧洲的纷争。我们的第二条行为准则是：决不容忍欧洲干涉大西洋这边的事务。"①这与门罗在当年12月2日的国情咨文中所提出的门罗主义内容如出一辙。杰斐逊的外交思想对美国外交政策的影响由此可见一斑。

三 利用一切机会推动美国的扩张

在杰斐逊的外交思想中，美国应该利用一切机会向外扩张的原则是和杰斐逊的共和理念密切联系在一起的。杰斐逊相信，只有农民才是最合适的共和国公民。正如他在1785年出版的《弗吉尼亚纪事》一书中所说的那样："那些在土地上劳作的人民是上帝的选民，如果他有选民的话。上帝特别在他们的胸膛中赋予了重要的和真正的美德。……只要我们有土地可供耕作，那么我们就绝不要希望看到我们的公民走上工作台或去转动纺轮。"②因此，确保小农场主在美国经济中占主导地位，是美国的共和制度得以生存和发展的一个必要条件。在《弗吉尼亚纪事》中，杰斐逊将美国的自然条件与欧洲进行了对比。他写道："欧洲的政治经济学家们已经确立了每一个国家都应该力图为自己生产工业品的原则：这个原则，就像其他许多原则一样，我们将之原封不动地移植到美国，而不考虑常常会导致不同结果的双方环境的不同。在欧洲，土地要么已经得到开垦，要么被封闭起来禁止农民开垦，因此它别无选择，必须依靠制造业来养活其多余的人口。但是我们有大量的土地来容纳农民的辛勤劳动，那么我们所有的公民最好是通过改善土地来提高自己的生活水平，还是应该让一半的公民离开土地去为另一半人提供制造品和手工业品呢？"③杰斐逊认为，在欧洲，正是因为没有足够的土地，才形成了一个庞大的陷于贫困之中的劳动者阶级。而在美国以及美洲内陆地区，有着几乎是取之不尽的土地资源，这就

---

① 1823年10月24日杰斐逊致詹姆斯·门罗的信，转引自徐尚平《杰斐逊的国际政治观与外交思想研究》，北京大学历史学系编《北大史学15》，北京大学出版社，2010，第300页。

② "Notes on the State of Virginia", in Merrill D. Peterson, ed., *Thomas Jefferson: Writings*, New York: Library of America, 1984, pp. 290–291.

③ "Notes on the State of Virginia", in Merrill D. Peterson, ed., *Thomas Jefferson: Writings*, p. 290.

为美国形成一个占主导地位的独立的农场主阶层提供了得天独厚的条件。因此，美国应该充分利用这一条件，不断地向西扩张，开发那里的无主土地，以确保大多数新增加的美国人口能够成为独立的农场主——同时也成为合格的共和国公民。

为了推动美国的扩张，杰斐逊最关注的就是当时处于西班牙控制之下并和美国西部边界接壤的密西西比河流域地区——路易斯安那殖民地。这个地区不仅控制了阿巴拉契亚山脉以西的美国移民将自己的产品运往外界市场的主要通道，更是美国向美洲内地扩张的门户。因此，杰斐逊在给华盛顿总统的"在战争情况下可能采取的政策纲要"中，主张利用努特卡湾危机，向马德里政府施加压力，说服它放弃路易斯安那和东西佛罗里达。在他的建议下，华盛顿总统派出了他最信任的助手戴维·汉弗莱斯（David Hamphreys）带着给英国、西班牙和葡萄牙重要政府官员的信件前往欧洲。马德里是汉弗莱斯此行最重要的一站，在那里他把杰斐逊的一份秘密指令交给美国驻西班牙公使威廉·卡迈克尔（William Carmichael）。

在这份秘密指令中，杰斐逊要求将美国"直接和全面地享有"密西西比河上的航行权作为卡迈克尔与西班牙政府谈判的出发点，而不是谈判的目的。在这个问题上，杰斐逊的立场是非常强硬的。他指示卡迈克尔告诉西班牙政府，20万拥有武装的美国西部移民坚决要求获得密西西比河上的航行权。"我们力图通过和平手段为他们获得这些权利，以此来安抚他们。但是如果他们在失去耐心的情况下危害到其他人的话，不能说我们会被他们推动着走多远，因为他们自己和他们的权利都不是我们能够抛弃的。"① 杰斐逊强调，只有通过西部扩张，美国作为一个共和国才能生存下去，所以获得密西西比河上的航行权是美国一项至关重要的利益，为此美国不惜使用武力。如果开战的话，美国有可能与英国联合行动，那时西班牙将失去它在北美洲的所有殖民地，美国会获得新奥尔良和东西佛罗里达，英国则获得路易斯安那的其余地区。

在对西班牙政府施加压力的同时，杰斐逊也向它伸出了橄榄枝。他命

---

① "Thomas Jefferson to William Carmichael, Aug. 2, 1790", in Julian P. Boyd et al., eds., *The Papers of Thomas Jefferson*, Vol. 17, pp. 111–112.

令卡迈克尔向西班牙政府表示，如果西班牙政府选择谈判的话，它应该把密西西比河以东的全部领土割让给美国，并且保障美国在整个密西西比河上的航行权。作为交换，美国将保证西班牙在密西西比河以西的全部领土安全，并且在即将爆发的英国和西班牙之间的战争中保持中立，用杰斐逊的话说，这是"非常偏向于西班牙的"中立。杰斐逊甚至许诺，如果美国不得不参加战争的话，它也是会站在西班牙和它的法国盟友一方的。杰斐逊总结说："总而言之，用一小片狭窄而又贫瘠的土地，那个遥远而又广阔的国家西班牙就能够保证它的其余领土，并且使得本来可能成为它的危险敌人的国家变成它的盟友。"杰斐逊命令卡迈克尔向西班牙政府保证："在很长时间内，我们对于越过密西西比河并不感兴趣，而且与密西西比河对岸的领土连成一片绝对不是我们的利益所在。"① 通过这种软硬兼施的做法，杰斐逊希望迫使西班牙政府做出让步，从而利用努特卡湾危机为美国谋得最大的好处。

应该说，在这个问题上杰斐逊有些过高地估计了美国的实力，认为美国能够利用努特卡湾危机迫使西班牙政府做出让步。实际上西班牙对于卡迈克尔所提出的要求和威胁置之不理。随着 1790 年 10 月第一份《努特卡条约》签订使得英西危机渐渐趋于缓和，杰斐逊迫使西班牙割让其美洲属地的希望也化成了泡影。但是，杰斐逊抓住一切机会推动美国扩张的原则并没有改变。1795 年，他在给一个法国记者弗朗索思·德因弗诺斯（François d'Ivernois）的信中仍然声称："我怀疑，只有小国才适于采用共和制这个信念，已经和孟德斯鸠以及其他的著名政治经济学家所持有的别的一些著名的错误偏见一起，被实际经验所粉碎了。也许人们能够发现，为了建立一个适当的共和国（毕竟它将使我们求诸政府的正当权利获得保证），这个国家必须是如此的广阔以至于地方的利己主义无法波及更大的地区。……社会越小，它们之间的分裂也就越激烈动荡。"② 而且密西西比

---

① "Jefferson's Outline Policy on the Mississippi Question", in Julian P. Boyd et al., eds., *The Papers of Thomas Jefferson*, Vol. 17, pp. 114–117.

② "Thomas Jefferson to François d'Ivernois, Feb. 6, 1795", in Julian P. Boyd et al., eds., *The Papers of Thomas Jefferson*, Vol. 28, Princeton N. J.: Princeton University Press, 1950, p. 263.

河流域也仍然是杰斐逊所关注的重点。1801 年，当西班牙将要把路易斯安那割让给法国的消息传到美国之后，已经担任总统的杰斐逊立刻下令采取一切手段阻止法国获得路易斯安那。他在给美国驻法公使罗伯特·利文斯顿（Robert Livingston）的信中明确指出："在地球上只有一个地方，它的拥有者将成为我们天然的和习惯性的敌人，那就是新奥尔良。……法国占有新奥尔良之日，就是法美关系进入低谷之时。"① 在杰斐逊的努力下，最终促成了法国将路易斯安那地区以 1500 万美元的价格出售给美国。路易斯安那的购买也成为杰斐逊总统任期内最大的成就之一。不仅如此，为了维护共和制的生存发展而必须不断扩张的思想也成为日后美国在美洲大陆上奉行扩张政策的主要借口。

四　从欧洲力量均势出发考虑国际问题

殖民地时代，欧洲母国往往倾向于从欧洲力量均势的角度来考虑美洲问题，它们认为美洲殖民地的得失将对母国力量造成直接的影响，从而影响欧洲的力量均势。这种传统一方面使美洲殖民地人民相信，他们控制了欧洲大国的力量均势，从而在殖民地人民中间培养起对自己力量的信心，让他们相信自己能够独立于欧洲母国而存在；另一方面，它也使美洲殖民地人民学会了以国家眼光，从欧洲力量均势的角度去分析外交问题，而不是仅仅把目光局限在几个相关国家身上。

1790 年的努特卡湾危机中，尽管英美关系和英国对西属美洲殖民地可能采取的行动对美国的利益造成了直接影响，从而成为人们关注的主要对象，但是作为国务卿的杰斐逊却从来没有忽视过将整个问题放在欧洲均势格局下考虑。1790 年 7 月他向华盛顿总统提交的"在战争情况下可能采取的政策纲要"，就是从欧洲力量均势的角度对英国占领西属美洲殖民地将会给美国造成的威胁以及美国有可能采取的对策进行分析的。杰斐逊承认，英国占领路易斯安那和东西佛罗里达将会完成对美国的战

① "Jefferson to Robert R. Livingston, April 18, 1802", in Paul L. Ford, ed., *The Works of Thomas Jefferson*, Vol. 9, New York: G. P. Putnam's Sons, 1904, pp. 364-365.

略包围，并且造成联邦解体的威胁，但是对于"我们能够用战争来应对这一威胁吗"这个问题，杰斐逊指出，英美之间爆发战争的可能性必须以这样的假设为前提，即这应该是一场法国、西班牙和美国联合起来反对英国的战争。因为杰斐逊知道，根据当时欧洲力量均势的状况，只有法国有与英国对抗的能力。他强调："只和西班牙联手，战争将不会成功，我们的处境只会比这（即允许英国占有路易斯安那和佛罗里达）更加恶化。"①

为此，杰斐逊非常强调获得法国援助的重要性。他承认，由于当时美国的力量弱，它能够做出的选择是非常有限的，但是仍然应该尽其所能利用局势，通过同时与法国和西班牙接触，来实现自己的利益最大化。"在战争情况下可能采取的政策纲要"中，杰斐逊所提出的建议是应该力图让西班牙政府相信，它没有力量保护路易斯安那和佛罗里达，所以它应该允许这些地区独立，然后由美国、法国和西班牙组成的联盟来保障它们的独立，以免这些地区落入英国手中。通过这种做法，美国既可以将法国拉入可能出现的反英联盟以消除可能出现的英国通过夺取西班牙殖民地而对美国形成战略包围的危险，又能够乘机将自己的势力渗入这些西班牙殖民地，可谓一举两得。（在当年8月给美国驻西班牙公使的秘密指令中，这个建议变成了要求西班牙政府将密西西比河以东的地区割让给美国。）

在评估英国的行动可能对美国造成的风险时，杰斐逊也同样是从欧洲力量均势的角度出发的。"在战争情况下可能采取的政策纲要"中，杰斐逊尽管承认英国占领西属殖民地将会给美国造成巨大的危险，但是同时也认为由于法国在欧洲对它的力量牵制，英国不大可能攻击路易斯安那和佛罗里达，即使它真的这样做，受到法国支持的西班牙也有可能收复失去的土地。根据这种判断，杰斐逊相信"现在还不需要参加战争，我们可以选择我们自己的时机"②。而在1790年8月27日致华盛顿总统的

---

① "Outline of Policy Contingent on War, July 12, 1790", in Julian P. Boyd et al., eds., *The Papers of Thomas Jefferson*, Vol. 17, p. 109.

② "Outline of Policy Contingent on War, July 12, 1790", in Julian P. Boyd et al., eds., *The Papers of Thomas Jefferson*, Vol. 17, p. 110.

信件中，他之所以建议美国对英国可能提出的英军入境要求先不表态，一个重要原因也正是他相信在法国的牵制下，英国不大可能提出这样的要求；即使提出，也不会对美国的安全造成严重威胁。实际上，在这些观点中就蕴含了欧洲的力量均势能够有效地保护美国安全的想法，而这些建议也为华盛顿总统所接受，成为美国政府在努特卡湾危机期间实际采取的政策。

在以后的年月中，从欧洲力量均势的角度出发考虑国际问题并且相信美国的安全依赖于欧洲力量均势成了杰斐逊外交思想中的一个重要内容。1806年，当拿破仑战争正在欧洲进行得如火如荼时，担任美国总统的杰斐逊对国际形势做出了这样的判断："此刻这个世界表现出可怕的景象，一个人像巨人一样高踞于欧洲大陆之上，而另一个人则不受约束地在海洋中遨游。"但是他仍然认为："这要比一个人同时统治这两部分要好，我们的希望应该是那个拥有陆军的人不能统治海洋，而那个统治海洋的人则没有陆军，这样我们就能够平安了，至少在国内是如此。"[1] 甚至在1812年战争期间，当英国已经成为美国的敌国之时，杰斐逊仍然写道："让欧洲处于一个君主的统治之下不是我们的利益所在。如果（拿破仑）再次向欧洲进军，我将再次希望他遇到像阻止他到达彼得堡那次同样的灾难。即使其后果是进一步延长我们的战争，我也宁愿接受这一后果而不愿看到整个欧洲的力量掌握在一个人的手里。"[2] 在欧洲的力量均势能够有效维持的时候，美国可以安全地奉行它的孤立主义政策，对欧洲力量均势的关注也就往往会被掩盖。然而，一旦欧洲力量均势遭到破坏，美国就会毫不延迟地介入欧洲事务。缺乏这一点，对杰斐逊的外交思想乃至整个美国外交政策历史的理解就是不完整的。

从杰斐逊对努特卡湾危机的处理中，我们可以看出其外交思想的三个原则——不介入欧洲冲突、抓住一切机会促进美国扩张和关注欧洲力量均势——所起的指导作用。这三个原则是建立在杰斐逊对美国根本利益的界

---

[1] "Thomas Jefferson to Thomas Lomax, Jan. 11, 1806", in Thomas Jefferson Papers, Library of Congress.

[2] Edited by Arthur M. Schlesinger, Jr., *The Dynamics of World Power: A Documentary History of United States Foreign Policy*, Vol. 1, Chelsea House Publishers, New York, 1973, p. xxxii.

定基础上的，符合当时美国的实际情况，因此在直到 19 世纪末之前的 100
多年里，它们构成了美国外交政策的基本指导原则。

（作者系中国社会科学院中国历史研究院世界历史研究所研究员，主
要研究方向为美国外交史。）

加拿大国父的联邦思想探微

姚　朋

【摘要】本文从分析19世纪60年代前夕加拿大的社会思想和经济状况开始，考察加拿大建国前的政治、经济和思想状态，尤其是考察时人包括精英对联邦建国思想的怀疑和争论。论文接着分析了加拿大联邦建国思想的根源、现实原因和战略考量，以及其合理性。还进一步分析了作为群像的加拿大建国国父，尤其是分析和评价了麦克唐纳建国前后的重大政治活动和事件，以及政治妥协的达成，认为基于法律基础的政治竞争、政治智慧是联邦建国得以实现的关键。本文旨在表明，后来的加拿大发展史证明，其国父们的联邦建国策略是极具前瞻性和战略性的；思考和研究加拿大建国国父及其所折射的集体政治意识和政治智慧，对于深入了解加拿大建国及其后的国家发展，乃至未来的政治走向是一个捷径。

【关键词】加拿大政治　加拿大史　加拿大建国　政治思想　麦克唐纳

一　加拿大建国前夕的社会思想状况、对联邦建国①的纠结

19世纪40年代，英属北美殖民地的经济经历了一次下滑，其原因主要是英国的《谷物法》终止了加拿大粮食产品在英国所享有的优惠待遇，继而，同美国的新的经济联盟关系在相当程度上弥补了加拿大经济方面的

---

① 有关该主题的国内主要论文有两篇。张蓉的未发表硕士学位论文《美国与加拿大联邦制度演进比较》（南开大学，2000年），主要是从美加比较的角度，研究加拿大深受英国政治和思想传统的影响，且联邦制是加拿大的基本政治制度；杜华的硕士学位论文《联邦制与加拿大自治领的成立》（南开大学，2006年）认为，英国对殖民地的管理、效忠派的思想观念以及19世纪50年代以来北美殖民地遭遇的危机，共同塑造了加拿大的联邦理念。

损失。1854 年，加拿大与美国达成了互惠协议，开启了在自然资源方面的自由贸易，并开始共同利用开发北大西洋沿岸的渔业资源，加拿大和美国之间的经济、社会联系得到了实质的发展和提升。19 世纪 50 年代，加拿大大兴铁路建设，极大地刺激了加拿大经济的发展，尤其是向西部的拓展，这意味着巨大的工业市场前景，以及对东部土地所有制的限制的解除。①

过去，加拿大在同美国互惠贸易关系好的时候，开发西部的意义就没有那么大；一旦美国兴起贸易保护的时候，加拿大就真切感受到了西部开发的迫切。到了 19 世纪 60 年代，由于和美国社会、经贸、教育往来的进一步加深，加拿大和美国的关系进入一个敏感而微妙的阶段，联邦思想已经在美国生根发芽，在加拿大，终于到了历史性的选择阶段，在当时的加拿大人看来，这是完全的政治事件，与各殖民地和自身的经济状况关系不大，其取舍在民意和精英当中呈现完全的散乱状态。

1864 年 10 月，加拿大联邦成立前的一次重要筹备会议在魁北克举行，来自各殖民地的 33 位代表在建立联邦的态度上产生严重分歧甚至对立，有些代表只是希望将几个沿海殖民地联合起来，组建一个小的联邦，类似于美国历史上的邦联概念，以防止有的殖民地以大欺小；有的则在联邦与省的权限划分上提出不同意见，希望在不损害原有地方自治的前提下加入联邦；有的干脆反对成立任何联邦，在各殖民地成立了强弱不等的反联邦党。建国国父们②在建立联邦问题上的态度严重分歧甚至对立，在联邦与省权限的划分上也有很大争议。爱德华·帕尔莫（Edward Palmer）是爱德华王子岛政治家，筹组过第一次联邦会议。他认为，小岛寡民的权利加入联邦后没有保证，爱德华王子岛不仅不应该加入大联邦，就是沿海小联邦

① 孙冀：《加拿大经济史》，辽宁省社会科学院，2003，第 197~199 页。
② 具体而言，加拿大国父（fathers of Confederation）有两种定义。一种是狭义的，即 1867 年建国前参加三次联邦筹备会议的 36 人，这些人包括 1864 年 9 月夏洛敦会议的 23 位代表，1864 年 10 月魁北克会议的 33 位代表，1866~1867 年伦敦会议的 16 位代表，出席其中任何一次会议即有国父资格。在这 36 人中，出席全部会议的有 11 人，参加两次会议的有 14 人，只开过一次会的为 11 人；另一种是广义的，在这 36 人之外，还包括联邦成立后，那些带领各自省或地区陆续加入联邦的政治家。本文的"国父"取狭义概念。从地域上看，这些国父来自六个殖民地：其中安大略 7 人、魁北克 6 人、新斯科舍 6 人、新布伦瑞克 8 人、爱德华王子岛 7 人、纽芬兰和拉布拉多 2 人。

也不应该参加；艾梯尼·塔奇（Etienne Tache）是法裔，但忠于英国，支持联邦；奥利弗·莫厄特则因主张省权，被称作"省权之父"。当然，其他国父都有省权思想，希望在不损害原有地方自治的前提下加入联邦。多数与会者对加入联邦的认识不外所谓背靠大树好乘凉，殖民地的防务可以依靠联邦和大英帝国，殖民地的债务可以转交联邦，基本建设项目还可以向联邦要补贴。加入联邦后，殖民地生活没有什么本质的改变。

当时的联邦旗帜确实激不起人们的太大热情。正如同美国建国之前的联邦党人和反联邦党人之争一样，加拿大人对大政府的恐惧和疑虑是本能的：如果加入英联邦，何必千里迢迢地移民到北美，到北美不就是为了享受天高皇帝远的自由生活；如果英国卷入战争，年轻人会不会被征入伍；如果英国遇到经济困难，加拿大人会不会被征税；等等，担心不一而足。

出现这种纠结的状况，其主要原因其实是经济方面的。加拿大19世纪60年代各殖民地的分裂和混乱状况是相当令人绝望的，殖民地各自有宪法、关税、邮政和货币，且容许外币流通。如在新斯科舍可以使用秘鲁、墨西哥、哥伦比亚等国货币，爱德华王子岛的外币种类还要更多。在当时的英美媒体、政界和精英阶层，很少有看好加拿大联合的。有人预言，"英国北美殖民地迟早，很可能在不远的将来，在政治上与美国相联合。因为他们在人种、地理位置、商业联系和制度特征上，已经是其中一部分了"。北美地理环境决定了加拿大人与美国人的纵向联系，要便于他们之间的横向联系，经济发展水平也决定着加拿大人与美国人有更多的商贸互补关系。甚至，加拿大人与美国的对立情绪（即认为美国独立是背叛和暴政），也随着对美国民主制度的逐渐了解而减弱。在联邦成立前夜，美国著名史学家班克罗夫特（George Bancroft）还认为，加拿大将很快"分裂，而且跟随着美国巨大的吸引力"。时任国务卿布莱恩（J. G. Blaine）表示，"加拿大如同树上的一个苹果，我们够不着"，"先让它挂在那里，等时间成熟，它就会落入我们手中"。①

加拿大人自己对联邦的前景也不乐观，蒙特利尔的《公报》表示，

---

① Richard Gwyn, *The Nation Maker: Sir John A. Macdonald: His Life, Our Times. Vol. two: 1867-1891*, Toronto: Random House Canada, 2011, p.558.

"人们将决定联邦是否要被保存，或容许其解体到之前的分散状况被美国吸收，要比很多人现在想象的要快"。[1] 新斯科舍省在联邦成立不久就要求退出联邦，他们感觉上离加拿大太远，离英国反而更近，因为从哈利法克斯寄一封信到渥太华，与寄信到英国利物浦的时间相当。当时，哈利法克斯到渥太华之间没有公路或铁路，只有劳伦斯河，但冬季不能通航。哈利法克斯的一家杂志《阿卡迪亚记录者》这样表达当地人对联邦的想法，"我们不了解彼此。我们没有设施或资源来相互往来。我们被原野从地理上、商业上、政治上和社会上隔离。我们总是与美国联系"。[2] 加入联邦除了铁路外，不会对新斯科舍有什么好处。而铁路带来方便的同时，也会加强商业竞争。所以，作为海洋殖民地的上层，尤其是商人们都普遍反对联邦。

1867 年 9 月，反联邦派在新斯科舍议会成为绝大多数，他们要求退出联邦。约瑟夫·豪威（Joseph Hower）是新斯科舍著名政治家和办报人，因担任英帝国渔业官员，错过了两次联邦会议。他反对成立加拿大联邦，视其为对英国的背叛。英国首相格拉斯顿及殖民地大臣格伦维尔则明确表态，新斯科舍要退出联邦是不可思议的。在几个沿海殖民地中，新斯科舍最重要，它不仅人口最多，经济发展程度高，还有哈利法克斯海军基地。如果新斯科舍退出，新不伦瑞克也会效法。[3] 最终，联邦政府与新斯科舍省在 1869 年达成协议：联邦政府承担新斯科舍的债务约 200 万加元，并提高了对该省的年度补贴。当然，联邦政府并非特别优待新斯科舍，此后，在地方与联邦政府的分歧中，联邦政府大多是靠妥协和拨款来息事宁人的。

不仅各殖民地之间，各殖民地内部也不团结。新不伦瑞克副总督戈登（Arthur Gordon）曾抱怨道，新不伦瑞克"各郡相互仇恨，他们在仇恨哈利法克斯上才能团结起来"。1867 年 7 月 1 日当地并没有举国欢庆，当日

---

[1] Richard Gwyn, *The Nation Maker*: *Sir John A. Macdonald*: *His Life*, *Our Times. Vol. two*: *1867-1891*, p. 556.

[2] Richard Gwyn, *The Man Who Made Us*: *The Life and Times of A. Macdonald. Vol. one*: *1815-1867*, Toronto: Random House Canada, 2007, pp. 361-362.

[3] 刘军：《加拿大》，社会科学文献出版社，2005，第 85 页。

哈利法克斯《晨报》头版用黑框声称："死了！昨晚12点，那个自由和进步的新不伦瑞克省"。同日的新斯科舍省亚茅斯也没有鸣响礼炮，颇为讽刺的是，在三天后的美国独立日却礼炮齐鸣。①

　　对此，加拿大建国国父之一也是加拿大首任总理麦克唐纳（J. A. Macdonald）②的策略是先联合，一切问题在联合中解决，直到大家取得共识，联合只是一个时间问题，且时机"只有一次，永不会再现"。③饶有趣味的是，其创建的党虽名为"保守党"，其实际是"联合党"，他认为，只有超越党派、族裔和阶级，才有可能联合，建立加拿大联邦。尽管当时联邦的前景并不被看好，但是，没有联邦，则加拿大将被美国"兼并"。他深刻地指出：应建立联合党，"联合将得到一切，不联合将失去一切"。最终创建联邦的只有四个殖民地，爱德华王子岛于1873年加入联邦。1949年，纽芬兰和拉布拉多在斯莫伍德（Joey Smallwood）领导下加入联邦。④

二　加拿大建国国父及其思想交锋：在法律基础上的政治竞争

　　加拿大建国国父们面临的就是这样的思想状况。好在他们的职业背景比较相近，其中21人有从业法律（律师、法官或法学家）的经历，10位商人，3位报人或记者，2位医生，1位军人（少校军衔且有律师经历）。政治家中多律师的特点也可以解释，加拿大的建国思想和建国本身，基本是在各种辩论中，而不是在战场上诞生的。不过当时的律师包括麦克唐纳在内，并没有法学院学历，律师是作为一种职业培训，同面包师、铁匠差不多，要从拜师学徒到获得律师从业资格。国父们基本也没有大学学历，在魁北克会议的33位代表中，只有查尔斯·塔伯

---

① Richard Gwyn, *The Man Who Made Us: The Life and Times of A. Macdonald. Vol. one: 1815-1867*, p. 436.

② 麦克唐纳（J. A. Macdonald）1815年1月出生于苏格兰工业城镇格拉斯哥，五个孩子中的老二，还有一个哥哥早年夭折。其父亲多次创业经营都不成功，最终全家被迫去北美谋生。麦克唐纳从语法学校毕业后，没能继续上大学，从15岁起在律师事务所做学徒。

③ Richard Gwyn, *The Man Who Made Us: The Life and Times of A. Macdonald. Vol. one: 1815-1867*, p. 309.

④ https://en.wikipedia.org/wiki/Fathers_of_Confederation.

（Charles Tupper）曾在爱丁堡大学受过医学教育。毫无疑问，相比较他们母国的贵族特权，律师和商人活跃在政治领域，比靠血缘和门第垄断政治是一种历史进步。联邦成立前，议员没有工资。人们认为，一个经济不富裕的人不适合做选民的代表，甚至不应该有投票权。当时有投票权的成年男性不超过总人口的 15%。建国之后，议员们才有了工资。律师从政的传统得以延续，迄今担任过联邦总理的 23 人中，有 18 人有法律工作背景。

国父乔治·布朗（George Brown）与麦克唐纳同为苏格兰移民，分别为加拿大两大政党改革党与保守党的创始人，也是政治上的老对手。他们在建国过程中，将他们的党由地方小政治团体发展为全国性大党。布朗是严格的自由主义者，创办了当时影响力最大的报纸《环球报》（《环球邮报》的前身），主张市场经济和民主法制，赞成对美国自由贸易和经济联合。他成立加拿大反奴隶制协会，帮助美国黑奴通过地下铁路逃往加拿大。布朗是国父中最有可能取代麦克唐纳的人，他们之间的和平角逐是加拿大政治史的典范。作为报商的布朗主张维护传统的劳资关系，他以非法活动为由，将印刷工会代表告上法庭。在工会领导人面临审判和处罚之前的 1872 年，麦克唐纳迅速通过《工会法》，明确工会的合法地位，布朗的指控因此被自动撤销。布朗认为，麦克唐纳此举是为了拉工人选票，维护其党派利益。其实麦克唐纳的动机不仅于此，加拿大地广人稀，经济发展初期主要靠外来移民。如果加拿大的劳工政策不能比欧洲的更为宽松，就不会吸引欧洲移民前往，借鉴英国已经在 1871 年通过了内容大致相同的《工会法》，加拿大必须跟进。麦克唐纳后来总结说："我总能打败布朗的主要原因，是在他从不会超脱一个暂时性胜利的诱惑时，我能够比他看得更远一点。"

两人更富智趣的一次争斗发生在 1858 年，即"两次洗牌"。麦克唐纳领导的政府因议会不信任案下台，布朗上台组阁。根据法规，新内阁成员必须辞去其议席，回到选区重新选举当选。而在这些阁员辞职后，改革党在议会中临时成为少数，保守党乘机通过了不信任案，布朗政府上台仅四天就被迫下台。布朗对这种突然袭击很无奈，准备以其人之道还治其人之身。不料，麦克唐纳找到一条可以例外的规定，即如果新阁员的任职是由一个部长到另一个部长岗位，且任职时间在一个月内，可以不必辞去议席。于是他将以前的阁员们先任命到不同的部长岗位上，一天后再让他们担任原来的部长，从而绕过了内阁成员必须辞职和重新当选议员后才能上任的规定。布朗非常愤怒却无可奈何。其实，这条例外很可能是新内阁组成后，为个别部长岗位再调整时无须再去辞职和选举而设的，结果却被麦克唐纳钻了空子。

1869 年，纽芬兰议会投票加入联邦时，在 30 个席位中，赞成联邦的只有 9 票。麦克唐纳的反应是克制和谨慎的，他拒绝了纽芬兰总督的建议——无视投票结果，用帝国法令将这个岛并入联邦。他说："我们必须接受他们的决定。"直到 1948 年经过两轮全民公决，支持加入联邦的投票才以 52.3% 的微弱优势获胜。加拿大一位土著领袖大熊（Big Bear）说，土著"不应用枪与女王战斗，我们要用她自己的法律与她战斗"。[1]这表明土著也认为，法律可以用来保护他们的利益。总结加拿大的建国史，尤其对比美国建国史，可以看出，加拿大建国的一个特点是发展平稳，暴力和流血事件较少，这与加拿大一开始就政治法制化特点有直接的关系。

1873 年 11 月，麦克唐纳因太平洋铁路丑闻下台。保守党政府将铁路合同交给加拿大太平洋铁路公司，得到公司 35 万加元的选举经费。自由党以 5000 加元收买了太平洋铁路公司律师办公室的一位雇员，拿到了确凿证据。尽管事实不全是自由党所报道的那样，以及麦克唐纳可能没有将一分钱用于个人消费，加拿大总督杜费林（Dufferin）却遗憾地表示，他虽丝毫不怀疑麦克唐纳的道德、人品和能力，但当时的形势确实已致命地影响到其作为总理的地位。[2] 在加拿大建国的年代，政治分赃是被认可的，甚至是作为一种规矩或制度来执行。商人支持政党，得到政府合同或其他商业利益回报；政客支持政党，得到职位。麦克唐纳对政治分赃制的态度很明确，"当一个职位空缺时，它就属于执政党，如果该党内能找出一个胜任

---

① Richard Gwyn, *The Nation Maker: Sir John A. Macdonald: His Life, Our Times. Vol. two: 1867-1891*, p. 431.

② Richard Gwyn, *The Nation Maker: Sir John A. Macdonald: His Life, Our Times. Vol. two: 1867-1891*, p. 256-257.

职责的人"，"责任制政府也不能用其他方式运行"。同时，他也接受反对党上台后亦如此操作，并认为"没有人会反对这样做"。任何试图任命一个非党派人士担任政府职务的做法，相当于"试图将加拿大拉回到亚当和夏娃时代"。① 他也承认，"经常有这种时候，我在违心地做事。但是，如果我不对人性的弱点加以某些迁就，我的党就会让我下台，而那些接替我位置的人，会比我做得更糟"。②

该丑闻导致麦克唐纳下台的原因是这笔钱数量过大。③ 加拿大太平洋铁路公司董事长乔治·斯蒂芬（George Stephen）致麦克唐纳的信中提到，"自 1872 年以来，仅仅以我个人和通过铁路部长的方式，就已经支付了100 多万元，用于保守党党选经费"，这在当时是一笔巨款。而且，他强调这只是他个人经手的，实际全部数额还要更多。④ 显而易见，加拿大太平洋铁路公司已经成为保守党的钱袋子。另外的原因是，该铁路公司对麦克唐纳隐瞒了它的一些股东是美国人，而加拿大政府一直声称要防止美国资本流入铁路建设。几年后，劳里尔政府贸易和产业部部长理查德·卡特怀特（Chalde Cartwright）表示，在国会山上将不会有麦克唐纳的塑像，除非

---

① Richard Gwyn, *The Nation Maker: Sir John A. Macdonald: His Life, Our Times. Vol. two: 1867-1891*, p. 210.

② http://www.thecanadianencyclopedia.ca/en/article/sir-john-a-macdonald-feature/.

③ 对此，加拿大著名政治学家和评论员辛普森（Jeffrey Simpson）写过一本很有影响力的著作《权力的腐败：赞助性政治》（*Spoils of Power: The Politics of Patronage*, Toronto: Collins, 1988），他指出，"政治分赃，无论其成本有多大，对国家的整合与稳定是起了一些作用的"，时人对此表示理解。虽然麦克唐纳政府或当时的政治体制"无疑是腐败的……唯一可原谅的理由是当时的困难：将多种多样缺乏凝聚力的民众整合在一起，如果不是说……以其他方式是不可能的话"。《周刊》杂志认为，"麦及其体制是一种需要的产物……在联邦政府成员中，只能用这种方式联合起来。麦克唐纳也不能免俗"。甚至可以说，当时的加拿大政治是地方性的，如果还能找到为数不多的全国性特征的话，政治分赃绝对算是一项。加拿大史学家斯特瓦特（Gordon Stewart）也指出，"在政治分赃方面，英裔和法裔加拿大人使用相同的语言"。众议院议长安格林（Timothy Anglin）是自由党人，1877 年他被要求辞职，因为他的一个公司得到了一份政府合同。他为此辩护时说，"每个人都这样做"。这种分赃制直到第一次世界大战爆发后才逐渐有所改变，因为征召空前庞大的军队需要有效率的行政管理，这首先需要把最胜任的人，而不是捐献或政治贡献最多的人选拔出来。麦克唐纳去世时留有 8 万加元资产。

④ Richard Gwyn, *The Nation Maker: Sir John A. Macdonald: His Life, Our Times. Vol. two: 1867-1891*, p. 527.

碑文上的内容包括"加拿大太平洋铁路丑闻"。[①]

至 1873 年 11 月下台前，麦克唐纳的政治生涯几乎都是完美的，他完成了建国三件大事：将爱德华王子岛作为第七省纳入联邦；成立内务部，负责西部土地测绘和发展；组建西北骑警。骑警迅速地在当地土著、白人定居者中树立了声望，成为最有名和最受尊敬的政府组织，成为今日加拿大皇家骑警的前身，代表着法律、秩序和好的政府，使加拿大西部开发比美国的要有序平稳很多。麦克唐纳是公认的骑警之父。[②] 麦克唐纳辞职后，当时《全球报》预言，麦克唐纳"作为一位加拿大政治家的角色已经终结了"。但出人意料，麦克唐纳在下野五年后再度崛起，重任联邦总理。这说明时人宽容他的过失，依然信任他。

三　加拿大建国国父：凡人的政治智慧

加拿大成立联邦有几方面的需要。在政治上，安大略和魁北克意识到，它们无论联合还是分开都不能和睦相处，因此它们需要加入一个更大的联合体，以便稀释和对冲它们的矛盾。在经济上，这些英属殖民地都需要为自己的产品扩大市场，避免相互关税壁垒，组织一个大联合体，相互开放市场，对各殖民地都有好处。在防卫上，美国独立后成为北美最大的国家，不断蚕食周围的土地，对各殖民地施加军事压力。英国虽然与美国有矛盾，但无力为殖民地提供军事保护，也不愿其殖民地被美国逐个兼并。唯一可能的办法是让殖民地联合自强自保。成立加拿大联邦可以实现抵制美国，巩固英国在北美势力的目标。

可以说，加拿大联邦是在两股力量的汇流下形成的，即对英国的忠心和对美国的戒心。麦克唐纳巧妙地利用了这两种力量，完成了联邦建国。英国想遏制美国，但力不从心，唯一可行的是让当时的英属殖民地联合自保。麦克唐纳让加拿大人感到是英国让他们组成联邦的。加拿大的前途，

---

① Richard Gwyn, *The Nation Maker：Sir John A. Macdonald：His Life，Our Times. Vol. two：1867-1891*, p. 578.

② Richard Gwyn, *The Nation Maker：Sir John A. Macdonald：His Life，Our Times. Vol. two：1867-1891*, p. 239.

如麦克唐纳所指出，要么在英联邦内建立一个联邦，要么并入美国联邦。虽然很多加拿大人不愿意联合，但他们更不愿加入美国。维系加拿大人在一起的是反对美国，以英国人自豪的情感。

不同于一般的殖民地独立，加拿大建国并不是要独立于英国，而是与英国保持更紧密的平等关系，否则很难想象，作为国父的麦克唐纳多次表示，他"生为英国臣民，死亦英国臣民"。这不是他为了避免被加拿大人看作美国式革命者而采取的实用主义策略，而是他的真情流露。他将加拿大与英国的关系比喻成"金链子"。这种关系事关加拿大的生存。加拿大既孤悬万里于英国，如果不是以联邦的方式建国，则被美国兼并就只是时间问题，因为加拿大人口只有美国的十分之一（当时是 400 万对 4000 万），如果美国决心入侵，加拿大是无法阻挡的。也正因为如此，时人多担心独立的想法并不现实，加拿大在很长的一个发展时期都需要有一个外部保护者。迟至 1890 年，麦克唐纳还在致殖民地大臣的信中说，"在殖民地中还是要培养君主观念"。

英国是加拿大的母国，女王是英国的代表和象征。实际上，忠于英王室是加拿大联邦克服族裔、经济、地域和宗教差异的唯一的政治基础。没有英国的支持，加拿大能否成立联邦，能有多大的领土面积都是问题；英国虽不能防止美国入侵，但它的海军还有威慑力，加拿大只要维持一支民兵在陆地防御就可以了，这意味着，英国承担加拿大的海上防务。这种宗主国与殖民地的关系，导致英国制造商对麦克唐纳的关税保护政策很气愤：英国人用财政税收保卫加拿大，可英国产品进入加拿大却要支付高额关税。其实，当麦克唐纳说他是坚定的英国臣民时，他的实际意思是做一个英联邦内的加拿大人，而加拿大人当时无非是在北美的英国臣民。1870年，英军近乎全部撤离加拿大，只留下不多的军队协助训练加拿大民兵。至 1871 年 11 月 11 日，除了哈利法克斯港尚有一些英国水手协助防守军港外，英军已经完全撤出加拿大。①

加拿大人对英国的感情也是如此。直到加拿大建国很久之后，最大的

---

① Richard Gwyn, *The Nation Maker: Sir John A. Macdonald: His Life, Our Times. Vol. two: 1867-1891*, p. 85.

节日不是国庆节，而是女王的生日。加拿大人或加拿大国的观念，至少是20世纪以后才出现的，此前加拿大人觉得他们就只是北美的英国人。法律上，在1947年加拿大《公民法》生效前，没有严格意义上的加拿大公民。值得一提的是，加拿大人对英国和英王的忠诚，不是出于政治服从和个人崇拜，而是与宗教、法律、制度、秩序、同胞、朋友、社区，甚至家庭和婚姻相辅相成。

时人形容布朗像刺猬，为人严肃，不善于与人亲近；麦克唐纳则似狐狸，爱开玩笑，善于与各类人打交道。布朗则固执地与印刷工会斗争了几十年，时人认为布朗的头脑，办报一流、当政治家三流。[1] 两人都是苏格兰人，麦成长于格拉斯哥，布成长于爱丁堡。布虽拥护英国议会制度，但认为要改革其中的弊端；麦则认为要忠实于英国制度，参与政治是公民的责任。布看不起法裔和天主教；麦从政治实际出发，认为必须与法裔搞好关系。他还说："人们追随他，不仅因为他是一位领导人，而是因为他是他们基本观念的一种现实的化身。"1837年，上加拿大发生起义时，麦作为民兵扛着滑膛枪参加了镇压行动。后来他认为，这个事件是令人耻辱的，加拿大人必须同意"相互尊重彼此的原则……甚至偏见。除非他们被一种妥协的精神所支配，彼此友好相待，否则他们将永远不能和谐相处"。"我们回顾过去，尊重双方的参与者。我们知道，双方都有为权利和正义而战的精神。""这是同胞对同胞的战斗。"[2] 他巧妙地拒绝了在民兵中的晋升，并大胆为叛乱者辩护。

麦克唐纳擅长于团结一切可以团结的力量，他声称"一个公共人物不应该有仇恨，政治是一种游戏，它需要极大的冷静和完全克制偏见和个人情感"。[3] 麦创建的党是保守党，但他声称，更希望他的党叫"联合党"，联合是他的宏伟设计，他想超越一切派别、族裔和阶级。他声称，"经常有这种时候，我在违心地做事。但是，如果我不对人性的弱点加以某些迁

---

[1] Richard Gwyn, *The Man Who Made Us: The Life and Times of A. Macdonald: His Life, Our Times. Vol. one: 1815-1867*, p. 291.

[2] Ged Martin, *John A. Macdonald, Canada's First Prime Minister*, Dundurn, 2013, p. 34.

[3] Richard Gwyn, *The Nation Maker: Sir John A. Macdonald: His Life, Our Times. Vol. two: 1867-1891*, p. 441.

就，我的党就会让我下台，而那些接替我位置的人，会比我做得更糟"。①
有学者认为，"对麦克唐纳而言，对任何政策的最高检验方式是其结
果。……没有加拿大政治家，也许除了（麦肯齐）金以外，有这种把握可
能性的艺术"。② 麦克唐纳可以说是"加拿大反美第一人"，尽管在他之前
有不少加拿大人反感美国，担忧美国的威胁，但没有人像他这样，将这种
意识提高到一个准国家政策的高度。麦克唐纳一度经常酗酒，在选举中成
为政治缺陷。创建联邦是他最重要的成就，另外，他在拓展国土，修建铁
路，财政管理和经济建议方面贡献良多，而且他观察事物的角度客观。当
然，另一方面，向华工征收人头税，是他政治上极不光彩的一页。

麦克唐纳政绩显赫，为人热情随和，难以想象他在政治和家庭生活中
承受的沉重的压力。直到1864年，麦克唐纳才有了固定的全职秘书，此前
的文稿信件基本由他自己撰写。建国后他身兼三职：联邦总理、司法部长
和保守党领袖。太平洋铁路丑闻曝光后，《全球报》预言，"他作为一位加
拿大政治家的角色已经终结了"。《加拿大月报》声称麦克唐纳"是干净
的，如果他有什么过错，也是出于爱权力，而不是爱金钱"。总督杜费林
评论，"这件事使我伤心：一个职业声望如此可靠的，为他的国家如此服
务的人，如麦克唐纳，竟然以这种屈辱的方式离去"。③

布朗经常在报纸上抨击魁北克的天主教和庄园制野蛮落后，他理想
中的联邦是以英裔为主导的。约翰·麦克唐纳则深知，一个没有法裔支
持和参与的加拿大是不可能的。他与法裔国父卡蒂尔（George Cartier）的
相互信任和联盟，为安大略和魁北克两大殖民地和英法两大族裔的联合
奠定了基础，并作为联邦基因而保存下来。麦克唐纳与卡蒂尔相互信任，
但他也了解，法裔不可能接受一个英裔主导的国家；法裔一定要自治，
哪怕是在联邦大环境下。麦克唐纳接受美国的教训，希望联邦政府能发
挥中央政府的作用，防止国家分裂。尽管这个中央政府不是集权政府，

---

① http://www.thecanadianencyclopedia.ca/en/article/sir-john-a-macdonald-feature/.
② Richard Gwyn, *The Man Who Made Us: The Life and Times of A. Macdonald: His Life, Our Times. Vol. one: 1815–1867*, p. 296.
③ Richard Gwyn, *The Nation Maker: Sir John A. Macdonald: His Life, Our Times. Vol. two: 1867–1891*, p. 256–257.

卡蒂尔却还是不愿接受中央政府，法裔必须带着它原有的全部制度加入联邦。麦克唐纳没有较真"自治"和"分裂"的表面含义，两人最终达成了妥协和默契。法裔在联邦下成为魁北克的主人，在联邦内赢得了局部自治。英法两大民族被称作"建国民族"，这一称呼或有商榷的余地，但英法裔的谅解与合作始终是加拿大政治稳定的基础，同时奠定了加拿大多元文化立国的基石，安大略和魁北克省也是加拿大最重要的经济基地。连首都渥太华也是女王钦点的。[①] 当年英法裔为联邦首都设在哪里争执不下，候选城市有金斯顿、多伦多、蒙特利尔和魁北克城，没想到女王相中了渥太华。

1867 年联邦成立之初，美国国务卿西华德（William Seward）认为，整个北美大陆或迟或早将并入美国。加拿大政府对此高度警惕，从选择铁路路线到筹资规定，都用条款防止美国的渗透，这使很多投资人不满。在他们看来，修铁路不仅有政治和民族主义的目的，还有投资目的。铁路路线选在地形复杂、施工难度高的加拿大境内，拒绝美国资本，必然造成铁路融资成本高、工期长、风险高的状况。与此同时，几百人的骑警在半个欧洲大的土地上维持秩序，使这一地区不再是无政府的空白地带，且使得加拿大西部有序发展，与美国西部血与火的暴力发展道路，有明显的区别，尽管这两国的西部地区地貌相同，边界模糊。在加拿大西部发展中，社区秩序优先，个人权利次之。加拿大的民族性在此逐渐凸显，尽管当时人们还没意识这一点，民族性不仅是种族或族裔的，也是关乎政治和价值观念的。

另外，麦克唐纳真心地认为，英国制度在当时是最好的。他对英国法律的信赖不仅来自书本，而且来自他作为律师的实践。律师是当时普通家庭的孩子走向中产阶级的一条捷径，律师中涌现如此多的政治家不是偶然的。

---

① 维多利亚女王一生未到过加拿大，但她凭借政治经验和智慧，从区域和地理上解决了这个难题，将首都放在了安大略和魁北克省的交界线上：渥太华，其当时是唯一有规模的居民点。女王太了解这些英法裔了，几个世纪以来，他们从欧洲打到美洲。如果她在定都问题上倾向英裔，势必扩大这两大族裔的矛盾。至于渥太华不像首都，建个议会大厦就是了。至今渥太华市仍分属安大略和魁北克两省，其首都地位无可置疑，可见女王在挑选加拿大首都问题上的远见，体现了相当的英式政治智慧。

麦晚年越来越相信，没有他，加拿大就不能生存下去。虽然他经常对身边的人讲，"太平洋铁路完成了，普选权法案通过了，我可以唱着告别曲退休了"。但他内心深处或许从未真的这样想过。他曾说，"当一个人像我一样，一旦进入这个轨道，就没有退路了。他有各种被承担的责任，他不能评价自己，不能评价他的支持者，也不能评价他自己的原则，没有退路。他不能退休"。①

如果说没有麦克唐纳就没有加拿大，那么，反过来也可以说，没有加拿大就没有麦克唐纳。没有加拿大，麦也许不过是一个小镇上嗜酒如命的律师而已。他对英国的感情加深了他的政治信念，即必须与这个世界头号强国保持良好的关系。他将加拿大与英国的关系比喻成"金链子"，用这个比喻形容当时加拿大的生存状况，即完全独立于英国就相当于被美国兼并。他必须利用英帝国的威望抗衡美国，他很清楚，如果美国执意要侵略的话，凭加拿大自身的力量是无法抵抗的。但他同时坚信，北美之大，容得下两个国家。麦克唐纳懂得，维持与母国英国的关系，是加拿大成为一个国家所必需的。很多人因此觉得麦克唐纳是一个没有独立志气的殖民地领导人。但是，或许在麦克唐纳看来，这些都是手段而不是目的，只是为了加拿大的利益，为了争取建国的时间。然而，他对英国的热爱也不能被简单地看作是一种实用主义的。

保守党参议员休·西格尔（Hush Seagal）认为，加拿大建国本身就是麦克唐纳的纪念碑："没有麦克唐纳，加拿大今日的国界，可能就是曼尼托巴、安大略两省的边界。纽芬兰可能像阿拉斯加一样，落入美国人手中，曼尼托巴、萨斯喀彻温、艾伯塔和不列颠哥伦比亚的命运，可能也是一样。没有麦克唐纳，我们要买美国人的石油。我们的生活质量会变差，事业的前途也是一样，我们在世界的地位也会随之降低。"② 为麦克唐纳作传的人都注意到他对建立加拿大的巨大贡献。与此同时，考察加拿大建国前后的联邦思想，以及此后加拿大多元文化国策的确立和加拿大的国家性

① Richard Gwyn, *The Nation Maker: Sir John A. Macdonald: His Life, Our Times. Vol. two: 1867-1891*, pp. 511-512.

② Richard Gwyn, *The Nation Maker: Sir John A. Macdonald: His Life, Our Times. Vol. two: 1867-1891*, p. 134.

格、政治性格，不妨参照斯维森（Daniel Swanson）的结论："麦克唐纳还对这个国家的性格作出了不可估量的贡献。"①

（作者系中国社会科学院中国历史研究院世界历史研究所助理研究员，主要研究方向为美国史、加拿大史、经济史和海洋经济史。）

---

① Richard Gwyn, *The Nation Maker：Sir John A. Macdonald：His Life，Our Times. Vol. two：1867 - 1891*，p. 134.

学术综述

2019年欧美近现代史学科报告

中国社会科学院中国历史研究院世界历史研究所欧美近现代史学科组

【摘要】欧美史研究一直以来都是我国世界史学科的重头部分，而对于欧美近现代史的深入研究则有非常重要的现实意义。2019年，我国欧美近现代史的相关研究继续推进，分类体系更加完善，基础研究与应用研究并重，在个案研究不断深入的同时呈现学科融合与知识交叉的趋向。本文从国别史的维度对该领域的最新成果与前沿问题进行评述，内容涉及英国史、法国史、德国史、南欧史、美国史、加拿大史。

【关键词】欧美史　近现代史　欧洲史　美国史　加拿大史

第一部分　欧洲近现代史研究新进展

2019年国内欧洲近现代史研究水平稳步提升，成果的出版与发表数量与往年大体持平，对传统主题研究更加深入，研究视角更加新颖。值得一提的是，中国学界积多年之功，在2019年分别出版了八卷本《英帝国史》① 和六卷本《德国通史》② 两部大型国别史丛书，集中代表了中国学界在欧洲史研究领域的最新成就。

---

① 钱乘旦主编《英帝国史》（八卷本），江苏人民出版社，2019。
② 邢来顺、吴友法主编《德国通史》（六卷本），江苏人民出版社，2019。

（一）英国近现代史研究新进展

2019 年国内英国史研究议题广泛，涉及政治、经济、社会、军事、外交和文化等领域，课题立项与成果发表数量依然在国内世界史领域占较大比重。2019 年国家社科基金立项名单中与英国史（中世纪以来）相关的项目为 17 项，其中重点项目 1 项，一般项目 10 项，青年项目 6 项。在论著方面，2019 年英国史领域最引人注目的成果是钱乘旦主编的八卷本《英帝国史》。该书分八个时段对英帝国史做了细致剖析，提出了中国学者自己的诠释体系，即强调英帝国史不是一个同质的过程，而是在几百年中有过多次变异，在此基础上，该书系统回应了二战以后西方学界有关"帝国"与"后殖民"研究中有失公允的话语体系。

在经济和社会史领域，侯建新对 16 世纪英国圈地问题从封建地租市场化等角度做了新的实证性探讨。① 刘景华、廖凯肯定了从中世纪、近代早期和 19 世纪以来三大时段来研究英国农村史的方法。② 陈志坚和谢洁宇关注了近代早期英国地产阶层广为使用的一种家产配置方案，即严格土地授予，指出这是地产贵族在丧失经济上的相对优势之后实施的一种防守型策略。③ 王闯闯强调了以国家主导经济竞争、公私利益系于富强的经济伦理在英国从传统观念向资本主义精神过渡中的重要性。④ 在英国工业化转型时期，企业家群体逐步参与了地方治理，尹建龙认为其促进了工业资产阶级同贵族地主阶级的利益趋同。⑤倪正春考察了 18、19 世纪英国议会圈地过程中民众的抵抗行为，认为民众的抵抗一定程度上能够起到维护自身权利的作用。⑥ 姜德福和梁月则以媒体报道为中心，关注了舆论对维多利亚

---

① 侯建新：《圈地运动与土地确权——英国 16 世纪农业变革的实证考察》，《史学月刊》2019 年第 10 期；侯建新：《封建地租市场化与英国"圈地"》，《世界历史》2019 年第 4 期。

② 刘景华、廖凯：《英国农村史研究三段论》，《史学月刊》2019 年第 11 期。

③ 陈志坚、谢洁宇：《身份、责任与传统：近代早期英国严格土地授予再审视》，《世界历史》2019 年第 4 期。

④ 王闯闯：《"共同体"与英国重商主义者的富强观》，《江海学刊》2019 年第 3 期。

⑤ 尹建龙：《英国工业化转型时期的企业家群体与地方治理》，《史学月刊》2019 年第 12 期。

⑥ 倪正春：《英国议会圈地与民众的抵抗逻辑》，《历史研究》2019 年第 4 期。

时期社会净化运动的推动作用。①

在政治史领域，17 世纪英国政治史受到多位学者的关注。刘淑青从政治文化视角考察了王朝复辟时期英王查理二世既神圣又世俗、既传统又革新的两面性君主形象。② 胡莉探究了"光荣革命"确立议会主权的过程。③ 陆伟芳则通过探源伦敦基层坊区制，增加了理解伦敦政治制度的视角。④

在英国外交史领域，徐振伟对苏伊士运河危机期间英美两国关系破裂进行了新的解读。⑤ 而为了修复英美两国因苏伊士运河事件产生的裂隙，英国最终调整其在台海问题上与美国分歧的立场，选择偏向于美国的政策。奚庆庆对此事件的前因后果进行了分析。⑥ 此外，梁军关注了爱德华·希思时期英国针对美国提出的"天然关系"政策的意义。⑦

文化史与史学史领域成为 2019 年英国史研究的新亮点。冯雅琼关注了近代早期英国救荒知识的传播及其社会影响。⑧ 在史学史方面，陈磊强调斯塔布斯对英国现代史学的建立发挥了重要作用。⑨ 张炜总结了两百年来英美学界关于英格兰加冕礼问题的研究特点，并指出今后从国家治理角度开展礼仪问题研究的可能性。⑩ 梁民愫、初庆东从不同角度探讨了英国马克思主义史学的面向。⑪ 邹薇总结了文艺复兴时期英国史学的特点。⑫ 张文

① 姜德福、梁月：《英国维多利亚时代的道德整肃——以〈帕尔摩报〉"现代巴比伦的少女献祭"系列报道为中心》，《史学月刊》2019 年第 4 期。

② 刘淑青：《王朝复辟时期英王查理二世两面性公众形象研究》，《安徽史学》2019 年第 1 期。

③ 胡莉：《博弈与妥协："光荣革命"确立议会主权过程探析》，《史学月刊》2019 年第 9 期。

④ 陆伟芳：《英国伦敦基层单元坊区制探源》，《史学月刊》2019 年第 9 期。

⑤ 徐振伟：《英国在苏伊士运河危机中的决策分析——不对称理论的视角》，《安徽史学》2019 年第 6 期。

⑥ 奚庆庆：《第二次台海危机与英国对美的外交因应及政策》，《安徽史学》2019 年第 4 期。

⑦ 梁军：《爱德华·希思对大西洋联盟政策的调整与英美关系重构》，《历史研究》2019 年第 1 期。

⑧ 冯雅琼：《近代早期英国救荒知识的产生及传播——以乡绅为主体的考察》，《世界历史》2019 年第 4 期。

⑨ 陈磊：《斯塔布斯与英国现代史学之建立》，《史学集刊》2019 年第 6 期。

⑩ 张炜：《英格兰加冕礼研究两百年》，《史学理论研究》2019 年第 4 期。

⑪ 梁民愫：《英国马克思主义史家希拉·罗博瑟姆的女性主义史学叙事》，《史学理论研究》2019 年第 4 期；初庆东：《英国马克思主义史学家群体的史学观念与实践——以英国共产党历史学家小组为中心》，《史学理论研究》2019 年第 2 期。

⑫ 邹薇：《文艺复兴时期英国史学特点探析》，《史学理论研究》2019 年第 4 期。

涛对阿克顿历史哲学进行了细致分析。① 张乃和则在分析了学术界有关英国经济社会史研究的历程与特点后，提出应正视全球史对该领域研究的推动作用。②

（二）法国近现代史研究新进展

在刚刚过去的一年中，我国的法国史研究者在各自的园地中辛勤耕耘，取得了可观的成绩。

从数量上说，最近一年中，有关近代早期（15~18 世纪）法国史研究的成果最为丰硕。唐运冠考察了中世纪和近代早期法国的"游戏伦理"。他指出，在中世纪，游戏伦理的话语权主要掌握在教会手中。基督教原则上反对游戏，甚至主张完全禁绝，认为它们是"魔鬼的礼物"。在近代早期文艺复兴和基督教信仰"纯化"的背景下，人文主义学者左右了游戏伦理的话语权，他们强调游戏在儿童教育方面的作用，伊拉斯谟和拉伯雷就是代表。随着绝对主义国家的崛起，王室则利用游戏彰显权力的威仪。③在另一篇文章中，唐运冠和沈坚从"文明化"的角度，剖析了 16 至 18 世纪法国的拉伯雷阅读史。文章指出，17 世纪中叶之前，不同阶层和性别的法国人都能欣赏、理解，至少不反感拉伯雷书中的"粗俗"元素。但 17 世纪中叶以后，以宫廷社会为中心的上层社会发现了"肮脏的"、无法理解的拉伯雷。④ 江晟的研究集中于 16 世纪的街道暴力现象。他认为，在圣巴托罗缪屠杀前后，街道这一公共空间同时具有"节庆"和"暴力"的二元属性，并与同样具有循环色彩的节庆日一起构成一个紧密的时空架构。街道在暴力事件中的表征，展现出这个尚未真正产生"现代性"的社会中宗教所具有的巨大惯性力量。⑤

启蒙、旧制度、大革命这三个主题仍是学界关注的焦点。20 世纪六七十

---

① 张文涛：《论阿克顿的历史哲学》，《史学理论研究》2019 年第 3 期。
② 张乃和：《全球史视野中的英国经济社会史研究》，《史学理论研究》2019 年第 3 期。
③ 唐运冠：《法国中世纪至近代早期的游戏伦理》，《世界历史》2019 年第 1 期。
④ 唐运冠、沈坚：《"文明化"视野下 16—18 世纪法国的拉伯雷阅读史浅析——兼论巴赫金的狂欢化理论》，《浙江大学学报》（人文社会科学版）2019 年第 2 期。
⑤ 江晟：《暴力与节庆——16 世纪法国城市街道空间的仪式性意义》，《史学月刊》2019 年第 7 期。

年代兴起的后现代主义，曾对启蒙运动大加鞭挞。庞冠群指出，20 世纪末 21 世纪初的一批学者开始反思这一潮流，并尝试构建启蒙与后现代主义的内在关联；21 世纪的研究者开始从帝国、种族、性别、环境等角度考察启蒙运动，从而发掘了启蒙思想的多样与复杂。① 李倩则考察了 18 世纪后期英国模式在法国的困境。1789 年，革命的法国在制度设计中有过一个短暂的"英国时刻"，但这种参照最终没有变成现实，但作者认为应看到革命前夕潜在的拒斥英国模式的思潮。② 在旧制度研究方面，庞冠群考察了关于 18 世纪高等法院史研究的学术史，分析了各家见解的时代和政治背景，认为 20 世纪中期以后英美学者的介入，更新了这一传统政治史领域。③ 于京东则将"政治现象学"和概念史等思路引入法国大革命的政治文化研究，探讨革命期间的祖国崇拜现象和"法兰西民族是一个"的概念修辞变迁，这些研究对于理解法国乃至整个现代世界的民族主义、爱国主义现象都有所启示。④

在 19 世纪史研究方面，韩伟华从较长时段分析了近代法国对"最佳政制"的探索，认为以贡斯当和托克维尔为代表的法国自由派的创新之处，在于对混合政体论与分权制衡学说做了适当的调适，提出了新的代议制理论。⑤ 董涵宇对 1873 年朝圣月中的三个主要的天主教"记忆之场"进行了剖析，探讨法国天主教如何最终实现与世俗生活的共存，以及教会的法国与革命的法国的共存。⑥ 在经济史方面，周小兰以法国无夏的 1816 年为例，对"气候—危机"模式进行了反思。虽然 1816~1817 年的无夏之年确实与火山爆发有关，但气候变化引发连锁性经济危机的解释模式并不可

① 庞冠群：《后现代之后重审法国启蒙运动》，《上海师范大学学报》（哲学社会科学版）2019 年第 1 期。
② 李倩：《18 世纪下半期英国模式在法国的困境》，《上海师范大学学报》（哲学社会科学版）2019 年第 1 期。
③ 庞冠群：《高等法院是否导致了法国旧制度的崩溃？——一个学术史的分析》，《浙江学刊》2019 年第 2 期。
④ 于京东：《法国大革命中的祖国崇拜——一项关于现代爱国主义的政治现象学考察》，《探索与争鸣》2019 年第 10 期；于京东：《"法兰西民族是一个"：近代法国政治语境中的概念、修辞与论辩》，《学海》2019 年第 1 期。
⑤ 韩伟华：《从混合政制到代议制政府：近代法国对最佳政制之探索》，《学海》2019 年第 3 期。
⑥ 董涵宇：《试论 19 世纪末天主教在法国民族记忆中的融合——以 1873 年"朝圣月"中的记忆之场为例》，《世界历史评论》2019 年第 3 期。

靠，决策者的应对措施同样是很重要的因素。①

在法国史学史和史学理论方面，高毅探讨了法国革命史大家乔治·勒费弗尔的名著《1789 年大恐慌》的学术价值，尤其是它在心态史方面的意义。②乐启良分析了 19 世纪法国史学的重要奠基人奥古斯丁·梯叶里介入史学的意义与局限，尤其是指出了梯叶里投身历史研究的政治动机及由此造成的局限性，但同时强调了梯叶里对法国史学发展的积极意义。③肖琦的研究侧重于近年来在法国兴起的比较社会史，认为这是经典社会史"碎片化"后的一种革新；在新的语境下，比较社会史试图超越民族国家，发掘新的问题视角，而"文化迁移"等研究范式则为这一潮流提供了新的动力。④

（三）德国近现代史研究新进展

据不完全统计，2019 年国内德国近现代史学界出版了 3 部著作（含六卷本通史 1 部），1 部论文集，20 余篇论文。从国家级课题中标情况来看，有 1 项⑤得到国家社科基金的资助。这些都反映出国内德国近现代史研究工作的有序推进。

在通史类著作方面，邢来顺和吴友法主编的《德国通史》⑥是由国内多位著名德国史专家历时十年撰写而成，全书共六卷，300 万字，是国内首部多卷本德国通史。它以欧洲文明进程和世界历史进程为背景，叙述了从史前到 2010 年的德国历史，是中国德国史研究的标志性、总结性成果。

政治和外交史方面，刘自强、陈光辉考察了《凡尔赛和约》签订的历史背景，认为它损害了整个德意志民族的物质利益，刺激了战后德国民族

---

① 周小兰：《"气候—危机"模式再探——以法国无夏的 1816 年为例》，《世界历史》2019 年第 1 期。

② 高毅：《勒费弗尔〈1789 年大恐慌〉重温新得》，《历史教学（下半月刊）》2019 年第 9 期。

③ 乐启良：《介入史学的意义与局限——奥古斯丁·梯叶里对法兰西民族史的重构》，《世界历史评论》2019 年第 3 期。

④ 肖琦：《法国比较社会史研究的兴起、方法与争论》，《史学理论研究》2019 年第 1 期。

⑤ 山西师范大学徐继承主持的国家社科基金一般项目"19 世纪德国的市政改革与城市现代化研究"（项目编号：19BSS055）。

⑥ 邢来顺、吴友法主编《德国通史》（六卷本），江苏人民出版社，2019。

复仇主义的勃兴。① 张皓考察了七七事变发生后的头 4 个月，德国对日本侵华的矛盾态度及其原因。② 王帅试图厘清 1989～1990 年东西德统一与欧洲一体化进程的相互关系。③ 王倩深入探究了诸侯邦国立法对 16 世纪德意志邦国构建产生的重要影响。④ 牛勇对英国在 1948～1949 年柏林空运方面的决策、柏林空运的成就以及英国的作用等进行了论述。⑤ 曹强以"海权论"为中心考察了德意志第二帝国后期的"世界政策"。⑥ 邢来顺分析了德意志帝国在威廉二世时期对外政策发生重大转变的原因、新的路线及实施细节。⑦ 朱孝远考察了 16 世纪初期德国特殊的政治条件和社会条件，描述了宗教改革家为进行改革而采用的策略、改革的过程，并对路德新教教义进行了分析。⑧ 葛君基于对斯大林战后与德国统一社会党领导人若干次会谈记录的分析，叙述了战后初期斯大林对于德国问题的态度及其变化过程。⑨ 王亚平深入考察了普鲁士王国的产生历程。⑩ 王银宏则以 1555 年《奥格斯堡宗教和约》为基础，反思了神圣罗马帝国在"帝国改革"过程中针对当时的宗教问题所采取的解决方式以及这种解决方式所具有的制度意涵。⑪

社会史方面，邢来顺对德意志帝国时期乡土运动的动因、实践及其历史影响进行了审视和探讨，认为乡土运动有其深刻的经济和社会背景，是多重因素综合作用的产物。⑫ 孙文沛和阮一帆具体考察了二战后德国纳粹

---

① 刘自强、陈光辉：《〈凡尔赛和约〉与战后德国民族复仇主义的勃兴》，《湘潭大学学报》（哲学社会科学版）2019 年第 3 期。

② 张皓：《德国对七七事变的矛盾态度及其原因（1937 年 7—10 月）》，《安徽大学学报》（哲学社会科学版）2019 年第 2 期。

③ 王帅：《两德统一与欧洲一体化》，《历史教学（下半月刊）》2019 年第 6 期。

④ 王倩：《诸侯邦国立法与 16 世纪德意志的邦国构建》，《世界历史》2019 年第 2 期。

⑤ 牛勇：《英国与柏林空运（1948—1949）》，《首都师范大学学报》（社会科学版）2019 年第 3 期。

⑥ 曹强：《再论德意志第二帝国后期的"世界政策"——以"海权论"为中心的考察》，《外国问题研究》2019 年第 1 期。

⑦ 邢来顺：《德国威廉二世时期的世界政策及实施后果》，《经济社会史评论》2019 年第 1 期。

⑧ 朱孝远：《宗教改革与德国近代化道路》，广西师范大学出版社，2019。

⑨ 葛君：《二战后斯大林的德国政策再探讨（1945—1953）——基于与德国统一社会党领导人会谈记录的分析》，《华东师范大学学报》（哲学社会科学版）2019 年第 4 期。

⑩ 王亚平：《从德意志骑士团到普鲁士公国》，《经济社会史评论》2019 年第 1 期。

⑪ 王银宏：《人性、宗教信仰与帝国秩序——1555 年〈奥格斯堡宗教和约〉及其规制意义》，《史学月刊》2019 年第 11 期。

⑫ 邢来顺：《回归乡土与德意志帝国时期的现代化危机》，《历史研究》2019 年第 4 期。

历史教育在语义和范式上发生的转变及其影响。[①] 邓雪莉分析了纳粹强制绝育政策下德国妇女的社会角色，试图从新的视角揭示极权政府对女性社会角色选择的特殊影响。[②] 岳伟则以西柏林自由大学为核心，阐释了联邦德国"68 运动"的前因后果。[③]

思想文化史方面，胡浩探讨了 18 世纪末德国浪漫主义对犹太人生存和犹太社会变革所产生的影响。[④] 洪天富考察了马丁·路德宗教改革的反犹主义及其影响，并认为其反犹主义是宗教改革进程中出现的一股逆流。[⑤] 李伯杰、姜丽等展示了从中世纪至魏玛时期德国文化的历史发展、演变过程和独有的特点。[⑥] 董成龙通过文本考查，试图澄清"轴心时代"的历史命题，准确定位该术语与雅斯贝尔斯的历史哲学。[⑦]

史学史方面，陈浩介绍了一批活跃在国际舞台上的德国全球史学家的学术背景和学术作品，以及德国全球史的研究机构和学术刊物，以期读者对全球史在德国的发展脉络有一个清晰的认识。[⑧]范丁梁勾勒了 18 世纪至 20 世纪德国史学家对历史知识之建构性、目的性、功用性的认知变化，并认为这是他们为获取专业知识地位和社会现实地位而做出的建构、反思和调整。[⑨]

军事史方面，李晓亮利用俄文档案资料，梳理了苏联驻德军事卫戍机构在德国苏占区的活动及所起到的作用。[⑩]李晓如探究了苏联驻德军事管制机构中有关德国科学技术转移执行机构的形成与发展，以及在德国发明专

---

① 孙文沛、阮一帆：《从"再教育"到"奥斯维辛之后的教育"——二战后德国纳粹历史教育的失范与重构》，《教育学报》2019 年第 2 期。

② 邓雪莉：《纳粹强制绝育政策下德国妇女的社会角色》，《历史教学问题》2019 年第 2 期。

③ 岳伟：《联邦德国"68 运动"与高校管理体制变革——以西柏林自由大学为中心》，《世界历史》2019 年第 4 期。

④ 胡浩：《德国浪漫主义思潮对犹太社会的影响》，《史学月刊》2019 年第 4 期。

⑤ 洪天富：《马丁·路德与近代德国的反犹主义》，《同济大学学报》（社会科学版）2019 年第 2 期。

⑥ 李伯杰、姜丽等：《德国文化史》，安徽文艺出版社，2019。

⑦ 董成龙：《雅斯贝尔斯的"轴心时代"与欧洲文明的战后重建》，《探索与争鸣》2019 年第 3 期。

⑧ 陈浩：《全球史在德国的兴起与现状》，《史学理论研究》2019 年第 4 期。

⑨ 范丁梁：《现代德国史学历史知识的认知建构及其诉求转向》，《天津社会科学》2019 年第 4 期。

⑩ 李晓亮：《二战后苏联驻德军事卫戍机构的组建及其活动》，《内蒙古师范大学学报》（哲学社会科学版）2019 年第 3 期。

利及人员转移中起的作用。①

论文集方面，黄燎宇主编的《北大德国研究》②以"新帝国和老帝国"为主题，所收录的论文考察了德国和欧洲帝国思想的延续和嬗变，探讨了如何以历史为依托剖析现当代问题、寻找解决矛盾和争端的方案。

综上所述，2019 年国内德国近现代史研究仍然偏重传统的政治外交史研究，不过社会史与思想文化史方面的成果也很丰硕。此外，出现了德国环境问题与环境治理方面的研究成果，但数量十分有限。国内在这方面的研究仍然处于起步阶段，未来国内德国史学者还需加大对这方面的关注。

（四）南欧近现代史研究新进展

文艺复兴史一直是意大利史研究的重中之重，2019 年国内学者继续在此领域收获果实。王新梅关注了意大利政论家圭恰尔迪尼。③ 卢镇探讨了意大利文艺复兴时期的赫尔墨斯主义。④ 他指出，文艺复兴时期的人文主义者在理论上把赫尔墨斯主义塑造成了古代智慧的代表，这一形象是文艺复兴"复古运动"的延续和结果，更是在新的历史背景之下，人文主义者试图解决意大利面临的社会问题、重构基督教信仰而进行的一种积极和深刻的思考。此外，在巴尔干史领域，高建芝以马其顿问题为切入点，再次探讨了第一次世界大战的起源问题。⑤

第二部分　北美史研究新进展

2019 年，国内北美史研究稳步推进。总体来看，国内美国史研究欣欣

---

① 李晓如：《简述苏联驻德军事管制机构对德国科学技术的转移——以机构发展、发明专利及人员转移为中心》，《历史教学（下半月刊）》2019 年第 3 期。
② 黄燎宇编《北大德国研究》（第 8 卷），北京大学出版社，2019。
③ 王新梅：《从政治犬儒主义者到替罪羊：圭恰尔迪尼历史形象述论》，杨关乐主编《史学理论与史学史学刊 2019 年上卷（总第 20 卷）》，社会科学文献出版社，2019，第 193～211 页。
④ 卢镇：《意大利文艺复兴时期的赫尔墨斯主义解析》，《史学月刊》2019 年第 8 期。
⑤ 高建芝：《第一次世界大战起源再探——以马其顿问题为视角（1903—1913 年）》，《史学集刊》2019 年第 5 期。

向荣，加拿大史研究渐有起色。这里简要介绍美国史、加拿大史研究的
概况。

（一）美国政治外交史

美国外交史方面，实证研究的成果占绝大多数，其中中美关系史依然
是研究的一个重点。陈海懿认为，九一八事变后，以国联调查团的产生为
中心，解构九一八事变后美国的因应过程，可以发现美国的立场直接影响
到调查团的派遣，这种立场具有明显的阶段性转变，而此种转变折射出的
美国外交策略既是日本侵华的重要推手，又是间接迫使美国转变立场的内
在原因。① 刘芳通过对 1900 年义和团运动期间美国国家档案馆藏外交与军
事档案的挖掘发现，就在倡导维护中国的领土与主权完整的同时，美国也
曾觊觎中国的领土，努力想要重新获得天津美租界，建立鼓浪屿公共租
界，并在中国占领一个海军基地。但迫于已经对外宣布的政策，美国政府
寻求中国领土的行动十分隐秘，施行起来也不够彻底，体现了近代美国对
华政策的两面性和矛盾性。② 尹涛、柴景枝认为，司徒雷登的使华悲剧实
由美国对华政策所造成，但司徒雷登关于美国对华政策经验的总结包含有
益成分。③ 傅高义认为，中美关系 40 年是成功的，中国和美国都得到了很
大的发展。中美两国的领导人对中美正式建交做出了巨大的贡献，特别是
邓小平改变了历史。但现在两国关系有些紧张，究其原因，有美国国内的
问题，也有美国与中国之间的问题。④ 欧阳军喜指出，美国对五四运动的
发生、发展和演变产生了重大影响。五四运动最初的外部思想动力来自
"威尔逊主义"，而"威尔逊主义"的失败又导致五四运动发生方向性转
折。⑤ 孙晓光、张赫名认为，美国南海政策是基于美国地缘战略构想生发
的。基于多位地缘政治家的理论，根据冷战结束之后亚太地区的新形势，

① 陈海懿：《九一八事变后美国的因应和国联调查团产生》，《民国档案》2019 年第 4 期。
② 刘芳：《1900 年美国对中国领土的觊觎——以美国国家档案馆藏外交、军事档案为中
　心》，《史学集刊》2019 年第 2 期。
③ 尹涛、柴景枝：《战后美国的对华政策与司徒雷登使华》，《济南大学学报》（社会科学
　版）2019 年第 2 期。
④ 〔美〕傅高义：《对中美关系 40 年的思考》，《复旦学报》（社会科学版）2019 年第 2 期。
⑤ 欧阳军喜：《论美国对五四运动的影响》，《中共党史研究》2019 年第 4 期。

美国在南海地区实施以加强军事存在、强化舆论战为主要内容的对外政策，其目的就是插手南海事务，攫取在亚太地区的海洋利益。冷战结束之后，美国实施的南海政策，影响了南海地区局势的稳定，有引发地区军备竞赛的危险，引发了亚太地区地缘政治格局的新变动。①

此外，冷战时期美国和苏联的关系也是国内学者讨论的热点。王颖鹏对在苏联成功研制出第一颗原子弹之前美国开展的大量核情报活动进行了研究。② 王子晖认为，20 世纪 70 年代，苏联公民中出现了以犹太人为主的移民美国等西方国家的热潮，这给美国了解苏联社会状况提供了可供调查的样本。调查所搜集的大量信息，为项目专家组给作为资助者的美国政府机构撰写工作报告和自己发表论文及出版专著提供了资料基础，而项目所取得的成果则能够验证以往学者所提出的相关假说，也得出了诸多涉及苏联社会各个领域的量化结论。③

在美国与其他欧洲国家关系方面，成果相对较少，成果主要体现在美国与英国的文化关系问题上。张南通过观察近代美国对英国文学作品大量的盗版和对美国印刷制造业的保护，总结与归纳美国在由发展中国家变为发达国家的进程中对版权保护产生应然变化的原因和规律。④ 关于美国与其他发展中国家或重要地区的外交史研究亦有成果。刘任、于群指出，美国对巴西的"第四点行动计划"的主要目标是向巴西政府提供贷款，帮助发展巴西国内经济方面与美国合作的项目。冷战开始后，美国政府的"全球性战略"忽视了拉丁美洲，引起了巴西的强烈不满。杜鲁门政府希望通过两国合作计划缓解其与巴西政府之间的矛盾，力图让巴西政府重新支持美国的外交政策，并希望通过美国国内强大的私人资本控制巴西的经济命脉，以达到"事半功倍"的效果。⑤ 至于美国与南亚国家关系方面，张瑾

---

① 孙晓光、张赫名：《试论冷战结束以来美国的南海政策》，《史学月刊》2019 年第 6 期。
② 王颖鹏：《苏联核试验早期美国的核情报活动（1939—1949）》，《史学月刊》2019 年第 2 期。
③ 王子晖：《冷战后期美国对苏联社会状况的调查——以"苏联访谈项目"为中心》，《史学月刊》2019 年第 1 期。
④ 张南：《近代英美版权纠纷探考》，《东北师范大学学报》（哲学社会科学版）2019 年第 4 期。
⑤ 刘任、于群：《美国对巴西的"第四点行动计划"（1946—1953）》，《浙江学刊》2019 年第 2 期。

指出，20 世纪 50 年代美国多次出台针对南亚的外交战略，美国国家安全委员会的档案文件中对南亚的政策涉及印度、巴基斯坦、阿富汗、锡兰和尼泊尔。当时是冷战初期，美国的南亚政策是为冷战服务的，最终目标是遏制共产主义。美国国家安全委员会文件对南亚的战略包括了对南亚的局势分析、政策目标和具体行动方案等方面。美国这一时期的南亚政策在一定程度上取得了进展，但也存在复杂的危机。[①] 孟亮认为，印度洋在美国早期对外扩张中占据一席之地。自 1783 年美国独立到 19 世纪中叶，美国巧妙地利用欧洲列强之间的矛盾制定对外扩张战略，在不改变印度洋已有秩序的前提下，通过缔结双边条约、武力威慑等方式，成功地获得了"最惠国待遇"和商业特权，在印度洋沿岸建立起商业网络。从方式上看，美国基本未使用武力征服手段，就在印度洋地区获得了同欧洲列强相同的利益。美国在印度洋的早期经略有利于其维护海上交通线路畅通、拓展贸易市场、控制战略要冲，为日后建立印度洋海权乃至全球性海权奠定了基础。本质上看，美国经略印度洋与欧洲的殖民主义扩张并无区别。[②]

在美国外交史的理论方面，内森·J. 西蒂诺指出，长期以来，美国对外关系研究的新路径并没有对例外论者的假设构成挑战，同时也无法对全球范围内的美国经验提供一个比较视角，有必要将边疆路径引入美国对外关系研究的领域，这样不仅有助于相关研究的推进，而且能够突破特纳理论的局限，进而更全面地看待包括当代跨国市场等在内的美国的内部发展与海外扩张历程。[③] 不过，以往美国外交史研究中存在的问题在 2019 年依然没有大的改观，比如对 20 世纪以前美国外交史的研究依然比较弱。

在美国政治制度史方面，茹亚伟、于群指出，冷战开始之后，为了应对苏联的挑战，美国国家安全的外延和内涵从范围上和内容上都突破了传统。美国社会科学研究为了满足国家安全的需要，从研究内容到研究方法上实现了巨大突破。现代化理论是冷战时期美国社会科学研究达到顶峰的

① 张瑾：《20 世纪 50 年代美国的南亚政策探析》，《杭州师范大学学报》（社会科学版）2019 年第 3 期。
② 孟亮：《美国在印度洋的早期经略探析》，《历史教学（下半月刊）》2019 年第 6 期。
③ 〔美〕内森·J. 西蒂诺著，袁剑、刘玺鸿译《全球边疆：美国对外关系中的比较史与边疆研究路径》，《民族学刊》2019 年第 2 期。

重要标志，同时也是政府与学术界合作的典型代表。事实证明，这种有悖于学术中立的研究并没有将不发达国家引向繁荣，由于现代化理论过分注重西方经验反而给这些地区带来动荡。[①] 罗超探究了内战时期美国联邦政府的战俘政策，认为美国内外的战争经验形成了美国战俘政策三原则，即对等交换、适度报复与不承认特定参战群体的战俘身份，贯穿于联邦政府处理内战战俘问题的始终。作为军政利益的祭品，战俘成了南北双方的重要宣传工具。相互冲突的战俘叙事加剧了南北认同的分化，阻碍了民族和解的实现。[②] 郭巧华指出，美国建国初期，宪法契约条款是联邦最高法院判决有关财产权案件所依据的一项重要条款，特别是在马歇尔法院时期，最高法院频频启用该条款，将该条款广泛运用到公共和私人的合同中，极大地捍卫了私人财产权和契约的神圣性。作为早期联邦最高法院的核心人物，约翰·马歇尔对宪法契约条款尤为钟爱。[③] 余志森探讨了 20 世纪上半叶美国历史发展的曲折性，认为在 20 世纪上半叶，全球视野中的美国正处于从强国到超级大国的转化进程之中，历史发展呈现曲折性特点。曲折性的形成取决于世界格局的演变，取决于美国历史发展的自身逻辑，取决于美国资本主义体制的内在矛盾和移民文化的内涵。[④]

（二）美国经济史

中美贸易摩擦是近期热点问题，围绕中美贸易摩擦有一系列文章发表，例如马伟探讨了自 2018 年以来中美贸易摩擦的起源与发展，认为中美贸易摩擦的关税战短期内难以解决，中国要做好长期应对中美贸易摩擦的准备。[⑤] 罗振兴指出，特朗普政府对华贸易政策发生了根本性转向，其重

---

① 茹亚伟、于群：《冷战时期美国国家安全与现代化理论的因应关系研究》，《湖北社会科学》2019 年第 9 期。
② 罗超：《论内战时期美国联邦政府的战俘政策》，《华中师范大学学报》（人文社会科学版）2019 年第 3 期。
③ 郭巧华：《约翰·马歇尔有关宪法契约条款的理念——以美国联邦最高法院的案例为中心》，《史学月刊》2019 年第 7 期。
④ 余志森：《20 世纪上半叶美国历史发展曲折性初探——从强国到超级大国的曲折路径》，《历史教学问题》2019 年第 4 期。
⑤ 马伟：《中美贸易摩擦：源起、发展现状与未来展望》，《美国问题研究》2019 年第 4 期。

构中美经贸关系的动力源自经济民粹主义和经济民族主义。①

在经济史领域，王新谦探讨了战后初期美国对外经济政策的主要设计师和推动者威廉·克莱顿在马歇尔计划形成过程中的重要贡献。② 苏京春、王琰总结了美国六轮减税措施中涵盖的内在逻辑。③ 张红菊探讨了美国联邦个人所得税制度确立的社会历史背景，个人所得税制度的完善对美国公民意识的培养、现代价值观的形成、社会公平正义的促进以及政府职能的转变产生了广泛而深刻的影响。④ 李莉文从"逆全球化"的表象与根源入手，指出中国企业在美并购呈现的一些新特征。⑤

（三）美国社会文化史

美国社会文化史研究面广，但较分散。孙天昊、盛斌指出，面对美国在全球化进程中的价值冲突，特朗普政府做出了"美国优先"的政策选择。⑥ 李庆四、翟迈云认为"白人至上主义"在 2016 年特朗普当选总统之后在美国再度抬头，其根本成因是在"政治正确"观念不断扩张的背景下，中下层白人由于丧失其在社会各领域的主导权而产生的不安与焦虑。⑦ 刘雅军强调 20 世纪 60 年代是美国黑人史书写的分水岭，逐渐从传统的贡献论、斗争论转向黑人共同体及其文化。⑧ 张宇权、程越关注的是越裔美国人在美组织问题，认为越裔美国人组织在美政治参与具有明显的反对越

---

① 罗振兴：《特朗普政府对中美经贸关系的重构——基于经济民粹主义和经济民族主义视角的考察》，《美国研究》2019 年第 5 期。

② 王新谦：《威廉·克莱顿对马歇尔计划的历史贡献》，《史学月刊》2019 年第 12 期。

③ 苏京春、王琰：《美国二战后六轮减税的逻辑及演进中的宏观调控——兼论对我国供给侧结构性改革与宏观调控抉择的启示》，《华中师范大学学报》（人文社会科学版）2019 年第 4 期。

④ 张红菊：《美国联邦个人所得税制度的确立及其社会影响》，《安徽史学》2019 年第 6 期。

⑤ 李莉文：《"逆全球化"背景下中国企业在美并购的新特征、新风险与对策分析》，《美国研究》2019 年第 1 期。

⑥ 孙天昊、盛斌：《墙还是梯子？——美国在全球化进程中的价值冲突与特朗普政府的选择》，《美国研究》2019 年第 4 期。

⑦ 李庆四、翟迈云：《特朗普时代美国"白人至上主义"的泛起》，《美国研究》2019 年第 5 期。

⑧ 刘雅军：《20 世纪美国的黑人史书写及其对美国史的影响》，《史学月刊》2019 年第 11 期。

南政府的特征。① 令狐萍提出，新生代中国留美学生不同于传统中国留学生，新生代中国留美学生具有经济状况优越、熟悉美国流行文化、熟悉网络软件的运用、注重社会媒体、注重实用性学科与知识等特点。②薛冰清通过探讨 18 世纪 80 年代查尔斯·威尔逊·皮尔创立的美国最早的自然与艺术博物馆，彰显了文化事业在美国早期国族构建中的地位和作用。③ 许镇梅指出，美国学术界对"平民主义"这一主题的研究经历了多次范式转变，当前的"特朗普现象"或许成为影响其下一步走向的关键。④

（四）美国环境史

2019 年，美国环境史研究取得了一定进步。学术交流活动频繁，学术研究成果也不断涌现。

在学术交流方面，环境史学术会议和学术讲座频繁举办。比较重要的会议有三次：中国人民大学在 2019 年 5 月 30 日~6 月 1 日组织召开的"历史、人文视野下的自然与健康"国际学术研讨会；南开大学在 6 月 21~23 日举办的"美国历史上的人与环境变迁"国际学术研讨会；复旦大学在 12 月 6~8 日举办的"历史上的环境与社会"学术研讨会。中国社会科学院世界历史研究所、中国人民大学生态史研究中心、清华大学绿色公众史学中心、中山大学历史系都数次组织环境史系列学术讲座。值得一提的是，南开大学还在 6 月下旬组织了"自'哥伦布大交换'以来——环境史视野下的美国历史变迁"研习营，参加者是来自全国近 30 所高校的师生。

2019 年，环境史的学术成果以论文和译著为主。从论文来看，关于环境史的理论探讨不多，个案研究越来越受重视。关于理论探讨，涉及的问题包括学科特性、比较研究的重要性、冷战环境史、政治环境史等。侯深

① 张宇权、程越：《越裔美国人在美组织及其政治参与研究》，《美国研究》2019 年第 3 期。
② 令狐萍：《新生代中国留美学潮：影响、特点及趋势》，《深圳大学学报》（人文社会科学版）2019 年第 1 期。
③ 薛冰清：《美国建国初期的公共文化空间与国族构建——以皮尔博物馆为中心》，《史学月刊》2019 年第 3 期。
④ 许镇梅：《美国平民主义研究的百年起伏》，《史学月刊》2019 年第 4 期。

分析了中美比较环境史研究的可能和重要性。[①] 刘合波概述了冷战环境史研究这一新领域的兴起。[②] 胡宇哲考察了美国环境政治史学者塞缪尔·海斯治史路径的转变。[③] 高国荣从助推动力、研究重点和价值取向方面探讨了农业史和环境史的区别。[④] 理论探讨对环境史学科建设不可或缺，今后还需要加强。

实证研究涉及资源开发、污染治理、国家公园、传染病、环境外交、媒体报道等方面。李鸿美探讨了美国西部大开发进程中《植树法》（1873）在美国的兴废。[⑤] 张宏宇考察了捕鲸业在美国的兴衰。[⑥] 黄耘子分析了红杉国家公园建立过程中多方的不同诉求与利益博弈。[⑦] 王光伟探讨了传染病对美国内战进程的影响。[⑧] 王薇探讨了《纽约时报》40 年来对中国环境的负面报道及其恶劣影响。[⑨] 多数成果的选题比较具体，还运用了一些一手资料，作者队伍总体也较为年轻，但在原创性研究、史料甄别运用、宏观历史背景把握等方面还有待加强。

环境史在国内还处于起步阶段，虽然学术活动频繁，但有影响力的学术成果较为缺乏，能提出独到见解的研究成果也不多。

（五）加拿大史研究

2019 年，国内加拿大史研究发表的论文，集中于文化教育史、政治

① 侯深：《"例外的"自然——论中美比较环境史研究的重要性》，《学术研究》2019 年第 2 期。
② 刘合波：《史学新边疆：冷战环境史研究的缘起、内容和意义》，《世界历史》2019 年第 2 期。
③ 胡宇哲：《从新政治史到环境政治史：塞缪尔·海斯治史路径的转变》，《史学理论研究》2019 年第 3 期。
④ 高国荣：《试析农业史与环境史的区别——以 20 世纪中美两国的相关研究为例》，《社会科学战线》2019 年第 9 期。
⑤ 李鸿美：《美国大平原开发与 1873 年〈植树法〉的兴废》，《世界历史》2019 年第 3 期。
⑥ 张宏宇：《世界经济体系下美国捕鲸业的兴衰》，《世界历史》2019 年第 4 期。
⑦ 黄耘子：《因为红杉——20 世纪 60 年代美国红杉国家公园设立之争》，《学术研究》2019 年第 2 期。
⑧ 王光伟：《美国内战中的传染病及其对战争进程的影响》，《世界历史》2019 年第 3 期。
⑨ 王薇：《〈纽约时报〉四十年来关于中国环境报道的演变》，《南开学报》（哲学社会科学版）2019 年第 6 期。

史、外交史、经济与社会史和早期史。观察这些研究成果可以发现，坚持吸收和学习西方史学界的先进理论框架和研究方法，坚持历史唯物主义历史观，就可以在诸多重大的学术研究课题中有所建树，并努力在历史唯物主义的指引下发出中国声音。

2019 年 9 月，哈尔滨工业大学加拿大研究所承办了中国加拿大研究会第 18 届年会暨学术研讨会，吸引了来自加拿大和国内多所高校和研究机构的近 80 位专家学者参会。8 个分会场的学者们分别就加拿大历史与文化、加拿大政党和外交、中加贸易等专题进行了研讨，与会学者提交了约 30 篇论文。

2019 年，国内发表的加拿大研究成果以中加双边贸易、中加关系、北极问题、加拿大多民族问题、加拿大教育问题为主。加拿大史方面，学者们对政治、经济、移民、魁北克问题、多元文化等涉及较多。如张茹炳撰文指出，加拿大的北极主权源于英国的转让，而 20 世纪初加拿大对于北极主权的维护宣布了其在北极的主权领有。与此同时，作者认为，加拿大对北极群岛等地理状况的清晰了解，导致其产生了界定主权边界的"扇形理论"，以及对于北极区域诸多地区的有效占领。[1] 张小波、李成认为，《美国-墨西哥-加拿大协定》对美、墨、加三国影响深远，为北美经济一体化做出了重要贡献，但是也存在一定争议。新的美墨加协定是特朗普就任美国总统以来达成的重要贸易协定，对世界贸易组织未来的改革走向将产生较大影响，预计将影响美国与日本、欧盟和英国等经济体进行的谈判。该协定维持了原协定的基本框架，吸收和改进了《跨大西洋伙伴关系协定》中关于电子商务、知识产权、国有企业、竞争和监管等内容，并且加入了专门针对中国的条款，预计将对中加贸易产生较大影响，需要我们认真研究对策。[2]

总之，2019 年国内欧洲近现代史和北美史研究仍然是中国世界史研究的重点领域，在一定程度上体现着中国世界史研究的最新发展方向。与此

---

[1] 张茹炳：《19 世纪末至 20 世纪 20 年代加拿大北极主权维护》，《西部学刊》2019 年第 5 期。

[2] 张小波、李成：《论〈美国-墨西哥-加拿大协定〉背景、新变化及对中国的影响》，《社会科学》2019 年第 5 期。

同时，学界的相关研究仍存在偏向英美、忽视某些国别和地区的固有问题，需要在今后的学科建设与人才培养方面着力改善。

（本文系中国社会科学院中国历史研究院世界历史研究所欧美近现代史学科组撰写。）

中国英国史研究的重点和热点
（2016~2018）

尹建龙

【摘要】改革开放 40 年来中国的英国史研究取得了丰硕成果，形成了人数众多、实力强大的研究者梯队。依据对 2016~2018 年立项的国家社科基金重大项目、重点项目、一般项目和青年项目以及在《世界历史》上所发表的高水平学术论文的统计分析，2016~2018 年国内英国史研究关注的重点和热点是英国经济社会史、英国医疗社会史、英国环境史、中英关系史。中国英国史研究者抱有强烈的"经世致用"学术思想，主动根据国家内政外交的需要，选择有较高咨政借鉴价值的学术选题，保持并发扬了学术研究要服务国家战略、服务国家需要的优良传统。

【关键词】国家社科基金 《世界历史》 英国史

一

2018 年是新中国改革开放 40 周年，以《世界历史》为代表的国内重要期刊邀请了一批著名学者对改革开放以来世界史各研究领域的发展历程、研究动态、重点和热点等进行了学术史的梳理。中国英国史研究会荣誉会长钱乘旦应邀撰写了《改革开放以来的英国史研究》[①] 一文，回顾了40 年来英国史研究领域的重要学者、项目和论文以及学术界关注和争论的

---

① 钱乘旦：《改革开放以来的英国史研究》，《世界历史》2018 年第 4 期。

主要学术问题，非常清晰地介绍了英国史研究的发展历程。

老一辈英国史研究者的坚守努力和改革开放以来国家在基础教育、大学教育中对英语教学的特殊重视，为英国史和英语国家研究提供了大量潜在人才，使其与其他国别史研究（如俄罗斯语国家、西班牙语国家、法语国家研究等）相比优势明显，形成了今天中国世界史学科英语国家和区域史研究相对繁荣的局面。钱乘旦教授在《改革开放以来的英国史研究》中指出，改革开放 40 年来，中国英国史研究的队伍已经从起初的二三十人发展成一支数百人的学术梯队，"英国史研究是目前国内世界史学界人数最多的领域之一，也是研究方向最集中的领域之一"。

笔者对 2016~2018 年中国英国史研究领域的重点和热点做了简单、粗略的梳理，主要依据是立项的国家社科基金项目①和《世界历史》期刊发表的学术论文，希望能从这三年的项目和论文分类数据中看出近期英国史研究界关注的重点和热点。英国史专门领域的近年研究概况已经有相关学者专门负责梳理，例如潘迎华对 2015~2018 年中国学术界关于英国妇女史研究的综述，梳理得非常详细，观点介绍得非常全面。

需要着重指出的是，党的十八大以来国家对国别和区域研究高度重视，教育部首先于 2011~2012 年在外语类院校建设了近 40 家国别和区域研究重点培育基地——如在北京外国语大学和上海外国语大学分别设立了英国研究中心——并给予较大资助，2017 年又在综合类大学设立的各种国别和区域研究机构中评估遴选了 300 多家研究中心作为国别和区域研究的备案基地，如南开大学的拉丁美洲研究中心、希腊研究中心、美国研究中心等。各国别和区域研究中心大多是跨学科研究平台，鼓励来自外国语言文学、政治学、世界史、法学、经济学等学科的学者开展交叉学科研究，许多研究成果不再局限于历史学，而是以历史学研究为基础进行扩大和延伸，在研究上更加倾向于当代问题研究。这是国内学术界英国史和英国研究的最新动态。

---

① 历年国家社科基金项目立项通知和名单，参见全国哲学社会科学工作办公室网站，http://www.npopss.gov.cn/。

二

依据 2016~2018 年国家社科基金项目立项情况和对《世界历史》期刊发表的学术论文的统计分析，国内英国史研究的重点和热点分布如下。

（一）英国经济社会史研究热度不减、引人注目

英国经济社会史是英国史研究的重点和热点之一，国家社科基金重大项目和重点项目立项数量多、高水平学术论文发表数量多。在国家社科基金立项方面，2016 年、2017 年、2018 年连续有重大项目和重点项目立项（共 5 项，见表 1），这在学术界是不多见的。

表 1 2016~2018 年立项的国家社科基金重大项目和重点项目（英国经济社会史）

年份	重大项目	主持人及单位	重点项目	主持人及单位
2018	多卷本英国赋税通史	顾銮斋 山东大学	英国藏怡和、太古集团糖业档案资料整理与研究	赵国壮 西南大学
2017	英国经济社会史文献学专题研究	张乃和 天津师范大学	近代英国公司法人制度研究	张乃和 天津师范大学
2016	欧洲社会福利制度构建的历史经验及其对中国的启示	陈晓律 南京大学		

这些重大项目和重点项目的选题覆盖了英国的财政税收、公司制度、福利制度三大方面。相关档案文献的整理主要集中在企业档案资料和经济社会史文献方面。2016~2018 年，中国英国史领域立项的国家社科基金项目中英国经济社会史的重大项目和重点项目立项数保持了"三连冠"，一般项目和青年项目 12 项（见表 2），占比最高。2016~2018 年，《世界历史》发表英国经济史方面的文章共计 12 篇（见表 3）数量远超英国史领域的其他方面。

表2　2016~2018年立项的国家社科基金一般项目和青年项目（英国经济社会史）

年份	项目名称	主持人及单位
2018	19世纪英国服饰的变革研究	谭赛花 湖南师范大学
	家庭财产继承与近代早期英国社会转型研究	陈志坚 首都师范大学
	近代早期英国土地信托研究	孙小娇 山东师范大学
2017	英国工业社会的老年群体与养老问题研究（1934—1948）	吕晓燕 江西师范大学
	19世纪英国贵族和乡绅在乡村转型过程中的作用研究	任有权 云南大学
	中世纪英国货币制度变迁研究（973—1520）	崔洪健 河南师范大学
	英国与中国财政制度的历史比较研究（1492—1815）	刘强 东北财经大学
	宗教改革与英国近代早期城市发展研究	刘涛 郑州大学
2016	全球化视野下英国消费社会兴起与变迁研究（1700—1900）	曹瑞臣 菏泽学院
	近代早期英国消费社会的兴起研究	李新宽 东北师范大学
	19世纪英格兰农村土地关系研究	杨晓敏 河北师范大学
	英国金本位制的形成、运行与崩溃研究	文礼朋 桂林电子科技大学

表3　2016~2018年《世界历史》发表的学术论文（英国经济社会史）

论文题目	作者
中古晚期英格兰郡共同体探析	陈日华
工业化时期英国的血亲关系与土地流动	郭爱民
近代英国劳资争议仲裁制的兴起	刘金源
近代早期英国有息借贷观念的嬗变	唐科
18世纪英国奢侈消费大讨论	李新宽
18世纪英国服饰消费与社会变迁	王洪斌

续表

论文题目	作者
英国 1830 年《啤酒法》与酒类流通管理制度的变迁	王晨辉
近代早期英国治安法官的济贫实践	初庆东
18 世纪苏格兰启蒙运动的"商业社会"理论——以亚当·斯密为中心的考察	李宏图
圈地运动前英国封建保有地的蜕变	侯建新
charity 概念在英国的历史流变及其社会意蕴	周真真
内驱与统合：英国棉纺织工业的发展及对全球体系的影响	杨松　马瑞映

从国家社科基金一般项目和青年项目的名称、《世界历史》发表的论文的主题来看，国内学术界对于英国经济社会史的研究日趋细化和深入，彰显出很高的研究水平。英国土地制度和乡绅贵族阶层研究历来是英国史研究的重点，北京大学马克垚、天津师范大学侯建新、南京大学沈汉、河南大学阎照祥在这一领域进行了长期耕耘，取得了非常丰富的成果，培养了大批研究人才。云南大学任有权深入研究了英国贵族和乡绅在 19 世纪乡村社会转型中的作用，山东师范大学孙小娇研究了近代早期英国土地信托制度和影响。河北师范大学杨晓敏对 19 世纪英格兰农村土地关系的研究、南京师范大学郭爱民对工业化时期英国的血亲关系与土地流动的研究、南京大学陈日华对中古晚期英格兰郡共同体的研究，在研究的时段和具体问题上都更加细化、深化。另外，英国的工业化和社会转型一直是学界关注的热点，吸引了众多学者在这一领域投入大量精力，并取得了丰硕成果，例如首都师范大学陈志坚对家庭财产继承与近代早期英国社会转型的研究、江西师范大学吕晓燕对英国工业社会的老年群体与养老问题的研究、菏泽学院曹瑞臣对全球化视野下英国消费社会兴起与变迁的研究、南京大学刘金源对英国劳资关系的深入探讨、上海师范大学李新宽对近代英国消费社会的研究等，不断拓展英国经济社会史研究的新领域和新视野，令人耳目一新。

（二）英国医疗社会史研究异军突起、潜力巨大

近 10 年来，英国医疗社会史研究吸引了一批颇具潜力的中青年学者关注。在这一领域具有代表性的领军学者包括上海大学张勇安、陕西师范大

学李化成、南京大学闵凡祥、临沂大学魏秀春等。2016～2018 年在国家社科基金项目立项、高水平学术论文发表（见表 4、表 5）方面的成果显著，使这一领域的研究呈现生机勃勃的态势。

表 4 2016～2018 年立项的国家社科基金一般项目和青年项目（英国医疗社会史）

年份	项目名称	主持人及单位
2016～2018	公共健康视阈下英国儿童福利制度研究（1862—1948）	魏秀春 临沂大学
	英国工业化时期的酗酒问题及其治理研究（1830—1900）	王晨辉 陕西师范大学
	17—19 世纪英国精神疾病与精神卫生问题研究	邹翔 曲阜师范大学

表 5 2016～2018 年《世界历史》发表的学术论文（英国医疗社会史）

论文题目	作者
19 世纪英国全科医生群体的崛起及影响	王广坤
19 世纪英国围绕性病防治的争端	毛利霞
英国 1830 年《啤酒法》与酒类流通管理制度的变迁	王晨辉
走近艾萨克·牛顿的疯癫：人文与科学的多重阐释与构建	邹翔
20 世纪英国学校健康服务体系探析	魏秀春

医疗社会史研究的范围不断拓展，实现了中西交融和比较研究，不再局限于英国史研究范畴。由上海大学历史学系创办、张勇安主编的《医疗社会史研究》（*Journal of Social History of Medicine*）半年刊，自 2016 年创刊以来，吸引了全球华人学者积极投稿。

（三）英国环境史研究热度不减

英国环境史研究持续受到关注（见表 6、表 7），带动其他国别环境史研究的进步。环境史研究的深化需要实现多学科的交叉与合作、加强环境史与社会史研究的结合，同时需要加大团队建设力度，提高对青年研究者的吸引力，形成高水平、成系列的研究成果。

表6 2016年立项的国家社科基金重大项目（英国环境史）

年份	重大项目	主持人及单位
2016	环境史及其对史学的创新研究	梅雪芹 清华大学

表7 2016年《世界历史》发表的学术论文（英国环境史）

论文题目	作者
19世纪英国城市的新鲜空气诉求	严玉芳、梅雪芹
19世纪英国人对伦敦烟雾的认知与态度探析	陆伟芳

清华大学梅雪芹是国内英国环境史和外国环境史研究的重要开拓者，梅老师在环境史研究领域的系列专著、译著和文章，让中国英国史研究界的研究生和博士生意识到了环境史研究的重要性和潜力，吸引了许多求学之路上的年轻人从事这一领域的研究，同时也对其他国别环境史和中国环境史的研究起到了巨大的推动作用，例如推动了许多学者致力于澳大利亚环境史、美国环境史的研究。梅老师近年来致力于推动环境史与社会史、史学理论和史学史研究的融合，在2016年获批了国家社科基金重大项目"环境史及其对史学的创新研究"。环境史也吸引了许多成名学者开展跨界研究，例如上海师范大学陆伟芳长期关注英国城市史研究，成果丰硕，她所撰写的《19世纪英国人对伦敦烟雾的认知与态度探析》一文就从新颖的视角将伦敦城市史和环境史研究结合起来。目前，环境史研究由于难度较大，迫切需要加强环境史研究的团队建设，加大对青年学者的培养支持力度。

（四）中英关系史受到学术界关注，国家社科基金项目立项数量较多

从学科划分上看，中英关系史既可以被归类为中国史一级学科下的中外关系史，也可以被列入世界史一级学科下的专门史，而关于当代中英关系的研究，也可以被列入国际关系研究的范畴。受中国"一带一路"倡议和扩大对外开放政策的影响，中英外交、双边贸易、文化交流研究保持了较好的发展势头，中英关系史受到学术界关注较多（见表8、表9），且研究内容非常广泛。

表 8 2016~2018 年立项的国家社科基金一般项目和青年项目（中英关系史）

年份	项目名称	主持人及单位
2016~2018	英国对华决策新发展及其对中英关系的影响研究	王展鹏 北京外国语大学
	英国侵藏急进派对中印关系的影响研究（1888—1949）	梁忠翠 淮阴师范学院
	英国退欧影响下的欧盟发展新态势与中欧关系研究	冯存万 武汉大学
	英美在华传教士与抗日战争研究（1931—1945）	徐炳三 华中师范大学
	英国外交文献所记南京大屠杀研究	崔巍 江苏省社科院
	近代英国殖民政府有关新马华侨华人的法律档案整理与研究	胡亚丽 广州大学
	近代英国建构的西藏形象的演变及其政治内涵研究	何文华 四川师范大学
	中英关系视野下的《京报》英译、传播及其影响研究	赵莹 山西大学
	英国对台湾贸易政策解密档案整理汇编（1949—1979）	宋良 大连大学

表 9 2018 年《世界历史》发表的学术论文（中英关系史）

论文题目	作者
英国、美国与第一次台湾海峡危机	赵学功 南开大学

2016~2018 年国内英国史研究领域成果非常丰硕，除了上述的英国经济社会史、英国医疗社会史、英国环境史、中英关系史等领域的项目和论文外，在国内学术界长期关注的传统领域，如英国政治史、制度史、宗教史、帝国史等领域的研究都保持了正常热度，研究选题范围不断扩大、研究的深度和细化程度都达到很高水平，限于篇幅，不在此一一列举。

三

中国英国史研究者大多抱有较为强烈的"经世致用"学术思想，主动根据国家内政外交的需要，选择有较高咨政、借鉴价值的学术研究选题，保持并发扬了学术研究要服务国家战略、服务国家需要的优良传统。

如张瑾对二战后英美科技人才政策的梳理和研究契合了新时代中国特色人才培养评价机制转型的需要①；刘英奇对英国对外宣传策略的研究对我国改进对外宣传、塑造负责任大国的良好国际形象有借鉴作用②；李丽颖对苏格兰独立问题的研究、冯存万对英国"脱欧"及中欧关系影响的研究、肖文超对英国和库尔德问题由来的研究③，在选题上都紧贴近年来持续发酵、尚未解决、具有重要影响的国际问题，符合国家大力推动国别和区域研究的指导思想。

经济社会史研究大多关注近代英国的社会转型，特别是工业化推动下的社会转型、社会治理等问题，处于社会转型时期的今日中国可能面对同样的问题。污染防治是党的十九大确定的三大攻坚战之一，从这个意义上讲，英国环境史研究正当其时、大有作为、意义重大。

2012 年在陕西师范大学举办的中国英国史研究会年会上，刘新成教授号召中国的英国史研究者特别是青年学者在选题上关注国家战略需求、做经世致用之学。从 2016~2018 年中国英国史领域立项的国家级项目和发表的标志性论文来看，这已经成为广大同人默默践行的共识。

（作者系安徽大学历史系副教授，主要研究方向为西方经济社会史与中外关系史。）

① 张瑾：《近代英法科学家职业化及身份认同》，《深圳大学学报》（人文社会科学版）2017 年第 4 期。
② 刘英奇：《我们为什么对德宣战——一战期间英国反德宣传策略分析》，《历史教学（下半月刊）》2017 年第 12 期。
③ 李丽颖：《1689 年苏格兰革命对英格兰与苏格兰合并的影响》，《浙江师范大学学报》（社会科学版）2019 年第 5 期；冯存万：《多重危机视角下的欧盟政策调整及中欧关系》，《国际展望》2018 年第 6 期；肖文超：《一战后初期大英帝国对伊拉克库尔德人政策的衍变》，《史学集刊》2018 年第 4 期。

近年来西方学界的近代早期法国史研究*

熊芳芳

【摘要】 对 2013~2018 年几种主要的英文和法文刊物上有关近代早期法国史的文章统计表明，相比于社会史和经济史，政治史和文化史的研究是目前史学研究的主流。始于 20 世纪七八十年代的"文化转向"仍主导着近代早期法国史的研究，政治史中诸如统治艺术与宫廷政治、国王的形象塑造、王室仪式与象征物、宫廷中的女性与权力，文化史中诸如书籍史和阅读史、文本与写作、消费与物质文化、公共空间与公共舆论、精英文化与大众文化，以及近代早期的旅行受到学者青睐。社会史的研究则主要涉及慈善与济贫、疾病与医疗、大众叛乱、犯罪与司法诉讼等主题。宗教史领域的文化转向也颇为明显，尤其是对宗教群体的身份认同、宗教冲突中的暴力及其仪式表征的研究，既有学术本身的意义，也有深切的现实关怀。经济财政史的研究中，除乡村中的生产关系、城市行会、"勤勉革命"外，旧制度法国的公共信贷、财政改革与管理实践也颇受关注。从中我们看出近几年西方学界近代早期法国史研究的一些基本特点，或可为推进中国的法国史研究提供些许启发。

【关键词】 近代早期　法国史研究　绝对君主制　文化转向

---

* 特别感谢梁桂蓉、余叶、史欣灵、张瑞曦、陈琦和唐文一对上述外文期刊文章所做的初期整理。

以文艺复兴为起点、法国大革命爆发为终点的近代早期①无疑是欧洲史研究中最受关注的时段之一。这一时期是上承中世纪、下启现代文明的过渡时期，亦是在各种因素的激荡交织中，欧洲政治、经济、社会、思想、文化转型和变革的时期。作为理解现代西方文明形成最为关键的时段，无论是法国学者，还是英美学者和欧洲其他国家的学者，都对这一时期的研究倾注了极大的热情。从20世纪史学演进的脉络来看，可以不无夸张地说，近代早期法国史的研究恰似西方史学发展中的弄潮儿。如20世纪五六十年代西方学界有关封建主义向资本主义过渡的两次学术大讨论，便集中于中世纪晚期近代早期欧洲社会关系和生产方式及其性质的探讨。法国年鉴学派最著名的代表人物，从吕西安·费弗尔（Lucien Febvre）、费尔南·布罗代尔（Fernand Braudel）到勒华拉杜里（Emmanuel Le Roy Ladurie）等学者无不以15~18世纪史的研究为志业。20世纪七八十年代，新文化史在北美的率先兴起，更是将法国近代早期文化史的研究推向一个新的高潮，流韵至今。

期刊文章一般而言是学术前沿最快捷的反应，为便于国内同行了解欧美学界近代早期法国史研究的最新动态、研究领域和主题，我们对2013~2018年9种主要的英文和法文刊物上刊发的有关近代早期法国史的文章做了大致统计。统计的刊物包括：《法国史》（French History，牛津大学出版社）、《法国史研究》（French Historical Studies，杜克大学出版社）、《年鉴：历史与社会科学》（Annales. Histoire，Sciences Sociales）、《历史杂志》（Revue historique）、《近现代史杂志》（Revue d'histoire moderne et contemporaine）、《历史、经济与社会》（Histoire，Économie & Société）、《历史与计量》（Histoire & Mesure）、《17世纪》（Dix-septième siècle）和《18世纪》（Dix-huitième siècle）②。

粗略统计，2013~2018年这些刊物刊发的文章中，有关近代早期法国史的文章约200篇，涉及政治和政治文化史（50余篇）、文化史（新文化史，

---

① "近代早期"（early modern period），国内也译为"早期现代"或"现代早期"，对应于法国学者常用的"旧制度"（Ancien Régime）一词，大体指1450/1500年到1789年。这一术语在20世纪六七十年代首先为英语国家学者和德国学者所使用。参见 Hamish Scott, ed. , *The Oxford Handbook of Early Modern European History 1350 – 1750*, Vol. I: Peoples and Place，Oxford：Oxford University Press，2015，Introduction，p. 1。

② 《17世纪》和《18世纪》杂志中偏文学史、哲学思想史和艺术史的文章未统计。

约 50 篇）、社会史（20 余篇）、宗教史（10 余篇）、经济和财政史（20 余篇），以及思想观念史（10 余篇）、军事外交史和殖民史（10 余篇）等诸多领域。需略做说明的是，其一，所统计的刊物不一定能反映近代早期法国史研究的全貌，一些专门史刊物中的文章我们未做统计，如《城市史》（*Histoire urbaine*）、《法国经济史杂志》（*Revue française d'histoire économique*）、《历史与乡村社会》（*Histoire et sociétés rurales*）、《宗教史杂志》（*Revue de l'histoire des religions*）等。之所以如此选择，是为了大体了解综合性史学刊物在研究领域和主题上的偏向性。其次，诸多研究实则横跨多个研究领域，照理不能明确按政治、经济、社会、文化等传统史学门类来划分，不过为方便读者查阅，这里根据文章的主题和内容大致分类。此外，一些涉及全球史、跨国史、跨时段的文章未统计。因篇幅所限，本文仅择取学者们关注较多的领域及具有代表性的文章加以引介。挂一漏万，还请读者谅解。

一 政治史与政治文化史

有关近代早期法国政治史和政治文化史的文章 50 余篇，占文章总数的 25% 以上。研究主题大体包括统治艺术与宫廷政治、国王的形象塑造、王室仪式与象征物、宫廷中的女性、政治冲突和叛乱、领土整合与管理实践等。从中可以看出，政治文化史是目前政治史研究的主流。

自 20 世纪七八十年代以来，随着政治史的复兴，宫廷政治尤其是围绕凡尔赛宫的权力关系成为近代早期史家关注的主要问题之一。传统政治史家将凡尔赛宫廷视为国王笼络、压制贵族的工具，修正史家和文化史家则将庇护关系和派系斗争重新引入凡尔赛的高层政治中，并揭示出庇护关系和宫廷仪式在王国的政治派系和权力关系中所扮演的多重角色，国王的权力实践往往有赖于此类庇护关系和派系网络，由此展现出绝对权力在理论与实践上的差距。[①] 英美的法国史研究者尤为关注这一问题，如奥代德·

①　William Beik, "The Absolutism of Louis XIV as Social Collaboration", *Past & Present*, No. 188 (August 2005)；张弛：《法国绝对君主制研究路径及其转向》，《历史研究》2018 年第 4 期；〔英〕威廉·多伊尔：《何谓旧制度》，熊芳芳译，北京大学出版社，2013，第 34~41 页。

拉比诺维奇（Oded Rabinovitch）对 17 世纪佩罗家族（the Perraults）的研究。① 佩罗家族最著名的人物是夏尔勒·佩罗（Charles Perrault），即《鹅妈妈的童谣》（*Contes de ma mère l'Oye*）的整理者。其祖父是国王的刺绣师，父亲曾担任巴黎高等法院的律师，长兄让（Jean）也是律师，另一位兄弟皮埃尔（Pierre）曾任巴黎总税务官，还有一位兄弟克罗德（Claude）则是科学院院士（membre de l'Académie des sciences）以及王家建筑委员会的成员。夏尔勒于 1663 年由科尔伯任命，主管王国的艺术和文学政策，兼任铭文与美文学院的秘书，1672 年任国王的建筑总监。在《作为家族企业的凡尔赛宫》一文中，拉比诺维奇探讨了这一巴黎著名的文人家族如何利用自身作为文人、王家学院成员、科尔伯臣属的身份，将凡尔赛宫视为其从事科学实验、文学斗争和社会交往的场所。作者指出，佩罗家族实则利用凡尔赛作为家族晋升的阶梯，而非全然受制于国家所操纵的宣传机器。此类研究试图表明，凡尔赛宫并非只是恩宠和权力的分配者，或者"品味""时尚"的引领者，在君主制的文化实践中，它可能成为权臣主动谋求自身利益的工具，这一做法显然有别于那种自上而下（top-down）的文化绝对主义模式。②

有关国王或王室形象的研究，国内学界最熟悉的莫过于英国历史学家彼得·伯克（Peter Burke）的《制造路易十四》③，或是新文化史家通过考察大革命之前的各种小册子和地下文学，对大革命前夕国王和王后的去神圣化研究，并将其视为锻造大革命爆发之前政治文化语境的基本要素。④ 相比而言，对 18 世纪以前君主负面形象的研究则着墨不多。达米安·特里夸尔（Damien Tricoire）的《17 世纪晚期对君

---

① Oded Rabinovitch, " Versailles as a Family Enterprise：The Perraults, 1660 – 1700", *French Historical Studies*, Vol. 36, Issue 3（2013）.
② 有关佩罗家族的研究，还可参见拉比诺维奇的新著（Oded Rabinovitch, *The Perraults：A Family of Letters in Early Modern France*, Ithaca：Cornell University Press, 2018）。
③ 参见〔英〕彼得·伯克《制造路易十四》，郝名玮译，商务印书馆，2007。
④ 参见〔美〕罗伯特·达恩顿《旧制度时期的地下文学》，刘军译，中国人民大学出版社，2012；〔美〕罗伯特·达恩顿《法国大革命前的畅销禁书》，郑国强译，华东师范大学出版社，2012；〔法〕罗杰·夏蒂埃《法国大革命的文化起源》，洪庆明译，译林出版社，2015。

主制神圣性的攻讦》① 一文，通过考察 17 世纪晚期的诽谤小册子指出，针对国王的讽刺和诽谤并非如罗伯特·达恩顿（Robert Darnton）所言是启蒙时代的新现象，实际上在路易十四时期便已出现；国王的去神圣化也并非始于 18 世纪，而是更早。路易十四晚年的统治并不受欢迎，但很少有学者细致地探讨过其具体表现。特里夸尔详细分析了出版于 17 世纪晚期的四份小册子，指出 1690 年前后出现的针对国王的讽刺、诽谤和攻击，否定其神圣性和合法性的做法，与路易十四的宗教政策（与教皇的斗争）、冉森派（Jansénisme）所提倡的道德守戒主义（rigorisme），以及围绕王太子的宫廷派系斗争有关。他认为这些小册子极有可能出自王太子身边的支持者，对国王不满的贵族支持出版，并利用诽谤小册子作为政治斗争的工具，否定路易十四统治的合法性，希望王太子能尽早取而代之。这一研究无疑延续了解构路易十四的绝对王权，甚至其统治合法性的研究路径。不过值得进一步追问的是，此类攻讦君主的方式是否还可追溯至更早时期的政治和宫廷斗争？如圣巴托洛缪大屠杀之后，对查理九世和王太后凯瑟琳·德·美第奇的攻击在方式和内涵上与之是否有所不同？②

康托洛维茨（Ernst H. Kantorowicz）对"国王的两个身体"的研究，开创了美国的仪式学派（école cérémonialiste américaine）。对政治仪式及象征物的研究，被视为理解中世纪以来法国王权理论和实践的重要路径。③自马克·布洛赫的《国王的神迹》一书问世后，年鉴新史学的经济社会史转向，使得此后半个多世纪的时间里，对归属政治史范畴的王家仪式的研究寥寥无几。直到 20 世纪六七十年代，受人类学家和社会学家对仪式的关注及其阐释范式的启发，历史学家方重拾这一论题。对王权合法性的探讨因此得以摆脱传统宪政史的窠臼，通过仪式和象征物来解读特定时期的政

---

① Damien Tricoire, "Attacking the Monarchy's Sacrality in Late Seventeenth-Century France: The Underground Literature against Louis XIV, Jansenism and the Dauphin's Court Faction", *French History*, Vol. 31, Issue 2 (June 2017).

② 对查理九世形象的研究参见 Gianmarco Braghi, "The Death of Charles IX Valois: An Assassin's or a Martyr's Blood? The Image of Kingship during the French Wars of Religion", *French History*, Vol. 28, Issue 3 (September 2014)。

③ Alain Guéry, "Principe monarchique ou roi très chrétien? Les funérailles du roi de France", *Revue de synthèse*, Vol. 112, Issue 3-4 (1991), p. 443.

治文化和权力表征。统计的文章中，有对蒙彼利埃和里昂等城市入城仪式的探讨，对查理九世巡游仪式的考察等。① 史蒂文·西里（Steven Thiry）的文章则对宗教战争时期代表王权的纹章及其政治意涵进行了深入挖掘。② 他指出，尽管历史学家都非常强调王室纹章的重要意义，但往往将其视为某种一成不变的装饰或静态的象征工具，忽视了纹章的物质形态所蕴含的更深层的政治含义。譬如，盾形纹章（coats of arms）是君主统治权的象征，如果亵渎饰有纹章的王者之盾，则有损于君主的权威和政治共同体的利益。在宗教战争的高潮时期，天主教同盟对亨利三世的反对便以破坏盾形纹章的方式体现出来，通过攻击纹章来反对国王，公开质疑其王权的神圣性和合法性，这种攻击也为亨利三世的遇刺埋下了伏笔。亨利四世重建了王室纹章和鸢尾花的权威，不过他本人在 1610 年被刺之时，也有着类似的遭遇。西里指出，纹章代表了一种身体政治（body politic），在近代早期的政治文化中有着实质性的意义和内涵，并非只是一种静态的象征物。

性别史和妇女史兴起以来，女性与权力政治的关系也成为新史学研究的热点。在《教子书》（*Mémoires pour l'instruction du Dauphin*）中，路易十四教导王太子，切勿让自己的情欲或情妇影响或涉足国家事务及国王的决策和行动。在性别史兴起之前，很少有学者关注宫廷中的女性。原因可能在于自 14世纪以来，法国王室便通过《萨利克法典》排除了女性染指王位或进入权力机构的可能。③ 早在 2000 年出版的《法兰西王后：象征与权力（15～18 世纪）》一书中，法国学者法妮·科桑代（Fanny Cosandey）便对王后作为国王的从属者和作为者（比如对某些政治事务的管辖权以及作为太后摄政的权

---

① Vincent Challet, "Urban Entries: Origins and Development of an Urban Ritual (Montpellier, Fourteenth-Fifteenth Century)", *Revue historique*, No. 670 (2014/2); Élise Cuenot-Hodister, "Le spectacle doit continuer. Entrées solennelles lyonnaises", *Dix-huitième siècle*, Vol. 49, No. 1 (2017); Linda Briggs, "Presenting the Most Christian King: Charles IX's Performance of Catholic Ritual in the Royal Tour of France (1564-1566)", *French History*, Vol. 32, Issue 1 (March 2018).

② Steven Thiry, "The Emblazoned Kingdom Ablaze. Heraldic Iconoclasm and Armorial Recovery during the French Wars of Religion, 1588-1595", *French History*, Vol. 27, Issue 3 (September 2013).

③ 汤晓燕：《〈萨利克法典〉"神话"与十六七世纪法国排斥女性的政治文化传统》，《世界历史》2017 年第 4 期。

力）的双重身份进行了细致的剖析，并深入探讨了王后在近代国家和绝对王权建构中的象征和实质性作用①。沙伦·凯特林（Sharon Kettering）在 2010年的一篇文章中也论及路易十三的宫廷中，女性侍从在庇护网络和权力关系中所发挥的作用。② 克里斯蒂娜·亚当斯（Christine Adams）在《美貌、权力与国王的情妇》一文中更进一步指出，路易十四的教子箴言在他本人身上便言不属实。在路易十四的众多情妇中，蒙特斯庞侯爵夫人（Marquise de Montespan）显然扮演着重要的政治角色。亚当斯试图说明，女性的美貌和魅力在"绝对主义"政治中是一项重要的资本，对于政策的出台和运行，以及理解近代早期法国权力的性质都至关重要。③

20 世纪 80 年代，法国国家科研中心（CNRS）和欧洲科学基金会（ESF）相继发起的大型集体研究项目"（欧洲）近代国家的起源"，推动了历史学领域对国家起源和国家形成问题的研究，尤其是对领土整合、官僚群体以及管理实践的研究，这是此前偏重经济社会史的年鉴史学几乎完全弃置的主题。与此同时，政治史的复兴，也带来对 19 世纪书写国家史通常所采取的民族主义立场的反思和批判。新政治史对近代欧洲国家形态的描述采用了更为中性、包容性更强的概念，如"近代国家"（État moderne④）或"王权国家"（État royal）。有些学者认为"近代国家"这一术语也体现出较强的经验研究的模式化或线性历史观，他们更倾向于采用"王权国家"的概念，可以将更大范围内欧洲的多种政治形态容纳进来。法国学者文森·梅泽（Vincent Meyzie）在 2017 年第 2 期《法国史》上发表的文章《近代早期法兰西王权国家的历史：制度机构、政治实践与官僚队伍》⑤，着重向英美学界介绍法国学者在此前十五年间研究王权国家的思路，以与英语国家研究的侧

① Fanny Cosandey, *La Reine de France: Symbole et Pouvoir* (XVᵉ-XVIIIᵉ siècle), Paris: Gallimard, 2000.
② Sharon Kettering, "Strategies of Power: Favorites and Women Household Clients at Louis XIII's Court", *French Historical Studies*, Vol. 33, Issue 2 (2010).
③ Christine Adams, "'Belle comme le jour': Beauty, Power and the King's Mistress", *French History*, Vol. 29, Issue 2 (June 2015).
④ 参见 Jean-Philippe Genet, "La genèse de l'État moderne", *Actes de la Recherche en Sciences Sociales*, Vol. 118 (Juin 1997)。
⑤ Vincent Meyzie, "Histories of the Early Modern Royal State in France: Institutions, Practices, Officers", *French History*, Vol. 31, Issue 2 (June 2017).

重相对照。文中归纳了法国学者研究王权国家的三种主要取向：其一是宪政史的路径，关注中央管理机构和人员，致力于探讨管理型君主制的形成；其二是社会史的传统，主要受年鉴学派和威廉·贝克（William Beik）提出的"社会合作"（Social Collaboration）① 模式的影响，将国家与社会联系起来，考察机构和权力的实践；其三是政治史的路径，关注不同群体的政治文化实践，强调历史事件的重要性。这种多样化的研究路径提供了解读制度演变、国家实践以及君主与社会之间关系的多重视角，但同时也使我们对王权国家的理解变得"破碎化"。梅泽指出，英语国家学者更强调中央权力、地方政府与社会群体之间的互动关系，法国学者则侧重考察不同团体、不同社会和职业群体，甚至个体在近代早期法国政治体系演进中所发挥的媒介作用。② 可见，双方之间如何形成更有意义的学术映照还有待更加深入的交流互动。

二　文化史

有关近代早期法国文化史的文章约 50 篇，其研究热度与政治史不相上下。这里所说的文化史，可称新文化史，涉及的研究主题包括书籍史和阅读史③、

① 参见 William Beik, "The Absolutism of Louis XIV as Social Collaboration", *Past & Present*, No. 188（August 2005）。

② 《历史、经济与社会》于 2016 年推出的一组文章，便专门探讨法国近现代社会中作为掮客的中间团体。参见 "Les Corps Intermédiaires"：Christine Bouneau, "Introduction", *Histoire, Économie & Société*, 2016/1（35ᵉ année）；Laurent Coste, "Des corps intermédiaires sous l'Ancien Régime：revendication ou réalité?", *Histoire, Économie & Société*, 2016/1（35ᵉ année）；Stéphane Durand, "Monarchie absolue et assemblées d'États：le cas des États de Languedoc dans la monarchie de France（XVIIᵉ-XVIIIᵉ siècles）", *Histoire, Économie & Société*, 2016/1（35ᵉ année）。另有两篇文章涉及现当代史。

③ 如 Jean-Pascale Gay, "Lettres de controverse. Religion, publication et espace public en France au XVIIᵉ siècle", *Annales. Histoire, Sciences Sociales*, 2013/1（68ᵉ année）；Emmanuelle Chapron, "Des livres《pour l'usage de l'École royale militaire》：choix pédagogiques et stratégies éditoriales（1751 - 1788）", *Histoire, Économie & Société*, 2014/1（33ᵉ année）；Louise Seaward, "Censorship through Cooperation：the Société typographique de Neuchâtel（STN）and the French Government, 1769 - 89", *French History*, Vol. 28, Issue 1（March 2014）；Elizabeth Andrews Bond, "Circuits of Practical Knowledge：The Network of Letters to the Editor in the French Provincial Press, 1770-1788", *French Historical Studies*, Vol. 39, Issue 3（2016）；

（转下页注）

文本与写作①、消费与物质文化、公共空间与公共舆论、精英文化与大众文化，以及近代早期的旅行、想象史和情感史②等。

　　书籍史和阅读史是新文化史当之无愧的宠儿。在大西洋两岸，由罗伯特·达恩顿和罗杰·夏蒂埃（Roger Chartier）引领的书籍史和阅读史研究仍在不断走向深入。除关注书籍文本的出版与流通、阅读实践之外，文本的物质性（matérialité）及其与阅读实践的关系成为学者们关注的话题。《法国史研究》在 2018 年第 3 期出版专刊"在近代早期的法国寻找读者（1500～1800 年）"。夏蒂埃在"引言"《阅读实践与文本的物质性》③ 中指出，面对"读者在档案中不可见"的问题，阅读史的研究可能要从早期"读者—反馈"（reader-response）的简单化模式中走出来，将文本的意义视为文本命题与占有文本的读者之间互动关系的产物。正如安托万·里勒蒂（Antoine Lilti）所言，夏蒂埃尤为重视"占有"的概念（la notion d'appropriation），强调读者拥有从所阅读的作品中创造出意义的能力。④ 其中阿比·桑热（Abby E. Zanger）的文章便涉及文本的物质性问题。⑤ 针对16 世纪法国著名的印刷商德尼·雅诺（Denis Janot）在印刷书中重复使用

（接上页注③） Emmanuelle Chapron, "How Robinson Crusoé Got into Collège: Literary Careers and the Birth of a Classic in Eighteenth-Century France", *Revue historique*, No. 680（2016/4）。此外，《历史、经济与社会》2018 年第 2 期的专刊文章探讨 18 世纪著名的出版商阿尔迪（Siméon-Prosper Hardy）。

① 参见 Isabelle Luciani, "Ordering Words, Ordering the Self: Keeping a Livre de Raison in Early Modern Provence, Sixteenth through Eighteenth Centuries", *French Historical Studies*, Vol. 38, Issue 4（2015）; Martial Poirson, "Partie de campagne: la retraite rurale dans l'œuvre de Louis-Sébastien Mercier", *Dix-huitième siècle*, Vol. 48, No. 1（2016）。

② 参见 Ionuṭ Epurescu-Pascovici, "Le Chemin de Povreté et de Richesse and the Late Medieval Social Imaginary", *French Historical Studies*, Vol. 36, Issue 1（2013）; Michel de Waele, "Le cadavre du conspirateur: peur, colère et défense de la communauté à l'époque de la Saint-Barthélemy", *Revue d'histoire moderne et contemporaine*, No. 64 - 1（2017/1）; Jessica Herdman, "Songs Danced in Anger: Music and Violent Emotions in Late Sixteenth-Century Lyon", *French History*, Vol. 32, Issue 2（June 2018）。

③ Roger Chartier, "Introduction: Reading Practices and the Materiality of Texts", *French Historical Studies*, Vol. 41, Issue 3（2018）.

④ 汤晓燕、杨磊：《〈年鉴〉杂志与法国历史研究的新动向——法国社会科学高等研究院安托万·里勒蒂教授访谈》，《史学理论研究》2018 年第 2 期。

⑤ Abby E. Zanger, "Making Books to Form Readers: Denis Janot's Recycled Images and the Materiality of Reading in Sixteenth-Century France", *French Historical Studies*, Vol. 41, Issue 3（2018）.

某些相同的木版画这一现象，桑热指出，此前的学者可能误解了这种做法对于出版和阅读的意义，简单地将其视为经济和现实的需要。实际上，木版画的再利用可以理解为一种加诸书籍的物质性特征。同一幅木版画在不同书籍中的反复出现，就如同品牌推广，使读者不只与单个作品发生联系，而且会关注到该出版商出版的其他书籍，从而形成并扩大其读者群。此外，阅读场所也是阅读实践尤为关注的问题。蒂里·里戈涅（Thierry Rigogne）在专刊中探讨了咖啡馆中的读者与阅读实践。[①] 随着巴黎咖啡馆的兴起，这里日渐成为主要的城市阅读空间，这种公共空间中的阅读激发出大量图像、文本和档案的生产。里戈涅指出，咖啡馆在 18 世纪复杂的交流系统（communication system）中发挥着枢纽作用，阅读与其他的交流行为在这里融合，咖啡馆中的阅读和讨论有力地推动了公众舆论的形成。

有关咖啡馆的探讨同时也涉及物质文化史，尤其是消费文化史的研究。马克·布洛赫很早便在《旧日法国的食品》中谈道："饮食史如同一台录音机，由于心理方面的阻力而在稍晚的时候记录着所有经济的兴衰更替。"《年鉴》杂志于 20 世纪 50 年代末曾组织过饮食史的调查，调查结果由埃马尔丹凯（Jean-Jacques Hémardinquer）在 70 年代汇编成《研究饮食史论丛》（1970）。当时的主要目的是建立一种消费史，间接反映经济、人口的变动，并通过对饮食习惯的研究来表现社会分隔和社会对抗。[②] 随着历史人类学、日常生活史的兴起，饮食问题从作为经济和社会的表征，日渐被纳入物质文化的范畴，成为文化史研究的对象。[③] 统计的文章中涉及咖啡馆、地方特产、丧葬消费等研究。其中茱莉亚·兰德韦伯（Julia Landweber）较为全面地探讨了 1644 年至 1788 年咖啡如何为法国文化所接纳。[④] 在 1670 年之后的约半个世纪里，咖啡从最初不被人信任，到成为深

---

① Thierry Rigogne, "Readers and Reading in Cafés, 1660 – 1800", *French Historical Studies*, Vol. 41, Issue 3 (2018).

② 〔法〕雅克·勒高夫、皮埃尔·诺拉、罗杰·夏蒂埃、雅克·勒韦尔主编《新史学》，姚蒙编译，上海译文出版社，1989，第 240～243 页。

③ 〔法〕达尼埃尔·罗什：《平常事情的历史：消费自传统社会中的诞生（17 世纪初—19 世纪初）》，吴鼐译，百花文艺出版社，2005。

④ Julia Landweber, "'This Marvelous Bean': Adopting Coffee into Old Regime French Culture and Diet", *French Historical Studies*, Vol. 38, Issue 2 (2015).

受法国人喜爱的饮料，并催生出咖啡馆这一新的空间，发展出迷恋异国情调的新的消费者文化。兰德韦伯指出，通过研究咖啡，我们不仅可以探讨18 世纪咖啡的全球贸易、现代烹饪的兴起，还可以考察法国与咖啡来源地奥斯曼帝国之间的文化关系，探讨城市中产阶级社交结构的变化，或是分析商人、医生和药剂师在评估新食品安全性方面的作用。克雷格·科斯洛夫斯基（Craig Koslofsky）的文章则从比较视角出发，利用英国和德国旅行者的记录，对巴黎咖啡馆与公共空间、性别和社会等级之间的关系做出了新的思考。①

在文化史的研究中，除精英阶层所主导的精英文化②和公共空间外，另一个备受关注的领域是大众文化研究，如对城市和乡村中的节庆、仪式和游戏的考察。③ 其中奥利维耶·里夏尔（Olivier Richard）对城市游戏、仪式与残疾者的探讨颇有意味。④ 中世纪晚期，包括巴黎、布鲁日、吕贝克、伊普尔、科隆等在内的一些欧洲城市会进行一种奇怪的游戏：几个盲人和一头猪被关在一起，每个盲人手中拿一根棍子打猪，直至将其打死，得胜者可将打死的猪带回家，而围观的人群则更乐意看到猪圈中的盲人互相打来打去。自文艺复兴以来，此类游戏一直是许多文学和艺术作品的主题。之前的研究大都认为，游戏体现的是对残疾者的戏弄、嘲笑和羞辱。里夏尔则指出，残疾也是一种社会和文化建构，应该从其被建构的背景中来理解这种仪式性的"游戏"。它一方面可以看作城里人对恐惧和厌恶的

---

① Craig Koslofsky, "Parisian Cafés in European Perspective: Contexts of Consumption, 1660 – 1730", *French History*, Vol. 31, Issue 1 (March 2017).

② Georgia J. Cowart, "De la fête monarchique à la fête galante dans Les Plaisirs du bal de Watteau", *Dix-huitième siècle*, Vol. 49, No. 1 (2017); Pauline Valade, "Un spectacle contrarié : la mise en scène de la joie publique à Paris", *Dix-huitième siècle*, Vol. 49, No. 1 (2017); Alexander Robinson, "'Et le roi prit tant plaisir à la musique': Royal Taste and Music in the Renaissance—the Case of Henri Ⅳ of France, 1589 – 1610", *French History*, Vol. 31, Issue 3 (September 2017).

③ Laura Crombie, "French and Flemish Urban Festive Networks: Archery and Crossbow Competitions Attended and Hosted by Tournai in the Fourteenth and Fifteenth centuries", *French History*, Vol. 27, Issue 2 (June 2013); René Favier, "La cérémonie de l'âne en question à la fin du ⅩⅧ^e siècle Veurey-en Dauphiné, janvier 1786", *Histoire*, *Économie & Société*, 2015/4 (34e année).

④ Olivier Richard, "The Blind Beating the Pig. Rite, Disability and Urban Society in the Late Middle Ages", *Revue historique*, No. 675 (2015/3).

宣泄，因为盲人大多是乞丐和穷人，在城市里是不受欢迎的群体。另一方面，无论是在神学上还是在中世纪的想象中，猪通常与魔鬼或罪恶相联系，在游戏中，它实则被视为盲人的替身，受到嘲弄和虐待。此外，里夏尔还指出，这些游戏可能由城市当局组织，具有一定的政治沟通的作用，在性质上与狂欢节类似。在大众文化的研究中，游戏和仪式因此被视为社会的"安全阀"，让民众宣泄对现有秩序不满的同时，提醒他们游戏结束后对现有秩序的回归，从而达到社会控制的目的。①

在全球史和跨文化交流的研究中，近代早期的旅行成为近年来文化史的新兴领域。《17 世纪的法国旅行者及其与印度历史的相遇》② 一文考察了近代早期四位法国旅行家弗朗索瓦·贝尼耶（François Bernier）、让-巴蒂斯特·塔韦尼耶（Jean-Baptiste Tavernier）、让·泰弗诺（Jean Thévenot）和巴泰勒米·卡雷（Barthélemy Carré）对印度历史的书写，并分析了这些文本的历史叙事所反映出的 17 世纪法国历史书写的一般性特征，如在讲故事（histoire）的基础上进行说教，同时还糅合了古典时代以虚代实的传统。《17 世纪》杂志在 2018 年第 1 期推出的专刊文章《前往伊斯法罕：17 世纪在波斯的旅行》，分别探讨法国在波斯地区的传教和外交商业活动、进入波斯的途径、游记中所反映的法国和异域文化的交流和差异，以及旅行者在文本中对自身形象的建构等问题。③《历史、经济与社会》杂志在 2018 年第 1 期也推出了一组专刊文章，探讨近代早期外交出访中的物质文化，即如何组织出行。此前历史学家多关注巡游或外交出行中的排场、仪

① 〔美〕娜塔莉·泽蒙·戴维斯：《法国近代早期的社会与文化》，钟孜译，中国人民大学出版社，2011；〔英〕彼得·伯克：《欧洲近代早期的大众文化》，杨豫、王海良等译，上海人民出版社，2005，第 216~247 页。

② Michael Harrigan, "Seventeenth-century French Travellers and the Encounter with Indian Histories", *French History*, Vol. 28, Issue 1 (March 2014).

③ "Vers Ispahan. Le voyage en Perse au XVII ͤ siècle": Nicolas Fornerod, "Une alliance française? Missionnaires capucins et voyageurs réformés à la cour safavide", *Dix-septième siècle*, Vol. 278, No. 1 (2018); Yasmine Atlas, "Une frontière qualifiante : Représentation du passage en Perse chez quelques voyageurs français", *Dix-septième siècle*, Vol. 278, No. 1 (2018); Pascale Barthe, "Convivialité et connivence à Ispahan? Jean-Baptiste Tavernier à la cour de Shah Abbas Ⅱ", *Dix-septième siècle*, Vol. 278, No. 1 (2018); Vanezia Parlea, "Comment peut-on être Français en Perse au XVII ͤ siècle? Échanges interculturels, regards et contre-regards", *Dix-septième siècle*, Vol. 278, No. 1 (2018).

式及象征物的政治文化内涵，对外交出行的组织、后勤、旅程中的风险等物质层面则关注不多。其中弗朗索瓦·布里泽（François Brizay）的文章展现了 1547～1768 年，6 位法国大使在前往君士坦丁堡途中的物质状况，如在巴尔干半岛和海上遭遇的困难和危险、旅行工具和住宿条件，以及在路上受到的接待等。① 另一篇文章则以法国使臣弗朗索瓦·德·贝尔尼（François de Bernis，1715～1794）分别前往威尼斯和教皇国参加外交活动为例，指出 18 世纪下半叶外交出行的方式逐渐从宫廷规定的繁文缛节中摆脱出来，日趋简单化和私密化。②

三　社会史和宗教史

统计的文章中涉及近代早期法国社会史的文章有 20 多篇，涵盖的主题包括慈善与济贫、疾病与医疗、大众叛乱、犯罪与司法诉讼、社会群体等。

以婚姻为基础的家庭无疑构成近代早期法国社会结构的基本单元。不同阶层和群体的婚姻选择、家族传承和亲属关系都有着不同的特征，对这一问题的研究构成社会史以及日常生活史兴起以来的重要主题。比如私生子一直是婚姻和家族传承中一个棘手的问题。自 16 世纪中叶以来，国家日益介入婚姻等私人领域，甚至下令剥夺那些不经父母同意、秘密结婚的子女的继承权。对秘密婚姻及私生子的态度，反映出当局对此类行为可能危及社会秩序的忧虑。不过到 17 世纪，巴黎的沙龙文学和沙龙文化似乎助长了秘密婚姻。卡罗琳·查普尔·卢热（Carolyn Chappell Lougee）的文章便以 1672 年一位来自圣东日（Santonge）的贵族寡妇与一位假称萨克森亲王的男子的结婚丑闻为例，探讨 17 世纪对待秘密婚姻态度的转变，以及王室

①　François Brizay, "Le voyage de Paris à Constantinople de l'ambassadeur de France auprès du sultan ottoman (XVIe-XVIIIe siècle)", *Histoire, Économie & Société*, 2018/1 (37e année).

②　Gilles Montègre, "Matérialité et représentation des mobilités diplomatiques au temps des Lumières: les déplacements de Bernis ambassadeur dans l'Italie du XVIIIe siècle", *Histoire, Économie & Société*, 2018/1 (37e année).

管制婚姻的影响。① 此外，杰弗里·梅里克（Jeffrey Merrick）通过圣莫尔（Sainte-Maure）伯爵和伯爵夫人离婚案，展现了 18 世纪司法程序中离婚案的一些典型和非典型特征。② 埃利·阿达德（Elie Haddad）则以来自曼恩的瓦塞（Vassé）家族为例，对 17、18 世纪法国贵族的亲属关系、财产的代际传递及其与家族命运之间的关系做了深入的探析。③

慈善和济贫也是社会史关注的重要话题。尤其在近代早期，在教会承担的慈善救济体系之外，国家和城市日益介入并试图接管城市的济贫工作，这三者之间的合作与斗争是理解近代早期法国慈善和济贫实践的关键。格雷戈里·古多（Gregory Goudot）的文章以克莱蒙济贫院的公共援助为例，考察城市和教会在慈善和济贫中的关系。④《历史、经济与社会》杂志在 2016 年第 3 期推出专刊，探讨 13～19 世纪城市精英的宗教与慈善实践。⑤ 其中尼古拉·利翁-卡昂（Nicolas Lyon-Caen）的文章关注冉森派在巴黎慈善活动中的作用。冉森派通常被视为天主教中极具个体性且知识水平较高的群体。作为圣奥古斯丁的支持者，在神学上他们强调恩典论和预定论，反对善功。然而，这一派的追随者却热衷于慈善活动。如何理解这一看似矛盾的举动？利翁-卡昂指出，在巴黎，大多数冉森派的成员是城市显贵，如法官、大商人或律师等，慈善事业对他们而言是一项既定的传

① Carolyn Chappell Lougee, "The New Princess of Saxony: Paris, Imposture, and Secret Marriage in the Seventeenth Century", *French History*, Vol. 30, Issue 3 (September 2016).

② Jeffrey Merrick, "'Ces affaires sont toujours fâcheuses': The Marital Separation Case of the Comte and Comtesse de Sainte-Maure, 1724 - 31", *French History*, Vol. 31, Issue 4 (December 2017).

③ Elie Haddad, "Kinship and Transmission within the French Nobility, Seventeenth and Eighteenth Centuries: The Case of the Vassé", *French Historical Studies*, Vol. 38, Issue 4 (2015).

④ Gregory Goudot, "Between Town and Church: Public Assistance and Charity in the Clermont Hospitals in the Sixteenth and Seventeenth Centuries", *French History*, Vol. 29, Issue 4 (December 2015).

⑤ Véronique Beaulande-Barraud et Bertrand Goujon, "Le salut par les œuvres? Pratiques religieuses et charitables des élites urbaines (France, XIIIe-XIXe siècle)", *Histoire, Économie & Société*, 2016/3 (35e année); Séverine Niveau, "Le salut par les œuvres: les bienfaiteurs laïcs de l'Aumône Notre Dame de Chartres à la fin du Moyen Âge", *Histoire, Économie & Société*, 2016/3 (35e année); Nicolas Lyon-Caen, "La charité collective contre l'individuation du salut. Les bonnes œuvres des jansénistes parisiens au XVIIIe siècle", *Histoire, Économie & Société*, 2016/3 (35e année).

统义务，从事慈善活动既能体现出他们的身份和地位，同时还在社会地位与救赎之间构建起一种话语，通过信仰的虔诚及慈善实践来反对官方神职人员对权力的垄断。

慈善救济与疾病和医疗有着千丝万缕的联系。伊莎贝尔·科基亚尔（Isabelle Coquillard）探讨的便是 17、18 世纪法国医学院精英们的慈善行为。医学院的博士理事会于 1644 年设立了专门为穷人提供每周两次的义诊服务，同时还为其他慈善机构提供医疗服务，包括探访穷人、筛查病人，为其定制饮食和药物等。1770 年之后，对教区穷人的医疗救济逐渐发展出小型的医疗救济机构，可见这一历时长久的慈善活动对 18 世纪巴黎医疗体制的形成有着深远的影响。[①]

20 世纪六七十年代曾作为近代早期社会史研究焦点的大众叛乱和民众运动等主题[②]在近几年的杂志文章中不多见，仅有《17 世纪》杂志在 2017 年第 2 期专刊中推出的一组文章着重分析了 17 世纪的人对以往叛乱和革命的叙述和书写。[③] 有关犯罪与司法诉讼的研究，如卡罗琳·卡拉尔（Caroline Callard）对宗教战争时期一桩以幽灵为证人的谋杀诉讼案的解读[④]；雷纳尔·阿巴德（Reynald Abad）对从路易十四亲政到大革命前夕伪造身份问题的考察[⑤]等。有关城市共同体的研究，如朱利安·皮热（Julien Puget）以马赛为例，探讨"市民共同体"（communautés citadines）这一概

---

① Isabelle Coquillard，"The Doctor Regents of the Paris Faculty of Medicine and Caring for the 'Sickly Poor' in Parisian Parishes（1644–1791）"，*Revue historique*，No. 668（2013/4）.

② 高毅：《"波穆之争"的来龙去脉及其他》，《清华大学学报》（哲学社会科学版）2008 年第 5 期。

③ "Raconter les révoltes et révolutions dans l'Europe du dix-septième siècle"：Brice Evain，"Raconter la révolte：l'exemple des Nu-Pieds de Normandie（XVIIᵉ siècle-XVIIIᵉ siècle）"，*Dix-septième siècle*，Vol. 275，No. 2（2017）；Philippe Hamon，"Travailler la mémoire d'une révolte au XVIIᵉ siècle：le chanoine Moreau et le soulèvement bas-breton de 1490"，*Dix-septième siècle*，Vol. 275，No. 2（2017）；Gauthier Aubert，"Dentelles et Bonnets rouges：les révoltes du Papier timbré vues par la marquise de Sévigné"，*Dix-septième siècle*，Vol. 275，No. 2（2017）.

④ Caroline Callard，"Fighting Ghosts in Court：The Anne du Moulin Affair"，*Revue historique*，No. 687（2018/3）.

⑤ Reynald Abad，"La Falsification D'identité en France，Du Règne Personnel de Louis XIV à La Veille de La Révolution"，*French Historical Studies*，Vol. 39，Issue 3（2016）.

念在近代早期法国城市社会中的适用性问题。① 此外，对社会群体的研究，可参考《近现代史杂志》2017 年第 2 期的专刊，关注处于社会底层的无权之人，如移民、被征服者和穷人等。②

　　与近代早期宗教史相关的文章约 15 篇，涉及的主题包括宗教改革，宗教战争中的暴力与宣传③，宗教共同体与身份认同，17、18 世纪的政教关系和宗教实践④，等等。从中可以看出，20 世纪七八十年代以来，德尼·克鲁泽（Denis Crouzet）、娜塔莉·泽蒙·戴维斯（Natalie Zemon Davis）、芭芭拉·迪也芬多夫（Barbara Diefendorf）、菲利普·本尼迪克特（Philip Benedict）等学者的研究在很大程度上推动了宗教史研究的文化转向，尤其是对不同宗教群体的身份认同、宗教冲突中的文化因素及其表征的关

①　Julien Puget, "Construire une 《cite républicaine》 à Marseille à l'époque moderne. Embellissement, fiscalité et intégration citoyenne", *Dix-huitième siècle*, Vol. 49, No. 1 (2017).

②　"Gens sans droits? La capacité d'agir des migrants, des vaincus et des misérables (XVe-XXIe s.)": Jérémie Foa, "Les droits fragiles. L'insécurité juridique des huguenots au temps des guerres de Religion", *Revue d'histoire moderne et contemporaine*, No. 64-2 (2017/2); Marie Kervyn, "Étrangers de droits, Français de nation : intégration des migrants dans les corporations de métiers aux Pays-Bas espagnols (XVIIe siècle)", *Revue d'histoire moderne et contemporaine*, No. 64-2 (2017/2); Jean-Baptiste Xambo, "Servitude et droits de transmission. La condition des galériens de Louis XIV", *Revue d'histoire moderne et contemporaine*, No. 64-2 (2017/2).

③　参见 Ariane Boltanski, "Forging the 'Christian Soldier'. The Catholic Supervision of the Papal and Royal Troops in France in 1568-1569", *Revue historique*, No. 669 (2014/1); Thierry Amalou, "Holy War or Sedition? The Prophetism of Parisian Preachers and Catholic Militancy, 1558-1588", *French Historical Studies*, Vol. 38, Issue 4 (2015); Tom Hamilton, "The Procession of the League: Remembering the Wars of Religion in Visual and Literary Satire", *French History*, Vol. 30, Issue 1 (March 2016); Tomaso Pascucci, "Confessional Change and Political Engagement at the Beginning of the French Wars of Religion: The Case of Antoine de Croÿ, Prince de Porcien", *Revue historique*, No. 687 (2018/3)。

④　参见 Grégory Goudot, "The Devout and the Foundation of Convents in Auvergne in the 17th Century", *Revue historique*, No. 668 (2013/4); Jean-Pascal Gay, "The 'Maimbourg Case' or the Possibility of Jesuit Gallicanism in Seventeenth Century France", *Revue historique*, No. 672 (2014/4); Jotham Parsons, "Vocation in Seventeenth-Century France: the Catholic Ethic and the Spirit of Étatisme", *French History*, Vol. 28, Issue 3 (September 2014); Hannah Williams, "Saint Geneviève's Miracles: Art and Religion in Eighteenth-Century Paris", *French History*, Vol. 30, Issue 3 (September 2016); Owen Stanwood, "From the Desert to the Refuge: The Saga of New Bordeaux", *French Historical Studies*, Vol. 40, Issue 1 (2017); Bryan A. Banks, "The French Protestant Enlightenment of Rabaut Saint-Étienne: Le Vieux Cévenol and the Sentimental Origins of Religious Toleration", *French History*, Vol. 32, Issue 1 (March 2018)。

注。马克·霍尔特（Mack P. Holt）强调应从近代早期的语境中来理解"宗教"（religion）一词的含义。他指出，对普通信徒而言，16 世纪的"宗教"指代的是社会学意义上的信仰者实体，即信仰者共同体，而非神学意义上的信仰共同体。① 这种以共同的宗教实践为基础的信仰者实体在遭遇"他者"时，通常将对方视为对共同体既有秩序的威胁。泽蒙·戴维斯很早便指出，在 16 世纪法国的宗教冲突中，"污染"（pollution）一词经常被暴动者提及。新教徒和天主教徒彼此都将对方看作自身社会肌体的污染物，是对他们概念中有序社会的威胁。双方的冲突既是神学冲突，也是文化冲突，通常以暴力仪式的方式上演。②

在《法国史研究》2017 年第 3 期有关共同体与宗教认同的专刊文章③中，热雷米·福阿（Jérémie Foa）的文章便探讨了信仰共同体内部出现"敌人"、遭遇信任危机时经历的种种磨难。在这样的环境中，遭遇"他者"、表达"自我"成为生死攸关的大事。苏珊·布鲁姆霍尔（Susan Broomhall）在 2013 年发表的一篇文章中则着重探讨 16 世纪的人如何看待并记录宗教暴力。④ 当时经历或目睹各种极端悔罪暴力（confessional violence，如亵渎圣物、血腥屠杀等）的人，留下了各种记载这些可怖事件的文本，而解读文本产生的背景及其所创造和展现出的身份认同，可以使我们更好地理解当时的个体是如何在其生活中调和对暴力的记忆。

历史学家对暴力和身份认同、共同体信任危机的忧虑实则有着最深切

---

① Mack P. Holt, *The French Wars of Religion，1562 - 1629*, Cambridge：Cambridge University Press，1995, pp. 2-3.

② 〔美〕娜塔莉·泽蒙·戴维斯：《法国近代早期的社会与文化》，钟孜译，第 217～218、240 页。

③ "Communities and Religious Identities in the Early Modern Francophone World, 1550-1700"： Virginia Reinburg, "Storied Place：Land and Legend at Notre-Dame de Garaison", *French Historical Studies*, Vol. 40, Issue 3（2017）; Christian Grosse, "Praying against the Enemy： Imprecatory Prayer and Reformed Identity from the Reformation to the Early Enlightenment", *French Historical Studies*, Vol. 40, Issue 3（2017）; Jérémie Foa, "Who Goes There? To Live and Survive during the Wars of Religion, 1562-1598", *French Historical Studies*, Vol. 40, Issue 3（2017）; Scott M. Marr, "Conversion, Family, and Authority in Seventeenth-Century Saumur", *French Historical Studies*, Vol. 40, Issue 3（2017）.

④ Susan Broomhall, "Reasons and Identities to Remember：Composing Personal Accounts of Religious Violence in Sixteenth-Century France", *French History*, Vol. 27, Issue 1（March 2013）.

的现实关怀，这些研究在不断提醒我们，在我们身处的世界中，暴力依然甚嚣尘上。正如阿莱特·茹阿纳（Arlette Jouanna）所言，历史上诸如圣巴托罗缪大屠杀"……这些黑暗时刻的意义在于它们能够教育人们承担起'记忆的义务'。这是一种意味深长的变化。人们直至近些年仍然坚信，类似的野蛮行径属于过去世纪中的凶残兽性，无法想象这样的一幕在文明开化的时代重新出现。现在，团体间紧张关系再度出现，令人们又一次开始担忧'文明'对暴力失控的约束力。……这种恐惧与焦虑、这种视角的扭曲，难道不是随时会死灰复燃么？"[①] 而今天的我们又该如何面对暴力？如何抑制暴力？又如何与暴力和解呢？

四 经济史和财政金融史

有关经济史和财政金融史的文章有20余篇，涵盖的主题包括乡村土地与农业、行会与商人[②]、生产和消费、信贷与金融、财政危机与财政改革等。总体而言，经济史的文章所占比重不高，包括曾作为经济社会史主要阵地的《年鉴》杂志，自20世纪七八十年代之后也体现出明显的文化转向。

旧制度晚期贵族衰落与否及其与大革命的关系一直是传统史家和修正史家争论不休的问题。尤其是20世纪60年代兴起的修正之风在很大程度上改变了18世纪贵族衰落的传统印象。一些研究表明，18世纪的法国贵族在经济上并不那么落后，有些贵族领主甚至以获取利润为目的经营地

---

① 〔法〕阿莱特·茹阿纳：《圣巴托罗缪大屠杀：一桩国家罪行的谜团》，梁爽译，北京大学出版社，2015，第321~322页。

② 论及商人群体的文章如 Nicolas Lyon-Caen, "Les hommes du bas: fabriquer et vendre dans la bonneterie parisienne, XVIIᵉ-XVIIIᵉ siècles", *Revue d'histoire moderne et contemporaine*, No. 60-1 (2013/1); Nicolas Lyon-Caen, "The Merchants of the Temple. The Shops of the Paris Courthouse (Sixteenth-Eighteenth Century)", *Revue Historique*, No. 674 (2015/2); Arnaud Bartolomei, Matthieu de Oliveira, Fabien Eloire, Claire Lemercier et Nadège Sougy, "L'encastrement des relations entre marchands en France, 1750 – 1850", *Annales. Histoire, Sciences Sociales*, 2017/2 (72ᵉ année); Stéphanie Lachaud-Martin, "The Wine Brokers of Bordeaux, Intermediaries in the Wine Market in the Seventeenth and Eighteenth Centuries", *Revue historique*, No. 686 (2018/2).

产，为市场而生产，成为紧跟时代、以市场为导向的新型地主。① 南希·菲奇（Nancy Fitch）的文章通过对大革命前夕法国中部贵族领主土地经营策略的考察，为这一论点提供了进一步的佐证。② 这里的贵族在大革命前夕利用时机大量兼并农民土地，形成大地产。为获取更多的利润，一些贵族领主将当时新兴的工业与传统农业结合起来进行经营。菲奇认为，法国中部的情况一方面表明具有"企业家精神"的贵族领主确实在一定程度上推动了18世纪资本主义的发展；另一方面，贵族对土地的兼并也加深了农民的不满和憎恨，从而导致革命爆发后农民对贵族的反抗。

在近代早期的法国城市中，职业行会仍然是生产和经营的主要组织形式，尤其是职业行会与宗教兄弟会之间的关系是理解这一时期行会性质及其运行的关键。不过，16、17世纪，随着中央权力日益介入城市管理，中世纪法国城市享有的自治权逐渐被剥夺，行会组织无疑也受到影响。③《近现代史杂志》在2018年第1期推出的两篇文章中着重探讨这一问题。④ 文章均以巴黎的行会（corporation）和职业兄弟会（confrérie de métier）为例，考察两者在17、18世纪经历的变化。18世纪之前，行会和职业兄弟会往往由同一批人管理，无论是选举行会官员、管理资金用度，还是举行宗教庆典或其他仪式，都构成行会和职业兄弟会日常生活和身份认同的主要组成部分。这种关系也表明世俗生活与精神生活的密不可分。然而到18世纪，巴黎的职业行会日渐世俗化，宗教兄弟会则陷于衰落，主要的原因在于王室的介入和干预。为尽可能多地从行会获取收入，路易十五上台之初，政府便设立特派官监管行会的账目，要求将兄弟会和行会的账目分

---

① William Beik, *A Social and Cultural History of Early Modern France*, Cambridge: Cambridge University Press, 2009, pp. 32-33.

② Nancy Fitch, "'Entrepreneurial Nobles' or 'Aristocratic Serfs'? Reconsidering Feudalism in Old Regime Central France", *French Historical Studies*, Vol. 39, Issue 1 (2016).

③ Philip Benedict, "French Cities from the Sixteenth Century to the Revolution: An Overview", in Philip Benedict, ed., *Cities and Social Change in Early Modern France*, London: Routledge, 1989, pp. 39-48.

④ David Garrioch, "Confréries de métier et corporations à Paris (XVIIᵉ-XVIIIᵉ siècles)", *Revue d'histoire moderne et contemporaine*, No. 65-1 (2018/1); Mathieu Marraud, "La confrérie dans le métier. Spirituel et temporel corporatifs à Paris aux XVIIᵉ-XVIIIᵉ siècles", *Revue d'histoire moderne et contemporaine*, No. 65-1 (2018/1).

开，限制行会支出，并对团体组织的职业活动与宗教功能进行明确的划分，行会的宗教功能由此被弱化。当然，王室此举并非要压制宗教活动，恰恰相反，在天主教改革之后，很多人主张应该将宗教与世俗相分离，以更好地保护精神生活的纯洁性。在王室特派官看来，工作属于世俗世界，不同于属灵的兄弟会，兄弟会因此失去存在的依托，在 1776 年行会改革后逐渐衰落下去。

自美国经济史家德·弗雷斯（Jan De Vries）提出"勤勉革命"（Industrious Revolution）以来，这一概念的使用从英国扩展到了整个西北欧。德·弗雷斯的勤勉革命以消费革命为前提。在他看来，工业革命之前消费需求的增长和消费品位的变化，推动了家庭决策的变化。为提高消费，家庭为市场贡献出更多的劳动量，推动了生产的发展和消费的进一步扩大。① 不过，这一概念提出后也引发了很大的争议。《近现代史杂志》在 2017 年第 4 期便推出专刊文章，探讨"工作与生活水平：兼论'勤勉革命'的争议"。其中法国著名的经济史家和农业史家热拉尔·博尔（Gérard Béaur）对勤勉革命在法国的适用性提出疑问。② 博尔指出，从加泰罗尼亚和法兰西岛的死后财产清册（inventaires après décès）来看，似乎并没有迹象表明对需求的渴望带来了劳动量的增加。劳动量的增加可能是各种新情势融合的产物，比如新市场的开辟、歉收和战争等天灾人祸的减少，为劳动者带来更多的工作机会，推动了收入的增长和生活水平的提高。莫城（Meaux）的例子则表明，18 世纪这里的城市和乡村确实经历了一场消费革命，但并未带来"勤勉革命"，因为社会再分配的主要受益者是那些并不直接参与劳动的城市资产阶级。

在经济财政史的研究中，财政史（广义上包括货币、信贷和金融史）在最近二三十年异军突起，甚至大有独立于经济史之外，成为一门"独立

① 刘景华、张松韬：《用"勤勉革命"替代"工业革命"？——西方研究工业革命的一个新动向》，《史学理论研究》2012 年第 2 期。

② "Travail et niveau de vie ou la《révolution industrieuse》en débat"；Gérard Béaur, "Introduction：La révolution industrieuse introuvable"，*Revue d'histoire moderne et contemporaine*，No. 64－4（2017/4）；Gérard Béaur, "Niveau de vie et révolution des objets dans la France d'Ancien Régime. Meaux et ses campagnes aux XVIIe et XVIIIe siècles"，*Revue d'histoire moderne et contemporaine*，No. 64－4（2017/4）.

学科"的态势。究其原因，主要得益于 20 世纪 80 年代以来新财政史在西方学界的兴起。受政治史、财政社会学、历史社会学、政治经济学的影响，财政体系不再仅仅被视为一种单纯的制度设计或社会经济表征，它可能构成政治、经济和社会变迁的动力或阻碍。因此，历史学家更为关注作为"动因"的财政对政治体制、国家形成、社会结构、经济情势，乃至文化心态的影响。① 除货币、信贷和金融等问题②外，旧制度末年的公共信贷与财政实践、财政改革和财政危机③是经济史家和财政史家关注的核心话题。

《历史与计量》杂志在 2015 年第 2 期出版专刊文章，探讨旧制度晚期政府的财政运作和债务，强调财政透明度对国家财政良性运转的重要性。④其中丹尼尔·鲍（Daniel Baugh）的文章指出，在 1689～1713 年进行的奥格斯堡同盟战争和西班牙王位继承战争中，英法长期对峙使两国政府的财政管理能力受到极大考验。英国建立的一套长期信贷体系满足了战时财政需求，同时，其短期债务的管理也日益中央集权化和透明化。而法国则通过大量半官方半私人化的中间团体来发行和管理债券，尤其是 1702～1713

---

① 熊芳芳：《新财政史视域下法兰西近代国家形成问题述评》，《历史研究》2018 年第 3 期。

② 有关货币的兑换和流通，可参见《近现代史杂志》专刊 "Gagner au change: les circuits de l'argent-La peine et la grâce"：Raphaël Morera, "Du commerce aux finances. La fortune de Jean Hoeufft (1578 - 1651), entre la France et les Provinces-Unies", *Revue d'histoire moderne et contemporaine*, No. 63 - 1 (2016/1); Jacques Bottin, "En quête de profits. La pratique des changes à Rouen et en Europe de l'Ouest (1580 - 1640)", *Revue d'histoire moderne et contemporaine*, No. 63-1 (2016/1); Guillaume Foutrier, "L'argent dans l'enclos du Commerce: courtiers et agents de change à la Bourse de Rouen (XVIIe-XVIIIe siècles)", *Revue d'histoire moderne et contemporaine*, No. 63-1 (2016/1)。

③ 除下面引介的文章外，有关财政改革和财政实践的研究还可参考 Arnaud Orain, "Soutenir la guerre et réformer la fiscalité: Silhouette et Forbonnais au Contrôle général des finances (1759)", *French Historical Studies*, Vol. 36, Issue 3 (2013); Joël Félix, "Profit, Embezzlement, Restitution. The Role of the Traitants in the Nine Years' War and Chamillart's Tax on Financial Benefits", *Revue historique*, No. 676 (2015/4)。

④ "Before Fiscal Transparency"：Daniel Baugh, "Parliament, Naval Spending and the Public. Contrasting Financial Legacies of Two Exhausting Wars, 1689 - 1713", *Histoire & Mesure*, Vol. XXX, No. 2 (2015); Jérôme Loiseau, "From Blind Obedience to Informed Consent. Financial and Administrative Knowledge as a Political Tool in some French Provincial Estates during the Ancien Régime, 1751-1789", *Histoire & Mesure*, Vol. XXX, No. 2 (2015); Mathieu Marraud, "Mastering the Guilds' Debts in Eighteenth-Century Paris. Royal Scrutiny, Debt Reduction and State Coercion", *Histoire & Mesure*, Vol. XXX, No. 2 (2015) .

年发行的短期债券不断膨胀、管理无序，对 18 世纪的公共信贷和财政造成了极大的负面影响。热罗姆·卢瓦索（Jérôme Loiseau）的文章则探讨了旧制度最后十年，对财务透明度的追求推动了管理学，尤其是公共会计的发展。尽管有些为时已晚，当时的中央政府和省三级会议都在尝试提高自身管理财政的技术和能力。

玛丽－洛尔·勒盖（Marie-Laure Legay）和罗伯特·克鲁克贝格（Robert Kruckeberg）从不同角度对 17、18 世纪国家进行金融创新的研究也颇具新意。勒盖的文章探讨国家博彩业于 17 世纪晚期至 18 世纪中叶前后在欧洲各国的相继确立（罗马、维也纳、巴黎、布鲁塞尔、马德里、柏林、华沙等）。接连不断的战争，使得欧洲各国金属货币日益吃紧，对财政资金的渴求，促使欧洲各国相继建立起国家博彩业，并逐步取缔或压制此前的商业彩票和慈善彩票。尤其是 18 世纪中叶，来自热那亚的博彩方式（lotto）作为一种新型的财政金融工具确立下来，对博彩业的管理推动了政府管理技术的提高。[①] 可见，和上述两篇文章的立足点相似，勒盖的研究重点在于财政金融创新与管理型君主制发展的得失。克鲁克贝格则从政治文化史的视角切入，探讨路易十六统治时期王室博彩业的出台及其影响。在王室政府看来，购买彩票属于公众的自愿消费行为，可以避免与巴黎高等法院在征税问题上引发政治争议，被冠以"专制"之名。王家彩票署的确立，使君主直接面向市场，参与到新的消费模式和金融创新中。博彩业给政府带来了巨大的收益，但与此同时，国王也遭到猛烈的抨击。批评者认为它损害了国王的政治权威，破坏了旧制度的社会、道德和意识形态结构。因为国王从父权制下作为臣民保护者的家长，变成了臣民财富贪婪的剥削者和掠夺者。此类言论无疑推动了大革命前夕政治舆论的进一步恶化。克鲁克贝格因此将王室博彩业的发展看作理解大革命与旧制度之间发生断裂的重要因素之一。[②]

另有涉及思想观念史、军事外交史、殖民史和史学史等主题的文章若

[①] Marie-Laure Legay, "Financial Crisis and Statecraft under Louis XIV：The Jacobite Jean Glover and Europe's First Popular Lotteries", *French History*, Vol. 28, Issue 4（December 2014）.

[②] Robert Kruckeberg, "The Royal Lottery and the Old Regime：Financial Innovation and Modern Political Culture", *French Historical Studies*, Vol. 37, Issue 1（2014）.

干，这里不再一一引介。我们可以大体归纳出近几年西方学界近代早期法国史研究的若干基本特点。其一，相对政治史和文化史的蓬勃发展，曾经主导年鉴学派研究取向的经济社会史自 20 世纪七八十年代之后，便始终处于历史研究的二线。不过这两个领域仍在不断寻求研究主题和方法上的突破和拓展，新的研究也为我们提供了推进、深化或是反思、质疑传统研究的可能。其二，始于 20 世纪七八十年代的"文化转向"仍主导着近代早期法国史研究。侧重文本分析与文化因素及其象征意义的文化转向，在过去 30 多年的时间里极大地拓展了历史研究的视野和范围，并蔓延至史学研究的各个领域。正如我们统计的文章中不仅包括与传统文化史相对应的新文化史研究，还涉及政治文化史、社会文化史、宗教文化史等。过去作为经济史组成部分的消费也成为物质文化史的组成部分，从物质产品的消费到文化产品的消费都成为历史学家研究的对象。其三，文化转向同时还推动了历史学家对既有历史文本、图像、档案的批判性分析，更为关注这些历史素材产生的语境、生产方式、文本的物质性，以及文本的流通、消费和影响等。其四，不同国家的历史学家受既有学术传统的影响，在研究取向中体现出一些不同的特点。比如法国学者非常注重区域史的研究，较之英美学者，他们更强调近代早期的地区差异与地方多样性在历史中的呈现，并将之视为构建法国历史文化独特性的基本要素。在政治史的研究中，较之法国学者，英美学者受修正主义的影响，更热衷于解构"绝对主义"的神话。"文化转向"对英美和法国学者的影响也不尽相同。相比推崇语言转向的美国学者，罗杰·夏蒂埃等法国文化史家则更强调阅读实践所体现出的社会文化特性，在社会史的维度中理解文化的生产和消费。其五，尽管我们没有统计这一时期有关全球史、跨区域史的文章，不过从中仍可以看出全球转向对国别史研究的影响，如论及近代早期的旅行，只有将其置于跨文化的语境中，才能更好地理解和挖掘这些文本所蕴含的信息。

国内学界近些年对近代早期法国史的研究也取得了长足的发展。大致统计近五年发表的成果可以看出，国内法国史学者紧随西方学术研究前沿，在政治史和文化史领域有很好的推进。涉及的具体主题包括有关领土和空间的观念和话语的演变、王权与省级社会、女性与法国的王位继承、高等法院的社会职能、官职买卖与绝对君主制、公共财政与国家形成、绝对君主制性质的再探讨、18 世纪的政治话语与公共舆论、启蒙时代的思想观念和政治论战、宗教暴力与宗教认同、节庆游戏、服饰的政治文化、身体和疾病史等。这些研究极大地深化了我们对近代早期法国史的理解，同时也提出了诸多还值得进一步思考的问题。从研究领域来看，相比英国史研究，国内法国史学者对经济史和社会史的研究还非常不足。尽管西方学界研究近代早期法国经济社会史的热潮已退，但这两个领域对于我们理解中世纪以来法国历史的演变和转型，实为必要之基础。此外，就中国的法国史和世界史学者而言，我们还须更深入地思考，如何立足于我们自身所处的历史和文化语境，生发出基于中国自身问题意识的法国史研究。在这一点上，前辈学者在法国大革命史、法国农村社会转型、法国的工业化、法国知识分子史等方面的研究，做出了很好的表率。

（作者系武汉大学历史学院教授，主要研究方向为中世纪晚期近代早期法国史。）

德国史研究的学术前沿与热点（2017～2018）[*]

岳　伟

【摘要】2017～2018 年，国内外史学界对德国历史的研究主要集中在宗教神话史、记忆心态史、跨国史、经济社会史、政治外交史和史学史等领域，并呈现国内与国际学界基本同步、微观与宏观相结合、新兴研究领域与传统研究领域同时受到关注等特点。

【关键词】德国史　宗教改革史　跨国史　记忆史　政治史

近年来，国内外史学界对德国历史的研究涌现一系列新的成果，研究的广度和深度呈现一些新的趋势。本文拟对 2017～2018 年国内外德国史学界的代表性研究著作和论文进行梳理，以增进国内对该领域学术前沿与热点问题的了解。

一　宗教神话史

近两年德国宗教神话史成为学术界研究的重点。首先，注重德国超自然思想和文化对其历史发展的影响。长期以来，国内外学界一直非常关注对德国非理性、非科学思想的研究。不过，就目前所见成果而言，专门研究德国超自然思想和文化的却并不多。埃里克·库兰德（Eric Kurlander）的《希特勒的怪物：第三帝国的超自然历史》和赫尔弗里德·明克勒（Herfried Münkler）的《德国人和他们的神话》分别以德国近现代的超自然理论和神话传说为例，通过深入探讨它们的形成演化历程及主要特点，

---

* 本文部分内容摘选自邢来顺、岳伟、邓雪莉、宋彩红等编写的《2017 年商务印书馆人文社科年度报告（历史学）·德国史研究年度报告》。

详细分析了这两种超自然文化形态在该国政治发展中所扮演的角色。其中，《希特勒的怪物：第三帝国的超自然历史》力求以客观公正的态度揭示第三帝国时期超自然理论对纳粹政策的影响。① 而《德国人和他们的神话》则试图采用更加宏观的视角，全面系统地阐释德国神话的演变历程及其与德国政治发展之间的内在联系。②

其次，马丁·路德宗教改革史以及宗教文化史也成为研究的新热点。由于马丁·路德宗教改革在德国乃至欧洲历史发展进程中扮演着重要的角色，2017 年又恰逢路德诞辰 500 周年，对路德的纪念性研究便成为近年来德国史研究的重中之重。2017 年，在德国维滕贝格（Wittenberg）召开的"1517：传统与变革之间的路德"（1517. Luther zwischen Tradition und Erneuerung）暨第十三届路德国际研究大会以及在中国青岛举行的"德国宗教改革 500 周年高端学术论坛"上，与会者对路德作品及其思想进行了更加深入的研读，并重点探讨了路德思想对德国历史发展的影响。相较而言，维滕贝格会议更加强调还原路德作品本意以及发掘路德思想外延和现代应用价值的重要性；而青岛会议更加关注宗教改革对近代德意志国家的影响。另外，刘新利、周施廷等学者还在国内发表了关于路德和宗教改革的论文。③

最后，德国近代宗教社会史也备受关注。基督教深刻地影响了近代德意志社会变迁和人们的生产生活。随着社会史研究的逐步深入和细化，研究者越来越关注宗教对特定时期、特定群体或者特定领域的影响。而罗尔夫·格尔曼（Rolf Gehrman）的《教派与儿童数量：以 18～19 世纪巴登的乡村为例》以及克里斯托夫·内根（Christoph Nebgen）的《18 世纪莱茵河游记描述的经济与宗教关系》，便体现了近年来德国宗教史研究的这一趋势。其中，前者采用人口统计学的方法，以 18～19 世纪巴登的乡村为

---

① Eric Kurlander, *Hitler's Monsters: A Supernatural History of the Third Reich*, New Haven and London: Yale University Press, 2017.

② 〔德〕赫尔弗里德·明克勒：《德国人和他们的神话》，李维、范鸿译，商务印书馆，2017。

③ 刘新利：《路德宗教改革的全球史意义》，《史学理论研究》2017 年第 1 期；刘新利：《德国的宗教改革与国家统一》，《经济社会史评论》2017 年第 3 期；周施廷：《宗教改革时期德国维滕贝格大学的医学教育》，《历史教学（下半月刊）》2018 年第 4 期。

例，分析宗教因素对生育和家庭结构的影响；① 后者通过对 18 世纪莱茵河游记文本的分析，解读了当时游记作家对经济和宗教之间关系的认识。② 另外，中国学者李银波等还试图从易卜生戏剧作品创作的微观角度来探究宗教观改变的文化原因，很好地反映了德国文化与宗教交织的历史现象。③

二　记忆心态史

联邦德国民众的记忆情感成为研究二战及犹太大屠杀的新视角。第二次世界大战给德国自身和世界带来了深重的灾难，但是人们往往忽视普通民众作为受害者对战争的记忆，因此有学者试图从战后德国民众情感和记忆的角度剖析二战及其影响。燕妮·维滕贝格（Jenny Wüstenberg）的《战后德国民间社会与记忆》在对话和采访社会不同阶层人员并大量参阅多种文献的基础上，从人们的情感出发阐述社会大众对战争的记忆以及对战后德国民主政治实践的认识；④ 而范丁梁的《联邦德国人纳粹记忆中的受害者意识》则提出，即便这是一场由其发动的非正义之战，德国人民也有权记忆本民族因为战争所遭受的伤痛，而且受害者记忆也可以在公共领域被讨论。⑤ 孙立新等的《二战期间同盟国空军对德国城市的大轰炸及其历史书写与争论》，从德国的视角来看待盟军大轰炸对德国人民的影响，试图以公正中允的态度来阐释战争的道义，寻求共谋人类社会和谐、稳定、健康发展之道。⑥ 中国人民大学孟虹主持的国家社科基金重点项目"德国联邦议会与'记忆文化'建构研究（1990—2015）"也多次发布与这一主题

---

① Rolf Gehrman, "Denomination and Number of Children: The Case of Rural Baden, 18th/19th Century", *Historische Sozialforschung*, Vol. 42, No. 2-160（2017）, pp. 92–113.

② Christoph Nebgen, "Economic and Confessional Relationships in 18th Century Travel Writing from the Rhine", *Historische Sozialforschung*, Vol. 42, No. 2-160（2017）, pp. 158–169.

③ 李银波、苏晖：《论易卜生宗教观的嬗变及其戏剧创作》，《戏剧艺术》2018 年第 2 期。

④ Jenny Wüstenberg, *Civil Society and Memory in Postwar Germany*, Cambridge: Cambridge University Press, 2017.

⑤ 范丁梁：《联邦德国人纳粹记忆中的受害者意识》，《华东师范大学学报》（哲学社会科学版）2017 年第 5 期。

⑥ 孙立新、陈瑜：《二战期间同盟国空军对德国城市的大轰炸及其历史书写与争论》，《武汉大学学报》（哲学社会科学版）2018 年第 5 期。

相关的研究成果。

还有国内学者专注于魏玛时期的概念与记忆史研究。如孟钟捷的《什么是"Reich"？——从魏玛初期的国名之争看德国人的帝国观念》和《魏玛德国"历史传记之争"及其史学启示》，即以两次重要的争论为切入点，重点分析魏玛时期德国人政治观与历史观的演变及特点。前者侧重政治层面，探讨德国人在不同时期对帝国观念的不同理解和记忆；后者则侧重史学理论层面，探讨历史书写和历史研究之间的纠葛关系。①

德国的大众心态史也备受国内外学者的关注。随着心理史学的不断发展，学者们越来越注重探究大众心态在历史演进中所扮演的角色。徐健的《"乌拉爱国主义"：一战前德国社会心态的若干思考》和尼古拉斯·斯塔加特（Nicholas Stargardt）的《德国人的战争：1939—1945 纳粹统治下的全民意志》均着眼于两次世界大战时期德国民众的心态和意志研究，其中前者侧重探讨一战爆发时德国民众表现出极大热情的深层原因②；后者则侧重利用二战士兵的私人信件及未公开的法庭记录等原始材料，阐释德国普通民众在纳粹宣传灌输和强制控制下对纳粹政权的狂热支持以及战争逐渐失利后的沮丧和反抗③。而克劳斯·费舍尔（Klaus Fischer）的《强迫症的历史：德国人的犹太恐惧症与大屠杀》则着眼于德国民众与大屠杀的关系，追溯德国社会中普遍存在的反犹现象及行为，强调反犹传统与德国历史现实之间的密切关系。④

三 跨国史

以跨国史、全球史为视角的德国史研究新成果不断涌现。如康拉

---

① 孟钟捷：《什么是"Reich"？——从魏玛初期的国名之争看德国人的帝国观念》，《历史教学问题》2017 年第 1 期；孟钟捷：《魏玛德国"历史传记之争"及其史学启示》，《历史研究》2017 年第 3 期。

② 徐健：《"乌拉爱国主义"：一战前德国社会心态的若干思考》，《历史教学（下半月刊）》2017 年第 5 期。

③ 〔英〕尼古拉斯·斯塔加特：《德国人的战争：1939—1945 纳粹统治下的全民意志》，宋世峰译，民主与建设出版社，2017。

④ 〔美〕克劳斯·P. 费舍尔：《强迫症的历史：德国人的犹太恐惧症与大屠杀》，佘江涛译，译林出版社，2017。

德·贾劳施（Konrad Jarausch）等人的《不同的德国人，许多德国：新的跨大西洋视角》①和米歇尔·孟（Michael Meng）等人的《跨大西洋视角下的现代德国》②都进一步加强了在全球史观的指导下对德国历史进行研究。前者重点关注了目前北美学界对德国历史的一些曲解，后者则是以致敬史学大家康拉德·贾劳施的方式，阐述当前德国史研究的新思路。2018 年商务印书馆翻译出版的乌尔夫·迪尔迈尔的《德意志史》一反 19 世纪以来的民族史套路，站在欧洲史与全球史的角度去讨论德意志历史的演进历程。③

与此同时，全球史、跨国史视角对德国历史编纂及书写方式的影响也受到学界关注。邢来顺的《德国通史编撰的全球史转向——以格布哈特〈德意志史手册〉为例》，即以著名的《德意志史手册》的编写为例，指出在全球史观的影响下，德国通史编纂开始跨越民族与国家的藩篱，寻求国际与全球性视野；④而尉佩云的《德国与欧洲的当代历史书写——斯特凡·贝格尔教授访谈》则是以访谈的形式，阐述以斯特凡·贝格尔教授为代表的学者认为全球史或跨民族史语境的理论和方法是未来历史书写范式的方向。⑤

四 经济社会史

从"身体史"的视角重点关注魏玛及纳粹统治期间妇女群体的私人及家庭生活。例如，康尼丽·尤博纳（Cornelie Usborne）的《女性性欲与男

---

① Konrad H. Jarausch, Harald Wenzel and Karin Goihl, *Different Germans, Many Germanies: New Transatlantic Perspectives*, New York and Oxford: Berghahn Books, 2016.

② Michael Meng, Adam R. Seipp, *Modern Germany in Transatlantic Perspective*, New York: Berghahn Books, 2017.

③ 〔德〕乌尔夫·迪尔迈尔：《德意志史》，孟钟捷、葛君、徐璟玮译，商务印书馆，2018。

④ 邢来顺：《德国通史编撰的全球史转向——以格布哈特〈德意志史手册〉为例》，《史学理论研究》2017 年第 1 期。

⑤ 尉佩云：《德国与欧洲的当代历史书写——斯特凡·贝格尔教授访谈》，《史学理论研究》2017 年第 2 期。

性荣誉：二战期间德国女性与战俘的私情》① 和埃利莎·迈伦德（Elissa Mailänder）的《赋予强奸照片意义：1939～1944 年二战东线上作为社会效应的性暴力》② 是以"性权利"为主题来研究二战时期德国及占领区妇女日常境遇的著作。其中，前者不仅描述了二战时期德国妇女反抗纳粹政府直接控制和干预私人领域生活的情况，还对当时女性追求性自主和情感自由的原因进行了深入的分析；后者则通过一张纳粹士兵强奸被占领地区妇女的照片，综合分析了纳粹军队在占领区的性暴力以及对沦陷区妇女的性侵犯。此外，塞缪尔·赫尼克（Samuel Huneke）的《表里不一的宽容：纳粹时期柏林女同性恋的经历》以案例的形式分析了纳粹政权对女同性恋的"宽容"政策及其成因。③ 孟钟捷的《魏玛德国的家庭政策——以"堕胎禁令"的改革与争议为中心的探讨》从魏玛德国的家庭政策角度着手，进而探讨了堕胎禁令的改革与争论在德国引发的一系列影响，从侧面反映了魏玛民主体制的现代性危机。④

　　以基层统计数据或原始材料为基础的德意志帝国社会史研究也有新成果出现。西里斯·加瓦拉斯（Vasilis Gavalas）的《德意志帝国婚姻模式的多样性》通过统计学方法分析了德国 1900 年的普查数据，指出德意志帝国婚姻模式的区域差异受社会经济结构和宗教因素的影响；⑤ 丽贝卡·哈贝马斯（Rebekka Habermas）的《乡村殖民活动：德意志帝国的传教》则通过研究德国北部地区农村社会底层支持殖民活动的行为，重新评估传教组织在德意志帝国殖民活动中所扮演的角色，并以此来深化学界对整个德

---

① Cornelie Usborne, "Female Sexual Desire and Male Honor: German Women's Illicit Love Affairs with Prisoners of War during the Second World War", *Journal of the History of Sexuality*, Vol. 26, No. 3 (2017), pp. 454-488.

② Elissa Mailänder, "Making Sense of a Rape Photograph: Sexual Violence as Social Performance on the Eastern Front, 1939 - 1944", *Journal of the History of Sexuality*, Vol. 26, No. 3 (2017), pp. 489-520.

③ Samuel Huneke, "The Duplicity of Tolerance: Lesbian Experiences in Nazi Berlin", *Journal of Contemporary History*, Vol. 54, Issue 1 (April 2017), pp. 1-30.

④ 孟钟捷：《魏玛德国的家庭政策——以"堕胎禁令"的改革与争议为中心的探讨》，《世界历史》2018 年第 1 期。

⑤ Vasilis Gavalas, "Diverse Marriage Patterns in Imperial Germany", *Journal of Family History*, Vol. 42, Issue1 (2017), pp. 37-53.

意志帝国时期德国殖民活动的认识。[①] 此外，徐继承在《19 世纪德意志地区农业改革与经济结构转型——以普鲁士为研究视角》一文中，还通过对 19 世纪德意志地区的考察，综合分析了农业改革对德意志地区农业经济发展的重要作用，强调了德意志农业改革对以农业为主导产业向以工业为主导产业转型的重要影响。[②]

五　政治外交史

传统国家政治制度仍然是国内德国史研究的重点之一。王亚平的《中世纪晚期德意志的邦国制》[③] 与徐健的《"和谐政治"：弗里德里希二世及 18 世纪普鲁士的开明专制》[④] 分别以中世纪德意志的国家结构形式和 18 世纪普鲁士的政治制度为研究对象，通过详细探讨它们形成演化的历史根源及主要特点，分析了德国国家结构形式和政治制度在德国政治发展史中所扮演的角色。其中，《中世纪晚期德意志的邦国制》梳理了德意志诸侯割据历史的发展脉络，阐释了德国邦国制的演变历程及其与德国当代政治发展之间的内在联系。而《"和谐政治"：弗里德里希二世及 18 世纪普鲁士的开明专制》则以弗里德里希二世统治时期的普鲁士为例，通过剖析弗里德里希二世的性格、态度及其治国术等多个方面，考察了普鲁士开明体制下的君臣权力关系、经济政策和国家建设的特点，进而展现了"和谐政治"对普鲁士政治文化的影响。

对德国意识形态及文化政策的考察正成为国内学界研究的新热点之一。胡晓琛的《"政治与世界观培训"与第三帝国的意识形态统治——以纳粹党培训总局为中心》通过对纳粹党培训总局在战争爆发前后培训活动目的的分析，揭示了"政治与世界观培训"是一种特殊意识形态控制工

---

① Rebekka Habermas, "Colonies in the Countryside: Doing Mission in Imperial Germany", *Journal of Social History*, Vol. 50, Issue 3 (2017), pp. 502-517.

② 徐继承：《19 世纪德意志地区农业改革与经济结构转型——以普鲁士为研究视角》，《安徽史学》2018 年第 3 期。

③ 王亚平：《中世纪晚期德意志的邦国制》，《世界历史》2018 年第 2 期。

④ 徐健：《"和谐政治"：弗里德里希二世及 18 世纪普鲁士的开明专制》，《求是学刊》2018 年第 1 期。

具，为其宣传活动奠定了认识的基础。① 邢来顺等人的《联邦德国文化政策与文化多样性研究》在利用大量一手资料和吸纳最新研究成果的基础上，从历史视角考察分析了联邦德国文化多元主义的根源、法律基础、贯彻平台和路径，并就联邦德国文化政策和文化多样性的历史发展、外来移民对联邦德国文化多元主义生态的影响等问题进行了分析和探讨。②

随着档案材料的不断解密和深入挖掘，国内学界对德国与其他国家关系及相关外交政策的研究也涌现一些新的成果。其中，杨烨、高歌主编的《冷战后德国与中东欧的关系》强调从历史、地缘和文化角度对"中欧"概念进行追溯和厘定，在此基础上尤其注重分析德国和中东欧各个国家之间的双边互动关系；③ 而张北根的《国民党与德国的关系（1912~1945）》则重点分析了国际背景、重要人物的思想等对1912~1945年国民党与德国特殊关系的影响。④ 此外，韩亚静等人的《布赖斯报告：第一次世界大战中英国对德宣传战的典范》还通过对英国抛出的《布赖斯报告》宣传效果的研究，展示了《布赖斯报告》在战争状态下重大的影响；⑤ 而王超在《论施密特政府的德国政策》一文中，则通过梳理联邦德国内部关系部编纂出版的《德国政策文献汇编》《两德数据比较》以及联邦德国领导人回忆录等原始材料，具体考察施密特政府的德国政策理念及其实践，进而揭示它在战后联邦政府德国政策实践中扮演的承前启后的重要角色。⑥

六　史学理论与史学史

国内德国史学界重新审视了与历史主义相关的史学理论问题。景德祥

---

① 胡晓琛：《"政治与世界观培训"与第三帝国的意识形态统治——以纳粹党培训总局为中心》，《世界历史》2018年第3期。
② 邢来顺、岳伟：《联邦德国文化政策与文化多样性研究》，中国社会科学出版社，2017。
③ 杨烨、高歌主编《冷战后德国与中东欧的关系》，社会科学文献出版社，2017。
④ 张北根：《国民党与德国的关系（1912~1945）》，社会科学文献出版社，2017。
⑤ 韩亚静等：《布赖斯报告：第一次世界大战中英国对德宣传战的典范》，《贵州社会科学》2018年第4期。
⑥ 王超：《论施密特政府的德国政策》，《河南师范大学学报》（哲学社会科学版）2018年第6期。

的《黑格尔与兰克历史认识论之辩》揭示了黑格尔所代表的从理论或概念出发研究与书写历史的哲学学派，与兰克所代表的从史料或史实出发研究与书写历史的历史主义学派在历史认识论方面的对立、冲突及其影响。①吕和应的《卡尔·波普尔与历史主义》，则认为波普尔选择人们不太熟悉的 historicism 而非当时英语世界更通行的 historism 来指称其批判的历史主义理论，是希望读者不要误将 historicism 当作 historism。作者认为，波普尔对 historicism 的批判与历史主义危机大讨论存在某种关联，但其犹太身份以及 20 世纪上半叶欧洲政局的动荡让他赋予历史主义危机不一样的内涵。②

史学史研究也有了新的突破。如何面对德意志民族的历史重负，是二战后考验联邦德国政府和社会各界政治觉悟和历史责任心的严肃问题。孙立新等的《联邦德国史学研究》探讨了西德关于纳粹主义的史学争论，这不仅有助于了解德国人在"克服过去"过程中所经历的波折，进而把握当代德国政治和社会文化的脉搏，也有利于比较准确地书写联邦德国史学史，进而更深刻地认识和领悟历史研究的政治和社会功能。③

总 结

2017~2018 年，学界对德国历史的研究主要呈现如下几个特点。首先，国内学术界紧跟国际学术界的热点问题展开研究。这两年，宗教改革史、跨国史、记忆史等是国际学术界重点关注的问题。而中国学术界这几年也在这些问题的研究上取得了丰硕的成果，如山东大学刘新利等人的马丁·路德研究、华中师范大学邢来顺等人的跨国史研究、华东师范大学孟钟捷等人的记忆史研究。这说明中国学术界与国际学术界在德国史研究的选题方面已比较接近。

其次，微观研究与宏观研究相结合。一般来讲，由于具有资料和语言优势，西方学者在研究德国历史时，往往采用以小见大的方式，通过个案

---

① 景德祥：《黑格尔与兰克历史认识论之辩》，《江海学刊》2018 年第 4 期。
② 吕和应：《卡尔·波普尔与历史主义》，《江海学刊》2018 年第 4 期。
③ 孙立新、孟钟捷、范丁梁：《联邦德国史学研究》，社会科学文献出版社，2018。

考察来论证自己的学术观点或构建新的研究范式。这两年来，国内学者也越来越多地从微观视角对德国历史上的重要问题进行探讨。但与此同时，国内学者在研究时又特别强调中国视角，希望通过具体的案例分析，深入挖掘德国历史发展的客观规律，并为中国解决相关问题提供经验和教训。

最后，在新的史学研究领域不断出现并日渐成熟的同时，传统学术领域也在关注新的问题。2017~2018 年，随着国内外学界一系列相关重要成果的问世，记忆史、身体史成为德国史研究的新兴领域；与此同时，传统的政治史、外交史等领域，开始关注意识形态和文化宣传等新问题。

（作者系华中师范大学历史文化学院副教授，主要研究方向为德国近现代史。）

美国史研究趋势和前沿（2015～2018）

蔡 萌

【摘要】2015～2018 年，国内的美国史研究除了在一些经典问题上继续开掘以外，还呈现一些新的气象。在政治史和外交史两个传统研究领域中，"文化转向"和"跨国转向"的趋势十分明显。医疗社会史、环境史等新兴研究领域也受到越来越多研究者的关注，涌现出不少佳作。

【关键词】文化转向 跨国转向 医疗社会史 环境史 美国史

政治史、外交史两个传统研究领域仍然是国内美国史学者们最为关注的。国内美国史研究成果中这两个领域的成果占了一大半。从这些研究成果来看，2015 年以来，在这两个领域中，"文化转向"和"跨国转向"的趋势十分明显，在相当程度上可以代表美国史研究的未来发展趋势。

在美国史学界，政治史研究的"文化转向"，即政治文化史的兴起大约在 20 世纪 70 年代。在我国，政治文化史的兴起也有将近十年的时间，且吸引了越来越多的年轻学者。李剑鸣发表的系列论文，详细考察了美国革命时期"代表制""民主"等核心概念在不同语境中的复杂内涵，探究了不同社会群体对这些政治概念的不同看法和感受，以及相互之间的竞争和妥协。[1] 何芊的论文考察了 1775 年前后殖民地人民对于"主权"和"帝国体制"等问题的重新阐释。[2] 雷芳的两篇论文分别探讨了 1783 年《巴黎

---

[1] 李剑鸣：《从代表制到代表制政体——再论美国革命时期民主概念的演变》，《清华大学学报》（哲学社会科学版）2015 年第 5 期；《美国革命时期代表制的实践及其意义》，《社会科学战线》2015 年第 10 期；《美国革命中的政体想象与国家构建》，《史学集刊》2016 年第 3 期；《从政治史视角重新审视美国革命的意义》，《史学集刊》2017 年第 6 期。

[2] 何芊：《从主权之争看美国独立的缘起》，《历史教学》（下半月刊）2018 年第 6 期。

条约》在美国国内引发的思想观念的交锋，以及美国革命时期联邦主义理念被不断颠覆、改造和本土化的艰难过程。① 董瑜从美国建国初期商业公司的建立和引发的争论入手，考察了古典共和话语是如何遭到"解构"的。② 梁红光从"公民可否向联邦法院起诉州"这个问题入手，分析了美国建国早期两种国家构建理念之间的交锋和博弈。③ 这些论文都体现了政治文化史研究路径的典型特征：不是简单地用文本分析的方式来诠释经典文本中的观念的内涵及其变化，也不是简单地阐释观念和事件之间单向的因果关系，而是沿着语境主义的路径，探讨不同语境、不同群体的政治行动者对于观念的表述，并把观念和事件置于一种更为复杂和交互的语境中去考察。2015 年和 2016 年，当今美国政治文化史领域最顶尖的两位学者德鲁·福斯特（C. Drew Gilpin Faust）与戈登·伍德（Gordon S. Wood）的代表作在国内翻译出版，引发了学界的广泛关注，对于国内美国政治史研究的"文化转向"起到了推波助澜的作用。④

受到新文化史方法的启发，伍斌、王林亚等年轻学者质疑美国某些知识生产的过程及其客观性。他们细致地论证了在界定种族、认知热带环境等方面，美国人所谓的"科学"的知识实际上是美国白人建构的产物，充斥着白人的种族优越感、排外主义和殖民主义的痕迹。⑤ 在"文化转向"的影响之下，身份政治、国族认同、形象塑造、国家建构等主题也越来

---

① 雷芳：《1782 年〈巴黎条约〉与美国早期国家观念的初步形成》，《史学月刊》2015 年第 7 期；《美国革命时期联邦主义理念的本土化及意义》，《湘潭大学学报》（哲学社会科学版）2016 年第 1 期。

② 董瑜：《商业公司的建立与美国建国初期政治文化的转型》，《中国社会科学》2015 年第 6 期；《美国建国初期商业公司引发的争论及其意义》，《四川大学学报》2015 年第 6 期；《美国建国初期商业公司的兴起与北方乡村社会变迁》，《社会科学战线》2018 年第 6 期；《美国建国初期商业公司的界定与私有财产观念》，《南开学报》（哲学社会科学版）2015 年第 2 期。

③ 梁红光：《美国早期"州的可起诉性"考察》，《求是学刊》2017 年第 6 期。

④ 〔美〕德鲁·吉尔平·福斯特：《这受难的国度：死亡与美国内战》，孙宏哲、张聚国译，译林出版社，2015；〔美〕戈登·伍德：《美利坚共和国的缔造：1776～1787》，朱妍兰译，译林出版社，2016。

⑤ 伍斌：《种族界定与美国对东南欧移民的排斥》，《历史研究》2018 年第 2 期；王林亚：《种族主义与殖民主义：美国知识界对热带环境的观念建构及其影响》，《世界历史》2018 年第 4 期。

受到政治史学者的关注。①

20 世纪 90 年代末，美国史学界出现了从跨国视野来考察美国史的趋向，注重美国同外部世界的联系，强调国际环境和外来因素对美国历史的影响，力图超越以前国别史研究的局限。我们可以将其称为美国国内史研究"向外看"。近年来国内美国政治史研究领域呈现"向外看"趋势。谢国荣将"布朗案判决"置于国际视野中来考察，强调冷战的爆发、第三世界国家的兴起、国际社会对人权保护的日益重视等国际因素对于美国民权运动的推动。薛冰清考察了 18 世纪 60～70 年代英美激进主义思想在"跨大西洋共同体"中的流动。② 与此同时，杰克·格林（Jack P. Greene）、安德鲁·奥肖内西（Andrew Jackson O'Shaughnessy）等美国跨大西洋史研究的名家名作也接连被引介到国内。③ 未来几年，美国政治史研究的"跨国转向"是特别值得关注和期待的。

外交史曾长期采取政治史的研究路径，侧重探讨美国联邦政府外交政策的制定和实施。近年来，不少学者受到欧美史学中"文化转向"的启发，开始关注文化与外交的关系以及文化作用于外交关系的方式，探讨了外交理念、国际关系思想的演变以及国家身份观念、国家间的相互认知。例如，王晓德探讨了欧洲人对于美国的认知和反美主义情绪的渊源；滕凯炜和刘义勇分别揭示了 19 世纪中期和 20 世纪初美国人的身份观念是如何支撑了大陆和海外的领土扩张的；王立新则考察了 20 世纪 20 年代美国共

---

① 张慕智：《美国独立战争中围绕美利坚战俘的宣传及其历史意义》，《世界历史》2017 年第 5 期；王晓德：《美国开国先辈对"美洲退化论"的反驳及其意义》，《世界历史》2017 年第 1 期；罗超：《美国内战后的南部记忆文化——"女士纪念协会"与"南部重葬运动"》，《东南学术》2017 年第 6 期；徐扬：《美国早期国家建构之谜："共和监护"视域下的西部领地》，《史林》2018 年第 2 期。

② 谢国荣：《冷战与黑人民权改革：国际史视野下的布朗案判决》，《历史研究》2018 年第 1 期；薛冰清：《威尔克斯事件与跨大西洋视野下的北美独立运动》，《历史研究》2017 年第 5 期。

③ 〔美〕杰克·格林：《边缘与中心：帝国宪制的延伸——大英帝国与美利坚合众国（1607～1788）》，刘天骄译，中国政法大学出版社，2017；〔美〕安德鲁·奥肖内西：《谁丢了美国：英国统治者、美国革命与帝国的命运》，林达丰译，北京大学出版社，2016；〔英〕尼克·邦克：《大英帝国的崩溃与美国的诞生》，银凡译，民主与建设出版社，2017。

和党政府的国际秩序思想。①

尤其引人注目的是，近年来，以白建才、张杨、翟韬、石玮、王睿恒、史澎海等为代表的一批学者研究美国的对外宣传和文化外交，涌现出不少佳作。研究的时间涵盖了太平洋战争和冷战时期；研究的地域主要集中于中国、东南亚和中东地区；研究的对象从政府之间的高层次交往转向大学、基金会、教会等民间团体和私人机构之间的跨国交往；研究的内容包括美国的宣传机构和媒介，以及宣传中使用的话语和塑造的形象等。② 他们的论著大大丰富了外交史研究的视角，让人们看到：外交行为不仅是对外部威胁和国际环境的反应，而且是国内各种力量博弈和驱动的结果，国内的社会结构、政治制度、文化传统等也是塑造外交政策和国际关系的重要力量。这种趋向，或许我们可以称为美国外交史研究"向内看"。

美国史研究在不断拓展新领域的同时，也在对政治史、外交史这两大传统

① 王晓德：《从文化的视角剖析欧洲反美主义》，《世界历史》2015 年第 6 期；王立新：《超越凡尔赛：美国共和党政府的国际秩序思想及其对欧洲稳定与安全的追求（1921—1929）》，《世界历史》2015 年第 1 期；刘义勇：《20 世纪初美国扩张主义者的"文明身份"意识与仲裁观》，《世界历史》2015 年第 3 期；刘义勇：《20 世纪初美国仲裁主义者的"文明"话语机器及其国际秩序观》，《四川大学学报》（哲学社会科学版）2016 年第 4 期；滕凯炜：《"天定命运论"与 19 世纪中期美国的国家身份观念》，《世界历史》2017 年第 3 期。

② 白建才、杨盛兰：《20 世纪 50 年代初美国对中国隐蔽宣传战探析——以台北"国史馆"藏档案为中心》，《四川大学学报》（哲学社会科学版）2018 年第 5 期；白建才：《美国民间的冷战斗士：亨利·迈耶斯及其冷战委员会》《陕西师范大学学报》（哲学社会科学版）2016 年第 6 期；张杨：《"前线"外交：冷战初期美国在香港的文化活动初探》，《美国问题研究》2015 年第 2 期；张杨：《"未来潮流"之争：中美意识形态对抗与 20 世纪 60 年代美国的东南亚政策》，《世界历史》2017 年第 2 期；翟韬：《冷战纸弹：美国宣传机构在香港主办中文书刊研究》，《史学集刊》2016 年第 1 期；翟韬：《"文化转向"与美国冷战宣传史研究的兴趣和嬗变》，《世界历史》2018 年第 3 期；翟韬：《冷战语境下的新"华夷之辨"——美国对华宣传与两岸政权形象的塑造》，《史学月刊》2016 年第 2 期；翟韬：《美国对东南亚华人宣传机构研究（1949~1964）》，《首都师范大学学报》（社会科学版）2017 年第 4 期；翟韬：《"文学冷战"：大陆赴港"流亡者"与 20 世纪 50 年代美国反共宣传》，《世界历史》2016 年第 5 期；石玮：《试论 20 世纪 50 年代美国对亚洲的冷战宣传政策——以美国新闻处香港分处为例》，《南昌航空大学学报》（社会科学版）2018 年第 1 期；王睿恒：《太平洋战争时期美国的对华宣传：媒介与受众》，《史学集刊》2016 年第 1 期；王睿恒：《太平洋战争时期美国对华宣传塑造的美国形象》，《世界历史》2017 年第 5 期；王睿恒：《太平洋战争时期美国对华宣传中的中国形象》，《历史研究》2016 年第 4 期；史澎海：《"第四种武器"：冷战期间美国对中东国家的心理战研究》，陕西人民出版社，2015。

领域进行"精耕细作"。美国历史上重要的政治制度和政治事件，如北美印第安人的土地和宗教、殖民地的土地制度、宪法批准过程中的联邦派与反联邦派、内战前美国北部的废奴运动和反废奴运动、联邦与州的关系、美国的济贫原则、医保改革、劳工和工会、移民政策和立法、种族隔离制度、腐败治理、美墨边境地区的人口流动，以及美国以政府为中心的外交战略、外交决策和外交活动，仍然吸引了不少学者的关注。这种对于传统领域的"精耕细作"具有搭建美国史知识框架、充实和完善美国史知识体系的重要意义。

除了政治史、外交史以外，一些新兴的研究领域近年来也取得了显著成绩。美国城市史研究的题材从城市物质空间扩展到人文空间，逐渐把城市的发展和转型嵌入美国政治和社会生活之中。① 在疾病和医疗史等领域，丁见民的系列论文深入探讨了北美早期印第安人对外来传染病的应对，张勇安考察了冷战时期的国际禁毒合作。② 在环境史领域，付成双和滕海键梳理了美国社会森林观念的变迁和荒野保护运动的发展；高科的系列论文揭示了美国开发国家公园而导致的环境和人文影响。③ 近几年，环境史领

---

① 王旭：《美国传统工业大州"去工业化"（1950—1990）——以宾夕法尼亚州为中心的考察》，《世界历史》2016 年第 5 期；韩宇：《产业招募与二十世纪八十年代以来美国南部制造业转型》，《历史研究》2018 年第 2 期；李文硕：《20 世纪中期美国的政府雇员工会与城市治理——以纽约环境卫生危机为个案》，《华东师范大学学报》（哲学社会科学版）2016 年第 2 期；李文硕：《从城市更新发现冷战——以纽约市林肯表演艺术中心为个案》，《杭州师范大学学报》（社会科学版）2018 年第 1 期；孙群郎：《当代美国的精明增长运动及其评价》，《史学理论研究》2015 年第 4 期；李晶：《进步运动时代美国城市公共卫生改革研究——从纽约市街道卫生治理的视角观察》，《求是学刊》2016 年第 1 期；孙群郎：《美国马里兰州的精明增长政策》，《世界历史》2015 年第 2 期；王旭、韩宇、苏宁：《美国制造业的两次重大调整与区域增长格局的变迁》，《史学月刊》2017 年第 11 期；李文硕：《医疗产业与城市复兴：美国工业城市匹兹堡的转型之路》，《求是学刊》2017 年第 6 期。

② 张勇安：《尼克松政府毒品战的"新机制"：北约现代社会挑战委员会与国际禁毒合作》，《求是学刊》2016 年第 1 期；丁见民：《北美早期印第安人社会对外来传染病的反应和调适》，《世界历史》2015 年第 4 期；丁见民：《外来传染病与美国历史早期印第安人人口的削减》，《世界历史》2018 年第 1 期。

③ 付成双：《文明进步的尺度：美国社会森林观念的变迁及其影响》，《世界历史》2017 年第 6 期；滕海键：《1964 年美国〈荒野法〉立法缘起及历史地位》，《史学集刊》2016 年第 6 期；高科：《1916 年〈国际公园局组织法〉与美国国家公园管理的体制化》，《史学集刊》2017 年第 5 期；高科：《美国国家公园的旅游开发及其环境影响（1915~1929）》，《世界历史》2018 年第 4 期；高科：《美国国家公园建构与印第安人命运变迁——以黄石国家公园为中心（1872~1930）》，《世界历史》2016 年第 2 期；高科：《美国西部探险与黄石国家公园的创建》，《史林》2016 年第 1 期。

域出版了两部力作：一部是付成双的专著《动物改变世界：海狸、毛皮贸易与北美开发》①；另一部是美国环境史奠基人唐纳德·沃斯特的《帝国之河：水、干旱与美国西部的成长》的中译本②。相信未来几年，这些新兴的研究领域将吸引更多的年轻学者，将有更多优秀的成果问世。

（作者系上海师范大学人文学院副教授，主要研究方向为美国政治文化史。）

---

① 付成双：《动物改变世界：海狸、毛皮贸易与北美开发》，北京大学出版社，2016。
② 〔美〕唐纳德·沃斯特：《帝国之河：水、干旱与美国西部的成长》，侯深译，译林出版社，2018。

中国学术界关于英国妇女史研究综述
（2015~2018）

潘迎华

【摘要】 20 世纪 80、90 年代，国内学术界开始关注英国妇女史研究。迄今为止，该领域的研究已成为中国英国史研究和女性主义研究的重要组成部分，2015~2018 年有 20 多项成果，包括专著、公开发表的论文及学位论文，内容涉及英国妇女家庭地位、家庭法律权利、妇女选举权和反妇女选举权运动、女性工会运动、女性主义思想、女子高等教育权、妇女友谊会活动、妇女消费活动以及女性犯罪等主题，尤其是在中产阶级妇女的家庭婚姻生活状况和反妇女选举权等问题上的研究有较大进展。但从总体上看，英国妇女史研究在一手资料的运用、理论建树、研究深度、研究广度、成果的质量和数量、研究方法等方面有待进一步提高。

【关键词】 英国妇女　女性主义　反妇女选举权　两性关系

随着欧美新一波女性主义运动的兴起，20 世纪 60、70 年代妇女史成为当代史学研究的一个新兴领域。迄今为止，其研究对象从少数著名妇女、上层妇女，深入下层普通妇女；研究领域从政治领域扩大到妇女的日常生活、宗教信仰、家庭角色；研究方法从一手史料的搜集整理到口述参与、传记研究法等。学者们试图以女性的视角真实地再现女性的生活、性别关系和女性在推动历史发展中的作用，突破以男性群体为中心的文明结构和精英思想，聆听非权力的声音，重新审视人类社会的政治理念和学术思想，引导全球向着更平等、更符合全人类根本利益的方向发展。

经过近半个世纪的发展，妇女史研究成果丰富，不仅在理论、方法、深度和广度上有新的突破，而且妇女史研究与女性主义运动相结合，促进了自由主义女性主义、社会主义女性主义等各种女性主义流派的发展。尽管女性主义的不同理论流派之间存在差异，但它们都对妇女受压迫的原因、如何实现妇女的解放、理想的两性关系的模式等问题进行了探讨，并提出相应的理论和对策。女性主义对主宰社会的男性霸权主义进行全方位的挑战，在许多国家，妇女取得了与男子平等的参政权、受教育权、就业权、财产权、生育自主权，从而推动社会朝着有利于两性平等的方向发展，也为世界其他问题的解决提供借鉴。

英国是最早开始政治经济现代化的国家，也是近代女性运动发祥地之一。根植于本国经济、文化基础上的英国女性主义理论，在与女性主义运动相结合的过程中不断发展，一定程度上也影响到世界其他地区的女性主义运动。因此，英国的女性研究一直处于欧美学界的前沿地位。20 世纪60、70 年代以来，《社会主义与女性主义历史学家》《性别与历史》《妇女史杂志》《妇女历史评论》等妇女研究的专业杂志相继问世，这既是英国女性研究的成果，也是推动英国女性研究进一步发展的主阵地。

20 世纪 80、90 年代以来，国内学界开始关注英国妇女史研究，并有许多论文和专著问世。马嫚、陆伟芳、王赳、王晓焰、潘迎华、傅新球等学者从英国家庭史、妇女选举权、经济权、教育权等不同角度研究英国妇女问题，为英国妇女史研究打下了良好的基础。[①] 2015~2018 年国内英国妇女史研究有 20 多项成果，包括专著、公开发表的论文及硕士学位论文。本文从英国妇女在家庭领域和公共领域的状况分别进行概述。

一　妇女在家庭领域状况的研究

家庭是社会的细胞，妇女的家庭生活状况直接反映社会的演变。李宝

---

① 马嫚：《工业革命与英国妇女》，上海社会科学院出版社，1993；陆伟芳：《英国妇女选举权运动》，中国社会科学出版社，2004；王赳：《激进的女权主义：英国妇女社会政治同盟参政运动研究》，上海三联书店，2008；王晓焰：《18~19 世纪英国妇女的生活和工作状况研究》，人民出版社，2007；潘迎华：《19 世纪英国现代化与女性》，浙江人民出版社，2005；傅新球：《英国社会转型时期的家庭研究》，安徽人民出版社，2008。

芳的《维多利亚时期英国中产阶级婚姻家庭生活研究》① 是国内唯一一部系统研究维多利亚时期英国中产阶级婚姻家庭生活的专著，也是反映维多利亚时期女性家庭生活和家庭地位的重要研究成果。该书借鉴社会学的理论和方法，运用当时人的日记、教区档案等大量外文文献，系统地梳理分析了维多利亚时期英国中产阶级婚姻和家庭生活状况。该研究不仅资料翔实，而且在妇女的家庭地位、夫妻关系、妇女财产权等问题上提出了独到的见解。另外，学者公开发表的论文和研究生的硕士学位论文也就妇女的家庭地位问题做了研究。

（一）关于"两分领域"和妇女的家庭地位

"两分领域"指男性从事政治、经济、教育等社会活动的公共领域和女性从事家务劳动和管理的私人领域。对于"两分领域"是工业化的结果，还是历史的延续，学者们意见不一。以塔尔科特·帕森斯（Talcott Parsons）为代表的结构功能主义者和传统的马克思主义者，以及当代妇女史学家利奥诺·戴维达夫（Leonore Davidoff）和凯瑟琳·霍尔（Catherine Hall）都认为工业化导致的生产活动与家庭分离，加剧了两性分工，强化了两域分离现象；而学者罗伯特·B．雪曼克（Robert B. Shoemaker）则认为性别分工由来已久，并非工业化的产物。实际上，"两分领域"非常复杂，它也是研究 19 世纪中产阶级及女性问题绕不开的话题。

国内学界普遍认为，在 19 世纪主流价值观"两分领域"的理念中，男性是家庭的挣面包者，奋斗在公共领域，在两性关系中处于支配地位；女性生活在受保护的家庭领域，主要履行家庭的责任，已婚妇女在法律上没有独立的人权，处于从属地位。李宝芳提出"家"在维多利亚时代的英国足以支撑整个社会架构和文化观念。在"两分领域"下，妇女作为"家庭天使"具有三重内涵。一是持家。妇女是全职的家庭主妇，责任是管理家庭，料理家务，保持房子整洁舒适；计算家庭开支，进行家庭预算；管理与教导仆人；对所有的家庭成员的仪表负责；担负拜访的社交责任。二是道德。妇女应该具有高尚的思想道德，严守贞节，成为丈夫和孩子学习

---

① 李宝芳：《维多利亚时期英国中产阶级婚姻家庭生活研究》，社会科学文献出版社，2015。

的道德典范。三是生育。即生育子女，抚养后代。① 这样的性别分工对两性的影响是双重的。一方面，它延续和强化了传统的性别分工，影响了男性气质和女性气质的塑造；限制了妇女的就业，尤其是限制了中产阶级女性外出就业，使得婚姻几乎成为她们唯一的出路。另一方面，性别分工观念强化了男人养家糊口的责任，增大了男性的生活压力，也削弱了男性在家庭子女教养和公共慈善领域等方面的作用。实际上，两性关系不仅受性别分工观念的影响，也受到社会发展、宗教文化变化的影响。在现实生活中，家庭关系是复杂的，作者认为维多利亚时期"中产阶级在现实生活中并不存在绝对的两分领域，不存在界限清晰的男女角色分工"，"随着维多利亚时期社会文化的发展，越到后来，夫妇地位关系越趋向平等是可以肯定的"。②

徐奕斐《"两分领域"之辨：以英国已婚妇女从商的法律问题为视角》③ 一文，从法律角度研究已婚妇女的家庭地位，视野独特、观点较有说服力。作者认为英国针对妇女权利的法律是多元的，普通法虽然否定妇女财产权，认为妇女隶属于家庭中的男性；但是其中的习惯法，还有衡平法给予妇女支配自己财产的权利，为妇女婚后继续从事商业活动提供法律保障。在司法实践中，女性可以起诉或援引该规则进行抗辩，她们的民事行为能力及财产受到了较好的保护。因此，已婚妇女从多元化的法律体系中获得了从事商业活动的权利，同时拥有了解决法律纠纷的多种途径。现实中，公共领域与家庭领域之间，除了"两分领域"所强调的分离和对抗，更多体现的是相互依存、相互影响、相互渗透、相互交融。"两分领域"理论不足以概括18~19世纪英国妇女的实际生活状况。所谓"两分领域"理论实际上是对她们贡献的抹杀。

牛文馨的硕士学位论文④分析了16~18世纪英国家庭结构的变迁，认为宗教改革、工业革命为家庭婚姻制度的变革创造了条件，促使英国两性

---

① 李宝芳：《维多利亚时期英国中产阶级婚姻家庭生活研究》，第 32~33 页。
② 李宝芳：《维多利亚时期英国中产阶级婚姻家庭生活研究》，第 81、112 页。
③ 徐奕斐：《"两分领域"之辨：以英国已婚妇女从商的法律问题为视角》，《中华女子学院学报》2017 年第 6 期。
④ 牛文馨：《女性视角下 16~18 世纪英国两性关系的变革》，硕士学位论文，西华师范大学，2017。

关系朝着和谐、平等的方向发展。经济上的独立自主使英国的青年男女可以摆脱包办婚姻的束缚，自由选择婚姻伴侣；英国开放的阶级界限、人们思想意识的转变以及女性自身的觉醒使妇女的屈从地位能够以非暴力的手段得到改善。但该文最后以和平学的理论来解释 16～18 世纪两性关系，有些牵强。

总之，上述研究一方面认为近代英国中产阶级女性在家庭中处于从属地位，另一方面也提出随着工业化带来的经济社会的变化，中产阶级女性获得更多的家庭权益，中产阶级家庭的两性关系逐渐向着两性平等的方向发展。

孙洁用分层分类方法研究劳工妇女的婚姻状况。[①] 相对中上层女性而言，劳工妇女婚姻自主权较多，但下层劳工妇女由于经济原因同居现象较为普遍，结婚率相对较低。所有女性劳工都要承受生育多子女的辛劳。在家庭生活和家庭关系上，城市上层劳工的妻子打理家务，管理家庭收支，有时外出打工维持家用，她们的丈夫对她们较为尊重，她们也赢得了一定的家庭地位；城市下层劳工的妻子要担负外出工作和家务的双重压力，有些人甚至要忍受家庭暴力的伤害；农村女性劳工不仅承担了家庭的大部分劳动，如饲养牲畜、耕种，还常常出去工作补贴家用，其家庭地位与城市女性劳工类似。同时，作者强调工业化导致劳工妇女就业机会增加，拥有独立的收入，这在一定程度上削弱了男性的权力，提高了妇女的家庭地位。

（二）妇女的财产权和其他法律权利

妇女财产权和其他家庭法律权利是保障妇女家庭权益的基础，也是衡量妇女家庭地位的重要标准。张云撰文对近代早期英格兰社会未婚女子、已婚女子、丧偶女子在嫁妆、继承权、工作和寡居时实际享有的财产权情况进行研究，从而对当时英格兰妇女的地位变化做出解释。[②] 作者通过较为翔实的资料证明合法的婚生子女和不合法的私生子女都有平等获得财产

---

① 孙洁：《维多利亚时期英国女性劳工的婚育选择和家庭地位》，硕士学位论文，苏州科技大学，2018。

② 张云：《近代早期英格兰女性的财产权状况研究》，硕士学位论文，天津师范大学，2018。

的权利；未婚妇女和已婚妇女都可以通过继承和工作获取财富；已婚妇女通过嫁妆、婚约获得丈夫给予的"晨礼"、"独立财产"和零用钱，并有权自由支配这部分个人财产；丧偶女子在寡居期间享有财产权，还可以立遗嘱安排身后的财产。同时，男女双方可以通过签订婚姻财产协议、托管财产协议，以及订立遗嘱等方式保障自身的财产权。由此可见，现实生活中的女性并不是完全没有财产权，这些财产权有利于维护妇女的权益，保障她们参与社会活动，提高她们的社会地位。张云的研究有助于我们更客观地认识近代英国女性的财产权。

徐奕斐对将英国1839年《婴幼儿监护权法案》作为英国妇女获得子女监护权的标志性文书这一传统观点提出疑问。① 作者从改革的背景、法律本身内容出发，提出该法有许多缺陷：第一，这部法案建立在女性从属地位的基础之上，固化了妇女的家庭职责，在一定程度上延续了妇女的性别角色。第二，其赋权的范围有限，只限于妇女对7岁以下儿童的监护权及对12岁以下儿童的探视权，排除了非婚生子女。它在承认妇女从属地位的基础上，实际上从立法层面限制了妇女的监护权、探视权。第三，它只是延续了父权绝对主义衰退的趋势，而非开创了父权绝对主义衰退的传统。第四，该法案认同父权在年幼子女监护权上居优先地位的基础上对母亲有限赋权，实际上维护了父权制的家庭结构，只是适当增加维护妇女和儿童权利的条款。因此，这个法案很难说是平权运动的胜利，只能说是在性别不平等基础上对妇女权利的补充。笔者认为，该文作者的观点有失公允，1839年《婴幼儿监护权法案》尽管有缺陷，但不能否认它是女性抗争的结果，也是妇女获得与男子平等的家庭法律权利的重要一步。在此法案的基础上，1873年、1886年议会通过妇女对儿童监护权的法案，不断扩大妇女对孩子的监护权，最终在1895年法案中，妇女取得了与男性平等的监护权。儿童监护法权的发展反映了妇女权利和夫妻关系趋于平等的转变过程。

---

① 徐奕斐：《妥协与变革：英国1839年〈婴幼儿监护权法案〉再思考》，《人权》2017年第5期。

二 妇女在公共领域状况的研究

妇女在公共领域的作用主要是指她们在家庭外从事经济、政治、文化、教育，以及宗教慈善等活动。妇女在公共领域的作用直接体现了妇女的社会地位和解放程度。因此，国内学者对英国妇女在公共领域的研究较英国妇女在家庭领域的研究更加深入，成果更为丰富。2015～2018 年学界对此问题的研究主要集中在以下几方面。

（一）关于妇女政治运动和女性主义研究

妇女选举权运动的对立面——反妇女选举权运动是英国社会中有一定影响力的部分中上层女性开展的政治运动。1889 年反妇女选举权者在《19世纪》期刊上发表了《反对妇女选举权呼吁书》，意味着反妇女选举权运动的开始。女性反妇女选举权者强调性别的差异，提出女性不应该卷入斗争激烈的政治领域，而应更好地在家庭、社会领域践行女性职责。"反妇女选举权同盟"成立之时就确定了两个目标：反对妇女的议会选举权和争取济贫、教育、地方机构等与社区、家庭事务相关部门的妇女代表权。学界长期以来着眼于妇女选举权运动的研究，忽视妇女选举权运动的对立面——反妇女选举权运动的研究，而此问题的研究对于较好地认识 19 世纪末 20 世纪初英国女性主义政治思潮和"两分领域"保守的性别观点和政治观念具有重要的意义。

王赳的国家社科基金项目"多元政治文化视野下的英国反女性主义运动研究"在国内首次对反妇女选举权运动进行较为系统的研究。她撰文《英国反女权主义探析——以英国维多利亚晚期和爱德华时期的反妇女选举权为例》[①] 解读反女权主义的理论根源和社会思想文化基础。以赫伯特·斯宾塞（Herbert Spencer）、奥姆罗斯·爱德华·莱特（Almroth Edward Wright）等为代表的反妇女选举权者从男女生理差异、心理差异和

---

① 王赳：《英国反女权主义探析——以英国维多利亚晚期和爱德华时期的反妇女选举权为例》，《浙江学刊》2016 年第 2 期。

社会文化背景出发，论证女性天生在生理、性格上受到限制，因而最适合在家为丈夫、为子女服务，这也是女性的天职。女性生理特点决定了她们感性大于理性，容易冲动、容易被直觉控制，她们不适合被赋予选举权，不适合参与政治。从社会学角度来看，选举权的胜利会导致女性为了追求自由而少生孩子，政治活动会使女性柔弱的神经系统紧绷，并使她们不孕或者生育有缺陷的后代。因此，女性参政会败坏女性气质——谦虚、温柔、文雅，以及道德优越感，从而堕落到和男性争夺政治空间、进行权力斗争，给予妇女选举权会破坏既有体制和损害帝国利益。

王赳的《20世纪初英国社会领域中的反女权运动》① 一文研究了20世纪英国反女性选举权运动的渊源、发展过程及终结，追溯了反妇女选举权运动的发展过程和原因，清晰地再现了反妇女选举权运动领袖的主张。王赳的研究强调运用多元文化视角，从不同维度来分析和阐释1880～1920年反女性主义运动的源起、发展脉络、社会背景和理论动因；解读反女性主义文本，分析反女性主义和女性主义的对立与融合，强调不同时期、不同反女性主义者对女性问题有不同的主张。该研究修正了传统史学对反女性主义者的认知框架，改变了对女性主义运动持单向度认识的二元对立观点；把反女性主义运动置于英国民主化进程这一特殊的语境下进行考察，从新的角度弥补了学界对选举权运动研究的不足。

元鹏成的《19世纪英国民主化进程中的女性参与研究》② 一文论述工业化、社会民主化大背景下妇女参政运动，说明女性既是19世纪民主化的参与者，也是民主化的见证人和受益者。

王晓伟从19世纪中后期至20世纪初英国政党关于妇女选举权的态度和策略的角度，探讨了妇女选举权的获得，有助于更好地认识英国主要政党与妇女选举权运动的关系。③

闫思思以玛丽·沃斯通克拉夫特、哈里特·泰勒、约翰·斯图尔特·穆勒等18、19世纪女权主义者为例，分析研究19世纪女权主义思想在文

---

① 王赳：《20世纪初英国社会领域中的反女权运动》，《学海》2017年第6期。
② 元鹏成：《19世纪英国民主化进程中的女性参与研究》，《陇东学院学报》2018年第4期。
③ 王晓伟：《英国政党关于妇女选举权的态度和策略1866—1918》，硕士学位论文，河南大学，2016。

化、社会等领域中的表现，以及女权主义思想在争取女性教育权、财产权、选举权中的作用，肯定 19 世纪女权主义思想是 20 世纪女权主义思想的基础，对 19 世纪的社会进步产生了影响。①

杨园园论证了 19 世纪英国女性在自由主义理论和自由主义实践影响下，自我意识不断提升，经历了从女性要求公正公平地对待两性，到倡导两性差异和女性性别优势下的两性平等，再到争取政治上的两性平等三个发展阶段。② 这一过程，体现了女性自我意识的启蒙与发展，从抽象权利到政治平等，再到争取与男性平等的议会选举权。作者肯定女性自我意识的发展和妇女选举权运动相互影响、相互促进。

（二）妇女教育问题研究

女子受教育权是提高妇女地位的必要条件。妇女教育问题历来受到女性主义者和学者的关注，前些年研究成果较为丰富。近几年，有多篇硕士学位论文论及该问题。

李慧娟的《英国教育领域中女性地位探析（1848~1928）》③，梳理了 19 世纪中后期至 20 世纪初期英国女子初等、中等和高等教育中女性教师的工作和女生的学习情况，以此说明教育领域存在性别不平等现象，但作者肯定英国妇女受教育权的扩大为妇女地位的提高打下了基础。

吴芶洁对 1848~1949 年英国女子高等教育百年的发展状况及影响做了探讨。④ 贺静迪的《20 世纪英国女子高等教育研究》⑤ 探讨了 20 世纪英国女子高等教育的发展历程、原因及特点，认为中产阶级女性在女子高等教育发展中发挥了重要作用，女子高等教育的发展促进了英国女性整体文化

---

① 闵思思：《十九世纪英国女权主义思想研究》，硕士学位论文，湘潭大学，2015。
② 杨园园：《19 世纪英国女权运动女性自我意识研究》，硕士学位论文，西北师范大学，2015。
③ 李慧娟：《英国教育领域中女性地位探析（1848~1928）》，硕士学位论文，四川师范大学，2016。
④ 吴芶洁：《1848~1949 英国女子高等教育发展初探》，硕士学位论文，天津师范大学，2015。
⑤ 贺静迪：《20 世纪英国女子高等教育研究》，硕士学位论文，陕西师范大学，2016。

素养的提升以及社会地位的提高。

（三）妇女就业和工会运动研究

学界关于英国妇女就业问题的研究主要集中在各行业的女性职员和女性劳工上。潘迎华、吴家晔《19世纪英国女性职员研究》[①] 一文通过研究19世纪晚期英国女性职员人数增长及其原因，女性职员的工作状况、工作时间、工资收入等，进一步探讨女性职员对提高女性家庭地位和社会地位的影响，对于更好地认识19世纪英国女性职员与女性解放的关系具有一定意义。

英国女性工会成立较早，但社会影响相对较小，学界对此问题的研究也较为薄弱。王金港撰文说明由于1979年保守党上台后采取打压工会发展的政策，工会规模缩小。工会组织为了扩大影响，积极吸纳女性入会，对女性进行组织能力和专业技能培训，建立女性分会，并努力解决女性就业、家庭和劳动健康等问题，提高了女性在工会中的地位，从而促进女性工会会员数量增加，以及工会事业的发展。作者也认为，女性在工会中的地位虽有所提升，但工会中并没有完全实现男女平等。[②]

（四）妇女社会领域问题研究

友谊会是近代欧洲由工人阶级主导、中产阶级和上层贵族资助的一场互助运动，友谊会的发展影响了英国市民社会的形成和福利国家的建构。女性友谊会曾被学界忽视。卢华楠分析了18、19世纪英国女性友谊会的产生发展、运营状况、衰落原因，及其在社会救助中发挥的作用，有助于了解18、19世纪英国女性友谊会情况。[③]

吴秀芳的硕士学位论文梳理了1601年至今英国社会保障制度中女性权

① 潘迎华、吴家晔：《19世纪英国女性职员研究》，裔昭印主编、洪庆明副主编《妇女与性别史研究》（第二辑），上海三联书店，2017。
② 王金港：《1979年以来英国工会中女性成员地位的变化》，硕士学位论文，四川师范大学，2018。
③ 卢华楠：《18、19世纪的英国女性友谊会研究》，硕士学位论文，南京大学，2015。

益的历史演变，分析女性权益的得失及其原因。① 元鹏成研究 19 世纪英国的城市发展与女性消费的关系，认为工业化、城市化扩大了女性的消费空间，提高了女性的消费能力，促进社会更多地关注中下层女性，从而为提高她们的话语权和影响力打下基础。② 燕杨对近代早期英国妇女犯罪的原因、类型、社会治理的方法及其局限性进行了研究。③

（五）其他妇女问题研究

曾亚英的文章研究近代早期英国寡妇的形象建构和社会交往问题。作者运用日记、遗嘱等资料说明近代早期英国寡妇交往面较广，不但与子女、父母、儿孙辈交往，还与兄弟姐妹、侄子侄女、夫家亲属交往，此外，与邻居、朋友、教子教女等非亲属也建立联系，构建起广阔的社会关系网，说明近代早期英国寡妇并非原来想象的孤独无依。④ 笔者认为，寡妇的社会交往和生活与其所处的社会阶层、家庭的经济状况、家庭社会关系密切相关，作者引用的材料基本上反映的是有产者阶层寡妇的生活，没有反映下层寡妇的社会交往状况，因此，该文的结论可能失之偏颇。

霍翔的《英国维多利亚女王的历史形象》一文从政治形象、家庭形象和道德形象三重角色，论述维多利亚女王对英国社会的影响，并分析了女王形象形成的社会原因和个人原因。⑤ 这使人们能更好地认识维多利亚女王与时代的关系。

代绿以军工厂女工、女兵、女性音乐人三大群体为代表，研究女性在二战中的作用。⑥ 该文肯定了女性音乐人的表演对于鼓舞士气、安慰后方民众和加强民族团结的重要作用，女性在为国家抗战服务的同时也

① 吴秀芳：《英国社会保障制度中的女性权益研究》，硕士学位论文，重庆师范大学，2015。
② 元鹏成：《19 世纪英国的城市发展与女性消费》，《新乡学院学报》（社会科学版）2018 年第 7 期。
③ 燕杨：《近代早期英国女性犯罪及其治理》，硕士学位论文，华中师范大学，2017。
④ 曾亚英：《近代早期英国寡妇的社会交往初探》，《绵阳师范学院学报》2019 年第 1 期；曾亚英：《近代早期英国寡妇形象的建构》，《史学月刊》2015 年第 10 期。
⑤ 霍翔：《英国维多利亚女王的历史形象》，硕士学位论文，苏州科技大学，2018。
⑥ 代绿：《第二次世界大战期间英国女性的贡献——以军工厂女工、女兵、女性音乐人为代表》，硕士学位论文，四川师范大学，2018。

实现了个人价值。该研究对于更好地认识女性在二战中的作用具有一定意义。

上述英国妇女史研究成果体现了研究的深度和广度。关于妇女在家庭领域的状况，出现了研究英国中产阶级女性家庭生活的专著，以及涉及妇女法律关系的变革、妇女享有的财产权和对子女的监护权等问题的研究论文。这些研究成果从新的视角研究妇女的家庭地位，并得出较为客观的结论，把女性的家庭生活状况研究推向深入。关于妇女在社会公共领域的状况，经济领域从一般的女工、女护士、女教师扩大到女职员，以及妇女消费；政治领域从妇女的选举权扩大到反妇女选举权；社会领域从慈善领域扩大到女性友谊会、女性犯罪及其社会治理等。在材料运用上，王赳、李宝芳等学者都能较好地运用一手文献资料进行研究，有利于提高研究成果的可信度和科学性。这些学术成果更客观地表述了英国妇女在公共领域和私人领域的生存状况，以及女性运动的成果。

但是，上述研究成果也存在以下不足：研究范围主要集中于17~19世纪中上层女性，对下层女性群体的研究和其他时段的研究较少；研究的主题创新较少，大部分还是延续前些年的主题，如妇女的家庭生活和家庭地位、妇女的选举权、19世纪末至20世纪的女子教育尤其是高等教育的状况；研究方法以微观分析为主，宏观研究较少，大部分研究成果理论建构较为薄弱；从研究资料的运用上说，大部分研究在一手资料运用上有所欠缺。总体来说，英国妇女史研究的深度和广度、成果的数量和质量皆有待进一步提高。

（作者系浙江外国语学院教授，主要研究方向为英国妇女史。）

中国的英国城市史研究
（2014~2018）

陆伟芳

【摘要】中国的英国城市史研究几乎与改革开放同时起步。目前，英国城市史研究已经有了良好的开端，发展态势良好，研究领域、研究课题、研究队伍都有了较快发展，研究相对集中在乡村城镇化、城市环境史和后工业社会转型的城市改造与空间再开发三个方向。中国学界在英国城市史研究领域逐渐与国际学界接轨，无论是人员的流动与交往，还是资料的获取与解读都有了巨大的发展。可以说，中国的英国城市史研究已经渐入佳境。

【关键词】英国　城市史　乡村城镇化　城市环境　后工业社会

自 20 世纪 80 年代中国史学界的前辈偶尔涉足英国城市史相关主题，中国学界的英国城市史研究已经走过了 30 多个年头。不过，城市史研究获得较大的关注，并成为一个相对专门的研究领域却是相对新近的事，与中国本身的城市化进程相吻合。目前，英国城市史研究发展态势良好，研究领域、研究课题、研究队伍都有了较快发展。

一　英国城市史研究的起点与发展

英国城市史研究几乎与改革开放同时起步。早在 20 世纪 80 年代和 90 年代初，英国史研究的前辈就涉足了城市史研究，如华南师大郑如霖的《略论英国中世纪城市的特点与作用》，厦门大学庄解忧的《英国工业革命时期城市的发展》，天津师大刘景华的《十五、十六世纪英国城市劳动者和城市资本向农村的转移》，中国社会科学院世界历史研究所王章辉的《近代英国城市化初探》。①

如果说20世纪80年代和90年代初的英国城市史研究，还只是前辈们英国史相关研究中的一个组成部分，那么到20世纪末、21世纪初，中国的英国城市史研究则逐渐走向半专业化。伴随着中国城市化的进程，学者对英国城市史的关注日益增多。研究成果颇丰，2001年有13篇，2010年有30篇，2015年达到40篇（见表1）；研究队伍壮大，除了刘景华、王章辉仍然活跃以外，邹炤华、顾复、林秀玉、黄柯可、陆伟芳、张卫良、廖跃文、解光云、梅雪芹都在这个阶段或多或少地参与了英国城市史的研究；研究的领域得到了极大的扩展，城市化的概念、特征及中世纪城市的自治等得到了研究，尤其是城市更新、城市环境、城市规划等主题得到更多的研究。成果的形式也日益多样化，除了期刊论文、报纸文章，研究英国城市史的学位论文也有了相应的增长。

表1　1995~2018年收录在中国知网的英国城市史研究论文数

单位：篇

1995年	1996年	1997年	1998年	1999年	2000年	2001年	2010年	2015年	2016年	2017年	2018年
3	4	8	8	3	8	13	30	40	38	59	38

注：笔者用"英国"和"城市"作为主题词搜索，然后再逐条研判统计。

二　近年英国城市史研究的现状

中国的英国城市史研究队伍日益壮大。主要表现在两个层面。第一，目前国内以世界或国际城市史为主题的会议日益经常化：杭州师范大学的"中国世

---

① 郑如霖：《略论英国中世纪城市的特点与作用》，《华南师范大学学报》（社会科学版）1984年第1期；庄解忧：《英国工业革命时期城市的发展》，《厦门大学学报》（哲学社会科学版）1984年第3期；刘景华：《十五、十六世纪英国城市劳动者和城市资本向农村的转移》，《世界历史》1986年第7期；王章辉：《近代英国城市化初探》，《历史研究》1992年第4期。

界城市史论坛"，每两年一次，2018 年已经是第五届；上海师范大学的全球城市史会议，每年 10 月底举行，用以纪念联合国设立的"世界城市日"（10 月31 日）。第二，从研究人员来说，老一辈学者有郑如霖、庄解忧、王章辉等，以及至今仍活跃在城市史研究领域的刘景华；相对新一代的城市史研究者包括张卫良、陆伟芳、龙秀清等；青年学者高麦爱、梁远、许志强等也涉及英国城市史的研究。另外还有一批涉及城市环境史的学者，如梅雪芹。

伴随着中国城市化的进程和中国社会科学研究整体的发展，城市史研究也获得了较大的发展机遇。有关英国城市史的课题立项增多，2014 年立项的国家社科基金项目中就有 5 个："多维视角下的伦敦扩展、雾霾成因与治理研究（1814~2014）""近代早期英国人口流动与乡村变迁研究""英国煤炭污染治理史研究""城市化后加速期英国'城市病'治理与小城镇发展研究""企业家群体在英国工业化转型中的作用研究"。近几年立项的国家级重大项目，也有英国城市史的部分，如国家社科基金重大项目"20 世纪世界城市化转型研究"（2016）和"多卷本《西方城市史》"（2017），教育部重大课题攻关项目"欧洲农村城镇化进程及借鉴意义研究"（2014）。

近年的英国城市史研究成果多样化，可以分为三类：一是译著；二是专著；三是论文。就译著来看，目前专门研究英国城市史的译本大多比较早，包括《小国城市》《过渡期的英国城市》《明日的田园城市》《城市史研究手册》，新近出版的有克拉克的《欧洲城镇史：400—2000 年》（2015）、《文明中的城市》（全三册，2016）。专著方面，2016 年出版了由梁远的博士学位论文修订而成的《近代英国城市规划与城市病治理研究》。主要的成果形式是论文，为数不少。从知网信息来看，2014~2018 年每年有 40~60 篇各类论文。其中，学位论文已成为英国城市史研究的有机组成部分。2016 年以来，每年约有 10 篇学位论文涉及英国城市史。据笔者的粗略统计，2016 年学位论文有 8 篇：《英国卡迪夫布特社区更新机制及启示》①《论英国 1919 年〈住房与城镇规划法〉》②《维多利亚时代英国城市空气污染与治理研究》③《汤因比的城市

---

① 张琳捷：《英国卡迪夫布特社区更新机制及启示》，硕士学位论文，西安建筑科技大学，2016。
② 高宁波：《论英国 1919 年〈住房与城镇规划法〉》，硕士学位论文，南京大学，2016。
③ 马飞：《维多利亚时代英国城市空气污染与治理研究》，硕士学位论文，西北师范大学，2016。

观》①《近代英国海滨休闲城镇发展研究（1750~1911年）》②《中世纪英国城市的商人基尔特》③《15~16世纪约克经济的衰落与转型》④《中世纪晚期伦敦手工业行会研究》⑤；2017年学位论文有8篇：《18世纪英国布里斯托尔和利物浦城市发展的历史考察》⑥《英国旧城改造多主体协同治理机制研究》⑦《格拉斯哥的城市改造与转型研究（1957~2016）》⑧《近代早期伦敦外来人口问题研究》⑨《13~15世纪约克城市政治研究》⑩《基于可持续旅游视角下的中英古城保护策略比较研究——以中国歙县古城和英国巴斯古城为例》⑪《英国辉煌时代的见证者：论18~20世纪初朴茨茅斯港与英国海军的发展》⑫《11~18世纪伦敦的发展及其与周边地区关系》⑬；2018年学位论文有5篇：《19世纪英国工业城市的未成年犯罪问题研究——以伦敦地区为主要范例》⑭《马克思恩格斯城市思想及对新时代北京城市问题解决的启示》⑮《近代早期英国城镇污染与治理》⑯《14~15世纪英国城镇

① 倪凯：《汤因比的城市观》，硕士学位论文，上海师范大学，2016。
② 尚萌：《近代英国海滨休闲城镇发展研究（1750~1911年）》，硕士学位论文，西南大学，2016。
③ 张红艳：《中世纪英国城市的商人基尔特》，硕士学位论文，天津师范大学，2016。
④ 赵荣威：《15~16世纪约克经济的衰落与转型》，硕士学位论文，南京大学，2016。
⑤ 夏盼盼：《中世纪晚期伦敦手工业行会研究》，硕士学位论文，安徽师范大学，2016。
⑥ 杨众崴：《18世纪英国布里斯托尔和利物浦城市发展的历史考察》，硕士学位论文，南京大学，2017。
⑦ 付丽园：《英国旧城改造多主体协同治理机制研究》，硕士学位论文，南昌大学，2017。
⑧ 刘竹柯君：《格拉斯哥的城市改造与转型研究（1957~2016）》，硕士学位论文，上海师范大学，2017。
⑨ 张龙泉：《近代早期伦敦外来人口问题研究》，硕士学位论文，河南师范大学，2017。
⑩ 张李：《13~15世纪约克城市政治研究》，硕士学位论文，西南大学，2017。
⑪ 黄思琪：《基于可持续旅游视角下的中英古城保护策略比较研究——以中国歙县古城和英国巴斯古城为例》，硕士学位论文，合肥工业大学，2017。
⑫ 师琪：《英国辉煌时代的见证者：论18~20世纪初朴茨茅斯港与英国海军的发展》，硕士学位论文，南京大学，2017。
⑬ 姜楠：《11~18世纪伦敦的发展及其与周边地区关系》，硕士学位论文，天津师范大学，2017。
⑭ 毛震宇：《19世纪英国工业城市的未成年犯罪问题研究——以伦敦地区为主要范例》，硕士学位论文，苏州大学，2018。
⑮ 郭明睿：《马克思恩格斯城市思想及对新时代北京城市问题解决的启示》，硕士学位论文，首都经济贸易大学，2018。
⑯ 储恩涛：《近代早期英国城镇污染与治理》，硕士学位论文，华中师范大学，2018。

女性经济权利和经济活动探析》①《步行优先的英国城市中心区更新》②。

中国学者逐渐融入国际城市史研究的队伍。例如，2018 年 7 月，中国有 60 多位学者参加了在日本横滨举行的国际城市规划史年会，英国城市史领域的参会学者有张卫良、陆伟芳。同年 8 月底，笔者参加了在罗马举行的欧洲城市史年会。这两次国际会议，都是国际城市史研究领域的重大会议。中国学者以前几乎不参加，到现在逐渐参与国际会议，这在一定程度上增强了英国城市史研究的国际联系，不仅有利于中国学者了解国际城市史学界的研究动态、热点与趋势，而且有利于国际学者了解中国学者的研究课题。

三 英国城市史研究领域相对集中

近年来城市史研究的新方向不断开拓，出现了一些新的研究热点。具体而言，英国城市史研究主要集中在以下三个方向。

一是乡村城镇化研究。它主要有天津师范大学刘景华领衔的教育部重大课题攻关项目"欧洲农村城镇化进程及借鉴意义研究"，其中的子课题"英国农村城镇化进程及其特征研究"，主要关注第一个城镇化国家英国。英国在城市化过程中，不仅有大城市的发展，而且乡村城镇也有其独特的发展历程。这个课题发表了一系列论文，如《欧洲城乡史研究方法三题》③、《欧洲历史上城乡关系的演变》④、《农村城镇化：欧洲的经历与经验》⑤、《中世纪西欧城市与城乡关系的转型》⑥、《英国就地城镇化呈现阶段性特征》⑦, Regional Specialization and Urban Development in England

---

① 胡玲女：《14~15 世纪英国城镇女性经济权利和经济活动探析》，硕士学位论文，华中师范大学，2018。
② 葛天阳：《步行优先的英国城市中心区更新》，博士学位论文，东南大学，2018。
③ 刘景华：《欧洲城乡史研究方法三题》，《经济社会史评论》2017 年第 1 期。
④ 刘景华：《欧洲历史上城乡关系的演变》，《光明日报》2018 年 8 月 13 日。
⑤ 刘景华：《农村城镇化：欧洲的经历与经验》，《历史教学问题》2018 年第 1 期。
⑥ 刘景华：《中世纪西欧城市与城乡关系的转型》，《世界历史》2017 年第 6 期。
⑦ 刘景华：《英国就地城镇化呈现阶段性特征》，《中国社会科学报》2015 年 7 月 6 日。

during the Industrial Revolution①、《工业革命前英国的城镇体系及城镇化》②、《1851 年以来英国的乡村城市化初探——以小城镇为视角》③ 和《20 世纪新格局：行政区划与英格兰城市化的深度发展》④。

二是环境史研究。近年立项的国家社科基金项目中，2014 年涉及英国环境史的就有两项，分别是"英国煤炭污染治理史研究"和"多维视角下的伦敦扩展、雾霾成因与治理研究（1814~2014）"。另外，梅雪芹的英国环境史研究涉及了不少英国城市环境史的内容。

三是后工业社会转型的城市改造与空间再开发。以城市改造/后工业城市改造为主题的研究吸引了众多研究者的注意力，从历史学、社会学、行政管理学等多个领域参与了对这个进程的研究，特别是对伦敦金丝雀码头改造的研究，对布里斯托尔、曼彻斯特、纽卡斯尔原码头滨水区的改造，对格拉斯哥、伯明翰城市空间的重新开发利用，都作为经典案例，吸引了众多研究者的兴趣。

总体而言，英国城市史的研究已经从 20 世纪 80~90 年代初的偶尔涉足，研究主题集中在传统的领域与时段，发展到现在相对宽泛的研究。研究的视野、队伍、领域、形式都有了喜人的变化。特别是 21 世纪以来，中国的英国城市史研究的成果数量有了很大的增长。近年来的研究，更是与国际学界逐渐接轨，不论是人员的流动与交往，还是资料的获得与解读，都较过去有了巨大的不同，可以说，中国的英国城市史研究，已经渐入佳境。

（作者系上海师范大学都市文化研究中心教授，主要研究方向为英国城市史、妇女史。）

---

① Liu, Jinghua, "Regional Specialization and Urban Development in England during the Industrial Revolution",《中国社会科学》（英文版）2018 年第 1 期。
② 张卫良：《工业革命前英国的城镇体系及城镇化》，《经济社会史评论》2015 年第 4 期。
③ 陆伟芳：《1851 年以来英国的乡村城市化初探——以小城镇为视角》，《社会科学》2017 年第 4 期。
④ 陆伟芳：《20 世纪新格局：行政区划与英格兰城市化的深度发展》，《经济社会史评论》2017 年第 2 期。

2000 年以来苏格兰启蒙运动研究综述

张正萍

【摘要】2000 年以来，英语世界的苏格兰启蒙运动研究渐入佳境，在自然哲学、道德哲学、经济与社会研究、文化史研究等方面取得了丰硕的成果。在自然哲学方面，学术界尤为关注 18 世纪苏格兰人在科学和医学方面的成就及其在现实生活中的运用，并将这些研究与道德哲学研究关联起来。在道德哲学方面，学术界深入探索苏格兰人在伦理学、美学、认识论等方面的思想，不仅研究那些熟悉的哲学家思想，也发掘那些不太熟知的哲学思想，关注他们与欧洲其他地区思想、政治、经济和文化上的交流、碰撞和影响。苏格兰人对法国革命的回应以及对当时正在形成的英帝国的政治见解，成为 2000 年以来的苏格兰启蒙运动研究的主题之一。苏格兰人对人类社会发展进程的讨论成为苏格兰启蒙运动研究的又一个重要主题。苏格兰启蒙运动的书籍史、阅读史研究体现了 18 世纪苏格兰作家著作在读者中的接受与回应情况。这些研究成果说明，18 世纪苏格兰人的思想和行为与现代社会紧密联系在一起。

【关键词】苏格兰启蒙运动　自然哲学　道德哲学　社会理论　阅读史

应该说，日益兴盛的"苏格兰启蒙运动"研究与休·特雷弗-罗伯（Hugh Trever-Reper）于 1966 年在第二届国际启蒙运动会议上对"苏格兰启蒙运动"这一概念的强调密不可分。① 无论当时罗伯提出这一概念的用

---

① Hugh Trevor-Roper, The Scottish Enlightenment, *Studies on Voltaire and the Eighteenth-Century*, 1967, pp. 1635-1658.

意为何①，事实都是自此以后越来越多的学者投入这一研究领域中，并以"苏格兰启蒙运动"为论文、论著、文集等的标题或关键词。直到今天，这一研究已经持续了半个多世纪，研究热度正逐渐上升。本文欲梳理2000 年以来的苏格兰启蒙运动研究状况。2000 年至今的苏格兰启蒙运动研究或许不像其他学科那样"前沿"，也不像某些热门领域的研究那样能有"井喷式"的发展，但考虑到人文科学研究本身的性质，以及汉语学界对苏格兰启蒙运动的关注大约始于 21 世纪初，我们梳理总结自此以来的研究状况或许能为学术界提供一点研究线索。本文分三个部分：首先，简要介绍 2000 年以前的苏格兰启蒙运动研究成果；其次，从自然哲学、道德哲学、经济社会与文化史研究几个方面简要勾勒 2000 年至今的研究特征；最后，结语部分简述汉语学界近年来苏格兰启蒙运动研究的成果，探讨未来可能的研究方向。

——

"苏格兰学派"和"苏格兰启蒙运动"这些概念的提出和接受，有一段漫长的历史。最早将弗朗西斯·哈奇森（Francis Hutcheson）、大卫·休谟（David Hume）、亚当·斯密（Adam Smith）、亚当·弗格森（Adam Ferguson）、托马斯·里德（Thomas Reid）等人称为一个"学派"的人，可能是 18 世纪的杜格尔特·斯图亚特（Dugald Stewart，1753-1828）。他是里德的学生，曾为斯密和里德作传。他在《自欧洲文艺复兴以来的形而上学、伦理学和政治哲学》一书中讨论"推测史"（conjectural history）时

---

① Colin Kidd, "Lord Dacre and the Politics of the Scottish Enlightenment", *The Scottish Historical Review*, Vol. 84, No. 218, Part 2 (Oct., 2005), pp. 202-220. 科林·基德（Colin Kidd）在文中认为，德克雷勋爵（即休·特雷弗-罗伯，Hugh Trevor-Roper）提出"苏格兰启蒙运动"，旨在对抗清教进步主义的韦伯式概念，并在詹姆斯主义与 1690 年以来加尔文主义教会建制的对抗文化中寻找苏格兰启蒙运动的根源。2007 年，威廉·弗格森（William Ferguson）写了一篇文章回应科森·基德，认为后者误解了德克雷勋爵对苏格兰启蒙运动的理解。见 William Ferguson, "A Reply to Professor Colin Kidd on Lord Dacre's Contribution to the Study of Scottish History and the Scottish Enlightenment", *The Scottish Historical Review*, Vol. 86, No. 221, Part 1 (Apr., 2007), pp. 96-107。

把18世纪苏格兰文人称为"苏格兰学派"①。随后，生于18世纪后期的苏格兰人詹姆斯·麦金托什（James Mackintosh, 1765-1832）再次以"苏格兰哲学家"称呼这群文人。② 在随后的19世纪，这群苏格兰人的著作除了零星地被达尔文、黑格尔、马克思等引述外，很少出现在19世纪的原创性著作中。1900年，威廉·罗伯特·司各特（William Robert Scott, 1868-1940）在弗朗西斯·哈奇森的传记中再次使用"苏格兰启蒙运动"这一术语。③ 1945年，格拉迪斯·布赖森（Gladys Bryson, 1894-1952）出版了专著《人与社会：18世纪苏格兰研究》，从社会理论角度分析18世纪苏格兰道德哲学家对人和社会的论述，涉及人在自然中的位置、哲学话语下人的历史、精神哲学中的人性、社会不是契约的产物、社会制度等主题。④ 此后，无论围绕"苏格兰启蒙运动"的讨论充斥着多少歧义或对立，学术界都已经接受了这个术语。1966年，第二届国际启蒙运动会议在圣安德鲁斯召开，休·特雷弗-罗伯的文章引起了更多学者对苏格兰启蒙运动的关注。

第二次世界大战结束后，高等教育迅猛发展，研究人员数量增多，学者们的研究兴趣得以逐渐扩大。这一时期，对休谟和斯密的思想研究催生了"苏格兰启蒙运动"研究的兴起。20世纪六七十年代，邓肯·福布斯（Duncan Forbes）在剑桥大学开设了一门名称为"苏格兰启蒙运动"的课程；牛津大学的休·特雷弗-罗伯等也把研究对象投向苏格兰启蒙运动，与此同时，安德鲁·斯金纳（Andrew Skinner）在格拉斯哥大学开设"亚当·斯密的时代"这门课程。自20世纪80年代以来，爱丁堡大学、格拉斯哥大学、亚伯丁大学、圣安德鲁斯大学、斯特灵大学等都开设了"苏格兰启蒙运动"这门课程，这一传统一直延续至今。英格兰、美国高校虽然

---

① Dugald Stewart, *Dissertation*: *Exhibiting the Progress of Metaphysical*, *Ethical*, *and Political Philosophy*, *Since the Revival of Letters in Europe*, 1793；转引自 Silvia Sebastiani, The *Scottish Enlightenment*: *Race*, *Gender*, *and the Limits of Progress*, translated by Jeremy Carden, New York: Palgrave Macmillan, 2013, p. 173, note1。

② R. J. Mackintosh (ed.), *The Miscellaneous Works of the Honorable Sir James Mackintosh*, New York: Appleton Co., 1871, p. 136.

③ William Robert Scott, *Francis Hutcheson*: *His Life*, *Teaching and Position in the History of Philosophy*, London: Routledge/Thoemmes Press, 1992.

④ Gladys Bryson, *Man and Society*: *The Scottish Inquiry of the Eighteenth Century*, Princeton, N. J.: Princeton University Press, 1945.

很少有以"苏格兰启蒙运动"命名的课程，但研究苏格兰启蒙运动的学者大有人在。如果根据学术年龄划分，从休·特雷弗-罗伯这一代学者起到现在，已有三代学人持续从事"苏格兰启蒙运动"的研究。①

自 1970 年至今，苏格兰启蒙运动研究的阶段性特征虽不明显，但总体上，从 1970 年到 2000 年前后，有一项非常重要的工作，就是对 18 世纪思想家的著作进行编辑整理。苏格兰启蒙运动这一整体由单个的思想家构成，哈奇森、休谟、斯密、亚当·弗格森（Adam Ferguson）、约翰·米勒（John Millar）、里德等，他们的作品在 19 世纪时虽得到一定的整理，像休谟、斯密这样的思想家在 19 世纪还有传记出版，但当代学术研究还需要更完整的作品版本。斯密、弗格森、亨利·霍姆（Henry Home）、约翰·米勒、杜格尔特·斯图尔特（Dugald Stewart）、詹姆斯·邓巴（James Dunbar）等人的著作在这三十年间都有比较完整的版本出版。② 这些著作的编者写了相关导言，让读者对一些不太熟悉的作家（比如邓巴）的思想有一定的了解。除了整理专著，一些学者也对 18 世纪苏格兰人的论著按照主题汇编，结集出版。这对于最初接触这一研究领域的学生、学者来说是很有帮助的。

与此同时，这 30 年以"苏格兰启蒙运动"为题的论文、专著、文集为数不少。"苏格兰启蒙运动"这一主题包含的内容十分丰富，哲学、政治、经济、社会、文化等是这一时期研究的主要内容。亚历山大·布罗迪（Alexander Broadie）编辑出版了《苏格兰启蒙运动选集》③，选取了 48 篇 18 世纪苏格兰思想家的文章，由十个主题组成，分别是人性、伦理学、美学、宗教、经济学、社会理论和政治学、法律、历史学、语言、科学，较

① 虽然很难给学术的代际传承做出明确的划分，但一般而言，以 1940 年作为第一代和第二代学者的分界线，以 1970 年作为第二代和第三代学者的分界线。邓肯·福布斯、休·特雷弗-罗伯等的学生辈尼古拉斯·菲利普森、约翰·罗伯逊、伊斯特万·洪特等已经从大学教席上退休，且菲利普森和洪特已去世，而他们的学生已经成为学术中坚力量。

② 1995 年，Thoemmes Press 出版了理查德·谢尔主编的一套丛书，题为"苏格兰思想与文化：1750-1800"（*Scottish Thought and Culture*：*1750-1800*），其中包括 John Logan、James Dunbar、Gilbert Stuart 这三位不太知名的苏格兰人的历史著作，撰写导言的有 Christopher Berry、Richard Sher、William Zachs 等学者。

③ Alexander Broadie, *The Scottish Enlightenment*：*An Anthology*, Edingurgh: Canongate Classics, 1997.

为全面地反映了 18 世纪苏格兰人的思想贡献。布罗迪在所选的每篇论文前都加上了自己的导读，特别适合用作教科书。而在不同的主题上，苏格兰启蒙运动研究成果显著。哲学向来是启蒙思想研究的重点领域。哈奇森、休谟、斯密、里德等的道德哲学研究，构成了苏格兰启蒙哲学的主要内容。然而，有关每位思想家的研究专著和论文内容太多，无法一一梳理。这里暂且只提以 "苏格兰启蒙运动" 为关键词的著作。在哲学领域，V. 霍普（V. Hope）主编的《苏格兰启蒙运动的哲学家》，以及 M. A. 斯图尔特主编的《苏格兰启蒙哲学研究》等论文集，探讨了认识论、伦理学等主题。① 自然法和道德哲学也属于哲学的探讨领域，努德·哈孔森（Knud Haakonssen）对格劳修斯、休谟、斯密、苏格兰启蒙思想的自然法研究已成重要的开拓之作②。政治研究内容丰富，民兵制度、教会、大学、财富与德性等内容是研究者们早期关注的问题，约翰·罗伯逊（John Robertson）、理查德·B. 谢尔（Richard B. Sher）、伊斯特万·洪特（Istvan Hont）等出版了一批相关的著作和论文，反映出学术界对英国或苏格兰启蒙时代早期法国（如马勒布朗士、培尔等）、意大利（如维科）等地的思想来源、苏格兰温和派的宗教氛围、公民人文主义、经济发展与民族竞争、商业社会的法律需求等问题的研究兴趣。③ 由于休谟、斯密、弗格森、霍姆等人对 "文明社会"（civil society）、"商业社会"

---

① V. Hope, *Philosophers of the Scottish Enlightenment*, Edinburgh: Edinburgh University Press, 1984; M. A. Stewart, *Studies in the Philosophy of the Scottish Enlightenment*, Oxford: Clarendon Press, 1990.

② Knud Haakonssen, *The Science of a Legislator: The Natural Jurisprudence of David Hume & Adam Smith*, Cambridge: CUP, 1989; 其中译本为〔丹麦〕努德·哈孔森:《立法者的科学: 大卫·休谟与亚当·斯密的自然法理学》，赵立岩译，浙江大学出版社，2010。Knud Haakonssen, *Natural Law and Moral Philosophy: From Grotius to the Scottish Enlightenment*, Cambridge: CUP, 1996; 其中译本为〔丹麦〕努德·哈孔森:《自然法与道德哲学: 从格劳秀斯到苏格兰启蒙运动》，马庆、刘科译，浙江大学出版社，2010。

③ John Robertson, *The Scottish Enlightenment and the Militia Issue*, Edinburgh: John Donald, 1985; John Robertson, ed., *A Union for Empire: Political Thought and the Union of 1707*, Cambridge: CUP, 1995; Richard B. Sher, *Church and University in the Scottish Enlightenment: The Moderate Literati of Edinburgh*, Princeton, N. J.: Princeton University Press, 1985; Richard B. Sher, John Dwyer, eds., *Sociability and Society in Eighteenth-Century Scotland*, Edinburgh: Mercat Press, 1993; Istvan Hont, Michael Ignatieff, eds., *Wealth and Virtue: The Shaping of Political Economy in the Scottish Enlightenment*, Cambridge: CUP, 1983.

（commercial society）、"自发秩序"（spontaneous order）等的论述，这些论述对后来马克思、涂尔干等人的社会发展理论或多或少有些影响，因此，社会史和社会理论从一开始就是苏格兰启蒙运动研究的一个重要主题，并持续至今。安南德·屈尼斯[①]、罗纳德·哈莫威[②]、克里斯托弗·贝里[③]等对苏格兰启蒙运动的社会史、社会理论的研究很好地体现了这一研究兴趣。

如果检索 JSTOR 数据库，把范围确定在 1970~2000 年，与苏格兰启蒙运动相关的论文有几百篇，算上书评，数量可达几千篇。这些论文涉及领域广泛，除了上述各个领域，还包括教育、历史、女性主义以及 18 世纪苏格兰启蒙运动的影响等。特别值得指出的是，这一研究拓展到了自然科学领域。一些自然科学研究者将目光投向了苏格兰启蒙运动中的医学、化学、农业、地理学、物理学等。其中，爱丁堡大学的历史地理学教授查尔斯·W. J. 维特尔斯（Charles W. J. Withers）的研究最为突出，他在 2000 年以前发表的文章不仅讨论地理学、自然史与 18 世纪启蒙运动的关联，还讨论威廉·卡伦、詹姆斯·赫顿这些科学家对 18 世纪苏格兰农业的影响。[④] 相较法国或德国启蒙思想研究，苏格兰启蒙运动研究中对自然科学的关注可谓一个鲜明的特征。

20 世纪六七十年代至 20 世纪末，欧美学界对苏格兰启蒙运动的性质、内容、影响（对同时代其他地区的影响以及后世的影响）都做了开创性的

[①]　Annad C. Chitnis, *The Scottish Enlightenment: A Social History*, London: Croom Helm Ltd., 1976.

[②]　Ronald Hamowy, *The Scottish Enlightenment and the Theory of Spontaneous Order*, Carbondale: Southern Illinois University Press, 1987.

[③]　Christopher Berry, *The Idea of Luxury: A Conceptual and Historical Investigation*, Cambridge: CUP, 1994; Christopher Berry, *Social Theory of the Scottish Enlightenment*, Edinburgh: EUP, 1997.

[④]　Charles W. J. Withers, "William Cullen's Agricultural Lectures and Writings and the Development of Agricultural Science in Eighteenth-Century Scotland", *The Agricultural History Review*, Vol. 37, No. 2 (1989), pp. 144 - 156; Charles W. J. Withers, "On Georgics and Geology: James Hutton's 'Elements of Agriculture' and Agricultural Science in Eighteenth-Century Scotland", *The Agricultural History Review*, Vol. 42, No. 1 (1994), pp. 38 - 48; Charles W. J. Withers, "Geography, Natural History and the Eighteenth-Century Enlightenment: Putting the World in Place", *History Workshop Journal*, No. 39 (Spring, 1995), pp. 136-163; Charles W. J. Withers, "The Social Nature of Map Making in the Scottish Enlightenment, c. 1682 - c. 1832", *Imago Mundi*, Vol. 54 (2002), pp. 46-66.

研究。20 世纪 80 年代，一批以苏格兰启蒙思想为主题的专著的出版和论文的发表，标志着这一代从事苏格兰启蒙运动研究的学者及其研究在学术界地位的初步确立。

二

2000 年至今，苏格兰启蒙运动研究形成了一股小小的热潮。这一时期，正是第二代学者学术思想成熟、论文论著不断产生的时期，他们影响下的学生也开始在这一研究领域崭露头角，研究兴趣和方法也得到一定的延续。同时，由于各个领域研究方法如新文化史、新社会史、全球史等的相互影响，苏格兰启蒙运动研究的领域也在不断拓宽，其传统的政治思想史研究在不断加深。要详细介绍这一时期的研究成果，需要先对苏格兰启蒙运动的研究内容有一定的认识。《苏格兰启蒙运动（剑桥指南）》（简称"剑桥指南"）一书的绪论介绍了有关苏格兰启蒙运动性质的三种观点：第一种，休·特雷弗-罗伯和约翰·罗伯逊认为"苏格兰启蒙运动的三座基石"是道德哲学、历史学和政治经济学；第二种，罗杰·爱默生和鲍尔·伍德（Paul Wood）强调科学和医学在苏格兰启蒙运动中的关键地位；第三种，理查德·谢尔综合上述两种观点，认为自然科学、道德哲学、历史学、政治经济学等在苏格兰启蒙运动中都有其重要的位置。[1] 若将苏格兰启蒙运动当作一场思想文化的启蒙而忽视其在自然科学领域所做的贡献，势必会遮蔽它特有的光芒。18 世纪的苏格兰人深受牛顿科学精神的影响；"科学甚至还被广泛运用到讨论上帝的存在及性质的论战中"[2]。因此，本部分将从自然哲学（包括自然科学的各个学科）、道德哲学（包括哲学、政治、宗教、文化等）、经济与社会这三个方面简要概述这一时期苏格兰启蒙运动研究的成果。除此之外，受新文化史研究的影响，书籍史和阅读史也成为 21 世纪苏格兰启蒙运动研究的一大特色。

① Alexander Broadie, *The Scottish Enlightenment*, Cambridge：CUP，2003；〔英〕亚历山大·布罗迪主编《苏格兰启蒙运动（剑桥指南）》，贾宁译，浙江大学出版社，2010，"绪论"第 4~5 页。

② 〔英〕亚历山大·布罗迪主编《苏格兰启蒙运动（剑桥指南）》，贾宁译，第 5 页。

（一）自然哲学研究

2000 年以来，18 世纪苏格兰自然哲学的研究成果使苏格兰启蒙运动的科学、医学研究在这段时期有了长足发展。21 世纪初，在以往 18 世纪苏格兰自然科学研究的基础上，苏格兰启蒙运动自然哲学研究开始有了专门的论文集和论著。查尔斯·W. J. 维特尔斯和鲍尔·伍德主编的《科学、医学与苏格兰启蒙运动》收集了 12 篇以 18 世纪苏格兰科学和医学为研究主题的论文。总的说来，该书包括以下几个主题：数学、几何学、地理学在理论和实践（比如地图绘制、科学工具）中的发展，出版商和印刷商在国内国际书籍贸易中的选题与传播，临床医学与妇女生育存在的问题与解决办法，等等。[①] 两位主编在"导论"中对 1970 年到 2001 年的苏格兰启蒙运动的科学和医学研究的文献做了很好的综述[②]，并指出这一时期苏格兰启蒙运动的科学和医学研究路径：一些学者运用了社会学的"强纲领"模式，另一些则运用各种变体的马克思主义理论，还有一些则游离于理论之外。[③] 伍德和维特尔斯指出，苏格兰启蒙运动的科学和医学研究与休·特雷弗-罗伯对苏格兰启蒙运动的强调有关，并描述了休·特雷弗-罗伯与尼古拉斯·菲利普森（Nicholas Phillipson）就科学与医学在 18 世纪 70 年

---

① Charles W. J. Withers and Paul Wood, *Science and Medicine in the Scottish Enlightenment*, East Linton: Tuckwell Press Ltd, 2002; 这本论文集由 12 篇论文组成，导论和结语由 Charles W. J. Withers 和 Paul Wood 两位教授共同撰写，剩下的文章为 "'Feasting My Eyes with the View of Fine Instrument': Scientific Instruments in Enlightenment Scotland, 1680–1820", by A. D. Morrison-Law; "Situating Practical Reason: Geography, Geometry and Mapping in the Scottish Enlightenment", by Charles W. J. Withers; "Science and Enlightenment in Glasgow, 1690–1802", by Roger L. Emerson and Paul Wood; "Maclaurin and Newton: The Newtonian Style and the Authority of Mathematics", by Judith V. Grabiner; "The Burden of Procreation: Women and Preformation in the Works of George Garden and George Cheyne", by Anita Guerrini; "William Smellie and Natural History: Dissent and Dissemination", by Stephen W. Brown; "Charles Elliot's Medical Publications and the International Book Trade", by Warren Mcdougall; "Reading Cleghorn the Clinician: The Clinical Case Records of Dr. Robert Cleghorn, 1785–1818", by Fiona A. Macdonald; "Appealing to Nature: Geology 'in the Field' in the Late Enlightenment Scotland", by Stuart Hartley; "Late Enlightenment Science and Generalism: The Case of Sir George Steuart Mackenzie of Coul, 1780–1848", by Charles D. Waterston。

② Charles W. J. Withers and Paul Wood, *Science and Medicine in the Scottish Enlightenment*, pp. 9–16, Notes.

③ Charles W. J. Withers and Paul Wood, *Science and Medicine in the Scottish Enlightenment*, p. 1.

代苏格兰启蒙运动中的地位这一问题的争论，前者认为科学与医学和苏格兰启蒙运动无关，而后者承认追求科学或医学是苏格兰启蒙运动的一个面向，并认为自然知识的培育在苏格兰启蒙运动中占据重要地位，而罗杰·爱默生（Roger Emerson）则认为追求自然知识是 18 世纪苏格兰的重心。[①]关于科学、医学在苏格兰启蒙运动中的地位，笔者采用上述布罗迪主编"剑桥指南"绪论中理查德·谢尔的观点，认为科学、医学在 18 世纪的苏格兰启蒙运动中是一个重要方面，但并不是启蒙运动的核心。这本文集向读者展现了 18 世纪地理学、几何学、自然史和医学的发展以及相关的书籍产业，对于这一领域的研究起到了承上启下的作用。[②]

随后，与苏格兰启蒙运动的科学（或科学家）、医学相关的著作陆续出版，2005 年，君特·利斯（Guenter B. Risse）的专著《苏格兰启蒙运动中的新医学挑战》出版；2009 年，大卫·威尔森的专著《追寻自然的逻辑：苏格兰启蒙运动中的自然哲学》、罗杰·爱默生的论文集《大卫·休谟、医学人士和苏格兰启蒙运动：勤勉、知识和人道》出版；2016 年，约翰·阿瑟（John W. Arthur）所著《克拉克·麦克斯韦尔家族与苏格兰启蒙运动》[③] 出版。君特·利斯的著作分三部分，主要讨论了 1726～1800 年爱丁堡的医学教育和医学实践。他关注这一时期的疾病与社会结构。第一部分三篇文章论述爱丁堡的医学、医学协会以及医学机构等；第二部分三篇文章讨论卫生学、疟疾以及铅中毒；第三部分介绍了医学知识的组织、临床诊断、妇科医学、歇斯底里以及 18 世纪欧洲文人中间常见的疑病症[④]。罗杰·爱默生在书评中写道："利斯展现了这一时期'医学化'

---

① Charles W. J. Withers and Paul Wood, *Science and Medicine in the Scottish Enlightenment*, pp. 4-5.

② Matthew Wickman, *Literature after Euclid: The Geometric Imagination in the Long Scottish Enlightenment*, Pennsylvania: University of Pennsylvania Press, 2016. 该书将几何学用于分析苏格兰人的几何想象，选题颇为有趣。

③ John W. Arthur, *Brilliant Lives: The Clerk Maxwells and the Scottish Enlightenment*, Edinburgh: John Donald, 2016.

④ 疑病症是 18 世纪文人常见的一种症状。读者在卢梭的著作、休谟的个人自传、亚当·斯密的通信中都能看到这一点。

生活中日益增长的健康意识。"① 18 世纪的这种健康意识以及卫生知识成为现代临床医学的基础。如利斯自己所言："苏格兰的医学机构表达了有史以来治疗方案所取得的成就。它们承认并合法化残疾和痛苦，通过描述、标识和解释认识到病态的感知和现象，提供抚慰，进而缓解焦虑，为疼痛和疑难杂症提供治疗。"除此之外，利斯还指出，苏格兰的贡献还在于在预防医学、临床的怀疑精神、实验、医院病人管理等概念上引导医学走向真正的现代化。② 利斯一语道出了 18 世纪苏格兰医学在现代医学诞生过程中的意义。

威尔森的《追寻自然的逻辑》讨论自然科学的其他分支：化学、燃素物理学，但他并非从 18 世纪的科学发展入手，而是从 17 世纪晚期三位重要的科学家笛卡尔、莱布尼兹和牛顿出发。作者认为休谟的《人性论》是牛顿主义在人性研究中的代表，从休谟的怀疑论对科学领域的影响出发，寻求自然的逻辑。与威尔森不同，罗杰·爱默生的论文集则以休谟为中心，讨论苏格兰启蒙运动的性质、苏格兰启蒙运动的社会理论、与启蒙相关的赞助人，以及与此相关的宗教、医学和科学。③ 威尔森虽从休谟出发，其落脚点却是约翰·罗比森（John Robison）。接下来的几章讨论休谟的回应者们：里德及其常识学派（第三章）、约瑟夫·布莱克（第四章）、约翰·安德森（John Anderson，第五章）、约翰·罗比森（第六、七章），构成了该书的主体。马克·斯宾塞（Mark G. Spencer）认为约翰·罗比森是威尔森讲述故事的重心，因为罗比森在"当时一流的大学教授一流的科学"④。威尔森在前言中指出，罗比森是牛顿与凯尔文（Lord Kelvin，热力学创立者）、詹姆斯·克拉克·麦克斯韦尔（James Clerk Maxwell，电磁学

① Roger Emerson, "Reviewed Work (s): '*New Medical Challenges during the Scottish Enlightenment* by Guenter B. Risse'", *Isis*, Vol. 97, No. 4 (December 2006), pp. 753-754, 754.

② Guenter B. Risse, *New Medical Challenges during the Scottish Enlightenment*, Amsterdam-New York: Editions Rodopi B. V., 2005, p. 13.

③ Roger Emerson, *Essays on David Hume, Medical Men and the Scottish Enlightenment*, Aldershot: Ashgate Publishing Ltd., 2009, p. XIII.

④ Mark G. Spencer, "Reviewed Work (s): *Seeking Nature's Logic: Natural Philosophy in the Scottish Enlightenment* by David B. Wilson", *Journal of British Studies*, Vol. 49, No. 4 (October 2010), pp. 889-890, p. 889.

创立者）这些维多利亚时代的苏格兰天才之间的纽带，虽然这并不是说罗比森预见了爱因斯坦，但这的确强调了苏格兰启蒙运动在人类思想史上的重要意义。[①] 而约翰·阿瑟（John W. Arthur）给麦克斯韦尔家族写的传记正是放在苏格兰启蒙运动的语境中的。该书并非电磁学家麦克斯韦尔的单独传记，而是麦克斯韦尔家族的传记，展现了这个家族从18世纪以来的科学创新精神。该书虽然开篇叙述詹姆斯·克拉克·麦克斯韦尔的科学贡献，但不同于约翰·亨得利（John Hendry）所写的《詹姆斯·克拉克·麦克斯韦尔与电磁学领域的理论》[②]，它更注重这个家族与18世纪爱丁堡启蒙思想家的交流与互动。严格来说，这部著作以麦克斯韦尔家族为中心，描述了18世纪苏格兰的一场科学启蒙运动。

（二）道德哲学研究

2000年以来，18世纪苏格兰的道德哲学研究取得了丰硕的成果。道德哲学在18世纪苏格兰人那里范围宽广，几乎囊括了现代人文社科的大部分学科。而苏格兰启蒙学者对道德哲学的研究也构成了这一领域的中心。这里仅从哲学、政治、宗教与文化几个方面简要介绍。

18世纪苏格兰启蒙哲学包括认识论、伦理学、美学等。由于休谟和斯密研究都有自己的会刊[③]，这里不赘述这两位，尤其是休谟哲学研究的现状。21世纪以来，弗朗西斯·哈奇森、亚当·弗格森、托马斯·里德这些道德哲学教授的思想日益获得更多关注。美学、道德哲学、心灵哲学成为这一时期的主题；同时，苏格兰启蒙哲学研究还呈现出两种新方向：一是里德哲学研究以及常识哲学研究日益兴起，二是德国启蒙与18世纪苏格兰哲学之间的联系逐渐受到更多关注。

---

① David B. Wilson, *Seeking Nature's Logic: Natural Philosophy in the Scottish Enlightenment*, Philadelphia: The Pennsylvania University Press, 2009, pp. Ⅵ-Ⅷ.

② Paul Theerman, "Reviewed Work（s）: *James Clerk Maxwell and the Theory of the Electromagnetic Field* by John Hendry", *The British Journal for the History of Science*, Vol. 20, No. 3（Jul., 1987）, pp. 365-366.

③ *Hume Studies* 是休谟协会（Hume Society）的会刊，1975年创刊，一年两期，4月和11月出版，发表与休谟研究相关的研究成果；*Adam Smith Review* 是国际亚当·斯密协会（International Adam Smith Society）的会刊，2009年创刊，不定期出版，已出版11期，发表与斯密研究相关的著作。

伦理学、美学是苏格兰启蒙运动的主题内容之一。作为"苏格兰启蒙运动之父",哈奇森最受关注的是他对道德感、美感的论述。彼得·基维(Peter Kivy)讨论哈奇森美学思想的专著《第七感:弗朗西斯·哈奇森与 18 世纪英国美学》2003 年出版,该书是对 1976 年版《第七感:弗朗西斯·哈奇森及其对 18 世纪英国美学的影响》的扩充,增加了第三部分七篇文章。第一、二部分分析哈奇森的道德感和美感理论及其在 18 世纪英国的影响。在第三部分中,作者用了两章内容讨论里德的美学和心灵哲学,认为"里德代表了 18 世纪美学的前瞻理论",如果里德没提出"美学的属性(qualities)首先是心灵的属性"的话,结局会更令人满意。① 这一评价是基维研究 18 世纪英国美学思想的落脚点;它是否恰当,值得讨论。同时,基维还梳理了 18 世纪的"趣味"大讨论。实际上,趣味、审美、道德、情感是 18 世纪所谓美学②的讨论主题。莱斯利·艾伦·布朗(Leslie Ellen Brown)的《人为之德:苏格兰启蒙运动中美与善的相互作用》一书从分析沙夫茨伯里的趣味标准出发,梳理哈奇森、休谟、斯密、里德、凯姆斯、乔治·特恩布尔(George Turnbull)、亚历山大·杰拉德(Alexander Gerard)等参与的 18 世纪趣味讨论,尤其关注了后两位的观点。③ 休谟仍是故事的中心,但读者可以在这本著作中看到苏格兰人更丰富、更广阔的趣味争论。这一争论,对于当今文艺批评领域仍有启发。

21 世纪以来,里德的著作与思想得到了极大的关注,其主要著作和通信集被整理出版。从 20 世纪 90 年代末到现在,里德论"人类心灵与常识原则""思想能力""行动能力""实践伦理学""逻辑、修辞与优雅艺术""数学与自然哲学""社会与政治学"等相关的著作陆续由爱丁堡大学出版

---

① Christopher Williams, "Reviewed Work (s): *The Seventh Sense: Francis Hutcheson and Eighteenth-Century Aesthetics* by Peter Kivy", *The Journal of Aesthetics and Art Criticism*, Vol. 63, No. 1 (Winter, 2005), pp. 94-96, 95.

② 确切地说,18 世纪苏格兰的美学是"批评"(criticism)的,其审美与伦理密不可分。

③ Leslie Ellen Brown, *Artful Virtue: The Interplay of the Beautiful and the Good in the Scottish Enlightenment*, Aldershot: Ashgate Publishing Ltd., 2015, pp. 5-6.

社出版①。有关里德的这一系列著作的出版势必会推动之后数十年的研究。相比另一位常识哲学家詹姆斯·比蒂（James Beattie，1735－1803），里德的哲学思想受到更多关注的原因可能有二：其一，里德常被视为休谟哲学和康德哲学的过渡，他试图回到道德现实中答复休谟的怀疑论，却并没有给出很好的答案；但他启发了康德的哲学思考；其二，里德作为常识哲学的代表者。2000 年以前，有关里德研究的成果以论文为主，主要探讨其美学、行动理论、记忆、感知等，且集中在伦理与审美领域；20 世纪 90 年代，里德研究的专著陆续出版，《托马斯·里德论自由与道德》《托马斯·里德：伦理学、审美与自我的解剖》是其中的代表作。② 2000 年以后，里德研究在哲学领域更加深入，"里德与第二性质的问题"，里德对心灵、知识与价值的论述，常识学派对苏格兰启蒙哲学的回答以及遗留问题等③，得到越来越多的讨论。

　　苏格兰哲学与德国哲学的思想交流越来越受研究者关注。休谟、斯

---

① 爱丁堡大学出版社出版了里德著作系列，一共 9 种：*Thomas Reid on the Animate Creation：Papers Relating to the Life Sciences*，edited by Paul Wood，Edinburgh：EUP，1995；*An Inquiry into the Human Mind on the Principles of Common Sense*，edited by Derek R. Brookes，Edinburgh：EUP，2000；*Essays on the Active Powers of Man*，edited by Knud Haakonssen，James A. Harris，Edinburgh：EUP，2010；*Essays on the Intellectual Powers of Man：A Critical edition*，edited by Derek Brookes，Knud Haakonssen，Edinburgh：EUP，2002；*Thomas Reid on Mathematics and Natural Philosophy*，edited by Paul Wood，Edinburgh：EUP，2017；*Thomas Reid on Practical Ethics*，edited by Knud Haakonssen，Edinburgh：EUP，2007；*Thomas Reid on Society and Politics*，edited by Knud Haakonssen，Paul Wood，Edinburgh：EUP，2015；*Thomas Reid on Logic，Rhetoric and the Fine Arts*，edited by Alexander Broadie，Edinburgh：EUP，2004；*The Correspondence of Thomas Reid*，edited by Paul Wood，Edinburgh：EUP，2002。

② William L. Rowe，*Thomas Reid on Freedom and Morality*，London：Cornell University Press，1991；Roger D. Gallie，*Thomas Reid：Ethics，Aesthetics and the Anatomy of the Self*，Dordrecht；London：Kluwer Academic Publishers，1998.

③ August Benz，*Die Moralphilosophie von Thomas Reid zwischen Tradition und Innovation*，Bern：Paul Haupt，2000；Philip de Bary，*Thomas Reid and Scepticism：his Reliabilist Response*，London：Routledge，2002；Nicholas Wolterstorff，*Thomas Reid and the Story of Epistemology*，Cambridge：CUP，2001；Terence Cuneo，René van（ed.），*The Cambridge Companion to Thomas Reid*，Cambridge：CUP，2004；Ryan Nichols，*Thomas Reid's Theory of Perception*，Oxford：OUP，2007；James Van Cleve，*Problems from Reid*，New York：OUP Press，2015；Rebecca Copenhaver and Todd Buras（ed.），*Thomas Reid on Mind，Knowledge，and Value*，Oxford：OUP，2015；Christopher A. Shrock，*Thomas Reid and the Problem of Secondary Qualities*，Edinburgh：EUP，2017.

密、亚当·弗格森、康德、赫尔德等的研究是这一关注的焦点。当代康德传记作家曼弗雷德·库恩（Manfred Kuehn）2017 年写道："大约 35 年前，我开始考察苏格兰启蒙思想家对伊曼纽尔·康德哲学的影响。"① 把苏格兰启蒙运动与德国思想家关联起来，有这种想法的人并非只有他一位。② 学者们会将苏格兰人的文本与同时代的德国思想进行比对，也会让 18 世纪苏格兰人与后来的德国思想家对话。③ 论及苏格兰人对德国思想家的影响，并非只有休谟一人，虽然休谟的确很重要。哈奇森、斯密、里德、杜格尔特·斯图亚特、比蒂等对康德及赫尔德、黑格尔的思想都形成了或明或暗的影响。《康德与苏格兰启蒙运动》考察了康德在多大程度上吸收或改造了苏格兰人在道德感、审美愉悦、趣味、政治和经济组织等方面的观点。曼弗雷德·库恩在该书"导论"的最后提到康德对苏格兰人的回应：康德试图回答的问题是"纯粹的数学何以可能""纯粹的自然科学何以可能""形而上学何以可能"；而回到里德和比蒂的问题时，康德不得不回答"批评哲学何以可能"。④《康德与苏格兰启蒙运动》这本文集并未为这些问题提供答案，但它为理解康德和 18 世纪苏格兰人的哲学提供了一条重要线索。

研究者们同样注重苏格兰人与法国哲人的互动，不仅包括大革命之前

---

① Manfred Kuehn, "Kant and the Scottish Enlightenment: An Introduction", see *Kant and the Scottish Enlightenment*, edited by Elizabeth Robinson and Chris W. Surprenant, London: Routledge, 2017, p. 1.

② See Norbert Waszek, *The Scottish Enlightenment and Hegel's Account of "Civil Society"*, Dordrecht, London: Kluwer, 1988. 该研究细致地对比了苏格兰作家尤其是弗格森的著作和黑格尔著作的文本，为黑格尔思想来源的分析提供了充分的文本证据。Fania Oz-Salzberger, *Translating the Enlightenment: Scottish Civic Discourse in Eighteenth-Century Germany*, Oxford: Clarendon Press, 1995（2002）. Fania 这本专著 1995 年首次出版，2002 年再版。该著以弗格森的思想传播为中心，详细论述该思想在 18 世纪德国的影响。Fania 认为 Isaak Iselin、Christian Garve、Gotthold Ephraim Lessing、Friedrich Heinrich Jacobi 和 Friedrich Schiller 都受弗格森不同方面思想的影响。

③ 亚当·斯密的道德哲学与胡塞尔哲学是跨时代对话的一个好例子。See Fricke, Christel & Føllesdal, Dagfinn（eds.）, *Intersubjectivity and Objectivity in Adam Smith and Edmund Husserl: A Collection of Essays*, Frankfurt, Paris, Lancaster, New Brunswick: Ontos Verlag, 2012.

④ See *Kant and the Scottish Enlightenment*, edited by Elizabeth Robinson and Chris W. Surprenant, London: Routledge, 2017, p. 14.

文人们的思想交流①，还包括大革命爆发之后苏格兰人的政治态度。这也是 2000 年以来苏格兰启蒙运动研究在政治领域的一个主题。鲍勃·哈里斯（Bob Harris）的专著《苏格兰人与法国大革命》帮助读者理解 18 世纪 90 年代的苏格兰政治，也有助于读者在这个基础上了解法国大革命爆发之后英国的历史。18 世纪 90 年代，苏格兰人在面对法国革命和拿破仑、爱尔兰革命时，他们激进主义的政治要求对当时正在形成的英帝国产生了巨大的影响。但这一时期的苏格兰寻求的是如何融入更大的英帝国。该书聚焦于 18 世纪 90 年代的几个时段：1790～1792 年、1792～1794 年、1797～1798 年等。② 这一划分依据的是苏格兰激进主义的兴起、衰落、影响以及政治经济政策的调整，为读者描述了 18 世纪 90 年代在英格兰、苏格兰、爱尔兰以及在法国发生的重大事件的关联和相互影响。伊斯特万·洪特的著作《贸易的猜忌：历史视野中的国际竞争与民族国家》，则倾向于在 18 世纪国际政治的背景下探讨苏格兰、法国思想家关于民族国家、经济与政治关系的观点。他将休谟、斯密以及法国的约瑟夫·西耶斯的经济思想置于国际贸易的庞大语境中，论述他们对贸易猜忌与贸易平衡的看法。③ 这一研究，在今天中美贸易摩擦的背景下犹有启发。安娜·普拉萨尔（Anna Plassart）的研究很有洪特的风格。她的《苏格兰启蒙运动和法国大革命》从苏格兰人的视角看待 19 世纪的欧洲政治框架，并认为苏格兰启蒙运动为法国革命提供了另一种，同时也颇有分量的解释框架。作者指出，18 世纪休谟和斯密分析了优雅文明的风俗转变，而这一转变确定了所谓的"现代性"。作者总结说，革命真正的历史意义在于战争、民族情感和国际关系、战争和商业的转变，而这些成为后革命国际关系的特征。作者认为，苏格兰人对法国革命的回应与埃德蒙·伯克与托马斯·潘恩关于法国革命的争

---

① Alexander Bloadie, *Agreeable Connexions: Scottish Enlightenment Links with France*, Edinburgh: John Donald, 2012. 还可参见 Nicholas Phillipson, *Adam Smith: An Enlightened life*, UK: Penguin Random House, 2010; James A. Harris, *Hume: An Intellectual Biography*, Cambridge: CUP, 2015。

② Bob Harris, *The Scottish People and the French Revolution*, London: Pickering & Chatto, 2008, pp. 9-10.

③ See Istvan Hont, *Jealousy of Trade: International Competition and the Nation-State in Historical Perspective*, London: Belknap Press of Harvard University Press, 2010.

论以及英国高层政治关系不大，他们对革命的讨论不是用辉格主义、民主形式或自然权利这样的术语，而是用社会进程的哲学和历史来分析。该书认为休谟和斯密的科学为后来苏格兰人（米勒、弗格森、罗伯逊以及年轻的麦金托什）回应法国革命提供了理论依据。作者还考察了《爱丁堡评论》这本杂志以及 19 世纪初期苏格兰人对法国大革命的评论，从战争、商业和现代国家的关系以及现代道德性质的转变来思考苏格兰人留给现代政治的遗产。①

除了关注同时期苏格兰与法国在政治事件和观念上的相互影响，学者们也关注 18 世纪苏格兰本身的政治、宗教或道德文化。罗杰·爱默生一直致力于爱丁堡、格拉斯哥、阿伯丁等地的启蒙运动，其著作《苏格兰启蒙运动中的学术赞助：格拉斯哥、爱丁堡和圣安德鲁斯大学》论述了赞助人对大学、对政治社会的影响，讨论大贵族们为什么赞助大学、对大学发展有何影响。爱默生在书中描述了详细的教职委任数量，并指出派系斗争对当时大学和政治的影响。②

除了政治派系的斗争，宗教冲突也是 18 世纪苏格兰人最熟悉的内容。温和派曾经在文化、道德和政治领域占据了主导地位，但保守势力、激进势力仍然冲突不断。17 世纪皮埃尔·培尔（Pierre Bayle）这样的先驱已表明一位宗教上的"异端"或无神论者可以是一位道德高尚的人，但这种思想被欧洲社会接受的过程是缓慢的。自 17 世纪 90 年代以来，苏格兰长老派恢复其正统地位，主教们被逐出苏格兰的教区，但这种恢复并不意味着实力强大。1707 年，英格兰和苏格兰的联合，汉诺威王朝的继位，圣公会、长老派、天主教的教派之争，以及当时的自然宗教与正统宗教之争，都为苏格兰的宗教争论提供了太多的话题。托马斯·安纳特（Thomas Ahnert）的《苏格兰启蒙运动的道德文化：1690~1805》探讨了苏格兰一百多年的宗教论争。该书认为，思想家的"温和启蒙"不是"尝试把世俗的、启蒙的理性原则融入传统的基督教中"，相反，"他们努力在神学术语

① Anna Plassart, *The Scottish Enlightenment and the French Revolution*, Cambridge: CUP, 2015, pp. 7-11.
② Roger L. Emerson, *Academic Patronage in the Scottish Enlightenment: Glasgow, Edinburgh and St. Andrews Universities*, Edinburgh: EUP, 2008, pp. 4-5.

上将自己置身于正统的严苛教义和宗教复兴运动者的狂热之间"。安纳特称自己著作的目标是"揭示 18 世纪苏格兰'宗教启蒙运动'的神学语言"，"重新考察启蒙思想文化中已有的世俗化叙述"。① 笔者以为，该书是对苏格兰温和派研究②的推进与扩展，进一步展现了当时更为复杂的宗教语境。里弗斯（Isabel Rivers）在《理性、恩典与情感（卷二）：1660~1780 年英格兰宗教与伦理语言研究——从沙夫茨伯里到休谟》分析了1660~1780 年这一时期的宗教论争，并集中分析了休谟宗教思想的历史语境。③ 休谟是该书的重点，里弗斯将休谟置于历时的思想史与共时的英国宗教背景中论述，没有单独论及苏格兰的宗教语境。安纳特的道德文化研究则补上了苏格兰的历史，是研究 18 世纪苏格兰宗教思想论争的一部力作。

（三）经济与社会史研究

与同时代的法国人、德国人、意大利人相比，苏格兰人对经济与社会的关注尤为突出。他们在俱乐部中讨论，在通信中互相交流信息，有的科学家将自己的研究成果运用到实际生产中。思想家们还关心自然发展的历史，关心社会发展的进程，以及这些发展所带来的积极或消极的影响。经济、社会与历史是他们思考的重要主题，也是研究者们努力深耕的重要领域。

个体经济活动中的理性和情感被 18 世纪的苏格兰思想家反复掂量，最终在后世的研究者眼中形成了一种"情感的政治经济学"④。18 世纪的经济生活带着人类的情感和温度。当亚当·斯密被小皮特奉为"国师"时，他的经济思想就容易在实际运用过程中被扭曲。小皮特口中的斯密没有为穷人说话，但艾玛·罗斯柴尔德（Emma Rothschild）澄清了 18 世纪 90 年

---

① Thomas Ahnert, *The Moral Culture of the Scottish Enlightenment*, *1690-1805*, New Haven and London: Yale University Press, 2014, p. 12.

② Richard B. Sher, *Church and University in the Scottish Enlightenment: The Moderate Literati of Edinburgh*, Princeton, N. J.: Princeton University Press, 1985.

③ Isabel Rivers, *Reason, Grace, and Sentiment: A Study of the Language of Religion and Ethics in England 1660-1780. Volume II, Shaftesbury to Hume*, Cambridge: CUP, 2000.

④ Jose R. Torre, *The Political Economy of Sentiments: Paper Credit and the Scottish Enlightenment in the Early Republic Boston (1780-1820)*, London: Pickering & Chatto, 2007.

代英国社会流行的经济思想或经济政策哪些属于斯密，哪些不属于斯密，指出斯密的政治经济学包含了穷人的立场。她还重新阐释了那只"看不见的手"的隐喻，并指出这个短语不过是斯密的无心之语。① 这种解释并不新奇，但确实需要人们重新思考商业、市场、政府、国家这些因素在经济选择和政治选择时的作用。政治经济学在苏格兰兴起，不仅是因为斯密，还因为有一个关注经济发展的苏格兰文人群体。日本学者坂本达哉和田中秀夫主编的《苏格兰启蒙运动：政治经济学的兴起》讨论了安德鲁·弗莱彻、弗朗西斯·哈奇森、罗伯特·华莱士、杜格尔特·斯图亚特等苏格兰人的经济观点。② 这个群体的经济思想，在 19 世纪被打上了"苏格兰腔调"的印记，在 20 世纪几乎被遗忘，但它们是西方经济思想史的一个重要源头。③

　　大大小小的人物在历史舞台上的各种活动是历史研究的永恒主题。罗杰·爱默生向读者揭示了曾把持苏格兰政局长达 30 年的第三代阿盖尔公爵的政治生涯。④ 布赖恩·伯尼曼（Brian Bonnyman）叙述了亚当·斯密的学生、第三代巴克勒公爵致力于经营其苏格兰地产的状况。⑤ 爱玛·罗斯柴尔德在约翰斯通家族的信件往来中梳理出这个家族与当时的苏格兰文人、政客、大商人等千丝万缕的联系，其成员在那个大时代下的政治倾向，与詹姆斯党人的关系，以及如何利用美洲、印度的殖民地发家致富。⑥ 詹

---

① Emma Rothschild, *Economic Sentiments*：*Adam Smith*，*Condorcet and the Enlightenment*，Cambridge，Mass；London：Harvard University Press，2001，Chapter 2 and Chapter 5. 其中译本为〔英〕艾玛·罗斯柴尔德：《经济情操论：亚当·斯密、孔多塞与启蒙运动》，赵劲松、别曼译，社会科学文献出版社，2013。

② Tatsuya Sakamoto and Hideo Tanaka（eds.），*The Rise of Political Economy in the Scottish Enlightenment*，London：Routledge，2003. 此书为论文集，章节供稿者以日本学者为主，反映出日本学者对这一领域的关注以及他们所取得的成就。

③ Alexander Dow and Sheila Dow（eds.），*The History of Scottish Economic Thought*，London：Routlege，2006. 该书一共 14 章，其中 6 章都在论述 18 世纪苏格兰人的经济思想，包括约翰·劳、哈奇森、休谟、詹姆斯·斯图亚特、斯密的经济思想研究。

④ Roger L. Emerson, *An Enlightened Duke the Life of Archibald Campbell*（*1682–1761*），*Earl of Ilay*，*3rd Duke of Argyll*，Kilkerran：Humming Earth，2013.

⑤ Brian Bonnyman, *The Third Duck of Buccleuch and Adam Smith*：*Estate Management and Improvement in Enlightenment Scotland*，Edinburgh：EUP，2014.

⑥ Emma Rothschild, *The Inner Life of Empires*：*an Eighteenth-Century History*，Princeton，N. J.：Princeton University Press，2011. 中译本《帝国豪门：18 世纪史》，巫语白译，商务印书馆，2016。

妮·斯塔克（Janet Starkey）的著作《苏格兰启蒙运动在海外》描述了有亲戚关系的两位拉塞尔对阿勒颇自然史的描述。她用好奇（curiosity）、惊讶（wonder）来揭示苏格兰人探索东方世界的心路历程。[①] 这些著作让读者越来越近地看到 18 世纪苏格兰人与苏格兰社会的各个方面。

经济发展、社会进程是苏格兰人思考的重要内容。人类社会如何从远古发展到当下？18 世纪苏格兰人对此问题的思考成为 21 世纪以来苏格兰启蒙研究的重要组成部分。克里斯托弗·贝里（Christopher J. Berry）一直关注苏格兰人的社会理论，在 1997 年出版《苏格兰启蒙运动的社会理论》之后，继续关注苏格兰人对商业社会的论述。商业社会如何发展而来？苏格兰人如何看待商业社会的物质丰裕与奢侈腐败？"一个人人都是商人"的社会是一个怎样的社会？《苏格兰启蒙运动中的商业社会观念》分析了"商业社会"这个观念的形成，还特别分析了商业社会的公民自由、民主以及德性的腐蚀和补救措施。[②] 贝里在中译本序言中指出：苏格兰人并没有预言资本主义，但他们的确领悟到，一个人人都是商人的社会，标志着社会以及社会中的个人在运行方式上的质的区别。[③]

那么，苏格兰人"文明社会"的观念又是如何形成的呢？亚当·弗格森的《文明社会史论》1767 年一出版便大获成功，但他的"文明社会"与斯密四阶段论的"商业社会"有何区别？又有何联系？伊安·麦克丹尼尔（Iain Mcdaniel）在《苏格兰启蒙运动中的亚当·弗格森：罗马的过去与欧洲的未来》指出，弗格森关于人类社会性的独特理论与霍布斯、卢梭的假设完全相反，隐晦地回应休谟和斯密关于商业社会性（以效用为基础）的概念及其对维持现代自由的作用。[④] 在对弗格森罗马史的解读中，麦克丹尼尔认为，弗格森勾勒了噩梦般的景象——欧洲将会被富有却专制

① Janet Starkey, *The Scottish Enlightenment Abroad: The Russells of Braidshaw in Aleppo and on the Coast of Coromandel*, Leiden: Brill, 2018,

② Christopher J. Berry, *The Idea of Commercial Society in the Scottish Enlightenment*, Edinburgh: EUP, 2013。

③ 〔英〕克里斯托弗·贝里：《苏格兰启蒙运动中的商业社会观念》，张正萍译，浙江大学出版社，2018，中译本序言。

④ Iain Mcdaniel, *Adam Ferguson in the Scottish Enlightenment: The Roman's Past and Europe's Future*, Cambridge, Mass: Harvard University Press, 2013, p. 8.

的统治机器支配。① 这一景象将弗格森置于苏格兰启蒙思想主流的边缘。
克雷格·史密斯（Craig Smith）在其新著《亚当·弗格森与文明社会观：
苏格兰启蒙运动中的道德科学》中结合弗格森的《道德哲学原理》等著作
指出，弗格森远非那种怀疑商业社会的老套共和主义者形象，而是更接近
苏格兰启蒙运动的主流，并为英国新的商业秩序进行辩护。克雷格认为，
"弗格森的政治学本质上是保守的辉格派的，其著作中共和主义的影响需
要被理解成关于汉诺威王朝评论的一部分，我们可以认为他运用古典思想
为 18 世纪英国既有的制度辩护。弗格森的道德科学和道德哲学一起撑起一
个为开化社会领导者设计的道德教育体系"②。这种观点颠覆了以往研究塑
造的共和主义者的弗格森形象。克雷格强调弗格森的道德教育思想，对此
进行详细分析的还有杰克·希尔。③ 学者们对弗格森思想的解读为读者理
解苏格兰人的社会进步观提供了不同的视角。

　　18 世纪苏格兰人的著作中还有现代种族主义的影子，比如休谟对黑人
的那段论述。在塞尔维亚·瑟巴斯蒂安（Silvia Sebastiani）看来，苏格兰
人的理性思考包含了克服其自身局限的可能性。④ 她在《苏格兰启蒙运动：
种族、性别和进步的局限性》一书中从苏格兰的历史编纂着手，分析休谟
与孟德斯鸠在地理环境论上的不同观点，着重分析了凯姆斯勋爵的"人类
史"写作，最终指出苏格兰人应在多大程度上为 19 世纪的种族主义负责。
她比较了凯姆斯与约翰·米勒对女性、种族的论述："《人类史纲》和《阶
层区分的起源》描述了两条对立平行的道路。凯姆斯从人类分裂为不同种
族/人种开始，沿着现代世界中奢侈的发展和衰落这一多元轨迹勾勒'女
性的进步'是他关于文明社会的第一卷的目标。米勒则从阶层关系和女性

① Iain Mcdaniel, *Adam Ferguson in the Scottish Enlightenment: The Roman's Past and Europe's Future*, p. 8.
② Craig Smith, *Adam Ferguson and the Idea of Civil Society: Moral Science in the Scottish Enlightenment*, Edinburgh: EUP, 2019, p. 142.
③ Jack Hill, *Adam Ferguson and Ethnic Integrity: The Man and His Prescription for Moral life*, Lanham, Maryland: Lexington Books, 2017.
④ Silvia Sebastiani, *The Scottish Enlightenment: Race, Gender, and the Limits of Progress*, Basingstoke: Palgrave Macmillan, 2013, p. 167.

的奴隶地位出发，其著作第三版的结论是黑人的解放。"① 苏格兰人的论述成为现在讨论种族、性别和文明进程的源泉。瑟巴斯蒂安说，正是关于种族的科学现在呼吁人们解决进步过程中的悖论。② 瑟巴斯蒂安还提及詹姆斯·邓巴、约翰·米勒等关于文明进程的论述。一直以来，邓巴及其文明史受到的关注较少。克里斯托弗·贝里最近的论文集有三篇文章提到邓巴在语言、气候和社会性方面的论述。③ 该文集同样关注苏格兰人对文明社会的论述。而对约翰·米勒的研究，有一位学者提供了一个独特的视角——全球史。米勒在其《阶层区分的起源》中叙述的家庭史是一部家庭的自然史，分四个历史阶段讨论男女性别的权力和权利的来源。这是一部现在看来与恩格斯的《家庭、私有制和国家的起源》颇为相似的著作，因而也常被当作唯物史观的先驱。但尼古拉斯·米勒（Nicholas B. Miller）另辟蹊径，其《约翰·米勒和苏格兰启蒙运动：家庭生活和全球史》从历史人类学的角度考察启蒙时代多偶制、母权制、亚马逊传说、商业社会民族性的变化和家庭的可能特征。作者指出，"米勒的性别史曾是他广义上的家庭史和权威史唯一一个很少被关注的部分"④，而这部著作的目的便是在苏格兰以及世界范围内重新审视米勒家庭史的意义。

18 世纪苏格兰人喜欢描述人类社会的发展进程，在博物学和考古学还不甚发达的时代，他们使用了一种方法——"推测"。18 世纪末，杜格尔特·斯图亚特将这种方法命名为"推测史"⑤。该方法对 19 世纪社会科学的意义，在弗兰克·帕默里的著作《自然状态和社会阶段：启蒙时代的推

---

① Silvia Sebastiani, *The Scottish Enlightenment: Race, Gender, and the Limits of Progress*, p. 172.

② Silvia Sebastiani, *The Scottish Enlightenment: Race, Gender, and the Limits of Progress*, p. 172.

③ Christopher J. Berry, *Essays on Hume, Smith and the Scottish Enlightenment*, Edinburgh: EUP, 2018, chapter 2-4.

④ Nicholas B. Miller, *John Millar and the Scottish Enlightenment: Family Life and World History*, Oxford: Voltaire Foundation, 2017, p. 24.

⑤ Dugald Stewart, *Account of the Life and Writings of Adam Smith*, See Adam Smith, *Essays on Philosophical Subjects*, edited by W. P. D. Wightman and J. C. Bryce, Clarendon: Oxford University Press, 1982, p. 293.

测史和现代社会话语》中得到充分的论述。① 国内学者李勇 2017 年出版的《启蒙时期苏格兰历史学派》也捕捉到这一方法，在国内苏格兰启蒙运动研究领域中属拓荒之作。

（四）文化史研究

受新文化史的影响，苏格兰启蒙运动研究者也非常关注书籍史和阅读史。2006 年，理查德·谢尔教授出版了《启蒙与出版：苏格兰作家和 18 世纪英国、爱尔兰和美洲的出版商》②。该书分上、下两卷。第一部分论述 18 世纪的苏格兰作者，他们的创作背景、身份和报酬等；第二部分论述伦敦–爱丁堡的出版轴心——出版公司和出版商的竞争与合作；第三部分论述书籍在都柏林和费城重印以及产生的各种问题；结语讨论苏格兰启蒙运动的出版模式。该书史料非常翔实，层次众多，生动地描述了作者、出版商、印刷商以及书籍在流通过程中的各种关系，并附有各种图表和大量的参考书，是一本非常实用的参考书。

有学者研究出版，也有学者研究阅读。大卫·艾伦（David Allan）的著作《塑造英国文化：英语读者和苏格兰启蒙运动（1740～1830）》③ 关注的是英语读者对苏格兰作者作品的阅读及反应。该书共 11 章，分五部分。第一部分（第 1 章）是问题的提出。第二部分（第 2～5 章）论述了读者趣味是如何形成的。杂志、报纸这些都可以称为读者阅读趣味的来源，而图书俱乐部、会员图书馆以及教区图书馆促进了苏格兰作家的作品在民间的阅读和讨论。第三部分（第 6～8 章）、第四部分（第 9～10 章）讨论了英语读者对苏格兰作家作品的反应，涉及所阅读的题材、对宗教著作的误读等。第五部分（第 11 章）讨论了阅读认同对社会观念史的影响。

---

① Frank Palmeri, *State of Nature*, *Stages of Society*, *Enlightenment Conjectural History and Modern Social Discourse*, New York: Columbia University Press, 2016.

② Richard B. Sher, *Enlightenment and the Books*: *Scottish Authors and Their Publishers in the Eighteenth Century Britain*, *Ireland and America*, Chicago: University of Chicago Press, 2006; 其中译本为〔美〕理查德·B. 谢尔：《启蒙与出版：苏格兰作家和 18 世纪英国、爱尔兰、美国的出版商》，启蒙编译所译，复旦大学出版社，2012。

③ David Allan, *Making British Culture*: *English Readers and the Scottish Enlightenment*, *1740 - 1830*, London: Routledge, 2008.

艾伦提到英格兰读者对休谟非宗教类著作、历史作品的阅读反应，但却"很少提民族认同在阅读中的作用"①。马克·R. M. 唐斯（Mark R. M. Towsey）专门分析了苏格兰读者对苏格兰作家的阅读。他在《阅读苏格兰启蒙运动：苏格兰地区的书籍及其读者（1750～1820）》一书中回答了两个问题：苏格兰启蒙运动的书籍遭遇如何？他们的读者如何回应？这是该书两大部分要解决的问题。在第一部分，唐斯描述了各种类型的图书馆：私人图书馆、会员图书馆、流通图书馆、教区图书馆，这些图书馆让苏格兰作家的著作有处可去；作者还将相关书籍的出借次数、借阅者的身份等信息列表附上。② 关于读者的回应问题，唐斯特别关注通信、日记、边注和备忘录等。该书表明，18 世纪的苏格兰读者对苏格兰人著作的阅读是相当广泛的，不限于我们现在了解的那几位重要作家，还包括其他很多文人的作品；也不限于几所大学所在的文化中心，还包括其他小城镇，读者以各种方式回应他们的作者。

唐斯突出了图书馆在阅读中的作用，而凯伦·波斯顿则研究了一个具体的图书馆在思想启蒙过程中的影响。③ 近年来，在各种关于 18 世纪研究的国际会议中，已有不少学者关注与阅读相关的历史。便捷的数据处理方式为学术研究带来了新的课题和可能。对于苏格兰启蒙运动研究来说，这是极为有利的。

总体来说，2000 年以来，苏格兰启蒙运动研究更为全面深入。从研究对象来看，学者们越来越多地关注 18 世纪苏格兰人，从以往最重视的伟大思想家到较边缘的作家，从休谟、斯密到托马斯·里德、詹姆斯·邓巴，从大贵族第三代阿盖尔公爵到中等阶层的约翰斯通家族。随着资料的发掘与整理，里德道德哲学的方方面面或许会有新的研究成果产生。从地域来说，苏格兰启蒙运动研究不局限于苏格兰和联合王国，还包括法国、德

---

① Ryan K. Frace, "Reviewed Work (s): *Making British Culture: English Readers and the Scottish Enlightenment, 1740-1830*, by David Allan", *The Journal of Modern History*, Vol. 82, No. 2, The Persistence of Religion in Modern Europe (June 2010), pp. 458-460, 459.

② Mark R. M. Towsey, *Reading the Scottish Enlightenment: Books and their Readers in Provincial Scotland, 1750-1820*, Leiden: Brill, 2010, pp. 132, p. 134.

③ Karen Baston, *Charles Areskine's Library: Lawyers and their Books at the Dawn of the Scottish Enlightenment*, Leiden: Brill, 2016.

国、意大利乃至美洲（安德鲁·胡克等对苏格兰与美洲关联的研究颇有成就①），同时还辐射到东方。从研究内容来说，相比 18 世纪法国或德国研究，苏格兰启蒙运动研究有两大主题尤为突出：一是科学和医学；二是社会理论。从研究人员的构成来说，虽然欧美学者尤其是英国学者是这一领域的主力军，但值得注意的是，从 20 世纪中期到现在，一些日本学者以英语发表论文、出版专著②，与欧美学界形成了良好的对话氛围。

最后，18 世纪苏格兰启蒙研究者很少去贴"标签"。苏格兰人对辉格或托利、保守或激进、自由主义、共和主义等现代标签的态度是复杂的、多面的。乔纳森·伊斯雷尔（Jonathan Israel）在其"启蒙运动"的皇皇巨著中给欧洲的启蒙思想家贴了一些标签，很快就引起了一些研究者的反驳。③ 不贴标签，或尽可能少地贴标签，是苏格兰启蒙运动研究的一大特征，也是最有意义的一个特征。

三

2000 年以来，汉语学界的苏格兰启蒙运动研究方兴未艾，涌现出了一批以此为研究主题的博士学位论文④，如：洪燕妮的《正义思想研究：马克思与苏格兰启蒙学派》（2016）、吴红列的《作为自然法理学的古典政治经济学——从哈奇森、休谟到亚当·斯密》（2014）、林子赛的《亚当·弗格森伦理思想研究——以苏格兰启蒙中道德情感主义为视角的考察》（2013）、刘晓燕的《休·布莱尔宗教思想研究——以〈布道书〉为中心》（2013）、徐志国的《休谟政治思想研究——基于合作秩序理论视角的角

---

① Andrew Hook, *Scotland and America*：*A Study of Cultural Relations*，1750－1835，Glasgow：Humming Earth，2008. 胡克关于苏格兰与美洲文化思想交流的研究，更多集中在 2000 年以前，这里仅以 2000 年后的一部著作为例。

② 可参见 Ryu Susato, *Hume's Sceptical Enlightenment*，Edinburgh：EUP，2015；Shinji Nohara, *Commerce and Strangers in Adam Smith*，Imprint：Springer，2018。

③ Sam Fleischacker，"Adam Smith and the Radical Enlightenment：A Response to Jonathan Israel"，*The Adam Smith Review*，Vol. 9，edited by Fonna Forman，London & New York：Routledge，2017，p. 115，117，118.

④ 在此仅列相关的博士学位论文，硕士学位论文不予列举，相关数据来自 http：// www. cnki. net。

度》（2011）、王超的《苏格兰启蒙政治思想研究——以政治正当性为中心的探讨》（2011）、项松林的《苏格兰启蒙思想家的市民社会理论研究》（2009）、张正萍的《苏格兰启蒙美学思想探究——超越感性与理性》（2009）、杨芳的《“商业社会”的建构——亚当·斯密启蒙思想研究》（2007）、周保巍的《走向“文明”：休谟启蒙思想研究》（2004）。期刊论文数量也不少，其中一些发表在高水平的杂志上，如蒋政的《苏格兰启蒙初期自然法体系的演变：从普芬道夫到卡迈克尔再到哈奇森》（《哲学研究》2018 年第 5 期）。正式出版的以“苏格兰启蒙运动”为题的著作，除上文提到一本史学著作，似乎尚无专著。但近年来，与哈奇森、休谟、斯密有关的研究性著作有几十种，如汪沛、武阳的《“斯密问题”的法理学解释》（武汉大学出版社，2018），刘隽的《理性与情感：休谟道德哲学思想研究》（首都经济贸易大学出版社，2018），魏佳的《贸易与政治：解读休谟的〈英国史〉》（复旦大学出版社，2018），张正萍的《激情与财富：休谟的人性科学与其政治经济学》（浙江大学出版社，2018），康子兴的《社会的“立法者科学”：亚当·斯密政治哲学研究》（上海三联书店，2017），张亚萍的《亚当·斯密修辞学思想研究》（浙江大学出版社，2017），吴红列的《作为自然法理学的古典政治经济学——从哈奇森、休谟到亚当·斯密》（中国社会科学出版社，2017），李家莲的《道德的情感之源：弗朗西斯·哈奇森道德情感思想研究》（浙江大学出版社，2012）等。

这些研究的共同之处，是主动将 18 世纪苏格兰人的思想置于整个启蒙运动的背景中进行考察，不再只是将斯密当作经济学家、把休谟当作单纯的哲学家。而且，研究苏格兰启蒙运动的中国学者用英语发表论文的数量开始上升。这是 2000 年以来汉语学界苏格兰启蒙运动研究的良好趋势。自 2009 年以来，浙江大学连续主持召开了苏格兰启蒙运动学术研讨会，并将论文结集成两本文集，即罗卫东、陈正国主编的《启蒙及其限制》（浙江大学出版社，2012）、罗卫东、渠敬东主编的《商业与正义》（浙江大学出版社，2016）。浙江大学出版社和其他出版社也在积极推动这一领域的研究。不足之处仍然存在，与上述研究综述相比，我们甚少关注科学和医学，甚少关注托马斯·里德，几乎没有关注 18 世纪苏格兰著作的阅读史。这些都有待进一步研究。

本文简要介绍了 2000 年以来某些领域的代表性著作，对于已发表的论文、未发表的博士学位论文没有提及。即使一些已经出版的著作中的新观点、新思想，本文也无法一一提及，因为那些著作或是属于已有领域的成果，如亚历山大·布罗迪强调苏格兰原发性的启蒙运动著作《苏格兰哲学的传统》《苏格兰哲学史》[①]；或是范围宽广的文集，如阿伦·加利特（Aaron Garrett）和詹姆斯·哈里斯（James A. Harris）主编的文集《18 世纪的苏格兰哲学：道德、政治、艺术和宗教》[②]；或虽然属于苏格兰启蒙运动研究范畴，但只是单个苏格兰人的思想研究，如安德里斯·拉马丁（Andreas Rahmatian）的《凯姆斯勋爵：法学和社会理论家》[③]；或是笔者阅读有限，未能及时关注。笔者深知，苏格兰启蒙运动的这一研究综述势必会挂一漏万，唯祈为读者提供一星半点有用的学术信息。

（作者系浙江大学历史系副教授，主要研究方向为苏格兰启蒙运动、西方近代思想史。）

---

① Alexander Broadie, *The Tradition of Scottish Philosophy*: *A New Perspective on the Enlightenment*, Edinburgh: John Donald, 2011; *The Scottish Enlightenment*: *The Historical Age of the Historical Nation*, Edinburgh: Birlinn Ltd., 2007.

② Thomas Ahnert and Susan Manning, *Character*, *Self*, *and Sociability in the Scottish Enlightenment*, New York, Basingstoke: Palgrave Macmillan, 2011; Aaron Garrett and James A. Harris (eds.), *Scottish Philosophy in the Eighteenth Century*, *Volume 1*, *Morals*, *Politics*, *Art*, *Religion*, Oxford: OUP, 2015; Ralph McLean, Ronnie Young, and Kenneth Simpson (eds.), *The Scottish Enlightenment and Literary Culture*, Lewisburg, Pennsylvania: Bucknell University Press, 2016.

③ Andreas Rahmatian, *Lord Kames*: *Legal and Social Theorist*, Edinburgh: EUP, 2015.

国内欧洲中世纪与
近代经济社会史研究综述（2016~2018）

柴 彬 于润泽

【摘要】 2016~2018 年，国内的欧洲经济社会史研究升温，关注热点集中于经济社会转型、社会群体、"三农"问题、工人与劳资关系、城市与市民、工业革命与环境问题等，相关成果较为丰富。但目前尚需解决研究国别不平衡、学者理论素养不足与研究方法有待优化等短板问题。

【关键词】 国内史学界 中世纪与近代 欧洲经济社会史

经济社会史研究在我国方兴未艾，这一新兴研究方向因研究视角新颖、关注民生、贴近大众，以及对历史解释范式的拓宽，而逐渐受到欧洲中世纪与近代史学界的关注和借鉴。经济社会史属于跨学科研究，注重经济史和社会史的有机结合，强调整体性。经济社会史研究对象非常宽泛，"从日常生活到制度、到观念无不在其视野内"，"而诸种因素的纽带则是社会上的人及其社会活动"。[1] 经济社会史研究普遍关注下层群众的生活，致力于"书写人民大众的历史"。[2] 国内学者在研究欧洲中世纪与近代历史的过程中，越来越多地尝试运用经济社会史的研究视角和方法，试图对传统的历史命题重新挖掘和解释。笔者拟梳理 2016~2018 年国内欧洲中世纪与近代史学界关于欧洲经济社会史的研究状况，并尝试进行评述，错谬之处，望乞指正。

---

[1] 侯建新：《从非经济因素看西欧与中国的社会转型——兼议经济—社会史学科的引进》，瞿林东主编《史学理论与史学史学刊（2003 年卷）》，社会科学文献出版社，2003，第 62 页。

[2] 俞金尧：《书写人民大众的历史：社会史学的研究传统及其范式转换》，《中国社会科学》2011 年第 3 期。

一 经济社会转型问题

关于这一时期的宏观经济社会走向问题，可以用"转型"一词来概括国内学界对此的总体认识。学者们的研究首先从探究欧洲中世纪以来市场体制及治理体系的形成问题入手，代表性成果如徐浩的《西欧工业化的中世纪起源》[①] 与《论中世纪西欧市场治理的法治化进程》[②]、何平的《全球化1.0时期英国的全球治理》[③]、李新宽的《英国市场经济体制的形成》[④]。值得重视的是，徐浩的专著《中世纪西欧工商业研究》[⑤] 以"城市化水平""货币与货币化""市场治理""工业化起源"等为研究专题，体现了一种将中世纪早期后半段与中世纪中晚期、中世纪与早期现代贯通起来而非二元对立的新中世纪观。而王亚平的《西欧中世纪社会等级的演变》[⑥] 则以西欧中世纪早期单一的经济结构为切入点，分析三个等级概念提出的历史原因；并以中世纪三次大拓荒运动为主线，阐析三个等级在社会生产力水平提升以及社会经济结构演变的过程中发生的变化。赵秀荣的《近代早期英国社会史研究》[⑦] 全面详尽地介绍了近代早期英国的经济、政治与社会状况，并对新兴社会史诸领域（自杀、疯癫、医疗与疾病、教育、妇女、巫术等）着墨颇多。而胡玲的《近代英国中产阶级的形成》[⑧] 则以光荣革命为起点，从政治、经济、社会方面再现了英国中产阶级渐至成熟的近代历史进程。

学者们进而逐步揭示该时期欧洲经济社会日益呈现的"转型化"趋势，如张乃和的《近代英国文明转型与公司制度创新》[⑨]，考察了英国近代文明进程转向与其经济领域公司制度变革间的密切联系；施诚的《早期近

① 徐浩：《西欧工业化的中世纪起源》，《历史研究》2017年第1期。
② 徐浩：《论中世纪西欧市场治理的法治化进程》，《经济社会史评论》2016年第4期。
③ 何平：《全球化1.0时期英国的全球治理》，《经济社会史评论》2017年第1期。
④ 李新宽：《英国市场经济体制的形成》，《经济社会史评论》2017年第1期。
⑤ 徐浩：《中世纪西欧工商业研究》，生活·读书·新知三联书店，2018。
⑥ 王亚平：《西欧中世纪社会等级的演变》，人民出版社，2018。
⑦ 赵秀荣：《近代早期英国社会史研究》，中国社会科学出版社，2018。
⑧ 胡玲：《近代英国中产阶级的形成》，上海三联书店，2017。
⑨ 张乃和：《近代英国文明转型与公司制度创新》，《史学集刊》2018年第4期。

代世界贸易的主要商品及财富流向》①，聚焦于该时期世界贸易"转型"的问题；巴斯·凡·巴维尔的《路径依赖：经济社会史视野中的制度变迁》②，观察了该时期制度变迁的命题；裴广强的《近代以来西方主要国家能源转型的历程考察——以英荷美德四国为中心》③，关注了该时期能源利用"转型"的问题；等等。

中世纪与近代，经济社会结构转型造成的巨大变动引起了人们思想观念和对客观世界认知体系的转变。国内学者多从人们对经济概念（如财产权、借贷、税收、消费等）认知的角度入手进行研究。如侯建新的《思想和话语的积淀：近代以前西欧财产观的嬗变》④、黄艳红的《革命话语与概念的初现：法国旧制度末期关于税收特权问题的论辩》⑤、李新宽的《18世纪英国奢侈消费大讨论》⑥、刘招静的《交换、正义与高利贷：托马斯·阿奎那的经济伦理观》⑦、刘程的《中世纪欧洲"汉萨"等概念辨析》⑧、唐科的《近代早期英国有息借贷观念的嬗变》⑨、魏静的《中古盛期英国历史语境中的"市场"概念》⑩ 等。这些成果从不同角度揭示，随着经济社会的推动和发展，人们对产权、消费的观念和看法慢慢发生了变化，从中世纪的相对保守封闭逐步趋于开放包容，以顺应资本主义发展的时代趋势。

中世纪与近代亦是欧洲范围内消费领域发生革命性变革的重要时期，国内学界积极尝试从微观消费经济的视角探讨其与宏观经济发展进程的联

① 施诚：《早期近代世界贸易的主要商品及财富流向》，《史学集刊》2016 年第 2 期。
② 〔荷〕巴斯·凡·巴维尔著、金万锋译《路径依赖：经济社会史视野中的制度变迁》，《经济社会史评论》2016 年第 1 期。
③ 裴广强：《近代以来西方主要国家能源转型的历程考察——以英荷美德四国为中心》，《史学集刊》2017 年第 4 期。
④ 侯建新：《思想和话语的积淀：近代以前西欧财产观的嬗变》，《世界历史》2016 年第 1 期。
⑤ 黄艳红：《革命话语与概念的初现：法国旧制度末期关于税收特权问题的论辩》，《世界历史》2017 年第 6 期。
⑥ 李新宽：《18 世纪英国奢侈消费大讨论》，《世界历史》2016 年第 6 期。
⑦ 刘招静：《交换、正义与高利贷：托马斯·阿奎那的经济伦理观》，《历史研究》2016 年第 6 期。
⑧ 刘程：《中世纪欧洲"汉萨"等概念辨析》，《经济社会史评论》2016 年第 2 期。
⑨ 唐科：《近代早期英国有息借贷观念的嬗变》，《世界历史》2016 年第 3 期。
⑩ 魏静：《中古盛期英国历史语境中的"市场"概念》，《史学月刊》2017 年第 4 期。

系，以求见微知著，获取新认识。服饰消费、棉纺织工业、房产市场、艺术市场、煤炭工业这些与民众消费密切相关的领域都成为研究对象。①

二 社会群体问题

经济社会史研究要求"眼睛向下看"，关注下层民众，因而国内某些学者将目光转向了欧洲历史上常常被有意无意忽略或"屏蔽"的犹太人、穷人、童工、大学师生及报人等群体。

关于犹太人研究，学者们主要关注了犹太人与欧洲经济社会发展的关系等问题。著名德国经济学家及社会学家桑巴特的名著《犹太人与现代资本主义》②中译本 2016 年出版，该书"第一次比较系统地探讨了现代资本主义崛起过程中的犹太因素"，认为犹太宗教伦理与社会生活方式孕育着资本主义精神，而对这一"桑巴特命题"学界尚颇有争议。莫玉梅的专著《中世纪英国犹太人研究 1066~1290 年》③，综合分析了中世纪英国犹太社团、犹太借贷业、犹太人与英国教会的复杂关系、1275 年犹太法令与犹太人受到驱逐的遭遇、犹太人与中世纪英国社会变迁等话题，学术价值较高。另外艾仁贵的文章《港口犹太人对近代早期跨大西洋贸易的参与》④，分析了以塞法尔迪人为主的港口犹太人对近代早期跨大西洋贸易的贡献及参与世界范围的贸易活动对其群体本身的影响。

关于济贫与慈善问题，学者们主要探讨了政府为维护社会稳定，针对济贫采取的相关政策措施。如赵文洪的《中世纪英国公地共同体与穷人》⑤，探讨了公地共同体中公共地和公共权利对于穷人的巨大救济作用，

---

① 王洪斌：《18 世纪英国服饰消费与社会变迁》，《世界历史》2016 年第 6 期；杨松、马瑞映：《内驱与统合：英国棉纺织工业的发展及对全球体系的影响》，《世界历史》2018 年第 3 期；姜启舟：《中世纪英格兰城镇房产市场的产权分析》，《经济社会史评论》2018 年第 1 期；张松韬：《17 世纪英格兰艺术市场的形成》，《经济社会史评论》2017 年第 4 期；张广翔、邓沛勇：《19 世纪下半期至 20 世纪初俄国煤炭工业的发展》，《史学月刊》2016 年第 4 期。

② 〔德〕桑巴特：《犹太人与现代资本主义》，艾仁贵译，上海三联书店，2015。

③ 莫玉梅：《中世纪英国犹太人研究 1066~1290 年》，人民出版社，2016。

④ 艾仁贵：《港口犹太人对近代早期跨大西洋贸易的参与》，《世界历史》2017 年第 4 期。

⑤ 赵文洪：《中世纪英国公地共同体与穷人》，《安徽史学》2016 年第 1 期。

高度评价了公地制度救助穷人的社会功能。初庆东的《近代早期英国治安法官的济贫实践》① 指出，到 17 世纪初，英国已建立一整套济贫法体系，并授权治安法官监督教区开展济贫实践。张峰的《浅议英国都铎时期的感化院》②、莫磊的《自救与互助：托马斯·查尔莫斯的济贫思想》③ 等文章也值得参考。

此外，童工问题亦开始受到关注。如张嘉瑶的《19 世纪英国针对工厂童工的立法及实施效果》④、刘静茹的《19 世纪英国的工厂学校与童工教育》⑤，分别考察了童工的工作状态问题和受教育问题，认为经过 19 世纪中期立法改革，童工的工作和受教育环境得到了一定程度的改善。

关于这一时期大学师生这类特殊群体问题，学者有进行微观而深入的研究。徐善伟、仇杨的文章⑥指出，中世纪大学师生的"普遍贫困"与大学自身资金的匮乏催生了贷款基金的出现，并考察了其运行和管理模式。邓磊、杨甜翻译了《中世纪英国大学生活》⑦。该书探讨了中世纪英国大学与本地市民的关系，英国大学的管理体制、学术生活及其对各种娱乐消遣的压制等问题。而周敏娟的《法国大学校早期发展研究》⑧，则回顾了法国波旁王朝后期到拿破仑执政时期的大学发展史，认为大学根据社会经济发展的需要所做的适应性调整促进了法国"双轨制"高等教育制度的形成和发展。

最后，学者还将该时期的某些专业人群纳入考察视野。如张英明探讨了 17 世纪末 18 世纪初英国报人群体的问题，他认为，随着工业革命的开展，英国报人群体的经济、社会地位得以逐渐提高。⑨

---

① 初庆东：《近代早期英国治安法官的济贫实践》，《世界历史》2017 年第 3 期。
② 张峰：《浅议英国都铎时期的感化院》，《经济社会史评论》2017 年第 4 期。
③ 莫磊：《自救与互助：托马斯·查尔莫斯的济贫思想》，《史学月刊》2017 年第 7 期。
④ 张嘉瑶：《19 世纪英国针对工厂童工的立法及实施效果》，《经济社会史评论》2018 年第 2 期。
⑤ 刘静茹：《19 世纪英国的工厂学校与童工教育》，《经济社会史评论》2018 年第 2 期。
⑥ 徐善伟、仇杨：《贷款基金的设立与中世纪牛津大学师生的抵押借贷》，《历史研究》2018 年第 3 期。
⑦ 〔英〕艾伦·B. 科班：《中世纪英国大学生活》，邓磊、杨甜译，重庆大学出版社，2017。
⑧ 周敏娟：《法国大学校早期发展研究》，博士学位论文，河北大学，2017。
⑨ 张英明：《"格拉布街文人"到"第四等级"——工业革命前后伦敦报人群体透视》，《史林》2018 年第 2 期。

三 农民、农村与农业问题

关于这一时期欧洲的农民、农村与农业问题（简称"三农"问题）研究，农村土地制度是国内学界传统的研究重点。如安德罗·林克雷特在《世界土地所有制变迁史》①一书中指出，工业革命使土地私有产权观念发展，促进了市场经济与个人自由的发展。高麦爱和郭爱民关注了英国工业化时期的土地流转问题。高麦爱认为随着土地贵族经济、政治权势的增加和对经济利益的追逐，土地的集中与转型不可避免②；郭爱民则指出："在工业化时期的英国，在市场经济背景下，土地血亲传承是大地产形成的重要原因。"③许志强和陈立军关注了近代早期英国农民的拾穗权纷争，这一传统惯例与土地私有化产生的矛盾终因地方法庭对农场主和农民矛盾的调解以及农业现代化进程而逐渐消解。④此外，英国公簿租地农、中世纪领主与农民的收入变化、俄国农奴制、圈地运动前的农村经济、富裕农民群体、近代以来农业经济结构的转型等问题也受到学者们的广泛关注。

随着近代乡村改造和现代化进程的推动，乡村旅游业于 20 世纪在欧洲各国广泛兴起，其发展道路各具特色。熊芳芳的《重返乡村：法国普罗旺斯地区休闲旅游业的发展》⑤、刘丹青的《英国：乡村旅游业的先行者》⑥、刘涛的《荷兰赞德福特的"无烟工业化"及其启示》⑦、黄肖昱和沈辰成

① 〔英〕安德罗·林克雷特：《世界土地所有制变迁史》，启蒙编译所译，上海社会科学院出版社，2016。
② 高麦爱：《18~19 世纪中叶英国土地流转的特点——以科克家族的地产经营为中心的考察》，《史学月刊》2016 年第 10 期。
③ 郭爱民：《工业化时期英国的血亲关系与土地流动》，《世界历史》2016 年第 1 期。
④ 许志强：《惯例、法律与乡村秩序——以十八九世纪英国拾穗诉争为中心》，《世界历史》2018 年第 2 期；陈立军：《惯例权利与私有产权的博弈——近代早期英国拾穗权之争》，《经济社会史评论》2018 年第 2 期。
⑤ 熊芳芳：《重返乡村：法国普罗旺斯地区休闲旅游业的发展》，《经济社会史评论》2018 年第 2 期。
⑥ 刘丹青：《英国：乡村旅游业的先行者》，《经济社会史评论》2018 年第 2 期。
⑦ 刘涛：《荷兰赞德福特的"无烟工业化"及其启示》，《经济社会史评论》2018 年第 2 期，

的《德、奥两国合作开发阿尔卑斯山区旅游》① 进行了初步探索。

中世纪英国的交通发展状况问题以往史学界很少关注，沈琦的相关研究在一定意义上有补白之功。其系列论文与专著② 重点关注了中世纪以来英国交通效率的提高、治理体系的完善及其对城镇化、乡村经济以及贸易结构的影响。

四　工人与劳资关系问题

关于该时期的工人与劳资关系问题，学者们主要关注了英、俄两国。对英国劳资关系的研究多与司法问题结合进行考察，主要探讨了工人、雇主与政府的关系，总体认为经过劳资争议与集体谈判，劳资关系有所缓和，劳工立法逐渐完善，其代表性成果有刘金源的《近代英国劳资争议仲裁制的兴起》③、《从对抗到合作：近代英国集体谈判制的兴起》④ 和《19 世纪英国集体谈判制兴起原因述论》⑤，许明杰的《封建危机与秩序重建——从劳工法看中世纪晚期英国社会与政治的互动》⑥，王超华的《工资谈判与英国雇工的"黄金时代"》⑦，宋晓东的《英国工人阶级与第二次议会改革》⑧ 等。而从俄国近代劳方、资方与政府关系来看，其紧张关系没有得到根本性缓和。相关成果如 C.B. 格拉祖诺夫的《近代俄国政府对罢工事件的处

①　黄肖昱、沈辰成：《德、奥两国合作开发阿尔卑斯山区旅游》，《经济社会史评论》2018年第 2 期。

②　沈琦：《教区、收费信托与近代英国道路治理体系变革》，《历史研究》2017 年第 3 期；《英国城镇化中的交通因素》，《经济社会史评论》2017 年第 2 期；沈琦：《中世纪英格兰道路网的形成和维护》，《华中师范大学学报》（人文社会科学版）2012 年第 5 期；沈琦：《论中世纪英格兰庄园的运输役》，《史学集刊》2011 年第 3 期；沈琦：《中世纪英格兰的"交通革命"》，《中国社会科学报》2013 年 2 月 6 日，第 5 版；沈琦：《中世纪英国交通史稿（1150—1500）》，武汉大学出版社，2018。

③　刘金源：《近代英国劳资争议仲裁制的兴起》，《世界历史》2016 年第 2 期。

④　刘金源：《从对抗到合作：近代英国集体谈判制的兴起》，《史学集刊》2017 年第 5 期。

⑤　刘金源：《19 世纪英国集体谈判制兴起原因述论》，《安徽史学》2017 年第 4 期。

⑥　许明杰：《封建危机与秩序重建——从劳工法看中世纪晚期英国社会与政治的互动》，《世界历史》2017 年第 4 期。

⑦　王超华：《工资谈判与英国雇工的"黄金时代"》，《经济社会史评论》2017 年第 3 期。

⑧　宋晓东：《英国工人阶级与第二次议会改革》，《史学集刊》2016 年第 5 期。

理——以库谢夫联合工厂的罢工为例》① 等。徐浩的《中世纪西欧工资劳动市场再探——以产生时间和原因为中心》② 一文考察了中世纪西欧工资劳动市场的产生时间和原因。张欣蕊的硕士学位论文③则探讨了中古晚期英格兰劳动阶层女性职业问题。

五 城市与市民问题

关于该时期的城市及市民阶层问题，学者们主要关注了欧洲（尤其是英国）农村与城市的关系、城市化水平、市民阶层与城市自治权斗争等议题。主要成果有刘景华的《中世纪西欧城市与城乡关系的转型》④、谷延方的《中世纪盛期英国城市化水平研究述评》⑤、张佳生的《中世纪后期英国城市自由的实现及其制约》⑥ 等。而张广翔所译的俄罗斯学者利·瓦·科什曼的专著《19 世纪的俄国：城市化与社会生活》⑦，则综合分析了俄国 19 世纪的城市化进程，有助于我们了解俄国史中常常被忽略的市民阶层，该阶层作为俄国城市的重要组成部分，其生活方式、职业活动、受教育水平等是衡量俄国城市发展规模、经济状况和文化水平的重要标志。

六 工业革命与环境问题

近代以来如火如荼的工业革命，不仅深刻改变了欧洲国家的经济面貌，也在很大程度上重新塑造了环境生态，带来了诸多环境问题和危机。

---

① 〔俄〕C.B. 格拉祖诺夫著、张广翔、安岩译《近代俄国政府对罢工事件的处理——以库谢夫联合工厂的罢工为例》，《经济社会史评论》2016 年第 2 期。

② 徐浩：《中世纪西欧工资劳动市场再探——以产生时间和原因为中心》，《世界历史》2016 年第 4 期。

③ 张欣蕊：《中古晚期英格兰劳动阶层女性职业问题研究》，硕士学位论文，哈尔滨师范大学，2017。

④ 刘景华：《中世纪西欧城市与城乡关系的转型》，《世界历史》2017 年第 6 期。

⑤ 谷延方：《中世纪盛期英国城市化水平研究述评》，《世界历史》2018 年第 4 期。

⑥ 张佳生：《中世纪后期英国城市自由的实现及其制约》，《经济社会史评论》2016 年第 1 期。

⑦ 〔俄〕利·瓦·科什曼：《19 世纪的俄国：城市化与社会生活》，张广翔、邓沛勇译，社会科学文献出版社，2018。

国内学界以此为主题展开了研究和反思。陆伟芳在《19 世纪英国人对伦敦烟雾的认知与态度探析》① 一文中指出，普通民众对"伦敦烟雾"的认知经历了无害（仅仅是感官不适）到有害的转变。澳大利亚学者彼得·布林布尔科姆的专著《大雾霾：中世纪以来的伦敦空气污染史》②，则追溯了"雾都"伦敦的空气污染史以及在不断变化的社会和经济背景下空气污染的治理史。高麦爱的《燃煤使用与伦敦雾形成的历史渊源探究》③ 认为，伦敦雾的形成，除地理、气候条件之外，主要与伦敦人口规模快速扩大和工业化迅速推进密切相关。此外，肖晓丹的《法国城市工业污染管制模式溯源（1810—1850）》④，分析了以 1810 年法令为代表的根据工厂危害环境的程度所建立起的一整套工业设施分级体系和相应的行政许可制度及其局限性。

七　对国外相关成果的译介

国内学界高度关注国外欧洲中世纪与近代经济社会史研究动态，相关领域的不少海外名著陆续被翻译出版，为该领域的深入研究奠定了基础。如马克斯·韦伯（Max Weber）的名著《社会经济史》⑤ 宏观考察了从原始的家族式农业组织形态到庄园制，再到前资本主义、近代资本主义等各个时期的经济形态，认为资本主义之所以发生在西方，除了地中海优越的地理因素外，资本主义精神是其中的决定性因素。而彼楞（Henri Pirenne）的《中古欧洲社会经济史》⑥，则力求复原 11～15 世纪欧洲经济及社会的变迁历程，主要以经济诸领域（商业、都市、土地与乡村阶级、国际贸易、工业管理）为主线。亚塔尔·葆尼（M. A. Birnie）的《近世欧洲经济

① 陆伟芳：《19 世纪英国人对伦敦烟雾的认知与态度探析》，《世界历史》2016 年第 5 期。
② 〔澳〕彼得·布林布尔科姆：《大雾霾：中世纪以来的伦敦空气污染史》，启蒙编译所译，上海社会科学院出版社，2016。
③ 高麦爱：《燃煤使用与伦敦雾形成的历史渊源探究》，《史学集刊》2018 年第 5 期。
④ 肖晓丹：《法国城市工业污染管制模式溯源（1810—1850）》，《世界历史》2017 年第 2 期。
⑤ 〔德〕马克斯·韦伯：《社会经济史》，郑太朴译，河南人民出版社，2017。
⑥ 〔比〕彼楞：《中古欧洲社会经济史》，胡伊默译，上海社会科学院出版社，2016。

史》①聚焦于18世纪末以来的英、德、法三国的经济发展史，重点关注了工、农、商、交通、货币银行、劳工运动、合作运动、社会经济立法等领域。累那尔（G. Renard）与乌儿累斯（G. Weulersse）的《现代欧洲社会经济史》②则以国别为研究单位，描述了15世纪后半期至18世纪末欧洲经济及社会的变迁。托马斯·埃特曼（Thomas Ertman）的《利维坦的诞生：中世纪及现代早期欧洲的国家与政权建设》③，探讨了在地缘政治压力增强、市场持续扩张、城市化以及社会和宗教剧变背景下欧洲大陆国家面临的统治危机。彭慕兰（Kenneth Pomeranz）和史蒂文·托皮克（Steven Topik）的《贸易打造的世界：1400年至今的社会、文化与世界经济》④，有选择地将市场、商品、运输、暴力等与贸易相关且连接着人类历史发展的重要节点一一予以展现，重点突出了欧洲以外国家对世界经济发展的贡献。而扬·卢滕·范赞登（Jan Luiten van Zanden）的《通往工业革命的漫长道路：全球视野下的欧洲经济1000—1800年》⑤，则以缜密的论证致力于将工业革命的缘起追溯到中世纪，颇具启发意义。诺拉斯（L. C. A. Knowles）的《英国产业革命史论》⑥关注了英国工业革命的缘起、过程以及由此而来的商业革命、交通革命、农业革命等命题，分析了当时英国主导性工商业政策的诸多特征。最后，小林正良的《俄国社会经济史》⑦，则通过古代奴隶制社会构成、农奴制社会构成、资本制社会构成和新社会构成的四段式考察，全面反映了俄国社会经济变迁的历史。

---

① 〔英〕亚塔尔·葆尼：《近世欧洲经济史》，沈光沛、李宗文译，上海社会科学院出版社，2016。
② 〔法〕G. 累那尔、G. 乌儿累斯：《现代欧洲社会经济史》，宋衡之译，河南人民出版社，2018。
③ 〔美〕托马斯·埃特曼：《利维坦的诞生：中世纪及现代早期欧洲的国家与政权建设》，郭台辉译，上海人民出版社，2016。
④ 〔美〕彭慕兰、史蒂文·托皮克：《贸易打造的世界：1400年至今的社会、文化与世界经济》，黄中宪、吴莉苇译，上海人民出版社，2018。
⑤ 〔荷〕扬·卢滕·范赞登：《通往工业革命的漫长道路：全球视野下的欧洲经济1000—1800年》，隋福民译，浙江大学出版社，2016。
⑥ 〔英〕诺拉斯：《英国产业革命史论》，张格伟译，上海社会科学院出版社，2016。
⑦ 〔日〕小林正良：《俄国社会经济史》，顾志坚译，河南人民出版社，2018。

八　结语

近年来，国内欧洲中世纪与近代经济社会史方面研究成果日益丰富，研究内容趋于多元化，研究视角逐渐深入社会经济生活的许多微观领域。值得注意的是，由天津师范大学主办的期刊《经济社会史评论》已成为国内发表欧洲经济社会史相关成果的主要平台，它自 2005 年创办以来发表了近 400 篇专题文章。但我们也要看到，经济社会史研究在我国起步较晚，目前仍存在若干明显的短板。从国别研究来看，英国和俄国研究占了绝大多数，鲜有以整个欧洲为研究单元的综合性论著。同时，相关成果中不少仍停留在描述考据阶段，学者理论概括能力有待提升，研究方法有待不断优化。

（柴彬系上海大学文学院教授，主要研究方向为英国史。于润泽系上海大学文学院历史系硕士研究生，主要研究方向为英国史。）

美国史数据库资源查找与使用[*]

姚百慧

【摘要】 在美国史研究领域，已有数量庞大、国内可资利用的全文数据库。平台类的数据库可以让我们了解某些数据库总体开发情况。这些平台，既包括万维网虚拟图书馆、美国国会图书馆等公开的网络资源，也包括 AMD、Readex、Gale、ProQuest、Hein、EBSCO 等商业公司开发的系列数据库。进行专题研究，则需要搜集、整理专题类数据库。本文以战后美国外交史为例，分类分表整理了 20 余种数据库资源。在美国史数据库资源的利用上，一要注意数据库资料来源和开发机构，以判断其所收录资料的权威性；二要注意数据形式和原实体之间的关系，看两者之间是如何转换的；三要注意数据库来源的扩展，不能只限定于数据"主要源自美国"或"主要反映美国历史"。

【关键词】 美国史数据库　战后美国外交史　史料学

在国内的国别史研究领域，美国史研究从人员、成果等方面来说，是比较强大的一个分支。这种现象的形成有多种因素，在笔者看来，其中一个因素是美国史相关的数据库资源丰富。本文尝试对这些数据库做一简要介绍，并就其利用谈一些自己的体会。本文讨论的"美国史"数据库，指其收录文献主要源自美国（国家、组织、个人），或者内容主要反映美国历史。但即便如此限定，美国史数据库数量仍异常庞大。本文的讨论范围主要限于如下类型：国内可资利用的商业数据库（主要以北京大学、国家图书馆馆藏为来源）以及免费的网络资源；收录主要为

---

* 本文为国家社科基金重点项目"围绕中法建交的国际关系史研究"（19ASS009）的阶段性成果。

全文，而非目录。

一 门户网站与数据库平台

在进行某个专题性的数据库搜集之前，一般而言，我们可先了解能反映较大范围美国历史面貌的门户网站和数据库平台，从而让我们掌握某些数据库总体开发情况。在笔者看来，利用美国史数据库，如下平台可供参考①。

1. 万维网虚拟图书馆-美国史（WWW-VL：HISTORY：UNITED STATES)②

该网站最初由堪萨斯大学的林恩·纳尔逊（Lynn Nelson）维护，后改由乔治·劳黑德（George Laughead）维护。网站核心内容分六大板块："研究工具"（Research Tools）、"研究助手"（Research Aids）、"美国历史学会"（USA History Associations and Societies）、"美国博物馆、历史景点和历史留存"（US Museums，Historic Sites & Historic Preservation）、"美国历史-按主题分类"（United States Historical Topics）、"美国历史-按时间分类"（United States History Chronological Periods）。每一板块下，再细分若干类目，如"美国历史-按主题分类"下，有非裔美国人史、农业史、西部、垮掉的一代及其文献、冷战、人口统计、经济史、环境史、种族研究、族谱资源、生育研究、网络史、劳工史、海洋史、军事史、民粹主义、激进主义和改革、奴隶制、城市史、芝加哥、纽约城、旧西堪萨斯、风力、妇女史、一战史、一战资源中心、二战医护阵线、二战史等约30个主题。

这个网站最主要的作用是提供相关研究信息和资源链接，虽然有一些网址已经失效，但总体仍不失为入门时的参考。比如，研究工具板块下的"地图"（Maps)③，就有大量的地图信息。④

---

① 限于篇幅，每一平台仅挑选一种子库介绍。

② http：//vlib. iue. it/history/USA/. 如无特殊说明，本文数字资源的调研时间截止日期均为2019 年 4 月 17 日。

③ http：//www. vlib. us/history/maps. html.

④ 如"Collections"下第 1 个链接为得克萨斯大学的 Perry-Castañeda Collection，该库就有 5 万幅包括历史地图在内的各种地图，https：//legacy. lib. utexas. edu/maps/。

2. 美国国会图书馆"数字化收藏"（Digital Collections）①

在美国的众多大学和机构中，都有"数字化收藏"项目，但美国国会图书馆的"数字化收藏"，因馆藏美国史资源丰富，尤其值得关注。该收藏共 346 个子库，每个子库收录 6 项（Items）②到 1829500 项不等。这些子库中若干个，之前曾经集合在一起，叫作"美国记忆"（American Memory）。原始载体形式包括图书、期刊、手稿、音视频资料（照片、地图、音频、视频等）。这些子库包含 222 个主题，涉及美国历史上的重大事件，如美国革命、大陆会议和制宪会议、内战、美西战争、一战、二战、越战、"9·11"事件、2003 年伊拉克战争、2009 年阿富汗战争；涉及美国社会生活的方方面面，如音乐、电影、舞蹈、建筑和景观、城镇、环保、科技、文学、宗教、体育、大众娱乐、语言、广告、奴隶制、民权运动、移民、美洲土著。绝大部分主题为美国的历史与文化，少量关于其他国家，如"中国善本数字收藏"（The Chinese Rare Book Digital Collection），收录了国会图书馆亚洲部近 2000 本中国图书。

这些数量庞大、主题丰富的数据库，是研究美国史的宝库。如其中的美国总统文件各子库。在美国第 39 任总统卡特之前，所有的总统都认为总统档案是其个人财产，应由总统及其家属保管与处理。这就不断引发历史研究人员需要查看总统档案与总统及其家属极力封闭资料之间的矛盾，也造成大量文件因管理不善而散失。③ 为了扭转这种情况，从 19 世纪后期开始，美国国务院、国会图书馆搜集了从华盛顿到柯立芝共计 23 位总统的文件材料，仅手稿就有 200 多万件，从而拯救了一大批珍贵档案。其中，从华盛顿到威尔逊 17 位总统④的档案已被数字化。

---

① https：//www.loc.gov/collections/.
② 一项可能是一本杂志、一本书、一个网页、一份档案等。
③ 参见刘静一《漫谈美国的总统图书馆及其档案文件的归属》,《浙江档案》1998 年第 7 期。1978 年，美国国会通过《1978 年总统文件法》，规定自 1981 年 1 月 20 日起，总统任内履行公务形成的文件自动成为美国政府的资产，总统离职后这些文件要交国家档案馆保管，直到相应的总统图书馆建立。这样就改变了总统文件的私有性质，从而更有利于这些文件的保护与公开。
④ 17 位总统分别是华盛顿、杰斐逊、麦迪逊、门罗、杰克逊、范布伦、威廉·哈里森、约翰·泰勒、波尔克、菲尔莫尔、皮尔斯、布坎南、林肯、格兰特、麦金莱、西奥多·罗斯福、威尔逊。

3. AMD 历史与文化珍稀史料数据库集成

AMD 历史与文化珍稀史料数据库集成由英国亚当·马修数字公司（Adam Matthew Digital，AMD）推出，共包含 60 多个数据库，内容涉及世界各国历史、政治、文化与文学等研究范畴，包含档案、手稿等珍稀史料。该集成包含六个研究区域与主题：亚洲与太平洋地区研究，北美与拉美研究，欧洲与非洲殖民研究，文学、戏剧与艺术史，文化、社会生活与商业，移民、迁徙与种族研究，其中，分布在该数据库集成中的美国史数据库主要分布在北美与拉美研究的研究区域与主题，但在其他研究区域与主题中也有一部分，总计 18 个（见表 1）。

表 1　AMD 历史与文化珍稀史料数据库集成中的美国史数据库

序号	数据库标题	数据库标题（译文）
1	American History, 1493-1859	美国历史, 1493~1859
2	Colonial America, 1606-1822	殖民地时期的美洲, 1606~1822
3	Confidential Print: North America, 1824-1961	英国外交部机密印刷件:北美, 1824~1961
4	The Nixon Years, 1969-1974	尼克松年代, 1969~1974
5	Everyday Life and Women in America, c1800-1920	美国妇女及日常生活, 1800~1920
6	Trade Catalogues and the American Home	美国的家庭生活、休闲与物质文化
7	Popular Culture in Britain and America, 1950-1975	英美大众文化, 1950~1975
8	J. Walter Thompson	智威汤逊：美国的广告
9	Market Research and American Business, 1935-1965	市场调研与美国商业, 1935~1965
10	Popular Medicine in America, 1800-1900	美国大众医学, 1800~1900
11	Race Relations in America	美国的种族关系与民权运动
12	Slavery, Abolition and Social Justice, 1490-2007	奴隶、奴隶制废除与社会公平, 1490~2007
13	African American Communities, 1863-1986	非裔美国人社会, 1863~1986
14	Jewish Life in America, c1654-1954	美国的犹太人生活, 1654~1954
15	American Indian Histories and Cultures	美洲印第安人历史与文化
16	American Indian Newspapers, 1826-2016	美洲印第安人报纸, 1828~2016
17	China, America and the Pacific	中国、美国与太平洋
18	The American West	美国西部

由表 1 可见，AMD 历史与文化珍稀史料数据库集成对研究美国从殖民地到尼克松时期的历史，特别是美国社会生活史、族裔史、中美关系史、西部史等，都是重要文献源。比如，其子库"中国、美国与太平洋"，数据库时间覆盖 18 世纪与 19 世纪，资料来源于美国和加拿大的图书馆、博物馆等。所收录的主要内容包括：中国贸易、中国移民、在太平洋西北地区的皮毛贸易（原住民）、美国商业海上航线、中美经贸和文化交流、美国与远东地区之间的外交和政治、重要的太平洋贸易站等。数据库文件类型包括：航海日志（有价值的商品和交易信息记录）、手稿资源（包括航海时代商人、造船者、船长和押运员写给家庭成员的信函手稿和用于商业的信函手稿）、报纸、印刷书籍、图像材料（包括绘画、插图和照片）、历史地图、短时效收藏品（如帆船牌）等。

4. Readex 全球研究数字化典藏

Readex 成立于 1950 年，隶属于 NewsBank 公司，以出版原始资料档案而著称，数据源自各国图书馆、档案馆和纪念馆等权威收藏机构的珍贵馆藏资料。全球研究数字化典藏数据库众多①，国内可用的与美国史有关数据库见表 2。

表 2　Readex 全球研究数字化典藏中的美国史数据库

序号	数据库标题	数据库标题（译文）
1	America's Historical Government Publications	美国政府历史出版物
2	America's Historical Imprints	美国历史印刷品
3	America's Historical Newspapers	美国历史报纸
4	The Civil War	美国内战
5	Civil Rights in America	美国民权史
6	Foreign Broadcast Information Service （FBIS） Daily Reports, 1941–1996	美国中情局海外情报档案，1941~1996
7	Joint Publications Research Service Reports, 1957–1994	联合出版研究服务报告，1957~1994
8	Twentieth-Century Global Perspectives	20 世纪全球视角

① https：//www.readex.com/collections.

由表 2 可知，Readex 全球研究数字化典藏同样有美国史研究的丰富资料。例如，"美国历史印刷品"子库，包括三个系列，收录了 1639~1819 年，北美/美国出版的图书、手册与文学手稿等印刷品 600 多万页。其收录的时间是美国早期历史，因此也曾被命名为"美国印刷品"（EAI）。

5. Gale 平台

Gale 平台上的数据库收录很多原始档案，为用户呈现跨越了全球 500 多年历史的 2.2 亿页珍稀原始资源，收录了来自英国国家档案馆、美国国家档案馆、大英图书馆、苏格兰国家图书馆、爱尔兰国家图书馆、美国国会图书馆，以及哈佛大学、耶鲁大学、牛津大学、剑桥大学、哥伦比亚大学、约克大学等的海量档案、图书、报纸和期刊，以及地图、照片等多媒体资源。Gale 平台上的数据库涉及丰富的学科主题，包括经济、历史、社会、国际关系、文学、地理、政治、法律等。国内可用的美国史数据库有 11 个（见表 3）。

表 3　Gale 平台上的美国史数据库

序号	数据库标题	数据库标题（译文）
1	U. S. Declassified Documents Online	美国解密档案在线
2	Archives Unbound	珍稀原始典藏档案
3	Smithsonian Collections Online	史密森学会在线典藏
4	Associated Press Collections Online	美国联合通讯社在线典藏
5	Sabin Americana, 1500-1926	萨宾史料，1500~1926
6	Indigenous Peoples: North America	原住民：北美洲
7	American Fiction, 1774-1920	美国小说，1774~1920
8	Nineteenth Century U. S. Newspapers	19 世纪美国报纸
9	Sources in U. S. History Online	美国历史在线
10	National Geographic Virtual Library	美国《国家地理》杂志在线典藏
11	Liberty Magazine Historical Archive, 1924-1950	《自由》杂志数字典藏，1924~1950

表 3 中的"萨宾史料，1500～1926"子库，提供了相关时期美洲各方面的第一手资料，包括美洲大陆的发现和探索、奴隶制和欧洲殖民地、原住民、独立战争、宗教和传教工作、社会和政治改革、经济发展、西部扩张、著名人物等。该数据库借鉴了约瑟夫·萨宾的著名书目《美国藏书——从发现美洲大陆至今与美国相关的图书辞典》（*Bibliotheca Americana—A Dictionary of Books Relating to America from Its Discovery to the Present Time*）。数据库中的内容来自多家图书馆，包括亨廷顿图书馆、耶鲁大学图书馆、美国古文物学会图书馆和美国国会图书馆。

6. ProQuest 平台

ProQuest Information and Learning 公司通过 ProQuest 平台提供 60 多个文献数据库，包含文摘题录信息和部分全文。这些数据库涉及商业经济、人文社会、医药学、生命科学、水科学与海洋学、环境科学、土木工程、计算机科学、材料科学等广泛领域，有档案、学位论文、期刊、报纸等多种文献类型。国内可用的美国史数据库见表 4。

表 4　ProQuest 平台上的美国史数据库

序号	数据库标题	数据库标题（译文）
1	Colonial State Papers	殖民历史档案数据库
2	Digital National Security Archive	数字化国家安全档案
3	EconLit（1969–）	美国经济学会文献库（1969～）
4	ProQuest Congressional	美国国会文件集
5	ProQuest History Vault	ProQuest 历史库
6	ProQuest Historical Newspapers	历史报纸数据库
7	American Periodicals	美国期刊全文数据库

表 4 中的"美国期刊全文数据库"是一个多学科全文期刊数据库，包含两部分内容：子库 1 为 American Periodicals Series Online（美国期刊典藏数据库）；子库 2 为 American Periodicals from the Center for Research Libraries（美国研究图书馆中心保存的美国期刊数据库）。这两部分收录了包括从殖民时期到 20 世纪中期出版的美国期刊。

7. HeinOnline 平台

HeinOnline 数据库是由美国 W. S. Hein 公司推出的法律专题电子产品，现收录了 2300 余种法学期刊、美国联邦和各州的法律案例、6000 多部精品法学学术专著。该平台包括核心库、国际法库、联合国库、知识产权库、中国法子库等 60 余个库。这些库有非常丰富的美国史尤其是美国法律史的文献。我们仅以标题来看，就至少有 15 个数据库（见表 5）。

表 5 HeinOnline 平台上的美国史数据库

序号	数据库标题	数据库标题（译文）
1	America Association of Law Libraries	美国法律图书馆协会文库
2	Association of American Law Schools	美国法学院协会文库
3	Code of Federal Regulations	美国联邦法典文库
4	Federal Register	美国联邦纪事文库
5	Treaties & Agreements	条约和协定文库
6	U. S. Attorney General Opinions	美国司法部意见书文库
7	U. S. Federal Legislative Histories	美国联邦立法史文库
8	U. S. Presidential Library	美国总统事务文库
9	U. S. Statutes at Large	美国法令全书文库
10	U. S. Supreme Court	美国最高法院资料库
11	United States Code	美国法典文库
12	Philip C. Jessup Library	Philip C. Jessup 文库
13	Early American Case Law	早期美国案例法文库
14	Pentagon Papers	美国国防部官方文件
15	Foreign Relations of the United States Library	美国外交关系文库

表 5 中的"条约和协定文库"包含美国所有的条约，不论是现行的、废止的还是未经官方正式公布的。这是世界上最大、最全的在线美国条约和协定文库。其中包含一些著名的文集，如正式的"美国条约及其他国际协定"（通常称为"蓝色系列"）。

8. EBSCO 平台

EBSCO 是一家从事多元化产业经营的跨国公司，总部位于美国，主要产业有文献信息产品和服务、渔具、地产和酒店等。其平台上的美国史数据库包括：AAS Historical Periodicals（美国古文物学会典藏期刊文献，50个子集共有 8400 余种期刊的回溯文献）；European Views of the America 1493 to 1750（从欧洲看美洲，1493~1750，在欧洲印制的有关美国的文献，包括 32000 多条记录）；American Doctoral Dissertations，1933-1955（美国博士学位论文档案数据库，1933~1955）。

除了以上门户网站与数据库平台，零散开发的非平台类美国史数据库更是数量众多，例如，康奈尔大学和密歇根大学两校图书馆联合开发的 Making of America（美国的缔造，简称 MOA），收录了大量 19 世纪的美国社会史文献，尤其集中于 1850 年到 1877 年。康奈尔大学的网站侧重于此阶段的期刊类文献，拥有 1815 年到 1901 年的 23 种期刊，论文总数超过 10万篇，另有专著和美国内战文件。[①] 密歇根大学的网站侧重于专著的收集，目前共有约 1 万本专著和 5 万篇文章。[②]

二 搜集整理专题性数据库：以战后美国外交史为例

对于开展专题研究来说，搜集研究所用的数据库，其基本路径是通过平台的和非平台的信息，尽可能地搜罗相关资源，并对每种资源的内容、重要性等有基本了解，从而分类分表整理专题性的数据库。[③] 以战后美国外交史为例，我们可以根据文献来源情况，粗略把相关数据库分为三大

---

① 2018 年 3 月，康奈尔大学资源迁移到了 HathiTrust 平台。

② Cornell at http://collections.library.cornell.edu/moa_new/；Michigan at https://quod.lib.umich.edu/m/moagrp/index.html.

③ 在美国移民史、内战史、城市史、冷战史等领域，国内学者已有相关总结。分别参见万澍《网络资源与美国移民史研究》，中国美国史研究会网站，http://www.ahrac.com/pc/view.php? aid=1422，2014 年 4 月 5 日；于留振《网络资源与美国内战史研究》，《史学集刊》2014 年第 4 期；韩忠《美国城市研究网络资源述略——高等院校、学术团体》，中国美国史研究会网站，http://www.ahrac.com/pc/view.php? aid=1364，2003 年 1 月 24 日；李桂华《美国网上资源的查找与运用——以冷战史为例的说明》，《中共党史研究》2010年第 9 期。

类：综合类、单一联邦机构类和其他类。①

（一）综合类数据库

这里所谈的"综合类"数据库，指数据来自多家机构的数据库。下面主要介绍来自多个美国联邦机构的数据资源。

查询公开的综合文献，可以参考两个数据库。一是 OCLC FirstSearch 的 U. S. Government Printing Office（美国政府出版物书目数据库）。该数据库由美国政府出版署（U. S. Government Printing Office，GPO）创建，覆盖从 1976 年以来各种各样的美国政府文件，包括美国国会的报告、听证会文件、辩论记录、司法资料以及由行政部门（国防部、国务院、总统办公室等）颁布的文件，每条记录包含一个书目引文，共有 60 多万条记录。二是美国国会图书馆或 HeinOnline 平台的 Federal Register（联邦公报）。联邦公报自 1936 年由国家档案馆出版，公布每日的联邦官方文献，包括总统文件、行政命令、法律规范、各联邦机构通告以及各种听证会、委员会会议、调查等通告。

查询解密档案类文献，有如下电子资源可以利用。

（1）Foreign Relations of the United States，FRUS（美国对外关系文件集）。美国官方出版的外交档案集，是研究美国对外政策史的重要史料。1861 年，在林肯总统提议下，经国会批准，FRUS 的第 1 卷于当年诞生。该文件集目前总计出版了 500 多卷。与其他国家的同类出版物相比，FRUS 是持续时间最长、内容最丰富的外交解密档案集，也是美国国务院出版物中最有价值的部分之一。该套文件的电子版可通过三个渠道获得：1861～1960 年的卷册可以用威斯康星大学全文影像系统②，所有卷册均可通过美国国务院历史学家办公室网站③、HeinOnline 平台查阅。

（2）U. S. Declassified Documents Online，USDDO④（美国解密档案在

---

① 本小节的内容，若干部分参考姚百慧主编《冷战史研究档案资源导论》（第 2 版），世界知识出版社，2019。

② http：//digicoll. library. wisc. edu/FRUS/Browse. html.

③ http：//history. state. gov/historicaldocuments/.

④ 原名"解密文件参考系统"（Declassified Documents Reference System，DDRS）。

线）。Gale 平台开发的数据库，包括白宫、国务院、中情局、北约组织、联邦调查局、国家安全委员会、司法部、商业部和国际贸易署等机构的文件，文件类型涉及国家安全委员会文件、内阁会议记录、中情局评估报告、参谋长联席会议文件、往来通信、谈话备忘录、日记等，目前已有11 万余份档案，总量超过 76 万页。收纳的解密文件涵盖了整个冷战时期，包括这一时期发生的几乎所有重要的国际和美国国内事件，如冷战、越战、外交政策演变、民权运动等，是研究冷战时期美国外交的重要参考工具。

（3）Digital National Security Archive，DNSA（数字化国家安全档案）。由国家安全档案馆与 ProQuest 公司合作开发。到 2018 年 12 月，DNSA 共有 52 个子库，每个子库都是一个独立的专题，总量超过 12.4 万份文件，总页数超过 84 万页。DNSA 收录有多种政策文档，包括总统指令、备忘录、外交急件、会议记录、独立报告、简报、白宫通信录、电子邮件、机密信函和其他机密材料。数据库中还提供关于每个子库的介绍、年鉴、术语表、相关背景信息、参考书等补充参考资料。

（4）ProQuest History Vault，PHV（ProQuest 历史库）。PHV 是 ProQuest 开发的系列原始档案数据库的总称。截止到 2019 年 3 月底，已有 45 个模块，总计超过 1850 万页，其中绝大部分模块为美国史内容。PHV 提供的资源异常丰富。以 "越南战争和美国外交政策（1960~1975）" 模块为例，该模块包括 104 个子辑，每个子辑收录数量众多的原始档案，有不少档案在国内并无其他形式的收藏。如以 "John F. Kennedy National Security Files，1961-1963"（肯尼迪国家安全文件，1961~1963）为题的子辑里面有专题 15 个，对应原始文件缩微胶片 224 卷，其中关于非洲、拉美、中东的 7 个专题在国内无缩微胶片馆藏。①

（5）Archives Unbound，AU（珍稀原始典藏档案）。Gale 开发的系列专题数据库合集的统称。AU 的设计理念是针对特定研究人员，它的每个子库都有一个特定的专题内容，截止到 2018 年底，已经有 307 个专题数据

---

① 关于 PHV 的更详细信息，以及各模块在国内的馆藏情况，参见姚百慧《PHV 与国际关系史研究》，华东师范大学冷战国际史研究中心编、李丹慧主编《冷战国际史研究》（第 25 辑），世界知识出版社，2018，第 173~184 页。

库。AU 每个专题收藏的文献页数，从 1200 余页到 26 万余页不等。文献生成时间，最早可追溯到 13 世纪中期，最晚到 20 世纪末，主体是在 19 世纪和 20 世纪。从其专题情况来看，AU 对政治学、经济学、历史学等学科的研究都有一定的价值。这些数据库的主要来源是美国政府解密档案。AU 超过 60% 的子库都是美国史内容，已成为美国史研究的最基本史料之一。①

（6）Access to Archive Databases，AAD。② 美国国家档案馆向公众提供的档案数据库之一，总文件量约 8500 万页，分为六大类，约 150 个主题。其中，与国际关系史研究相关的"战争/国际关系"（Wars/International Relations）部分又细分为内战、二战、朝鲜战争、越南战争、冷战、外交记录 6 个子系列。

（二）美国单一联邦机构数据库

1. 美国总统

（1）美国各总统图书馆网站。③ 美国自富兰克林·罗斯福时起开始建立总统图书馆。1955 年，美国国会通过了《总统图书馆法》，据此法，美国总统卸任后将建立相应的总统图书馆存放自己的文件，由国家档案馆管理。目前，美国已建立了从胡佛到奥巴马总计 14 位总统的图书馆。查阅从胡佛以来的总统文献，其电子资源可优先考虑各总统图书馆网站。如肯尼迪总统图书馆网站，就提供大量的白宫核心文件、总统办公室文件、国家安全文件等。④

（2）The American Presidency Project，APP（美国总统计划数据库）。⑤ APP 发起于 1999 年，最初是作为"美国总统"（The American Presidency）课程的资源，现在的目标是成为公认的"权威的、非党派性的在线总统公文资源"。其开发原则是：资源准确（即准确地复制纸本资源，如纸本有错

---

① 关于 AU 的更详细信息，以及各专题在国内的馆藏情况，参见姚百慧、李云霄《AU 与国际关系史研究》，徐蓝主编《近现代国际关系史研究》（第 11 辑），世界知识出版社，2017，第 309~336 页。

② http：//aad. archives. gov/aad/.

③ https：//www. archives. gov/presidential-libraries.

④ http：//www. jfklibrary. org/archives/search-collections/browse-digitized-collections.

⑤ https：//www. presidency. ucsb. edu/advanced-search.

误，则加注说明），分类明确，便于搜索，尽可能全面（即尽可能包含所有的总统公文，相关的历史文件、视频资料，以及研究总统必要的统计数据），同时提供一些分析性的论文。该库以战后的文献为主，战前的文献相对较少。

（3）U. S. Presidential Library（美国总统事务文库），HeinOnline 平台。该库收录美国建国以来的各种与总统有关的公文汇编、总统弹劾专辑（安德鲁·约翰逊、尼克松、克林顿）、与总统有关的著作、总统研究相关链接等。

2. 美国国务院

数量庞大的美国国务院档案资源，已收录在 AU、PHV 两个数据库的子库之中。除此之外，还可以利用如下资源。

（1）Foreign Relations of the United States Library（美国外交关系文库），HeinOnline 平台。里面除了有上文已提到的 FRUS，还有大量的公文汇编、美国外交研究著作，比较著名的包括美国国务院编的《美国外交政策：当前文档》（*American Foreign Policy*：*Current Documents*）。

（2）Central Foreign Policy Files（外交政策核心文件）。① 该库包括 1973~1979 年部分档案（原件有 650 立方英尺，共 4038 个胶卷）。该数据库是 AAD 的一个子库。

（3）美国国务院《信息自由法》电子阅览室（Electronic Reading Room）。② 这里提供 207482 份文件（最近的一次更新为 2018 年 11 月 1 日）。

3. 中情局

（1）Twentieth-Century Global Perspectives（20 世纪全球视角），Readex 平台。资料全部来源于中央情报局，为 20 世纪国际研究提供了全球观点，涵盖全球各个热点区域及地缘政治地区。数据库包括政府出版物、杂志、报纸、转录电视、无线电广播，这些资料都被中情局在 1941~1996 年搜集、翻译与整理。除了"世界抗议与改革运动"子库，其他国内都有馆藏。"20 世纪全球视角"子库见表 6。

---

① http：//aad. archives. gov/aad/series-description. jsp？s = 4073&cat = all&bc = sl.

② http：//foia. state. gov/Search/Search. aspx.

表 6　"20 世纪全球视角"子库

序号	数据库标题	数据库标题（译文）
1	The Cold War: Global Perspectives on East-West Tensions, 1945-1991	冷战：东西方紧张局势的全球视角，1945~1991
2	American Proxy Wars: Korea and Vietnam	美国的代理人战争：朝鲜战争与越南战争
3	Nuclear Arms & Weapons of Mass Destruction	核武器与大规模杀伤性武器档案
4	Middle East and North Africa: Global Perspectives	中东与北非：全球视角
5	Immigrations, Migrations and Refugees: Global Perspectives	移民、迁徙与难民：全球视角
6	Apartheid: Global Perspectives	种族隔离：全球视角
7	American Race Relations: Global Perspectives	美国种族关系：全球视角
8	Pravda Archive	真理报档案
9	Propaganda & the Chinese Press	宣传与新闻业
10	World Protest and Reform Movements	世界抗议与改革运动

（2）Foreign Broadcast Information Service Daily Report（中情局海外情报档案），Readex 平台。外国广播信息服务机构（Foreign Broadcast Information Service，FBIS）是中情局科技处下辖的情报部门，其任务是监听、录音、誊写、翻译美国以外国家的广播信息。该库提供 1941~1996 年的 FBIS 档案，包括：

FBIS Daily Reports，1941-1974（FBIS 全球报告，1941~1974），无地区划分，提供了来自美国以外国家和全球热点地区关于众多历史事件的不同观点，还包含对于很多重要历史人物的看法。

FBIS Daily Reports，1974-1996（FBIS 全球报告，1974~1996），提供了 7 个区域，即中东和北非、撒哈拉以南非洲、亚洲和太平洋地区、拉丁美洲、东欧、苏联和欧亚大陆中部、西欧的情报信息。

（3）Joint Publications Research Service Reports，1957-1994（联合出版研究服务报告，1957~1944），Readex 平台。该库收录超过 13 万份 400 万页文件。联合出版研究服务（Joint Publications Research Service，JPRS）最初于 1957 年 3 月设立，是商务部技术服务办公室（Office of Technical Services）的一部分，后划归中情局。JPRS 基本采取"译而不评"的方式，更多是从美国以外国家的专著、报告、期刊、报纸、广播与电视上查阅资料，并将其翻译成英文，以供美国政府及其他机构利用。最初，JPRS 的关注范围主要在科技领域，后来扩展到环境、健康、核不扩散等领域。

（4）博睿学术出版社（Brill）美国情报系列数据库，总计 4 个。U. S. Intelligence on the Middle East，1945－2009（美国中东情报在线，1945～2009），收录档案 2733 份；U. S. Intelligence on Asia，1945－1991（美国亚洲情报在线，1945～1991）收录档案 4294 份；U. S. Intelligence on Europe，1945－1994（美国欧洲情报在线，1945～1994）收录档案 4023 份；Cold War Intelligence（冷战情报），收录对苏情报 2360 件。[①] 国内目前只有"美国中东情报在线"可用。

（5）中情局《信息自由法》电子阅览室。[②] 在中情局网站上，根据《信息自由法》设立的电子阅览室，可检索利用大量解密档案，以及符合 25 年规则的所有档案目录。

4. 美国国会

（1）ProQuest Congressional（美国国会文件集）。

ProQuest 出版了系列的美国国会文件集数据库，这些数据库汇集了 1789 年美国联邦政府成立以来的美国政府文献信息资源，包括众多美国国会参众两院文献资料，共计超过 380 万份文件，逾 6700 万页内容。这是一个比较完善而又具权威性的综合性美国政府文献信息资源平台，包括 8 个子库（见表 7）。

表 7 "美国国会文件集"各子库

序号	数据库标题	数据库标题（译文）
1	Congressional Hearings Digital Collection, 1824－Present	美国国会听证会文件，1824 年至今
2	Congressional Record Permanent Digital Collection, 1789－Present	美国国会记录，1789 年至今
3	Congressional Research Digital Collection, 1817－Present	美国国会研究文献，1817 年至今

① 详情可见 http：//primarysources.brillonline.com/。

② http：//www.foia.cia.gov/。

续表

序号	数据库标题	数据库标题（译文）
4	Digital U. S. Bills and Resolutions, 1789-Present	美国国会法案与决议案，1789 年至今
5	U. S. Serial Set, 1789-Present	美国国会文献集，1789 年至今
6	U. S. Serial Set Maps, 1789-Present	美国国会地图资料，1789 年至今
7	Executive Branch Documents, 1789-1948	美国行政部门政府文件，1789 年至 1948 年
8	Executive Orders and Presidential Proclamations, 1789-Present	美国总统行政命令与美国总统公告，1789 年至今

（2）America's Historical Government Publications（美国政府历史出版物），Readex 平台。包括 4 个子库。

U. S. Congressional Serial Set（美国国会文献集）。该库包括 15000 卷，超过 36 万种出版物的 2000 万页内容，并有 52000 张地图，以及许多插图与统计图表，其中包括 13000 张彩色地图。范围涵盖了 1789~1994 年美国国会文献的全部内容，包括美国参众两院的报告与文件，行政部门的年度报告与文件、有关期刊等。

Senate Executive Journals, 1789-1980（美国参议院行政期刊，1789~1980）。该库收录美国参议院行政会议期刊，记录美国历史上影响政局与政治走向的重要时刻，包括总统候选人的确定、条约的批准、军事行动议案、司法任命、外交事务等。它是研究美国近 200 年（1789~1980）国会史和政治史的重要参考资料。

House and Senate Journals, 1789-1817（美国众议院与参议院期刊，1789~1817）。该库完整地收录了记载早期美国国会会议记录等相关内容的期刊出版物。收录的文献内容包含早期美国参议院与众议院采取的行动、政治人物的决策、重要历史事件与重要国事问题记述文献等，讨论涉及的主题有棉花工业、《西北法令》、内阁部门、《格林维尔条约》、司法法案、法国大革命、关税法案、烟草业、《杰伊条约》、《客籍法和惩治叛乱法》、美籍法国人大会、公有土地法案、威廉·布朗特（William Blount）的控告、后革命时代的英美关系等。

Territorial Papers of the United States, 1764-1953（美国领土文件集，

1764~1953)。该库记录了美国国家领土的变化与不断扩张的历史。内容包含与美国原住民的谈判条文与条约、联邦政府官方往来公文、军事档案、诉讼程序记录、人口数据、财政统计数据、土地记录等。美国联邦政府职能部门和参议院负责地区领土事务的有关部门保存的全部官方文献可在这里查询。

（三）其他类

除了来自美国单一联邦政府机构的文献数据库，源自其他机构或其他国家的电子资源，对研究战后美国外交史也很有帮助。此处略举几例。

（1）Frontline Diplomacy：The Foreign Affairs Oral History Collection of the Association for Diplomatic Studies and Training（外交前线：外交研究与训练协会外事口述史收藏），美国国会图书馆。外交研究与训练协会于1986年成立，是独立的非营利机构。其目的是促进人们对美国外交的理解，支持美国国务院的外交训练。其活动包括口述史、出版书籍、展览、训练实习生。截止到2019年4月17日，在线的口述史资源超过1700份。

（2）Confidential Print：North America，1824-1961（英国外交部机密印刷件：北美，1824~1961），AMD平台。数据库资料来源于英国国家档案馆，其资料种类有报告、急件、政治领导策略报告、每周政治总结、月度经济报告等。内容覆盖美国、加拿大、加勒比地区乃至部分南美地区的资料。该库包含的档案内容如下：CO 880/1~32档案、CO 884/1~38档案、FO 414/1~278档案、FO 461/1~13档案、FO 462/1~10档案。

（3）The Nixon Years，1969-1974（尼克松年代，1969~1974），AMD平台。该数据库既包括英裔美国人的讨论与文章，也有与美国社会、国内改革、贸易、文化和环境等相关的资料。这些文件还涉及尼克松对冷战危机的处理、尼克松执政时期的重大成就，以及在水门事件与总统弹劾中有争议的活动与执行权的运用等。

三 利用进阶：数据库资源分析与来源扩展

李剑鸣教授在一篇文章中指出："在资料激增的情况下，选取材料的眼光，解读材料的能力，以及运用材料的技巧，在研究和写作中就能起到更加重要的作用……另外，来自大数据资源的材料，因其量大和庞杂，在发掘、整理和运用时，还需要花更大气力来做考证和辨析。"① 如何选取、考证、辨析、解读和运用数字资源，这是一个庞大的课题。笔者结合美国史数据库资源，谈几点体会。

一是注意数据库资料来源和开发机构。这主要是从数据来源，判断其中文本的权威性。一般而言，政府机构公布的本机构所掌握文献的权威性，高于其他来源；知名的开发商、学术机构开发的专业性数据库，高于一般网络资源。例如，我们要查美国人口数据，当然最优先利用的是美国人口普查局开发的"美国事实发现者"（American FactFinder）②，它可以提供美国人口、住房、经济和地理数据的来源；而农业人口，则要参阅农业部的"国家农业统计数据"（National Agricultural Statistics Service）③，它提供自 1840 年以来美国各州和地区的农业人口普查数据；还可以利用明尼苏达大学明尼苏达人口中心得到美国国家科学基金等资助开发的"美国国家历史地理信息系统"（National Historical Geographic Information System）④，它提供 1790 年至今的美国人口普查和其他全国性调查的在线汇总统计和地理信息系统边界文件，包括带有地理空间属性信息的人口、农业、经济等方面的数据。此外，本文所列数据库，其数据权威性还都是比较高的。

二是注重数据形式和原实体之间的关系。有很多文献，本身就是电子化的，如数码照片，以及众多的电子文件。但就多数人文学科的数据库而言，其数据往往来自某种实物，数据库的建立经历了一个从实物载体向数字形式的转变。利用这种数据库中的数据，除了传统利用实物载体要注意的考辨等工作，还要从这个转变过程入手，考察数据形式同原实体之间的关系。如纸质的文献在电子化时，我们可能要关注单一文件或书籍是完整电子化的还是部分电子化的；对于套书或期刊，其电子化是否完整；电子化的文献，是如何排列的，这种排列同原始文献的排列关系何在；等等。

---

① 李剑鸣：《大数据时代的世界史研究》，《史学月刊》2018 年第 9 期。
② https：//factfinder. census. gov/faces/nav/jsf/pages/index. xhtml.
③ https：//www. nass. usda. gov/AgCensus/.
④ https：//www. nhgis. org/. 注册后可下载。

以 ProQuest 公司开发的 PHV 为例，在其 U. S. State Department Central Files，Asia，1960-1969（美国国务院核心机密文件，亚洲，1960~1969）模块中，有 13 个子辑。其中一个子辑为 China：Foreign Affairs，1960 - January 1963。这个子辑是经过两次电子化的结果。子辑的档案来源为美国国家档案馆 RG59 核心文件，其十进位制代码为表示中美关系的 611. 93、611. 93B、611. 93C 和表示中国外交事务的 693、693B、693C，在 1960~1963 年核心文件的第 1308~1312 盒、第 1400~1401 盒。2000 年第一次电子化时，这些档案被完整、按原次序制作成 5 个缩微胶卷，名为"美国国务院核心机密档案，中国，1960~1963 年 1 月，外交事务"（Confidential U. S. State Department Central Files，China，1960 - January 1963，Foreign Affairs）。第二次电子化，就成了现在 PHV 亚洲模块的子辑，而且其内容和排序也未发生变动。由此我们可以得知：该子辑的数据，因同美国国家档案馆完全相同，权威性高；因为两次电子化并未改变内容和顺序，第一次电子化时专业人员编写的指南，利用时可以参考。①

但 ProQuest 公司开发的 DNSA，对文献源的选取和组合却有不同模式。它更多是围绕某一国家安全问题，抽取来自不同机构的档案，并按时间先后组织在新的子辑中。虽然所抽取的档案是完整扫描，但它并不会完整扫描原档案所在卷宗或系列。比如，U. S. Nuclear Non-Proliferation Policy，1945-1991（美国的核不扩散政策，1945~1991），收录了来自美国国务院、美国国防部、参谋长联席会议、白宫办公室、总统行政办公室、国会、原子能委员会、国家安全委员会、原子能控制与裁军署、美国核管制委员会、驻外使馆等机构的档案 2651 件，近 14000 页。这些档案，大部分是通过《信息自由法》申请获得的。美国国家安全档案馆人员利用该法申请到档案后，根据文件对理解专题的重要性，加以筛选。开发人员通过不同来源档案的时序排列，为研究者建立起新的联系。但由于数据库是原始档案抽取、重新组合的结果，由某一份档案无法获知其最初的排列方式以及该档案在原始卷宗里的位置、同上下档案的关系。

① Blair Hydrick，ed.，*Guide to the Microfilm Edition of Confidential U. S. State Department Central Files，China，1960-January 1963，Foreign Affairs*，Bethesda，M. D. : University Publications of America，2000.

三是注意数据库来源的扩展。导语中，我们限定本文所讨论的主题为"美国史"数据库，即主要来源为美国，或主要反映美国历史，而这种限定，只是为了对海量数据库进行筛选。而在研究实践中，讨论专题问题，则需要更多的或广博或专门的数据资源，它们未必是我们限定的"美国史"数据库。

根据第一部分对相关平台的介绍，我们可以从如下渠道获得美国报纸资源（见表8）。

表8　各平台"美国史"数据库的报纸资源

序号	数据库名称	数据库简介
1	America's Historical Newspapers（美国历史报纸），Readex 平台	分四部分： （1）美国早期报纸，1690～1922，6000 多种； （2）美国政治：竞选报纸，1803～1876，超过 300 种； （3）美国公报：记录报纸，1796～1884，超过 100 种； （4）美国商业：商贸报纸典藏，1783～1900，约 500 种
2	Chronicling America（美国编年），美国国会图书馆	来自国家报纸数字化项目（The National Digital Newspaper Program），收录 1789～1963 年的美国报纸
3	Nineteenth Century U. S. Newspapers（19 世纪美国报纸），Gale 平台	19 世纪在全美发行的报纸
4	ProQuest Historical Newspapers（ProQuest 历史报纸数据库），ProQuest 平台	收录了美国 50 个州 1690～1980 年的 2000 多种报纸，其中包括《纽约时报》《华盛顿邮报》《基督教科学箴言报》《华尔街日报》等

从大致内容上看，上述资源覆盖了美国自建国前到 20 世纪末的报纸，但它们的一个显著缺陷是现报的缺乏，而 ProQuest 历史报纸数据库除了少量几份报纸由中国社会科学院购买①外，国内其他单位均无订购，这就导致要查 20 世纪 60 年代中后期之后的美国报纸有一定的困难。部分解决的办法之一是利用一些综合性的报纸数据库。根据国内的馆藏，可资利

① 中国社会科学院购买的报纸包括：《华盛顿邮报》（The Washington Post），1877～1998；《纽约时报》（The New York Times），1851～2014；《基督教科学箴言报》（Christian Science Monitor），1908～2004；《华尔街日报》（The Wall Street Journal），1886～1996。

用的见表 9。

表 9　部分综合性报纸数据库简介

序号	数据库名称	数据库简介
1	Access World News（世界各国报纸全文库），NewsBank 平台	收录的报纸既有世界著名的大报，也有各个国家和地区的地方性报纸。目前提供 7000 多种世界各个国家和地区受欢迎和阅读量高的报纸电子版全文，并收录全球主要通讯社、电视台的相关报道。以英语资源为主，同时包括西班牙语、法语、德语、意大利语、葡萄牙语资源，并实现英语与西班牙语检索界面可自由切换。时效性强，每日更新，可看到当天大部分报纸。回溯内容丰富，最早可查看 20 世纪 70 年代的报纸
2	Regional Business News（地区商业新闻），EBSCO 平台	提供美国和加拿大的商业出版物（报纸、杂志等）75 种，最早可回溯到 1990 年
3	Newspaper Source（报纸资源数据库），EBSCO 平台	收录 1995 年至今 389 种美国各州报纸、40 多种著名大报的完整全文，如《基督教科学箴言报》、《华盛顿邮报》、《今日美国》（*U. S. A Today*），以及《纽约时报》和《华尔街日报-东方版》（*The Wall Street Journal - Eastern Edition*）的索引文摘
4	PressDisplay（全球报刊数据库），Swets 公司	收录来自全世界 90 余个国家、60 多种语言的 1700 余份世界知名的报纸。语种包括英语、俄语、德语、日语、韩语、阿拉伯语、西班牙语、法语、波兰语、葡萄牙语等。每日更新，可回溯浏览 60~90 天内的报纸内容。该库平台具备 8 种标准语音的播放功能；支持 11 种语言翻译

　　不仅报纸资源在利用上需要扩展，其他诸如图书、期刊、学位论文、档案等各种类型文献，在实际研究中，也需要超越"美国史"数据库的范畴。唯其如此，才能极大地丰富我们的文献来源，并据此相应地深化我们的研究。

　　（作者系首都师范大学历史学院教授，主要研究方向为国际关系史。）

"边界": 最近三十年儿童史
研究中的一个新视角

辛　旭

【摘要】20 世纪 90 年代以后，儿童史研究表面上看似沉寂，实际上已经伴随整个历史学研究范式转变，发生了一些重要的变化。本文聚焦于其中的一个重要概念——"边界"（border），讨论它为儿童史研究带来的新视野和新可能。文章指明"边界"是同时在时间和空间两个维度上展开的。它既指作为儿童身体和生理学意义上的有形的物质边界（比如年龄的划分），又指在全球交往中的跨境行动。这个概念的引入，扩大了史家的问题意识，将以往一些很少受到关注的新课题带入研究实践中，深刻地改变了最近三十年来儿童史研究的面貌，丰富和深化了我们对整个人类历史的认知。

【关键词】"边界"　儿童史　少女研究　历史叙事　全球史

一般认为，儿童史研究发轫于法国学者菲利普·阿利埃斯（Phillipe Ariès）1960 年出版的《旧制度下的儿童与家庭》（英译本名《儿童的世纪》），20 世纪 60~80 年代是其发展的一个高峰。对此，俞金尧教授和台湾学者陈贞臻已经做过系统的梳理。① 20 世纪 90 年代以后，儿童史研究的发展速度明显放慢，似乎进入了一个瓶颈期。不过，这篇短文想要指出，这绝不代表这一研究领域的衰落。在表面上的沉寂之下，它和整个历史学

---

① 俞金尧：《儿童史研究四十年》，《中国学术》第 3 卷第 4 期，商务印书馆，2001，第 298~336 页；俞金尧：《儿童史研究及其方法》，《国外社会科学》2001 年第 5 期；陈贞臻：《西方儿童史研究的回顾与展望——阿利斯（Ariès）及其批评者》，《新史学》第 15 卷第 1 期，2004 年 3 月。

研究一样，已经发生了一些重要的变化。

这些变化是和整个史学研究范式的转变分不开的。我们都知道，20世纪以来，历史学研究广泛借鉴各种社会科学理论以解释过去。六七十年代，马克思主义和现代化理论受到历史学家的高度重视。被视为第一代儿童史家的劳伦·斯通（Lawrence Stone）等人，强调儿童概念、亲子关系发展的"现代"性，特别偏好从经济因素、社会阶级和生产关系角度理解历史上儿童的角色，比如，儿童是怎样作为劳动力参与到家庭、社群乃至更大的社会生活中的。① 七八十年代以降，史家更加关注语言、符号、仪式等"文化"因素，更强调从意义角度阐释历史。这股潮流后来被命名为历史学的"语言学转向"。这给儿童史研究领域带来了一些新的研究路径，史家从关注何谓"儿童本性"，转变为关注"儿童"概念的社会建构过程。他们越来越倾向于认为，"童年"概念会依据特殊的历史、社会、文化、经济条件而有所不同，进而，儿童也在阶级再生产、文化转型、政治稳定的维护等方面扮演核心角色。伴随着后殖民主义、后现代主义等理论的兴起，90年代以后，儿童史研究突破了过去隶属于家庭史、妇女史的藩篱，更加密切地与这些新的理论范式交织在一起。②

本文聚焦于其中的一个重要概念——"边界"（border），讨论它为儿童史研究带来的新视野和新可能。需要说明的是，这里所说的"边界"，是同时在时间和空间两个维度上展开的。它既指作为儿童身体和生理学意义上的有形的物质边界（比如年龄的划分），又指在全球交往中的跨境行动。这个概念的引入，扩大了史家的问题意识，将以往一些很少受到关注的新课题带入研究实践中，深刻地改变了最近三十年来儿童史研究的面貌。

---

① Lawrence Stone, "Family History in the 1980's: Past Achievements and Future Trends", *Journal of Interdisciplinary History*, No. 12, Summer 1981, pp. 51-87.

② Sharon Stephens, "Children and the Politics of Culture in 'Late Capitalism'", in *Children and the Politics of Culture*, edited by Sharon Stephens, Princeton: Princeton University Press, 1995; Sharon Stephens, "Editorial Introduction: Children and Nationalism", *Childhood*, No. 4, 1997, pp. 5-17.

一

一般认为，"儿童"和"童年"都是建立在人的年龄阶段划分基础上的概念。1989 年发布的联合国《儿童权利公约》第一条就规定："在法律上，儿童权利适用于新生儿和 18 岁之间的人。"这一标准被世界各国采纳，也在日常生活中为人们所接受，并被包括大多数儿童史家在内的学者沿用。它主要依据的是生理学和心理学尺度，看起来具有极强的普适性。然而，事实上，这个 0~18 岁的"公认"标准只是一个当代的概念。回到历史上，我们会发现，在不同的社会文化中，判定儿童的标准是多种多样的。

阿利埃斯（Philipe Ariès）在《儿童的世纪》一书中，回顾了自古希腊以来西方社会中的"儿童"概念。他指出，虽然一直存在年龄划分的意识，但在 16 世纪以前，儿童一直深度卷入成年人的生活，因而也不存在近代意义上的"童年"。从 16、17 世纪开始，孩子被置于家庭关注的中心。到 18、19 世纪，新的核心家庭逐渐形成，成员之间享受了更为亲密的关系，父母在情感上体会到，孩子是与自己紧密相连的，也开始为他们考虑未来。由此，人们重新审视了作为生命阶段的"童年"与"成年"的区分，把"童年"视为生命发展历程中的独特一环，"儿童"也被看作和成人不同的两个"社群"。这样，真正的"童年"才诞生了。[①]

阿利埃斯的结论在学界引起了轩然大波，许多学者纷纷投入相关研究，试图证明，"儿童"和"童年"的概念并不是一个近代的发明，而是在历史上一直存在的。其实，阿利埃斯并没有否认，前近代社会中存在"儿童"概念，他所强调的只是，那时的人们并没有把童年看作一个特殊的人生阶段，认为儿童需要得到和成人不同的对待，近代意义上的"童年"是从 16 世纪之后才发轫的。换言之，他是从社会文化意义的角度，

---

① Philipe Ariès, *Centuries of Childhood: A Social History of Family Life*, trans. Robert Baldick, Manhattan: Random House, 1962. 其中译本为〔法〕菲利普·阿利埃斯：《儿童的世纪：旧制度下的儿童和家庭生活》，沈坚、朱晓罕译，北京大学出版社，2013。

而不是从生理学角度出发来思考这个问题的。[①] 因此，阿利埃斯的反驳者对阿利埃斯的研究不无误解。不过，有趣的是，也正是这些误解启发后继学者从生命分期角度，对一系列有关问题展开了探索，极大地推动了儿童史学科的成长。[②]

按照阿利埃斯的描述，在近代之前的西方社会，人们是根据一个人的"能力"来界定生命周期的，直到 16 世纪以后，生理"年龄"才成为判断童年阶段的主要标准。这就是说，在历史上，人们并不只是把童年看作一个生理阶段，而是掺杂着不少社会因素。在对阿利埃斯范式的各种争论中，怎样界定"童年"也一直是一个基础的问题。随着研究的步步深入，尤其是非西方文化中儿童史研究的展开，史家也逐渐达成一个共识：童年不是一个静等着"被发现"、"不受时间影响的分类"，它是社会文化的建构，依据特殊的历史、社会、文化、经济条件而有不同的"童年"概念。比如，在英国，直到今天，真正的成人年龄还被认定为 21 岁，18 岁只不过是部分成年而已。

童年概念的多样性使得新生代儿童史家的目光从关注何谓"儿童本性"，转变为关注"儿童"概念的社会建构过程。埃里森·詹姆士（Allison James）指出，"儿童"的概念可以被理解为儿童"像什么"和"是什么"的观念表象，及成人"为了"（for）儿童的生活所做的一切思考。[③]

当代科学研究的新成果也对传统的童年概念提出了挑战。过去人们通常认为，儿童的智力发展是一个渐进过程，彰显其智力标准的逻辑、语言能力七八岁时发展完善，这一看法得到早期心理学的印证。[④] 最近的儿童

---

① Bruce Bellingham, "The History of Childhood Since the 'Invention of Childhood': Some Issues of the Eighties", *The Journal of Family History*, No. 13, 1988, pp. 347-358.

② 辛旭：《由误解发现"童年"："阿利埃斯典范"与儿童史研究的兴起》，《四川大学学报》（哲学社会科学版）2014 年第 3 期。

③ 如 Colin Heywood, *A History of Childhood: Children and Childhood in the West from Medieval to Modern Times*, Cambridge: Cambridge University Press, 2001; Allison James, *Childhood Identities: Self and Social Relationships in the Experience of the Child*, Edinburgh: Edinburgh University Press, 1993, p. 72。

④ 〔瑞士〕让·皮亚杰：《发生认识论原理》，商务印书馆，1981；以及 Leslie Smith, "Jean Piaget: From Boy to Man", in *The Cambridge Companion to Piaget*, edited by Ulrich Muller, Jeremy I. M. Carpendale and Leslie Smith, *Cambridge Companions to Philosophy*, Cambridge: Cambridge University Press, 2009, pp. 18-27。

史研究则吸收了新的神经心理学成果，认为儿童的智力发展比过去认为的还要更早，有些孩子在三岁时就已经具备完善的语言能力和逻辑思维能力。这样看来，过去区分儿童、青少年与成年边界的标准显得过于简单，该怎样重新定义和划分生命阶段成为一个亟待解决的新问题。

总之，随着儿童史和相关学科的推进，学者们越来越多地认识到，"年龄"是认识和理解生命过程、成长和"长成"的关键概念，它不仅有生物学因素，也蕴含了心理、社会和文化等重要因素。个体的"年龄经验"由社会、经济和政治因素所形塑，也深刻地反映着这些相互交织的力量。回顾过去六十年的研究，我们不难发现，20 世纪七八十年代，有关年龄的讨论，通常与生育、人口等"社会"因素联系在一起；90 年代后期，年龄研究的领域逐渐扩大，学者们越发意识到，理解"年龄"对更为广泛的历史研究具有深刻意义。① 这样就促使史家将"童年"等与年龄有关的概念放在更大的社会和文化脉络中思考。

近年来，这方面的一部重要著作是庞德威（David M. Pomfret）的《帝国与青少年》。他在此书中提出，年龄是现代性叙事最重要，也是最容易被忽视的一个维度。在史学研究中引入年龄范畴，注意其与其他身份范畴的交叉作用，不仅是非常必要的，而且会深化我们对许多传统课题的认知。为此，他把目光聚焦于 19 世纪末直到 20 世纪中期受到英法殖民的四个东南亚城市，把年龄作为一个重要的分析范畴，讨论了青少年群体是怎样和殖民行动联系起来的。

殖民当局认为，亚洲热带地区（tropicality）的湿热环境，会使人的身体变得脆弱，因而规定，选拔前往殖民地任职的管理职员要优先考虑身强力壮的青年。为此，一批十五六岁的年轻人被派往殖民地任职。就这样，这一批在母国中还被当作"孩子"的人，来到殖民地之后，却摇身一变成为社会的管理者。他们怎样适应这种角色转变，成了一个有趣的议题。在这里，随着地区和社会情境的改变，成人和未成年人的"固有"边界也被

---

① Harry R. Moody, *Aging: Concepts and Controversies* (6th edn), California: Pine Forge, 2010; Jill Quadagno, *Aging and the Life Course: An Introduction to Social Gerontology* (5th edn), New York: McGraw-Hill, 2011; Janet Wilmoth and Kenneth Ferraro, eds., *Gerontology: Perspectives and Issues*, (3rd edn), New York: Springer, 2006.

重新划分。同时，这也带来了作为殖民者的白人和当地人民的通婚问题，由此产生了不少混血儿。对于这些混血儿童，殖民政府一方面把他们视为殖民社区中一股不平衡和不稳定的力量，另一方面也清醒地意识到这些儿童的可塑性，因而通常会及早介入混血儿的生活，以确保他们的成长向着有利于殖民统治的方向发展，其中就包括将适龄儿童（一般是六七岁）送回宗主国接受教育。① 就这样，"年龄"问题再一次出现，成为殖民管理的对象。

庞德威的研究深入分析了殖民地文化和"年龄"在帝国建设中所产生的影响，有助于我们深化理解殖民历史，同时也让我们意识到，以往那些理所当然的年龄归类范畴，如"年轻人"和"成年人"，其实并没有那么"自然"。我们必须将年龄和生命周期看作流动的范畴，才能更好地把握历史情境的多元性。

20 世纪 90 年代以来，对年龄的思考为儿童史和儿童研究带来了一些新的探索方向，其中比较突出的是"少女研究"（Girls Studies）。② 早在1976 年，史家安吉拉·麦克罗宾（Angela McRobbie）和詹妮·嘎波（Jenny Garber）就曾撰文指出少女及少女文化的独特性，强调青少年亚文化研究需重视少女群体。③ 不过，这一领域依然保持了约 20 年的沉默，直到 20 世纪 90 年代后期，有关少女、少女时期及少女文化的研究成果和书籍才显著增多。这种变化的出现，除了得力于女性和性别研究的广泛开展，更重要的推动力来自儿童史家对年龄的持续深入思考。

从字面看，女性研究（Women Studies）和少女研究最显著的区别就在于年龄差异。从成人中心视角（adult-centered perspective）出发，"少女"被认为成人的"他者"，"少女研究"也就尴尬地成为"女性研究"的"他者"。尽管自 20 世纪 60 年代以来，女性主义运动就对学术界产生了深

---

① David M. Pomfret: *Youth and Empire*: *Trans-colonial Childhoods in British and French Asia*, Stanford: Stanford University Press, 2015.

② 少女研究（Girls Studies 或 Girlhood Studies）中的"少女"范畴较为广泛，也将青年女性包含在内。术语 Girls Studies 主要从研究对象定义，而 Girlhood Studies 强调研究对象与Womanhood Studies 及 Childhood Studies 的区分，这一用法在"少女研究"中更为常见也更被接受。

③ Angela McRobbie and Jenny Garber, "Girls and Subcultures", in Stuart Hall and Tony Jefferson, eds., *Resistance through Rituals*: *Youth Subcultures in Post-War Britain*, New York: Harper Collins, 1976, pp. 209-222.

远的冲击，妇女史与性别史研究成为学术热点，学者们将探索目光扩展到了包括妓女、未婚妈妈、女性上班族等在内的女性人群，但少女群体并不在其中。由于学者们缺乏对年龄范畴的深刻理解，少女研究长期得不到成人的郑重对待，而少女研究的出现，代表着史家迈出成人中心视角，对于年龄的深刻意义有了更为敏锐的意识。

这方面值得注意的是克里斯汀·亚历山大（Kristine Alexander）的《导向现代女孩》一书。20 世纪二三十年代，社会和文化领域经历剧烈的变革。受到"女性获得选举权""摩登女郎"等社会议题的影响，英国兴起了"女孩指导运动"，政府希望通过干预塑造理想的"现代女孩"。这一运动迅速扩散，在两次大战之间，吸引了 40 多个国家 100 多万成员加入。克里斯汀聚焦于参加"女孩指导运动"的少女群体，深入分析了这一运动在英帝国的英格兰、加拿大、印度三地塑造年轻女孩的具体方式，以及少女们对此运动的理解和回应。她将少女群体置于两次世界大战之间的广阔天地中来审视，不但加深了我们对少女群体的认识，也有助于对两次世界大战、帝国与国际主义等问题的深入理解。①

如今，有关少女的历史文献资料（如文字记录、口述历史、实体物品）、少女的机构组织、少女群体的现实经验等课题越来越受到重视，跨学科的专题性少女研究也越来越包罗万象，议题更加广泛和重要，如少女和新自由主义、黑人少女研究、媒介性少女研究、酷儿（Queer）少女研究、跨国/全球性少女研究、少女与行动障碍、少女与女权政治等。2008年，学术期刊《少女研究：跨学科》（Girlhood Studies：An Interdisciplinary Journal）正式出版，这是该领域第一份跨学科学术刊物，意味着少女研究作为一门学科的重要性和独立性已经凸显出来，以少女和少女群体为对象的学术研究成为儿童研究中一个重要的次生领域。②

年龄研究视角的引入以及它和诸多史学研究议题的结合，不但大大开

---

① Kristine Alexander, *Guiding Modern Girls*：*Girlhood*，*Empire*，*and Internationalism in the 1920s and 1930s*，Vancouver：UBC Press，2017.

② Mary Celeste Kearney, "Coalescing：The Development of Girls' Studies"，*NWSA Journal*，21 (1) (2009)，pp. 1-28；Barbara Ryan，*Feminism and the Women's Movement：Dynamics of Change in Social Movement*，*Ideology*，*and Activism*，New York：Routledge，1992.

拓了史家的视野，使我们对各种历史现象的了解更为深入和细致，也使人们更加清晰地体会到，包括童年在内的生命周期阶段区分标准的多样性和流动性，很难有一种放之四海而皆准的框架。这种多样性既是不同历史时期的产物，也与不同的地区和文化有关。这样，就把我们的目光引向了"边界"的空间维度。

二

除了年龄的划分外，"边界"一词更为常见的用法是与"边境""区域""国境"等空间概念联系在一起的。事实上，庞德威的著作中就同时含有这两种不同的边界概念：正是在殖民地的特定情景中，西方社会中固有的年龄区分标准才得以松动，年龄的跨界和空间的跨境不但同时发生，而且存有因果性的逻辑关联。这里牵涉近三十年儿童史研究中的另一个重要动向，是将儿童与空间边界联系起来，试图在一个跨国家和全球化的情境中关注儿童的社会流动和国际流动。

由阿利埃斯奠基的儿童史研究，最先在法、美、英诸国开展，史家与史家关注的对象、话题也限于这些国家。不久，儿童史研究开始迅速进入其他欧美国家史家的视野：加拿大的施奈尔（R. L. Schnell）、俄罗斯的大卫·兰瑟尔（David Ransel）、德国的玛丽·朱·梅尼斯（Mary Jo Maynes）和托马斯·泰勒（Thomas Taylor）、意大利的马切洛·佛劳罗斯（Marcello Flores）和玛丽·吉本（Mary Gibson）等，他们对于所在国儿童史的探索备受瞩目。[1] 此外，随着越来越多的史家把注意力转向非西方世界，日本、印度、斯洛文尼亚、南非、巴西等国家的儿童史研究也日渐兴起。[2]

---

[1] Elliott West, *Growing up with the Country*: *Childhood on the Far Western Frontier*, New Mexico: University of New Mexico Press, 1989.

[2] 在我国，除了台湾的熊秉真等人，严格来讲，目前尚无其他从事中国儿童史研究的学者；在国际上，儿童史也是一个有待开发的领域。因而，约翰·达戴斯（John Dardess）充满希望地指出："中国的儿童史研究虽只有一个表浅的过去，却有一个可期的未来。"见 Joseph M. Hawes and N. Ray Hiner, eds., *Children in Historical and Comparative Perspective*: *An International Handbook and Research Guide*, Santa Barbara, California: Greenwood Press, 1991, p. 5。

　　来自不同国家的儿童史家所关怀的问题当然与他们自身所处的社会相关，但也促使儿童史日益成为一个全球性的话题。而随着相关成果逐渐增多，一个跨国性的视野也逐渐凸显。

　　跨国儿童史研究首先体现为对儿童迁移和流动的关注，而这又通常都和帝国主义的殖民活动（比如前述庞德威的著作）、世界大战和全球化等近现代史上的核心事件有关。身处历史变局之中的人们，因为追逐梦想或躲避灾难，有时主动，有时被迫，背井离乡，前往一个未知的世界。他们遇到了什么，如何学会适应一个崭新的环境，怎样和新的世界互动，等等，都受到了史家的关注。然而，一如既往地，这些关注都是从成人视角出发的，儿童群体及其经历常常被人忽视。① 儿童史研究者则出于职业的敏感性，把目光投向越境儿童，讨论他们在跨越地理空间界线中的个体经验，以及其中交织的身份、族群认同和知识、信仰、情感的传播和交互作用，等等。②

　　通过这些考察，史家试图从跨时代的视角重新思考并审视"亲密政治"如何经常与儿童发生联系、儿童的流动如何与地缘政治的设想和民族国家的巩固交织在一起，从而弥补了以往人们对近代史上重大事件认知中的成人视角的不足，呈现了更为丰富和细腻的历史事实，亦使这些老的课题释放出新的阐释空间。比如，休·莫里森（Hugh Morrison）研究了前往新西兰的英国殖民者中儿童的宗教经验，认为他们的宗教教育实际上是一项情感教育事业而非教义教育。③ 这在很大程度上改变了以往人们对这段历史的看法。

　　另外，通过把儿童放在一个与异文化相遇的情境中，儿童史家一直追求把儿童作为历史叙事主体的目标，也获得了更好的实践机会。比如，凯瑟

---

① 比如，著名历史学家入江昭（Akira Iriye）的《全球史与跨国史：过去，现在和未来》（邢承吉、滕凯炜译，浙江大学出版社，2018）一书，专门用一章梳理全球史和跨国史的学术史。这部分在中译本中占了 38 页（全书共 90 页），然而，除了注意人口控制这个议题（第 65~66 页），以及在有关二战研究的叙述中简单地提到一句"几乎所有男人、女人和孩子的行动都要从属于军事目的"（第 70 页），与儿童史有关的论述几乎完全阙如。

② Leah Adams and Anna Kirova, eds., *Global Migration and Education：School, Children, and Families*, New York：Lawrence Erlbaum, 2007; Stuart C. Aitken, Kate Swanson, Fernando J. Bosco, and Thomas Herman, *Young People：Border Spaces and Revolutionary Imaginations*, New York：Routledge, 2011; Hastings Donnan and Thomas M. Wilson, *Borders：Frontiers of Identity, Nation and State*, Cambridge：Cambridge University Press, 2000.

③ Hugh Morrison and Mary Clare Martin, eds., *Creating Religious Childhoods in Anglo-world and British Colonial Contexts*, 1800-1950, London：Taylor & Francis Ltd., 2016.

琳·汪萨瑟（Kathleen Vongsathorn）发现，乌干达的英国传教士在对麻风病儿童救治过程中，培育出土著儿童的幸福、感恩观念，而相应地，土著儿童也在此过程中习得了表演此类观念的技巧，以获取传教士们的偏爱。①

在两次大战之间，为了避免纳粹对犹太人的屠杀，欧洲社会对犹太儿童进行了大规模、有组织的迁移。儿童史家深入研究了这一历史过程及它所带来的深远社会影响。其中，罗伊·考茨拉夫斯基（Roy Kozlovsky）的成果最为突出。他引入离散（diaspora）和流动的视角，以英国为重点，考察了一系列为来自欧洲各地的犹太儿童开发的新建筑和空间环境。在详细探究建筑师、儿童专家和决策者的意愿、方法的同时，他突出了作为空间使用者的儿童如何接受、使用这些空间，对之进行再创造的过程。在此基础上，他提出了"情感庇护所"的概念，将儿童空间的定义，由成人"为儿童"所建的空间，转变为"以儿童为中心"的空间，彰显出以儿童为主体的研究新取向。②

在跨国儿童史研究的基础上，有些史家提出了"全球儿童史"的概念。目前，这基本上还处在一个构想阶段，不过，随着儿童史研究的日渐兴盛和全球史研究更加成熟，"全球儿童史"的地平线也逐渐显现在人们的视野中。史家关注儿童和童年的全球联系，讨论生命的共有情形、观念与技术的散播、各社会之间的文化相遇对儿童与童年的影响，以及儿童怎样回应这些错综复杂的局面。就目前的实践看，以下这些论题备受关注：儿童迁移的历史与当代政治，以及不同时期和地域规范儿童移动的管理层面的基本话语，即是否具有全球性的"童年体制"，如果有的话，那又是什么样的；在全球化历史进程中，儿童和青少年扮演了什么样的角色；关于童年和青少年期的理念如何被制度化，从而影响到政治运作和国家定义；童年和青少年期是如何通过日常生活实践、实物以及亲密关系等因素得到塑造的；"年幼/年轻"的现代概念和经验是如何通过跨界的移动和交流而产生的；等等。

跨国儿童史研究也有效地利用了口述史方法。如朱利安·布劳尔

① Kathleen Vongsathorn, "Tough, Harsh, or Sweetly Reasonable: Women and the Spread of Biomedical Knowledge in Colonial Uganda," SSRN, ［EB/OL］ https: // papers. ssrn. com/ so13/ papers. cfm? abstract_ id = 2251747, April 16, 2013.

② Roy Kozlovsky, *The Architectures of Childhood: Children, Modern Architecture and Reconstruction in Postwar England*, London: Taylor & Francis Ltd. , 2013.

（Juliane Brauer）对战后苏联占领期间德国人"父职"的实践与变化的研究，斯瓦皮纳·巴纳杰（Swapna M. Banerjee）对孟加拉被占期间儿童史的研究，均建立在口述史的基础上。[①] 对跨国儿童史研究来说，口述方法的引入，不仅能使历史细节的呈现更为多元，也有助于历史感知视角更具丰富性。当然，在接受口述访谈时，被访谈对象早已成年，他们对自己童年生活的回忆自然会不可避免地带上成人的色彩。在一定程度上，口述本身只是一种诠释，而不是对童年经验的直接描述。不过，这并不只是儿童史研究遇到的特殊情况，而是整个口述史研究都会遇到的问题。事实上，这些访谈弥补了传统史料的匮乏，只要我们善加鉴别、分析和利用，对于复原特定时期以儿童为主体的历史经历，还是弥足珍贵的。

三

本文以"边界"这个概念为例，探讨了最近三十年来儿童史研究的一些新动向，挂一漏万之处自然难免。当然，本文的目的也不是要对这三十年的儿童史研究做一个全面回顾。事实上，即使只是通过这些有限的讨论，我们也已经可以看到，20世纪90年代以来，儿童史研究并没有停滞，反而向更深更广的层次发展。儿童史家借鉴历史学其他领域和社会科学其他学科的研究成果，努力拓展理论视野，开发了不少新的课题。通过这些工作，儿童史家已经不再只是以成人历史补充者的身份自居，而是以自己独特的学术敏感性，积极介入传统的重大历史课题，从儿童的视角丰富和深化了我们对整个人类历史的认知。这不仅有力地证明了儿童是人类社会一个当之无愧的重要组成部分，而且进一步表明，不同学科和研究领域的交流对话，对于双方来说，都是互惠之举。

（作者系四川大学历史文化学院副教授，主要研究方向为儿童史、英国史。）

---

① Joseph M. Hawes and N. Ray Hiner, eds., *Children in Historical and Comparative Perspective: An International Handbook and Research Guide*, Santa Barbara, California: Greenwood Press, 1991.

2016~2018 年中国"全球史研究"综述[*]

李俊姝

【摘要】 20 世纪下半叶，全球史作为一种新兴史学研究范式在国际学术界兴起。自从 21 世纪初全球史被引介到中国学界以来，全球史研究在中国史学界经历了若干发展阶段，逐渐被学界接受、认可并对中国历史学的各分支领域产生了相当影响。本文概述了 2016~2018 年中国史学界全球史研究的发展状况，通过对国内这三年的相关学术成果进行梳理，拟从"全球史的理论与方法""中国的世界史学科建设""全球史研究的具体实践"三个方面，进行简要评述。

【关键词】 全球史　世界史　学科建设　史学实践

20 世纪下半叶，全球史作为一种新的史学现象兴起，并成为"史学前沿"之一。为在中国介绍和推广全球史做出了重大贡献的历史学家刘新成教授曾经在《值得关注的全球史》一文中这样界定："全球史（global history）也称'新世界史'（new world history），20 世纪下半叶兴起于美国，起初只是一门在历史教育改革中出现的从新角度讲述世界史的课程，以后逐渐演变为一种编纂世界通史的方法论，近年已发展成为一个新的史学流派。"[①] 20 世纪 50 年代，以威廉·麦克尼尔（William H. McNeill）、马歇尔·霍奇森（Marshall G. S. Hodgson）和列夫顿·斯塔夫里阿诺斯（L. S. Stavrianos）为代表的历史学家不约而同地开始独立地思考全球的历

* 本文系国家社科基金项目一般项目"马歇尔·霍奇森世界历史理论研究"（批准号：19BSS009）的阶段性成果、内蒙古师范大学高层次人才科研启动经费项目"联合国教科文组织与'全球史'萌芽（1940~1960）"（批准号：2018YJRC023）的阶段性成果。

① 刘新成：《值得关注的全球史》，2006 年 6 月 26 日，http://theory.people.com.cn/GB/49157/49163/4528755.html。

史，尝试超越民族国家寻找更大的历史分析单元。中国史学界对 20 世纪八九十年代在国际史学界兴起的世界史和全球史反应比较慢，而最近又跟进较快①，21 世纪前期相关的学术成果不断增多。

本文旨在概述 2016～2018 年中国史学界全球史研究领域的发展状况，对国内这三年的相关学术成果，拟从"全球史的理论与方法""中国的世界史学科建设""全球史研究的具体实践"三个方面，进行简要评述。

一 全球史的理论与方法

中国的全球史研究自 21 世纪初起步以来，与其相关的理论探讨一直在史学界持续进行。2016～2018 年，就"全球史的理论与方法"而言，主要有以下成果。

中国社会科学院世界历史研究所俞金尧在《全球史理论和方法评析》②中对中国的全球史研究提出三点需要注意的地方。第一，要处理好"反西方中心论"与"去资本主义"的关系。西方的兴起离不开全球交往，同时资本主义的发展是全球交往发展的重要动力，两者不应该是一种非此即彼的选择。第二，在世界历史发展的"纵""横"关系结构内吸收全球史研究成果。全球史研究侧重于不同文化之间的互动和联系，可以为"横向"研究提供宝贵资源，这使得中国学者从一开始就敏锐地意识到全球史对中国世界史体系建设的意义；经过全球史学者多年的努力，我们现在对世界历史"横向"发展的内容有了较多和较深入的认识，已经具备了将"横向"联系的历史纳入以"纵向"发展为主线的世界史体系中的条件了。第三，认识全球史的核心概念"互动"的局限性。"互动"消除了以往单向的、西方优势的倾向性，使人们看到以往历史研究中被隐匿的一方参与塑造历史的作用，但是用"互动"这个说法来解释不平等关系时，比如西方对非西方的殖民掠夺和暴力征服，存在局限性，易成为极具欺骗性的概念，掩盖历史事实，不利于形成正确的价值判断。

---

① 向荣：《英国和中国史学的新趋势：民族史与世界史的对立和破局》，《探索与争鸣》2018 年第 5 期。

② 俞金尧：《全球史理论和方法评析》，《史学理论研究》2016 年第 1 期。

首都师范大学历史学院林漫、邓京力的《跨文化视角、马克思主义与当代史学主要趋势——对话王晴佳教授》[①] 主要围绕"近二十年西方史学理论研究与历史书写"展开。北京大学长江学者王晴佳教授在比较和分析一系列相关学术作品的过程中，指出全球史强调的就是"碰撞"之后怎么样"互动"。他提出了"交互的现代性"（Interactive Modernity）概念。就中国目前的全球史研究而言，他认为不能仅停留在理论层面的讨论，需以具体的历史写作来开展大量的实践性研究。

首都师范大学历史学院夏继果的《全球史研究：互动、比较、建构》[②]以道格拉斯·诺思罗普、迪戈·奥尔斯坦、塞巴斯蒂安·康拉德等学者的研究为基础，从互动、比较、建构三个方面探讨全球史的研究方法。首先，作为研究方法的"互动"大致包括扩大研究单位的地理规模、关注研究单位之间的历史联系、研究那些本身就跨越边界的单位或者主题三种类型。其次，应当把互动研究和比较研究有机地结合起来，如把被比较的单位放入各自的大背景中，注重其与各自环境的互动；被比较的对象至少应有一定程度的直接联系；比较不同国家和地区对于同样背景的反应有何异同；比较同一主体传播到不同地区后与当地社会的具体结合及其影响。最后，"互动"与"比较"指向更高层次的对人类历史的"建构"，包括"一体化"进程的建构、因果关系和运行机制的建构、具有普遍意义的概括的建构等。这些研究方法互为补充，为关注人类历史总体走向的最高目标服务。

《光明日报》理论版 2017 年 2 月 13 日组织的学者对话《走出传统民族国家史学研究的窠臼》[③]，邀请了北京大学历史系的王立新、中国社会科学院世界历史研究所的景德祥和首都师范大学历史学院的夏继果围绕"新兴史学研究范式"和"民族国家史学"展开讨论。现阶段对民族国家史学的质疑主要表现在三个方面：一是民族国家史学竭力在国家疆界内界定和容纳人类的过去，忽视了跨国的和全球性的经历，如女性、移民、跨国组

---

① 林漫、邓京力：《跨文化视角、马克思主义与当代史学主要趋势——对话王晴佳教授》，《史学理论研究》2016 年第 2 期。

② 夏继果：《全球史研究：互动、比较、建构》，《史学理论研究》2016 年第 3 期。

③ 周晓菲：《走出传统民族国家史学研究的窠臼》，《光明日报》2017 年 2 月 13 日，第 14 版。

织及边缘群体；二是过于强调本国经验和制度的特殊性，忽视了影响国家历史演进的外部因素和国家间的相互依赖；三是夸大本民族的成就和贡献，对本民族历史上的过失和阴暗面轻描淡写，导致狭隘的民族主义立场。但是，民族国家在可预见的将来仍是最重要和最有影响的人类共同体，民族国家史学还会长期存在下去。人类历史是纷繁复杂的，其中既有个体社会的发展，也存在跨越民族、政治、地域和文化等界限的大规模进程。因此，任何一种历史研究模式都不足以揭示历史的全貌，只有多维度地研究历史，才能更加全面地、立体化地揭示历史发展进程。全球史与跨国史、国际史、大历史等新兴领域有着异曲同工之妙，它们完全可以与民族国家史学相互兼容。同时，也要防止矫枉过正现象，如国际主义或和平主义的世界观不能也不应该建立在对民族国家历史角色的全盘否定之上。

首都师范大学历史学院江湄在《中国现代史学的使命与"全球史"的真正建立》[1] 中指出中国现代史学在与西方的中国史观发生冲突和碰撞的过程中，需要积累那种系统的具有虚构性质的历史叙述，在某种意义上回归传统经史之学，发展不断进行自我批评和重建的知识体系，才能有真正的"全球史"。

北京大学世界史研究院钱乘旦在《更好地写出完整的人类史》[2] 中辨析了外国史、世界史、全球史等学术名称，指出这些学术名称虽相似但研究路径有差异。在不同时期、不同地域，人们对"世界史"的理解是不同的。在中国学术语境中，"世界史"曾指"外国史"。20 世纪 60 年代西方史学界兴起了"世界史"，其最大特点是摆脱自兰克以来西方史学传统中占主导地位的民族国家史的纵向观察角度，提倡用横向视野观察整个世界的历史发展，注重地区、文明、国家之间的互动和联系，揭示遥远空间范围内各种事件之间的相互影响，在这个意义上，"世界史"和"全球史"基本上同义。

德国康斯坦茨大学的于尔根·奥斯特哈默（Jürgen Osterhammel）在

---

① 江湄：《中国现代史学的使命与"全球史"的真正建立》，《读书》2017 年第 7 期。
② 钱乘旦：《更好地写出完整的人类史》，《北京日报》2017 年 7 月 17 日，第 15 版。

《关于全球史的时间问题》① 中分析了学术界有关全球史的七个论题，如全球史与国别史的关系、全球史中蕴含的世界主义观念、全球史有不同的国别风格、全球史如何处理"总体化"、全球史的关键词"关联"、全球史所需的"变焦"视角以及全球史如何摆脱欧洲中心主义。就历史的"时间"问题而言，从关注人类物种的进化史到着眼于"同时性和同步性"的全球史研究，全球史的出现改变了过去对历史中的时期、时间和过程的一些认知，当前全球史研究中的共时方法会促进对历时变化的重新思考。

首都师范大学历史学院刘文明在《跨国史：概念、方法和研究实践》② 中指出 20 世纪 90 年代以来，随着全球化的发展和历史学的全球转向，以伊恩·蒂勒尔（Ian Tyrrell）、托马斯·本德（Thomas Bender）和入江昭（Akira Iriye）为代表的西方学者提出了"跨国史"理念并付诸实践。一方面，他们将跨国史理解为打破和超越民族国家界限研究民族国家史的方法，以美国史为例探讨了如何将民族国家史置于全球联系情境中理解，并提出将民族国家史书写成一部全球史。另一方面，他们也将跨国史界定为以跨国历史现象为对象的研究领域，发现了全球化时代民族国家之外的历史，即非国家行为体的历史，包括跨国公司、国际非政府组织及各种跨国现象。这些学者的探索极大地丰富了当今全球史研究的多元实践。

中国社会科学院世界历史研究所董欣洁在《中国全球史研究的理论与方法》③ 中概括了中国的世界史学者在全球史领域提出的三种新的研究路径，分别是吴于廑的整体世界史观、罗荣渠的现代化史观、彭树智和马克垚倡导的文明研究。作者最后指出中国的全球史研究应该从我们自身深厚的历史经验和通史编纂实践出发，在中国的现实发展基础上，切实坚持马克思主义的世界历史理论的指导，积极吸收西方全球史的有益成果，努力构建全球化时代的中国世界史研究新体系。

复旦大学文史研究院的董少新在《浅谈全球史的史料问题——以明清

---

① 〔德〕于尔根·奥斯特哈默著，张楠译《关于全球史的时间问题》，《复旦学报》（社会科学版）2018 年第 1 期。
② 刘文明：《跨国史：概念、方法和研究实践》，《贵州社会科学》2018 年第 8 期。
③ 董欣洁：《中国全球史研究的理论与方法》，《贵州社会科学》2018 年第 8 期。

鼎革史的西文原始史料为中心》① 中以 17 世纪明清鼎革事件为例，探讨了全球史的史料问题。学界从王朝兴替、清朝征服、明遗民、南明史、战争史等多个角度对明清鼎革事件已有深入研究，但大多囿于中国史的范围。与明清鼎革有关的西文文献的作者来自欧洲的葡萄牙、西班牙、德国、波兰、意大利、法国等国，文献内容涉及的空间范围包括中国、日本、朝鲜、越南等国，其撰写、出版和流通的范围则更为广阔，包括亚洲、欧洲乃至美洲。这些记录中国明清鼎革的历史文献可以说具有全球性质，也体现了该事件的全球性特征，足以说明以全球史视角研究明清鼎革的合理性和可能性。

德国柏林自由大学塞巴斯蒂安·康拉德（Sebastian Conrad）的《全球史是什么》② 和《全球史导论》③ 均在 2018 年出版了中文版。这两本著作对全球史的理论与范式、方法、研究对象、研究实践以及争议等方面进行了学理上的总结与探讨。全球史研究的中心问题包括跨境进程、交互关系，以及在全球语境内的比较。因此，世界的互联往往是切入口，事物、人群、思想和制度之间的流通和交换是最重要的研究对象，但没有必要认为全球史研究是要延展到整个地球的。

二　中国的世界史学科建设

中国史学界关于全球史研究的讨论，不可避免会延伸到探讨国内“世界史”的学科建设。就中国的世界史学科建设而言，中国社会科学院世界历史研究所的高国荣在《世界史学科稳步发展》④ 一文中描述了 2015 年国内世界史研究的欣欣向荣局面，主要介绍了二战史、政治外交史、经济社会史、新文化史和全球史研究，并指出“全球史研究方兴未艾”。

① 董少新：《浅谈全球史的史料问题——以明清鼎革史的西文原始史料为中心》，《首都师范大学学报》（社会科学版）2018 年第 5 期。
② 〔德〕塞巴斯蒂安·康拉德：《全球史是什么》，杜宪兵译，中信出版社，2018。
③ 〔德〕塞巴斯蒂安·康拉德：《全球史导论》，陈浩译，商务印书馆，2018。
④ 高国荣：《世界史学科稳步发展》，《中国社会科学报》2016 年 1 月 4 日第 879 期。

中国人民大学历史学院的孟广林在《世界史研究的视域与路向》① 中指出国别史、地区史、专门史等组成的"传统世界史"凸显了纵向研究范式的学术价值，但难免带有"条块分割"的局限和"西方中心论"的缺陷；以文明史、生态史尤其是"全球史"为代表的"新世界史"的研究范式，注重对人类历史的横向整体考察，极大地开拓了历史探索的空间，但往往流于空泛。在当下，需以唯物史观为指导，批判地借鉴西方学术成果，将"传统世界史"和"新世界史"同举并重，相互参照，优势互补，建构出同步发展、学术互动的新格局，为我们的世界史研究开辟正确路向。

中国社会科学院世界历史研究所董欣洁在《构建双主线、多支线的中国世界史编撰线索体系——全球化时代马克思世界历史理论的应用》② 中提出双主线是指纵向的生产主线与横向的交往主线，多支线是构成或者依附于两条主线的不同领域及不同层次的细节线索，包括跨文化贸易、环境变化、物种传播、疾病传染、移民、战争、殖民主义扩张、帝国主义侵略、宗教传播、文化交流等。世界历史就是在双主线与多支线所体现出的各种动力的交互推动下演进的。

天津师范大学历史文化学院的李友东在《美国大学历史学系"世界史"课程的初步质性观察——以九所美国高校为例》③ 中选择了 9 所美国高校历史学系的"世界史"课程设置作为研究对象，从中发现了两个趋势：一是在课程设置上，向强调跨越时空、强调地区间联系的"全球史"转变；二是在解释体系上，向强调多样性、强调概念工具的"新史学"转变。

南开大学历史学院张象的《构建中国特色的世界史体系》④ 一文指出：中国的世界史学科创新要坚持以马克思主义为指导；应把教学改革与研究

---

① 孟广林：《世界史研究的视域与路向》，《社会科学战线》2016 年第 1 期。
② 董欣洁：《构建双主线、多支线的中国世界史编撰线索体系——全球化时代马克思世界历史理论的应用》，《史学集刊》2016 年第 4 期。
③ 李友东：《美国大学历史学系"世界史"课程的初步质性观察——以九所美国高校为例》，《历史教学（下半月刊）》2016 年第 14 期。
④ 张象：《构建中国特色的世界史体系》，中国社会科学网，2016 年 9 月 5 日，http://www.cssn.cn/zx/201609/t20160905_ 3188307_ 1. shtml。

摆在第一位，其要点是加强综合性研究，需要跨国家、跨民族的视角和全球视野，这是世界史研究与国别史研究、专题研究的主要区别；同时在创新时也必须认真考虑传承问题，在革新自身旧理念、开辟新的教研领域和协作精神方面向前辈学者学习。

四川大学历史文化学院何平、李明宇在《略论晚近世界史研究范式的转型》①中指出，历史学界对于如何解释、撰写和讲授历史在过去 30 年里出现范式转型。新范式具有前所未有的全球视野和多学科路径，尤为关注跨国关系、跨文化交流、世界一体化等。这个史学新潮被称为"全球学的视野""全球化大叙事"，有学者也用"全球转向""跨国转向"来描述这种新趋势。在当代，关于什么是"世界历史"，或者说作为研究对象的"世界历史"的性质、构成单位的状况等，正在被重新建构。作者提出世界史研究的新范式呈现三个重要分支，分别是全球史、跨国史和跨文化研究。

复旦大学历史学系的向荣在《英国和中国史学的新趋势：民族史与世界史的对立和破局》②中指出，要使我国的世界史学科成熟发展并得到学界的普遍认可，还有大量工作要做，包括重视具体问题研究和实证研究，努力提高自身专业研究水平；将个人的具体研究放入世界历史大背景中，开展历史比较研究；加强学术交流与合作，建设世界史学术共同体；等等。

美国历史学家帕特里克·曼宁的《世界史导航：全球视角的构建》③对世界历史这个发展中的学术领域做出了综合性的概述。全书分"世界历史的演进""历史研究的革命""近期研究成果""世界历史的分析逻辑""世界历史的学习与研究"五个部分，全面叙述了这个学科领域所经历的研究和争论，能够帮助相关教师、科研工作者和学生深入了解宏大复杂的世界历史研究领域。

---

① 何平、李明宇：《略论晚近世界史研究范式的转型》，《吉林大学社会科学学报》2018 年第 1 期。

② 向荣：《英国和中国史学的新趋势：民族史与世界史的对立和破局》，《探索与争鸣》2018 年第 5 期。

③ 〔美〕帕特里克·曼宁：《世界史导航：全球视角的构建》，田婧、毛佳鹏译，商务印书馆，2016。

在美国历史学家肯尼思·R. 柯蒂斯（Kenneth R. Curtis）和杰里·H. 本特利（Jerry H. Bentley）主编的《世界历史的设计师：探寻全球历史》①中，九位来自不同国家世界历史领域的杰出学者，分别讲述了自己如何在教学与研究中走进世界历史领域并结识许多志趣相投的职业史家。他们用自身走进世界历史领域的学术历程展示了世界历史是什么、世界历史的研究理论和方法，有助于"世界历史"或"全球史"的研究和教学。

三 全球史研究的具体实践

在"全球史视野"的框架下，史学各分支领域近期出现一批具体的实践性研究。在对"丝绸之路"的研究中，牛津大学历史学家彼得·弗兰科潘（Peter Frankopan）的《丝绸之路：一部全新的世界史》②一书分为 25 章，将写作视角从以国家或者西方为中心转向两千年来连接欧洲和太平洋、东方和西方之间的丝绸之路，强调丝绸之路的网络、通道、联系等动态特征，"是一部全新的世界史"。上海师范大学人文学院的张安福在《全球史视野下民族连通与丝绸之路的开辟》③中指出丝绸之路的开辟是欧亚多民族相互交通、共同联系的结果，是东西方民族对未知世界的探索和对远方的奇珍异宝的需求促成的。首都师范大学历史学院的王永平在《全球史视野下的古代丝绸之路》④中从全球史的视角审视古代丝绸之路，发现全球史所主张的跨文化互动理论和人类文明共生体系非常契合对古代丝绸之路的观察。丝绸之路的开辟扩大了人类交往的范围，并将欧亚非等许多地区纳入人类交流的网络之中，形成了一个全球性的共生体系。从本质上来讲，古代丝绸之路是一部人类文明交往与联系的全球史。

首都师范大学历史学院的施诚在《美国大学世界通史教材对中国抗战

---

① 〔美〕肯尼思·R. 柯蒂斯、杰里·H. 本特利编《世界历史的设计师：探寻全球历史》，李俊姝译，浙江大学出版社，2018。
② 〔英〕彼得·弗兰科潘：《丝绸之路：一部全新的世界史》，邵旭东、孙芳译，浙江大学出版社，2016。
③ 张安福：《全球史视野下民族连通与丝绸之路的开辟》，《兰州学刊》2017 年第 11 期。
④ 王永平：《全球史视野下的古代丝绸之路》，《中央社会主义学院学报》2017 年第 6 期。

的叙述》① 中指出，"如果从麦克尼尔 1967 年出版的《世界史》算起，美国大学世界通史教材出版迄今将近 50 年，出版的各种通史教材各具特点"。作者考察了这些通史教材中对中国抗日战争的叙述，根据叙述的详略，将其分为三类，分别是只简单提及中国抗日战争，如威廉·H. 麦克尼尔的《世界史》（第四版）、斯塔夫里阿诺斯的《全球通史》（第七版）；叙述了中国抗战中的一些重大历史事件，如阿尔伯特·克雷格特等的《世界文明的遗产》、罗伯特·提格诺尔等主编的《世界的合与分》；对中国抗战的地位和作用论述比较详细，如杰里·本特利、赫伯特·齐格勒编著的《新全球史》及其简写本《简明新全球史》、理查德·布列特等主编的《地球及其各民族——一部全球史》。

英国埃克塞特大学的殷之光在《看不见的中东——一个从"反帝"视角出发的全球史叙事尝试》② 中指出，随着 18 世纪晚期以来欧洲的兴起和资本主义的扩张逐渐将全球联系为一个整体，非西方世界现代化进程的开端被认为源于西方文明的入侵和冲击，而作者尝试以中东建立现代国家的进程为例，在如何走向现代这个问题上，跳出西方中心的叙事逻辑从而给出不同的回答。中国社会科学院的万明在《明代白银货币化的总体视野：一个研究论纲》③ 中指出明代白银货币化是一个典型的全球史个案，作者尝试突破传统的制度史研究框架，以白银货币化为主线，考察明代中国国家与社会的转型、全球化开端时期中国与全球的互动关系，进而凸显明代中国在全球化进程中的地位与作用。

北京大学的李伯重在《小问题，大历史：全球史视野中的"永历西狩"》④ 中指出，明清之际的南明永历朝廷，从广东转移到广西、贵州、云南，最后流亡到缅甸。这一中国历史上绝无仅有的皇帝流亡国外事件，只有放在全球史的背景下，才能得出合理的答案，从"小问题"可以看到

---

① 施诚：《美国大学世界通史教材对中国抗战的叙述》，《世界知识》2016 年第 14 期。
② 殷之光：《看不见的中东——一个从"反帝"视角出发的全球史叙事尝试》，《文化纵横》2017 年第 4 期。
③ 万明：《明代白银货币化的总体视野：一个研究论纲》，《学术研究》2017 年第 5 期。
④ 李伯重：《小问题，大历史：全球史视野中的"永历西狩"》，《西北工业大学学报》（社会科学版）2018 年第 1 期。

"大历史"。澳大利亚昆士兰大学的黎志刚在《从方志、档案看地方史和全球史：近代上海中山人的个案研究》[①] 中以如何在世界各地搜集近代上海中山商民的材料为例，讨论了地方史研究和全球史的关系，得出从全球史视野看地方史研究有利于地方史志撰写的结论。

德国康斯坦茨大学于尔根·奥斯特哈默的《世界的演变：19 世纪史》[②] 被称作 "德国历史写作的里程碑"，是德国全球史学界的一部代表作。作者从世界史的角度描绘和剖析了 19 世纪的历史，这是一个欧亚非美各大洲经历剧变与全球化诞生的时代、一个重要政治理念汇聚的时代，是铁路与工业的时代，是各大陆之间大规模移民以及第一波经济和通信全球化浪潮的时代，是民族主义和欧洲帝国主义向全球扩张的时代。奥斯特哈默也因此被誉为 "有关 19 世纪的布罗代尔"。

鉴于西方主流学者对郑和下西洋不仅缺乏了解，而且其使用的理论方法也难以充分解释这类非西方的历史性事件，加拿大维多利亚大学陈忠平主编的《走向多元文化的全球史——郑和下西洋（1405～1433）及中国与印度洋世界的关系》[③] 正是想要突破这种学术困境，通过多视角的郑和研究来倡导多元文化的全球史。书中所选论文均来自 2014 年在加拿大维多利亚大学召开的中英文双语国际会议，参会者包括来自各大洲的五十多位学者，这是在亚洲之外召开的最大规模的以郑和研究为主题的会议。该书收入的论文均通过专家匿名评审，在评审通过之后再经过各位作者不同程度的修改，总体上凸显出以多视角的郑和研究来推进多元文化的全球史这一主题。

美国惠蒂尔学院马立博的《现代世界的起源：全球的、环境的述说，15～21 世纪》（第三版）[④]，旨在打破关于现代世界历史的欧洲中心论叙事。

---

① 黎志刚：《从方志、档案看地方史和全球史：近代上海中山人的个案研究》，《上海地方志》编辑部编《2017 年地方志与地方史理论研讨会论文汇编》，2017，第 11～18 页。

② 〔德〕于尔根·奥斯特哈默：《世界的演变：19 世纪史》，强朝晖、刘风译，社会科学文献出版社，2016。

③ 〔加〕陈忠平主编《走向多元文化的全球史——郑和下西洋（1405～1433）及中国与印度洋世界的关系》，生活·读书·新知三联书店，2017。

④ 〔美〕马立博：《现代世界的起源：全球的、环境的述说，15～21 世纪》（第三版），夏继果译，商务印书馆，2017。

作者把"人类世"（Anthropocene）这个重要概念纳入环境变迁与现代世界起源的阐释之中，采用"全球的和生态的视角"，把亚洲和环境放在非常突出的位置，如突出印度洋在现代早期全球贸易中所处的中心地位，阐释全球氮循环对现代世界历史发展的制约和影响等。这部作品用清晰简明的语言建构出一套全球的、环境的现代历史叙事，为解释我们现今世界的形成过程提供了全新的见解。

美国北乔治亚大学梅天穆所著的《世界历史上的蒙古征服》① 是近年来蒙古帝国史研究领域的重量级作品。作者在开篇"导言"中首先回顾了与蒙古帝国史相关的史学编纂问题，并进行了理论思考，然后在世界史与全球史的视野下，描绘了蒙古帝国的形成与解体，尤其是"成吉思大交换"（Chinggis Exchange）下的贸易、战争、行政、宗教、瘟疫、移民和欧亚文化交流。德国萨尔大学沃尔夫冈·贝林格（W. Behringer）所著的《巫师与猎巫：一部全球史》② 是一部有关巫术历史的通览之作。作者首先在"导言"中介绍了关于巫术研究的各种观点，然后从全球视角出发，通过"巫术信仰""巫师迫害""欧洲的猎巫时代""禁止欧洲的巫术迫害""19 世纪和 20 世纪的猎巫""老巫师和'新巫师'"几个部分，利用新近的历史学和人类学成果，展示了全球各地现代社会中的巫术现象。

英国华威大学乔吉奥·列略（Giorgio Riello）的《棉的全球史》③ 介绍了"第一个真正意义上的全球商品"——棉纺织品的起源、发展及其如何塑造整个世界。列略最初在研究全球贸易和商品交换时，发现在棉的发展过程中可以看到几个世纪以来经济的发展、资本主义的崛起、农业活动的变化、新时尚的出现和技术的创新。列略认为，全球史的写作如果集中在一个特定的时间段，可能导致缩水的、偏颇的分析。欧洲（或者说英国）成为全球棉纺织业的中心，在以往的叙事中似乎是突然而迅速地发生，而实际上这可能是经过了几个世纪漫长而缓慢的积累才形成的，于是，列略将目光投向更加遥远的过去，上溯至公元 11 世纪就已经存在的全

① 〔美〕梅天穆：《世界历史上的蒙古征服》，马晓林、求芝蓉译，民主与建设出版社，2017。
② 〔德〕沃尔夫冈·贝林格：《巫师与猎巫：一部全球史》，何美兰译，北京大学出版社，2018。
③ 〔意〕乔吉奥·列略：《棉的全球史》，刘媺译，上海人民出版社，2018。

球化体系。这部作品展现了如何以棉为透镜来考察全球化进程以及从事全球史研究。

结　语

在"全球史"或"新世界历史"发展的半个多世纪里，一方面其自身的研究理念和研究方法在不断发展；另一方面它已渗透到历史学的其他分支领域并产生了广泛影响，历史学领域内以"全球史"为视野的研究成果和学术会议日渐增多。本文通过"全球史的理论与方法""中国的世界史学科建设""全球史研究的具体实践"三个部分概括了 2016～2018 年中国史学界全球史领域出现的主要论文、专著和译著，以期能帮助启发史学从业者思考和探索关于全球史和世界史的理论、方法和实践性研究，但由于时间和篇幅限制，难免存在疏漏与不足之处。

（作者系内蒙古师范大学历史文化学院讲师，主要研究方向为全球史、西方史学理论及史学史。）

图书在版编目（CIP）数据

欧美史研究. 第 3 辑 / 王超，信美利主编. -- 北京：
社会科学文献出版社，2020.5
ISBN 978-7-5201-6130-5

Ⅰ.①欧… Ⅱ.①王… ②信… Ⅲ.①欧洲-历史-
研究②美洲-历史-研究 Ⅳ.①K500.7②K700.7

中国版本图书馆 CIP 数据核字（2020）第 026404 号

欧美史研究（第 3 辑）

主　　编／王　超　信美利

出 版 人／谢寿光
组稿编辑／宋月华　郭白歌
责任编辑／邓　翙

出　　版／社会科学文献出版社·国别区域分社 （010）59367078
　　　　　　地址：北京市北三环中路甲 29 号院华龙大厦　邮编：100029
　　　　　　网址：www.ssap.com.cn
发　　行／市场营销中心 （010）59367081　59367083
印　　装／三河市龙林印务有限公司

规　　格／开　本：787mm×1092mm　1/16
　　　　　　印　张：21.75　字　数：345 千字
版　　次／2020 年 5 月第 1 版　2020 年 5 月第 1 次印刷
书　　号／ISBN 978-7-5201-6130-5
定　　价／138.00 元

本书如有印装质量问题，请与读者服务中心 （010-59367028）联系